Fritz Brustat-Naval

Unternehmen Rettung

BASTEI LÜBBE

BASTEI-LÜBBE-TASCHENBUCH
Band 65 040

Lizenzausgabe: Gustav Lübbe Verlag GmbH, Bergisch Gladbach
Einbandgestaltung: Manfred Peters
Titelfoto: C. Heinrich
Abbildungen: Ullstein Bilderdienst
Gesamtherstellung: Ebner Ulm
ISBN: 3-404-65040-9

Der Preis dieses Bandes versteht sich einschließlich
der gesetzlichen Mehrwertsteuer

INHALT

1.

Um 4.51 Uhr ging die Sonne auf. Ein leichter Ostwind strich über die seidige See und über die Wälder der Halbinsel Hela. Mit der Wärme lüftete sich der Dunst und man erkannte in der Ferne die Küstenlinie der Danziger Bucht. Es versprach ein strahlend schöner Tag zu werden: Dienstag, der 8. Mai 1945 . . .
Über die stille Reede kam das Rattern der Schiffe, die ihre Anker lichteten und sich aus der Gefahrenzone verholten. Sie waren kaum in Bewegung geraten, da zerrissen donnernde Salven den friedlichen Morgen. Die russische Artillerie schoß vom Festland herüber. Jaulend schlugen Granaten ein. Wasser spritzte, ein Rauchpilz quoll zwischen den Kiefernwipfeln hoch. Nach wenigen Augenblicken verstummten die Geschütze, und es war plötzlich wieder so ruhig wie zuvor. Sollte dieser kurze Feuerüberfall schon das Finale gewesen sein?
Auf der Wasseroberfläche schillerten Öllachen und trieben verlorene Gegenstände: eine Planke, hier und da eine leuchtendgelbe Schwimmweste, ein Kleidungsstück, ein Koffer, ein leeres Treibstoffaß. Der Sandstrand war bedeckt mit Trümmern, die das Meer aus der Konkursmasse des verlorenen Krieges ausgespuckt hatte, mit zerbombten und ausgebrannten Schiffsrümpfen und Wrackresten. Dem Nachlaß eines Kampfes, der nach 115 Tagen ständiger Artillerieduelle, Fliegerangriffe und Seegefechte endlich auch hier zu Ende ging. Im Westen herrschte schon seit dem Morgen des 5. Mai Waffenruhe gegenüber den Truppen des britischen Feldmarschalls Montgomery. Und in der kommenden Nacht, um 1.00 Uhr deutscher Sommerzeit, würden alle deutschen Streitkräfte kapitulieren. Bedingungslos! Heute schien die Sonne zum letztenmal über dem Deutschen Reich. Morgen würde es kein Deutsches Reich mehr geben,

vielleicht nicht einmal mehr eine deutsche Sommerzeit, wenn die Alliierten es nicht für richtig hielten. Morgen war alles vorbei. Aber bis dahin gab es noch viel zu tun.
Der Russe stand vor der Tür. Die Hauptkampflinie verlief wie ein Riegel quer zur schmalen Halbinsel Hela. Und in den Wäldern des sandigen Landzipfels stecken noch Zehntausende deutscher Menschen, dachte Kapitän Grewe vom Tanker »Julius Rütgers« und beobachtete von der Brücke seines Schiffes mit dem Fernglas das rege Leben im Hela Hafen.
80 000 Flüchtlinge, Soldaten, Verwundete und Versprengte hatten die Seetransportoffiziere der Kriegsmarinedienststelle Danzig-Hela noch vor drei Tagen an das Marineoberkommando Ostsee in Kiel gemeldet. Jene Offiziere, mehr Fachleute als Soldaten, die seit Monaten den Abtransport der vielen Menschen gesteuert hatten. Von allen Seiten waren sie ihnen nach Hela zugeströmt, auf größere Schiffe gesetzt und in den Westen geschickt worden. Heim ins Reich!
Vor der Übermacht der heranrollenden sowjetischen Streitkräfte waren sie ausgewichen und geflohen, gedeckt von den Resten der 2. und 4. deutschen Armee: Ostpreußische Bauern und Städter, alte Männer, junge Frauen und Kinder, und Flüchtlinge aus Westpreußen, die solange gewartet hatten, bis der Feind ihnen den Landweg abschnitt. Sogar Fremdarbeiter und kriegsgefangene Franzosen und Engländer, die nicht den Russen ausgeliefert sein wollten. Anfänglich waren sie noch aus Pillau, Danzig und Gotenhafen gekommen. Später, als alle diese Häfen in Feindeshand fielen, von kleinen Landeplätzen im Weichseldelta und von der Frischen Nehrung. Und je kleiner und flacher die letzten Abfahrtstellen wurden, um so winziger wurden auch die Fahrzeuge, die sie über das Wasser der Danziger Bucht getragen hatten. Aus Dampfern wurden Fährprähme und Haffkähne, wurden Kutter und Boote.
Kampfeinheiten der Marine nahmen die Flüchtenden an Bord und beförderten sie weiter, wenn die taktischen Auf-

gaben es zuließen. Die Hauptlast jedoch hatte die deutsche Handelsschiffahrt getragen, deren Reihen sich erschrekkend lichteten. Erschütternde Tragödien hatten sich hier auf Hela Reede abgespielt und unter den Geleitzügen, die bei der Leuchtglockentonne Hela-Süd ihren Anfang nahmen. Schiffe verbrannten, versanken, wurden auf Strand gesetzt oder schwerbeschädigt abgeschleppt. Selbst Lazarettschiffe verschonte es nicht. Der Kriegsmarine, die mit ihren weittragenden Geschützen von See aus in die erbitterten Abwehrkämpfe an Land eingriff, mangelte es an Treibstoff und an Munition. Trotzdem haben, als die Waffen für immer schweigen, nach amtlichen Berichten alleine von Hela aus 495 810 Menschen den Weg in die Freiheit gefunden.
Es war ein Kommen und Gehen. Noch immer strömten Nachzügler herbei, aber auch der Abtransport lief mit gesteigerter Heftigkeit. In der gefunkten Kriegsmarine-Kurzlage von 8.00 Uhr morgens (1Skl 1079/45 Geheim) hieß es unter anderem: » . . . von Schiewenhorst 12 000 Menschen nach Hela, von Hela am 6. Mai mit vier Geleitzügen 43 000 Menschen nach Westen abtransportiert . . .«
Kapitän Grewe musterte vom Peildeck aus die von Osten herankommenden Fahrzeuge. Er sah, wie zahlreiche kleinere Schiffe Hela-Hafen verließen, abdrehten und mit ihrer menschlichen Fracht hinter der Kulisse der Halbinsel auf Nimmerwiedersehen verschwanden. Wenn das so weiterging, bestand für viele der Wartenden doch noch Hoffnung. Nur schnell, schnell an Bord, ehe der Tag sich neigte, jede Stunde ist kostbar. Ungeduldig lief der Kapitän auf und ab. Er wußte, früher oder später würde man auch ihn heranwinken, den Tanker »Julius Rütgers« mit Menschen beladen und nach Westen abdampfen lassen. Daß es das letzte deutsche Handelsschiff sein wird, das Hela verläßt, ahnte er noch nicht. Vor Monaten erst hatte Grewe die nur 854 Brutto-Registertonnen große »Julius Rütgers« der Rütgers-Werke, Hamburg, übernommen. Der Kapitän war 32 Jahre alt und auf der Höhe seiner Spannkraft. Das Schiff war auch in den Dreißigern – und damit ein ziemlich betagter Kasten. Lang-

sam obendrein und nach fünf Kriegsjahren aus allen Löchern seiner für einen Tanker widersinnigen Kohlefeuerung pfeifend. Es hatte dem Kriegsmarinearsenal Gotenhafen als Nachschubdampfer gedient. Vom Einbruch der Sowjets wurde es in der Werft überrascht. Als die ersten russischen Granaten auf Gotenhafen fielen, beendete »Julius Rütgers« vorzeitig die Reparatur und verzog sich, notdürftig geflickt, nach Hela Reede. Während der Kampf um die Danziger Bucht in die Endrunde ging, füllte es draußen die Bunker der letzten deutschen Kriegsschiffe und Transporter mit Öl. In aller Herrgottsfrühe des heutigen Tages war die Nachricht von der bevorstehenden bedingungslosen Kapitulation eingegangen, verbunden mit einer Vorwarnung für Kapitän Grewe: »Bei Abruf Hela-Hafen anlaufen und 250 Menschen übernehmen.«

Der Großadmiral hatte befohlen und beschworen. Nach dem Selbstmord Adolf Hitlers am 1. Mai Chef der Reichsregierung geworden, hatte er bei den Kapitulationsverhandlungen durch seine Unterhändler um jede weitere Stunde Aufschub ringen lassen. Er wollte Zeit gewinnen, um alle Menschen aus dem Osten in den angloamerikanischen Besatzungsraum zurückzuführen. Bis die westlichen Alliierten kategorisch erklärten: am 9. Mai um 0.00 Uhr, oder um 1.00 Uhr deutscher Sommerzeit, ist endgültig Schluß und die bedingungslose Kapitulation tritt an allen Fronten in Kraft. Dönitz wußte, daß er sich bei der Rettung der deutschen Bevölkerung und der Truppen sowohl auf die Kriegsmarine als auch auf die Handelsschiffahrt verlassen konnte. Er und sein Seetransportchef für die Wehrmacht, Konteradmiral Konrad Engelhardt, hatten seit Anfang 1945 alle Hebel in Bewegung gesetzt. Als es jetzt zu Ende geht, erreichen ihre Anstrengungen noch einen letzten Höhepunkt. Die Dramatik der Stunde spricht aus den Funktelegrammen jener Zeit.

Am Vormittag des 5. Mai verbreitete der Chef der Seekriegsleitung zur Lageunterrichtung: »Ziel des Großadmirals, möglichst viele deutsche Menschen dem Zugriff des Bolschewismus zu entziehen.«

Am gleichen Nachmittag wurden gewisse Selbstvernichtungsbefehle des letzten Augenblicks zugunsten der Handelsschiffahrt eingeschränkt: »Handelsschiffe sind nicht zu versenken bzw. nicht zu vernichten. Ausgenommen jene Fahrzeuge, die nicht mehr aus den Häfen, die die Bolschewisten in die Hand bekommen, abgeschleppt werden bzw. nicht entweichen können.«
Zwischendurch arrangierte man sich mit den Engländern und funkte am Abend des 5. Mai um 21.07 Uhr: »Zerstörer und Torpedoboote, die dänische Häfen (mit Flüchtlingen) anlaufen müssen, nach Entladung keineswegs versenken, sondern zur erneuten Transportaufgabe Ostrückführung wieder auslaufen. Wenn notwendig, entsprechenden Antrag an englische Dienststellen richten. Feldmarschall Montgomery hat mündlich zugestimmt.«
Vierundzwanzig Stunden später, am Abend des 6. um 20.45 Uhr, funkte der Seetransportchef (OKM Skl Adm Qu VI): »Großadmiral Dönitz hat befohlen: alle Hilfs- und Handelsschiffe, die genügend Brennstoff . . . bis Libau oder Hela und zurück an Bord haben oder nehmen können, sind nach Libau und Hela als Flüchtlingstransporter in Marsch zu setzen. Höchste Eile geboten.«
Unter dem Druck der nahenden Kapitulation mahnt die Seekriegsleitung in der Nacht vom 7./8. Mai um 2.15 Uhr erneut: »Alle bis zum 9. 5. 45 um 1.00 Uhr DSZ gegebenen Möglichkeiten zum Abtransport über See sind unter äußerster Anstrengung aller Kräfte auszunutzen. Alle Schiffe müssen bis zu diesem Zeitpunkt ausgelaufen sein.«
Zwei Stunden später, um 4.03 Uhr, rief das Marineoberkommando Ostsee in Kiel allen in der Ostsee befindlichen Schiffen weiterhin zu: » . . . infolge der durch Kapitulation veränderten Lage müssen sämtliche See- und Sicherungsstreitkräfte sowie Handelsschiffe bis 9. Mai, 1.00 Uhr, Häfen Kurland und Hela verlassen haben. Schiffe und Boote bis an die Grenze beladen. Zielhäfen Kiel, Eckernförde, Neustadt . . .«
Um 6.45 Uhr bekommt Kapitän Grewe, der die Entwicklung

auf Hela Reede unablässig verfolgt, von seinem Funkgefreiten einen weiteren, drängenden Funkspruch überreicht: »An alle! Transporte deutscher Menschen aus Osten mit höchster Beschleunigung durchführen – 1 Seekriegsleitung 1076/45 Geheim.«

Schön, sagt der erfahrene Seemann und berät sich mit seinem Ersten Offizier, lassen Sie man schon alles klarmachen, es wird bald mächtig eng bei uns an Bord werden! Er hat mit einem Nachschubstab, mit Flak- und Signalpersonal insgesamt 35 Mann auf seinem kleinen Schiff, die sich schon jetzt gegenseitig umrennen. Am Nachmittag das erwartete Signal –, es ist soweit! Kapitän Grewe läuft ein und macht vorsichtig an der Pier fest. Außerhalb der Hafensperre wimmelt es wie in einem Ameisenhaufen. Seit 16.00 Uhr hört man von der Landfront stärkeres Granatwerfer- und Artilleriefeuer.

Während der Kapitän sich noch umsieht, legen auf der anderen Seite der Pier mehrere Marine-Fahrprähme an. Sie kommen aus dem Weichsel-Delta und haben Angehörige der 12. Luftwaffenfelddivision an Bord. Die Soldaten springen an Land. Mit Waffen und Munition behangen keuchen sie im Laufschritt näher, unter dem Stahlhelm rinnt ihnen der Schweiß ins Gesicht. Wie sich herausstellt, haben sie sich direkt aus der Hauptkampflinie absetzen müssen und wurden zurückgezogen. Nun entern sie Hals über Kopf den »Julius Rütgers«. Der Kapitän läßt nicht lange zählen, nimmt sie alle wahr und legt ab.

Unter den am Hafen Zurückbleibenden entsteht fast eine Panik, als der letzte Armeebefehl von Hand zu Hand geht. Von Saucken, der Armeegeneral, erklärt darin, daß die Räumung des Brückenkopfes Hela nun eingestellt sei, und daß er, der Oberbefehlshaber, das Schicksal seiner Soldaten teile und sich mit ihnen in die Gefangenschaft begebe.

Der »Julius Rütgers« dampft um die Halbinsel herum, dann stoppt Kapitän Grewe an der Außenseite noch einmal und geht dicht unter Land im flachen Wasser zu Anker. Dort befindet sich die Marineflak-Batterie Nordstrand, und die

Leute winken wie verrückt und waten auf ihn zu. Ein kleines Schlepperchen bringt ihm weitere 90 Mann an Bord. Die restlichen wollen nicht mit. Es sind Danziger, die lieber in Gefangenschaft gehen, als daß sie sich von ihrer Heimat trennen: eine geschlossene Gruppe am Strande, aus der sich hin und wieder ein Arm hebt und die Davonfahrenden grüßt. Für sie ist der Krieg schon jetzt zu Ende. Es wird Abend, das Schiff entfernt sich und die Dableibenden sieht man gegen den Hintergrund des Landes bald nicht mehr.
»Julius Rütgers« ist mit etwa 400 Menschen bis an den Schornstein vollgepfercht. In den Tanks gluckert noch Treiböl, der Kompaß ist defekt, die Maschine streikt zuweilen. Kapitän Grewe hängt sich an den Treck der flüchtenden Schiffe, die ihm davonzulaufen scheinen. Auf der Seekarte liegt ein letzter Funkspruch:
»An alle Kriegs- und Handelsschiffe in See: Ab 9. 5. um 0.00 Uhr MEZ gelten folgende Bestimmungen der Kapitalutionsbedingungen: a) in See und in Küstengewässern sofort in Klartext Standort melden an nächste nordamerikanische, britische oder sowjetrussische Küstenfunkstelle . . . nächsten deutschen oder alliierten oder denjenigen Hafen ansteuern, der von Vertretern Alliierter angegeben wird; b) nachts Lichter und senkrecht aufgerichtete Scheinwerfer zeigen . . . = 1 Seekriegsleitung 1102/45«

Die Schiffe dachten gar nicht daran, nachts Lichter geschweige denn Scheinwerfer zu zeigen. Das fehlte gerade noch. So schnell sie konnten steuerten sie westwärts, nur raus aus dem russischen Interessengebiet. Kapitän Grewe mit dem überladenen »Julius Rütgers« immer hinterher. Mit dem letzten Handelsschiff, das Hela verließ. Bald darauf wurde es von Torpedoboot »T 28« überholt. Das Kriegsschiff hatte 1237 Soldaten an Bord und lief ihnen schnell davon. Nun war »Julius Rütgers« wirklich das allerletzte Schiff von Hela auf dem Marsch nach Westen. Für den kleinen Tanker war der Krieg noch nicht zu Ende.
Um 20.27 Uhr ging die Sonne unter . . .

JANUAR

2.

In Pillau kann man noch ruhig schlafen – Durchbruch ins Reich
Blitzgespräch mit Eberswalde

Anfang Januar 1945 kann man in Pillau noch ruhig schlafen. Friedlich und still liegen die ostpreußischen Winternächte über der verschneiten Hafenstadt und Festung, über dem ehemaligen Bahnhof des Seedienstes, über dem Denkmal des Großen Kurfürsten, über der historischen Gaststätte »Ilskefalle« in der Raulestraße (man benannte die Straße nach dem ersten brandenburgischen Admiral), über dem verdunkelten Leuchtturm am Seetief und über der Einfahrt zum Frischen Haff. Dunkel ist es über der alten Zitadelle mit ihren modrigen Kasematten und verwunschenen Häusern, wo einmal die Kanonenrohre der im kurfürstlichen Auftrag 1682 von Major von der Groeben gegründeten westafrikanischen Kolonie Groß-Friedrichsburg standen; dunkel ist es über ihren modernen Gegenstücken, den Küstenbatterien Großer Kurfürst, Graf Dohna und York, über den Flakständen und Fort Stiehle. Es schweigen die kopfsteingepflasterten Straßen, die Salzspeicher der Holzwiese, es rührt sich nichts im Wasserstraßenamt auf dem Russendamm, still ist es am Königsberger Seekanal. Vor dem Hintergrund der Häuser die schwachen Silhouetten der Wohnschiffe »Robert Ley«, »Pretoria«, »Ubena« und »Duala«, die früher einmal Urlauber zum Nordkap oder Fahrgäste nach Afrika trugen, heute aber als schwimmende Kasernen für die U-Boot-Lehrdivisionen dienen. Von Pillau aus werden, wie von den

benachbarten Häfen, neue Besatzungen und die ganz modernen U-boot-Typen XXI und XXIII eingefahren.
Dunkel und ruhig ist es auch in Pillau 2, dem Ortsteil der Fischer, die mit ihren restlichen Kuttern noch im sechsten Kriegsjahr unbeirrt auf Fang gehen. Im Windschatten der Bernsteinküste, an der Heultonne »Peyser Bulle« vorbei und am Leuchtturm von Brüsterort. Aber bald wird alles jäh erwachen: Städte, Häfen, Menschen und Schiffe. Und wie eine Völkerwanderung werden zwischen zwei und drei Millionen Deutsche ihre Heimat verlassen und nach Westen flüchten in einem Unternehmen, das die Historiker die größte Rettungstat der Seekriegsgeschichte nennen. Und Pillau wird zerstört, verbrannt und vergessen sein.
Noch aber kann man in Pillau ruhig schlafen; denn auch von Luftangriffen blieb man bisher verschont. Wenn man von den Seetransporten absieht, die mit Truppen, Nachschub oder Verwundeten zwischen Pillau und den Häfen der Kurlandfront, Memel, Libau und Windau, hin- und herpendeln, wenn man die gelegentlichen Lazarettzüge außer acht läßt und über den alltäglich gewordenen Anblick der hier stationierten Marine-Einheiten hinweggeht, so kennen die Pillauer die Schrecken nur indirekt und als bloße Randerscheinung.
Im Osten waren die russischen Vorstöße, die Mitte Oktober 1944 die Reichsgrenze überschritten hatten, noch einmal zurückgeschlagen worden. Allerdings hatte die Rote Armee bei Polangen die Ostsee erreicht und Memel, den äußersten Zipfel des Reiches, bedrängt. Da man aber die Zivilbevölkerung schon Ende Juli 1944 über See evakuierte, war nur ein waffenstarrender militärischer Stützpunkt zurückgeblieben, der die Russen lange hinhalten würde. Im Westen waren noch im Dezember die 5. und 6. deutsche Panzerarmee und Teile der 7. Armee unter von Rundstedt in einer Großoffensive schwungvoll in die Ardennen eingedrungen. Das infolge von Nachschubschwierigkeiten und Treibstoffmangel buchstäblich festgefahrene Unternehmen hatte immerhin eine derartige moralische Wirkung hinterlassen, daß

selbst die alliierte Presse an einem baldigen Kriegsende zweifelte. Die deutschen Zeitungen zitierten den amerikanischen Kommentator Raymond Swing:

»Im Hochsommer vergangenen Jahres fieberten die Vereinigten Staaten vor Siegesstimmung. Auf diese Siegesstimmung folgte ein Rückschlag, der zeigte, daß wir uns von Deutschland völlig falsche Vorstellungen machen. Wir alle haben geglaubt, Deutschland sei zu schwach, um sich nach dem Verlust von Frankreich wieder zu erholen ... plötzlich verschwinden Sinn und Zweck dieses Krieges in einem undurchdringlichen Dunst.«

Zu Neujahr hatte das deutsche Volk wieder einmal die Stimme Adolf Hitlers vernommen, der nach langem Schweigen in einer großen Rundfunkrede »festen Glaubens (war), daß die Stunde kommt, in der sich der Sieg endgültig dem zuneigen wird, der seiner am würdigsten ist, dem Großdeutschen Reich«. Der Reichsmarschall Hermann Göring richtete in einem Tagesbefehl seine Blicke »voll Vertrauen in die Zukunft; denn wir sehen in diesen Tagen die Früchte harter, zäher Aufbauarbeit in der deutschen Luftwaffe reifen«. Generaloberst Guderian hatte »die Festung Deutschland, als festes Bollwerk dessen, was uns lieb und teuer und heilig ist« entstehen sehen. Und um keine Zweifel aufkommen zu lassen, gab Josef Goebbels, der Reichsminister für Volksaufklärung und Propaganda, einen Vorgeschmack kommender Dinge: »Das deutsche Volk wird erst dann die Waffen senken, wenn es den Sieg in der Hand hält, nicht eine Sekunde früher.«

Das war am 1. Januar 1945. Am ersten Tag des neuen Jahres aber greifen auch 150 alliierte Flieger abermals den Dortmund-Ems-Kanal an, der teilweise leerläuft –, bricht das Binnenschiffahrtsnetz zusammen, und die Hausbrandversorgung ist auch bei äußerster Sparsamkeit nur bis Mitte Januar gesichert. Am 3. Januar werden planmäßige Übungen der Flotte wegen Brennstoffmangel abgesagt. Während der Feind die deutschen Ostseeküsten von Swinemünde bis Danzig und Pillau aus der Luft vermint, hofft andererseits

die Bevölkerung mehr denn je auf neue Waffen, auf eine Wende, auf eine Entscheidung.
Noch immer kann man in Pillau ruhig schlafen. Am 4. Januar meldet der Bericht des Oberkommandos der Wehrmacht: »An der Front von der Ostslowakei bis nach Kurland blieb die Gefechtstätigkeit gering.« Das OKW befindet sich im Führerhauptquartier. Noch immer verbindet sich mit dem Begriff Führerhauptquartier für viele die Vorstellung der sogenannten Wolfsschanze bei Rastenburg. Es ist eine der bestgetarnten Stätten der Welt: Ein ausgedehnter, im Dickicht ostpreußischer Wälder verborgener Komplex von rund 80 Betonbunkern, Hotels, Nachrichtenzentralen, mit eigener Energieversorgung und zwei kleinen Flugplätzen. Die Anlage wurde unter dem Decknamen »Chemische Werke Askania« schon im Frühjahr 1940 begonnen, aber nie fertig, und heute kennt keiner mehr die genaue Ausdehnung der Gespensterstadt. Im Dezember 1944 verlegte der Führer sein Hauptquartier nach Berlin. Das Oberkommando der Wehrmacht ging nach Berlin-Dahlem, das Oberkommando des Heeres verlegte nach Zossen. Das Oberkommando der Luftwaffe begab sich in das Luftfahrtministerium in der Wilhelmstraße. Das schon im Sommer 1944 am Tirpitzufer völlig ausgebombte Oberkommando der Kriegsmarine residierte seitdem mit dem ObdM und einem Teil der Seekriegsleitung in Bernau, in der Ausweiche »Koralle«. Der Rest des Marineoberkommandos und der Seekriegsleitung ging nach Eberswalde, genannt »Bismarck«. Adolf Hitler selbst wohnte wieder in der Reichskanzlei. Zu den täglichen Lagebesprechungen (um 11.00 Uhr und im kleineren Kreise am späten Nachmittag) traf er sich mit den Verantwortlichen im darunterliegenden Führerbunker.

Es ist tiefer Winter, Ostpreußen erstarrt in Eis und Schnee. Die Temperaturen sinken bis 25 Grad unter Null, stellenweise noch tiefer. Frisches und Kurisches Haff überziehen sich mit einer festen Eisdecke. Dem Feinde scheinen die

Unbilden der Jahreszeit nichts auszumachen. Gut gerüstet und kältegewohnt, ergreift er wieder die Initiative. Die Ostfront erwacht zu neuem Leben. Hier und dort kommt es zu örtlichen Gefechten, die sich ausweiten, Ansatzpunkte bilden und die Absicht der Roten Armee erkennen lassen: den endgültigen Durchbruch ins Reich. Von der übrigen Ostfront werden auch noch am 10. Januar keine nennenswerten Kämpfe gemeldet. Doch sehen die Experten der Monatsmitte mit Spannung und Sorge entgegen. Nach dem Julianischen Kalender, der unserer Zeitrechnung hinterherläuft, wird der 13. Januar zum altrussischen Neujahrstag. Und da die Sowjets in ihrem »großen vaterländischen Kriege« psychologisch sehr geschickt auf viele ehemalige Werte und Maßstäbe zurückgreifen, könnte es durchaus sein, daß der altrussische Neujahrstag eine besondere und anspornende Bedeutung bekommt.
Die schlimmen Ahnungen trügen nicht; denn am 13. Januar 1945 beginnt nach außergewöhnlich starker Artillerievorbereitung an der Weichselfront die lange erwartete russische Winteroffensive. Westlich des Brückenkopfes von Baranow tritt der Feind mit zahlreichen Schützendivisionen und Panzerverbänden zum Angriff an. Ferner meldet der Wehrmachtsbericht: »Im ostpreußischen Grenzgebiet lag beiderseits der Rominter Heide schweres feindliches Artilleriefeuer auf unseren Stellungen. Zahlreiche Angriffe der Sowjets wurden abgewiesen. Auch im Nordteil des Memeler Brückenkopfes blieben mehrere feindliche Angriffe erfolglos.«
Einen Tag danach beginnt der Feind im Raume Ebenrode-Schloßberg den Großangriff. Der Wehrmachtsbericht spricht von harten Kämpfen mit mehreren, durch zahlreiche Panzerbrigaden unterstützten Schützenkorps. Als sich das erbitterte Ringen über die gesamte Ostfront ausdehnt, bittet der Generalstabschef des Heeres, den Schwerpunkt des Krieges hierher zu verlagern. Trotz hinhaltender Abwehrerfolge der deutschen Truppen werden am 16. Januar »tiefe Einbrüche der mit überlegenen Kräften angreifenden

Bolschewisten« zugegeben und am 17. Januar schwere Panzerschlachten. Der russische Druck drängt die 4. deutsche Armee aus ihrer Stellung im ostpreußischen Seengebiet. In einem Anflug von Panik will der Reichsverteidigungskommissar von Ostpreußen, Gauleiter Erich Koch, 600 Königsberger Werftarbeiter zum Schanzen einsetzen. Eine Maßnahme, die der ObdM eben noch unterbindet, indem er auf einen Führerbefehl zum Schutze der Werftarbeiter hinweist. Die Kriegsmarine ist mehr denn je auf die Werften angewiesen. Schwere Gefechte umtoben Goldap; man kämpft um Gilgenburg, Neidenburg, südlich von Gumbinnen und Insterburg, um Tilsit, um alten deutschen Heimatboden. Die russische Luftwaffe greift in die Erdkämpfe ein und bombardiert Memel, das Hafengelände liegt unter feindlichem Beschuß.

Am 21. Januar meldet der OKW-Bericht das Eindringen des Feindes in Tilsit. Einen Tag später stehen seine Panzerkräfte zwischen Insterburg und dem Kurischen Haff. Bei Insterburg erreichen sie den Pregel östlich von Königsberg. Die Selbstzerstörung des Memeler Hafens wird vorbereitet. Im Süden nähert sich der Russe Allenstein und stößt auf Elbing vor. Am 22. 1. 1945 fällt der Bahnhof Marienburg in Feindeshand, die Burg selbst wird noch bis in den März hinein von einem Marineregiment verteidigt. Das Regiment besteht zum größten Teil aus bestem U-Boots-Personal, aus Unteroffizieren, aus der Besatzung des Linienschiffes »Schleswig-Holstein« und Angehörigen von Schulen. Weitere russische Angriffe zielen auf Thorn, Graudenz und in Richtung Danzig. Als die sowjetischen Streitkräfte am 27. 1. (dem Geburtstag des letzten deutschen Kaisers) bei Elbing und Tolkemit das Frische Haff erreichen, ist ganz Ostpreußen zu einem Kessel geworden und nur noch durch die schmale Frische Nehrung mit dem Westen verbunden.

Die ostpreußische Bevölkerung, fast schlagartig vom Unheil überfallen, sucht einen Ausweg und flüchtet zur Küste, zu den Häfen. Pillau hat normalerweise 5000 Einwohner. Eines Nachts werden sie durch eine gewaltige Detonation aus dem Schlaf gerissen. Gebäude fallen ein, Dächer werden abgedeckt, im weiten Umkreis zerspringen die Fenster (» . . . die Gardinen sahen aus wie schaukelnde Gespenster, die Kälte kam herein, die Schneedecke in Alt-Pillau war rot von Ziegelstaub . . .«). Das Minendepot im Fort Stiehle war mit 2000 Seeminen und 1500 Wasserbomben in die Luft geflogen. Alle im Fort anwesenden Angehörigen des Sperrwaffenarsenals waren auf der Stelle tot und konnten nichts mehr sagen. Der Krieg hatte mit einem Paukenschlag an die Pillauer Haustüren geklopft. Als die Fünftausend morgens auf die Straße treten, sehen sie sich 40 000 Flüchtlingen gegenüber.

In einer Kaserne in Eberswalde, einem Städtchen an der Bahnstrecke Stettin-Berlin. Früher lagen in Eberswalde einmal Panzerjäger in Garnison. Heute beherbergt die Panzerkaserne Ämter des OKM und vor allem den Seetransport, oder »die Seetra«. Das ist die Schiffahrtsabteilung der Seekriegsleitung, abgekürzt Skl/Adm Qu VI. Der Seetransport leitet alle Handelsschiffe mit militärischen Aufgaben und alle diejenigen Handelsschiffe, die mit den Ostländern verkehren und von dort wieder Verwundete oder Truppen (und stillschweigend auch Flüchtlinge) zurückbringen. Das betrifft in der Ostsee, abgesehen von den Kohletransportern und wenigen anderen Ausnahmen, fast alle Kauffahrteischiffe. Sie stehen alle im Einsatz.
Die Kaserne sieht aus wie alle Kasernen. Ein langer Korridor, an den Türen die Namenschilder der Sachbearbeiter: Grössel, Kptltn. (Truppentransporte); Petersen, Ltn. z. S. (Flüchtlingsschiffe; Jakobus Fritzen, Ltn. z. S. (Binnenschiffahrt); Pospischil, Korv.Kpt. (Handelsschiffe); Fritze, Freg.Kpt. Ing. (Ing.Ref. Brennstoffe); Dr. Kutscher, Stabsarzt (Lazarettschiffe und Verwundetentransporter); Tennstedt, Ob.Stabsintendant (Verwaltung). Die Büros von Offizieren, Beamten und Zivilangestellten. Am Ende der langen Reihe eine Tür: Engelhardt, Konteradmiral. Es ist der »Seetransportchef für die Wehrmacht«.

Admiral Konrad Engelhardt, ein großgewachsener Mitvierziger, telefoniert gerade im Hause, als sich die Vermittlung einschaltet. »Führungsblitzgespräch aus Berlin – ich verbinde!« Am anderen Ende meldet sich Vizeadmiral Voß, der ständige Vertreter des ObdM im OKW/Führerhauptquartier.
»Hören Sie, Engelhardt! Ich rufe Sie unmittelbar an, noch ehe die Befehle durchkommen. Der Führer will, daß zum Entsatz der ostpreußischen Heimatfront fünf Divisionen aus Kurland zurückgeholt werden, darunter auch von Memel die Panzerabteilung 511. Memel selbst ist schwer bedrängt, und es wird erwogen, den Stützpunkt zu räumen.«
»Und wo sollen wir die Truppen landen?« fragt Engelhardt.
»Landeplatz wird auf Verlangen vom OKH der Hafen von Pillau. Dort sammeln sich aber auch – und das ist der Hauptgrund meines Anrufes – nach neuesten Meldungen unübersehbare Mengen von Flüchtlingen und Verwundeten. Kommt also das Problem der Flüchtlingsverschiffung hinzu, und weitere Seetransportaufgaben zeichnen sich ab. Wie stellen Sie sich dazu?«
Engehardt braucht nicht lange zu überlegen. Es ist, als hätte man ihm ein Stichwort gegeben.
Jetzt kommt seine Stunde. Er hört mit einem Ohr hin, antwortet knapp und ist mit den Gedanken schon ganz woanders. Schon seit der Räumung von Reval und Riga nahmen die ihm unterstellten Schiffe Flüchtlinge mit, wenn die Umstände es erforderten und überhaupt zuließen.
Gegen den Widerstand gewisser Kreise hatte er die Seetra-Zweigstellen in den einzelnen Häfen gewarnt und auf das unweigerlich zu Erwartende hingewiesen. Er hatte die Hafenanlagen überprüfen und nach Möglichkeit verbessern lassen, hatte sich um Tonnage und Brennstoff bemüht, Kohle auf Kähnen nach Osten geschickt.
Nur hätte man ihm das Stichwort schon früher zuspielen sollen, nachdem wenigstens vierzehn wertvolle Tage nutzlos verstrichen sind: Jetzt kam das alles auf einmal auf ihn

zu: Flüchtlinge, Truppen – und eine Flut von Verwundeten, die – wie sich herausstellen wird – nicht nur aus den Kämpfen um Ost- und Westpreußen stammen, sondern auch aus Schlesien und sogar aus Ungarn und Rumänien heranrollen. Der Generalstab hat die Marine einfach nicht rechtzeitig informiert.
Was die erforderliche Tonnage anging, so würde er, Engelhardt, alles zusammenkratzen, was sich irgendwie greifen ließ. Nur, daß man aus einem normalen Frachtschiff nicht im Handumdrehen einen Personentransporter machen kann. Es mußten Holzkojen eingebaut und die großen, leeren Laderäume mit Stroh ausgelegt werden. Sie waren eiskalt. Es fehlte an Bord an Toiletten für die vielen Menschen, an Trinkwasser, an Kochgelegenheiten, an einer Möglichkeit, die Säuglinge mit Milch zu versorgen. Das alles mußte behelfsmäßig eingerichtet, das nötige Material beschafft und an Bord geschickt werden. Und wenn auch die Seeleute im allgemeinen Meister im Improvisieren waren, wo nichts ist, da hat selbst der Kaiser sein Recht verloren.
Glücklicherweise konnte man noch auf die Zielschiffe zurückgreifen und vor allem auf die großen Wohnschiffe, die seit Jahren in Gotenhafen, Danzig und Pillau stillagen. Auf die »Pretoria«, »Duala«, »Robert Ley«, »Wilhelm Gustloff«, »Cap Arkona«, »Hansa«, »Hamburg«, »General San Martin«, und wie sie alle hießen. Allerdings –, ihre Maschinen waren seit Jahren nicht mehr gelaufen, das Personal bestand aus nur wenigen älteren, nicht frontdiensttauglichen Männern. Und die Kapitäne hatte man vielfach nur deshalb an Bord kommandiert, weil sie vorher in Südamerika oder sonstwo interniert gewesen waren und keine Seekriegserfahrung besaßen. Nun mußte das alles Hals über Kopf ausgebügelt werden.
Aber da die Seetra bisher alle ihr gestellten Aufgaben gelöst hätte, verließe sich der ObdM auch diesmal wieder auf ihn, hört Admiral Engelhardt noch seinen Gesprächspartner sagen, antwortet schon halb besänftigt mit einem »Danke« und hängt ein.

Ein Druck auf den Klingelknopf. Gleich würden seine Referenten zur Rücksprache erscheinen. Gleich wird auch die Meldung vom Tonnagebüro des Reikosee kommen, mit dem täglich der Einsatz der zivilen Schiffahrt abgestimmt wird.
Dem Reichskommissar für die Seeschiffahrt, Gauleiter Kaufmann, unterstehen jene Handelsschiffe, die den Nachschub nach Norwegen oder zivile Güter nach Osten brachten. Dessen Amt für Tonnageeinsatz leiten die Direktoren Bertram und Path vom Norddeutschen Lloyd. Auch diese Dienststelle muß in das große Rettungswerk einbezogen werden, das die Marine jetzt anlaufen läßt. Notfalls konnte der Seetrachef dem Reikosee auch einfach Schiffe entziehen, wenn er es für richtig hielt.
Der Umgang mit Handelsschiffen ist dem Admiral seit Jahr und Tag zur Gewohnheit geworden. Insofern bildete er eine Ausnahme, da die natürlichen Aufgaben der aktiven Marineoffiziere sich im allgemeinen auf das Kriegsschiff zu beschränken hatten. Selbst die Küstenbefehlshaber und Seekommandanten waren kaum über die Beschaffenheit und über die Möglichkeiten der in ihren Bereichen stationierten großen Liner im Bilde. Anders die Seetra, deren Stab sich vorwiegend aus schiffahrtsmäßig vorgebildeten Reservisten zusammensetzt.
In jungen Jahren hatte der jetzige Admiral an der Atlantik-Expedition des Vermessungsschiffes »Meteor« teilgenommen, das noch Hilfssegel führte, und engen Kontakt mit den Versorgungsschiffen bekommen. Zu Anfang des Krieges Chef des Stabes Nordfrankreich, mußte er sich eingehend mit der für das »Seelöwe«–Unternehmen zusammengezogenen Tonnage befassen. Nach einem Zwischenspiel in Biaritz als Stabschef des auf Gibraltar zielenden, später aber abgeblasenen Unternehmens »Ferdinand und Isabella«, landete er – nunmehr Kapitän zur See – beim Marinebefehlshaber Ostland im estnischen Reval, wo er sofort den Nachschub mit Handelsschiffen organisierte. Im Zusammenhang mit der Einschiffung der ersten Division von

Rommels Afrika-Korps kommandierte man ihn Anfang 1941 vorübergehend zum italienischen Admiralstab. Als später das Afrika-Korps über den Nachschub zu klagen begann und man nach einem Mann mit »Ellenbogen« suchte, der die Dinge wieder ins Rollen bringen sollte, fiel die Wahl des ObdM fast automatisch auf Engelhardt.

So kam es, daß an einem warmen Sonntag Ende 1942 eine deutsche Militärmaschine direkt aus Reval auf dem römischen Flugplatz Ciampino-Nord niederging, der ein Kapitän zur See im Pelz entstieg. Einer seiner damaligen Mitarbeiter entsinnt sich:

»Als der neuernannte ›Seetransportchef Italien‹ in seiner Dienststelle erschien, in der ›Villa Clotilda‹ an der Piazza del Popolo, schwitzend und den Pelz überm Arm, herrschte Sonntagsruhe. Arbeitsmäßig hatte man sich den örtlichen Gepflogenheiten angepaßt. Von den acht Offizieren war keiner anwesend. Einige Tage darauf stellte sich der neue Chef seinen eigenen Stab zusammen. Das waren durchweg Handelsschiffer, Reedereifachleute, Schiffsmakler und ähnliches. Also Leute, die schon rein beruflich etwas vom Handwerk des Seetransportes verstanden. Wer noch keinen Offiziersrang bekleidete, der wurde Sonderführer. Der ObdM war nicht kleinlich und stimmte all diesen Vorschlägen zu, bat sich aber Leistungen aus.«

Rom war eine offene Stadt. Nicht nur des Klimas wegen mußte der Seetransportchef, der im »Hotel Flora« an der Via Veneto wohnt, Pelz und Uniform ablegen und sich bei Piacentrini Zivilzeug schneidern lassen. Aber er war viel unterwegs, um in den Häfen nach dem Rechten zu sehen. Er durfte Führungsblitzgespräche anmelden, ihm unterstanden alle Seetransportstellen im Mittelmeer, Südfrankreich ausgenommen. Es war eine weitgespannte Organisation, von der die Öffentlichkeit kaum etwas wußte und die schon in Friedenszeiten mit sogenannten Kriegsmarinedienststellen (KMD's) in deutschen Häfen vertreten war. Damals beschäftigte sie sich mit dem Betrieb von Handelsschiffen bei Wehrmachtsmanövern und Transporten. Im

Zuge der Besetzung von Dänemark und Norwegen begab sie sich ins Ausland. Ihre mit weitgehenden Vollmachten versehenen Offiziere arbeiten mit der Zielstrebigkeit von Fachleuten, oftmals gegen örtliche Vorgesetzte. Auf sich selbst gestellt brauchten sie weniger Befehle, als vielmehr allgemeine Anweisungen und Ermessungsfreiheit. Und außerdem ihre Ellenbogen. Auch der Seetransportchef setzt sich, wenn es der Sache dienlich ist, großzügig über Zuständigkeitsfragen hinweg und erhält dabei Rückendeckung vom ObdM. Mit dem Verlust von Afrika, der Krim, von Sizilien, Sardinien und Korsika, wurden aus den Seetraleuten »Rückzugsspezialisten«. Eine Weile hielt man sich noch in Italien, betrieb Küstenschiffahrt bis Genua und Neapel und ersetzte den durch Bombenangriffe häufig unterbrochenen Eisenbahnverkehr nach Venedig durch Versorgungskähne auf dem Po. Mit der Landung der Alliierten bei Salerno begann das Ende, und eines Tages fand sich der Kapitän zur See Engelhardt, jetzt Seetransportchef für die Wehrmacht, mit seinem Stabe in der Kaserne von Eberswalde wieder.

Bei aller Energie ist er ein jovialer und verbindlicher, aber höheren Rängen gegenüber nicht immer nachgiebiger Mann, der kein Blatt vor den Mund nimmt. Mit seinen Zweigstellen steht er in ständiger Verbindung, ist ausgezeichnet informiert, des öfteren zum Lagevortrag im OKM und FHQ, und wenn beispielsweise bei einem Geleitzug am Nordkap Verluste eingetreten sind, weiß er durch seine Nachrichtenquellen dem ungeduldigen Großadmiral mit detaillierten Angaben zu dienen, noch bevor der eigentliche Zuständige etwas Genaues in Erfahrung bringen kann. Bei seinen Untergebenen und Mitarbeitern ist der Kapitän sehr beliebt, aber 1944 hat er sich mit soviel Generalität überworfen, daß Dönitz, als Engelhardts Beförderung zum Konteradmiral fällig ist, beiläufig bemerkt: »Nun werden Sie sich auch den Feldmarschällen gegenüber besser durchsetzen können.«

Er war Realist und machte sich nichts vor. Es gab Menschen, die ihm die Beförderung übelnehmen würden. Daß er dagegen 1920 als Leutnant verabschiedet und beim Wiedereintritt in die Reichsmarine zurückgestuft wurde und über zehn Jahre als Oberleutnant herumlaufen mußte, daran dachten sie nicht. Eine seiner wenigen Freuden ist das Pirschen mit der Büchse vor Tau und Tag. Als Sohn eines preußischen Landrats in Lüneburg geboren, ist er in Wald und Heide zu Hause. Dort und auf dem Wasser war die Welt noch am schönsten.

Der Seetransport ist sein Handwerk. Eines Tages, im Winter 1944/45, kam er mit einer Ju 52 von der Inspektion einer Sonderaufgabe zurück. Seine Seetra hatte bei der Rückführung von Panzer- und Motor-Divisionen des Heeres von Nordnorwegen nach Aarhus in Dänemark mitgewirkt. Die Panzer und Fahrzeuge waren solange über die norwegischen Straßen nach Süden gerollt, bis das Wasser eines Fjordes sie zum Halten zwang. Der Seetransport der Kriegsmarine hatte einspringen müssen, Anlegebrücken gebaut und mit Marinefährprähmen den Weitermarsch ermöglicht. Das Ganze hatte sich über zweitausend Kilometer hingezogen und wurde trotz aller technischen Schwierigkeiten in nur drei Wochen abgewickelt. Als der letzte Mann der Panzerdivision Kirkenes verließ, stand der erste Mann bereits in Aarhus. Grund genug für den Chef, zufrieden zu sein.
In der bis auf den letzten Platz besetzten Militärmaschine saß auch ein Sonderführer-Oberleutnant, im Zivilberuf Kapitän, der seine Kommandierung zur Schiffahrtsabteilung der Skl in der Tasche trug. Er wollte es kaum glauben, daß er nicht erst nach Eberswalde zu reisen hat, sondern sich noch im gleichen Flugzeug bei seinem höchsten Vorgesetzten melden konnte.
»Zeigen Sie mir Ihren Marschbefehl«, freute sich Engelhardt, »sobald wir landen, fahren Sie mit der Bahn nach Danzig und melden sich auf der dortigen KMD. Man wird Sie als Einschiffungsoffizier einsetzen.« So kam der Sonderführer Oberleutnant z. S. Schuldt als erster einer ganzen

Reihe von Seetransportoffizieren in den Hafen von Neufahrwasser.
Der Seetransportchef hatte alles bedacht und schon am 30. 7. 1944 ein Fernschreiben hinausgehen lassen:

> *»Im Einverständnis Reikosee Gauleiter Kaufmann und OKW/Führungsstab wird folgendes befohlen: 1) Versorgung der Heeresgruppe Nord über See durch Häfen Königsberg, Danzig/Gotenhafen, Stettin; 2) Mit sofortiger Wirkung werden zur Überwachung der Aufgaben Seetransportstäbe gebildet, die aus Bevollmächtigten der KMDs, der Wehrmachtumschlagstäbe, der zivilen Seeschiffahrtsbevollmächtigten und des Reikosee bestehen. Leitung Chef der Kriegsmarinedienststellen mit Weisungsbefugnis.«*

Was jetzt geschah, hatte er kommen sehen und schon damals die ihm unterstellten Handelsschiffe angewiesen, nach Möglichkeit Flüchtlinge mitzunehmen: die finnischen Angehörigen deutscher Soldaten aus Helsingfors, Baltendeutsche aus Reval, Pernau, Riga, Windau und Libau. Das verstärkte sich im Herbst 1944, als die Trecks der Esten und Letten in die baltischen Häfen hineinströmten, und wurde seit Dezember mehr oder weniger stillschweigend auch in Ostpreußen praktiziert. Der Seetrachef hatte dabei immer vermieden, das FHQ offiziell davon zu benachrichtigen; denn nach den Ansichten der Gauleiter Erich Koch (Ostpreußen) und Albert Forster (Danzig-Westpreußen) hätten derartige Aktionen damals noch als Defätismus ausgelegt werden können. Nur von Großadmiral Dönitz, der gelegentlich etwas davon zu hören bekam, wurden sie ausdrücklich gebilligt. Es war eines jener Beispiele im Dritten Reich, wo die linke Hand nicht wissen durfte, was die rechte tat.
Auch die organisatorischen Voraussetzungen, um diese neue Aufgabe im großen zu lösen, waren gegeben. Das Netz der Seetra, die das menschliche Elend mit all seinen üblen Begleiterscheinungen im Rahmen der Rückzüge aus

eigener Erfahrung kannte, stand. In allen Häfen befanden sich Kriegsmarinedienststellen mit erprobten Offizieren als Leiter. In Libau arbeitete Korvettenkapitän Harries; Danzig mit den Zweigstellen Gotenhafen, Hela und Pillau unterstand Fregattenkapitän Bartels; in Kolberg, Saßnitz und Stettin wirkten die Fregattenkapitäne Kolbe, Koch und Nicol. Alle vorgenannten Offiziere waren samt und sonders einmal in der Handelsschiffahrt gewesen. Sie verstanden ihr Handwerk.
Alles war vorhanden, nur noch nicht die Schiffe zum Transport der Massen.

3.

Rette sich wer kann – Der Sturm auf die Schiffe
Tagebuchblätter des Seetransportes

Am 20. Januar 1945 entschließt man sich im OKW, das Sprengen der Memeler Hafenanlagen vorbereiten zu lassen. Am 22. entscheidet Adolf Hitler, Memel ist zu räumen, und gibt das dort gebundene XXVIII. Armeekorps (General Gollnick) zur Abwehr der Russen im Samland frei. Es wird über die Kurische Nehrung zurückgezogen. Das ist der Schlußstrich unter ein Kapitel, das schon im Sommer 1944 begann. Damals schlug der Kommandeur der 24. U-Schulflottille, Fregattenkapitän Merten, als Standortältester dem Gauleiter vor, Stadt und Hinterland von Zivilpersonen über See zu räumen. Da ihn dieser deswegen vor ein Kriegsgericht stellen will, wendet sich der Kapitän unmittelbar an den Großadmiral, der im Gegensatz zum Gauleiter zustimmt. Zuerst wurden 6000 Hitlerjungen zwischen 14 und 16 Jahren fortgebracht, die in der Kampfzone an einem »Erich-Koch-Wall« schanzten. Dann folgten 50 000 Memelländer. Jetzt verlassen die letzten deutschen Soldaten das Memelland.

Für militärische Zwecke steht Schiffsraum zur Verfügung, vor allem für die Rückführung von Kurlandtruppen, dagegen ist die Brennstofflage mehr als angespannt. Der ObdM warnt, wenn die Kohlen für den Seetransport und die Sicherungsstreitkräfte nicht beschafft werden, hört alles auf, und läßt nach Norwegen laufende Kohlendampfer mit 40 000 Tonnen umdrehen. Von ihrer Ladung werden 10 000 Tonnen in den Danziger Raum abgezweigt. Auf höchsten Befehl wird ein Kohlenkommissar eingesetzt, und am Ende kann die Marine alle Kohlen selbst verteilen. Am 24. Januar wird das OKM durch die Nachricht überrascht, daß Gauleiter Koch die Evakuierung von Königsberg und den Abtransport der Einwohner über Pillau angeordnet habe. Die Gauleitung streitet eine solche Maßnahme später ab. Wozu der Großadmiral bei der Lagebesprechung nur lakonisch bemerkt: »Das ändert ja alles nichts daran, daß sich zweifellos eine ungeheuere Anzahl von Menschen zum Abtransport in Pillau sammeln werden.«
Wie aus einer Randnotiz hervorgeht, erwartet das Marineoberkommando Ostsee einen Zustrom von 1,5 Millionen Menschen. In Königsberg befinden sich zu dieser Zeit 20 000 Verwundete, weitere 20 000 werden erwartet. Dönitz hat alle bisher dem Kommandierenden Admiral der U-Boote unterstellten großen Wohn- und Zielschiffe für die Evakuierung freigegeben. Hinzu kommen noch alle Schul- und Hilfsschiffe, die teilweise unter Kriegsflagge, zum anderen aber auch unter Reichsdienst- oder Handelsflagge laufen und mit zivilen Seeleuten besetzt sind. Am 25. Januar verlassen die ersten großen Handelsschiffe den Pillauer Hafen, bis zum Überquellen mit Menschen beladen. Es sind dies »Robert Ley«, (das 27 288 BRT große KdF-Schiff), die beiden Deutsch-Ostafrika-Liner »Pretoria« (16 662 BRT) und »Ubena« (9523 BRT) und die »Duala« (6133 BRT) der Reederei Essberger. Aus Königsberg kommen »General San Martin« (11 251 BRT) der Hamburg-Süd und das Kdf-Schiff »Der Deutsche« (11 453 BRT). Alle waren einmal Spitzenschiffe der deutschen Passagierflotte.

Eine Augenzeugin schreibt: . . .Am 22. 1. 1945 erreichte ich mit meiner 79jährigen Mutter und drei Kindern im Alter von 2, 6 und 12 Jahren von Königsberg aus die Seestadt Pillau. Die kleine Stadt war so überfüllt, daß die Menschen glücklich waren, auf den Hausfluren übernachten zu dürfen. Das Elend der Kinder, besonders der Säuglinge, war erschreckend. Manche waren tagelang nicht gewickelt worden. Durch Tiefangriffe der Flieger verwundete Flüchtlinge erhofften Hilfe für ihre verschmutzten Wunden. Wir hatten im Hause des Apothekers unterschlüpfen können, dieses nie gesehene Elend entsetzte ihn. Am 24./25. gelang es uns, auf die »Pretoria« zu kommen. Wir wurden unter Deck in einen großen Gesellschaftsraum gebracht und konnten nun auf dem Boden sitzen, zum Liegen reichte der Platz nicht aus. In einem großen Geleit fuhren wir zusammen mit »Robert Ley« in Richtung Stettin.

Die Organisation an Bord war ausgezeichnet. Die Mütter bekamen Gelegenheit, ihre Kinder zu baden. In Erinnerung ist mir die beginnende Unsauberkeit geblieben. Das Waschbecken im Bad war von einer Mutter für ihr Kind als Klo benutzt worden. Aber die Toiletten reichten für die Tausende einfach nicht mehr aus. Zeitweise wurden sie gesperrt und von der Besatzung einfach unter Wasser gesetzt. Einmal erlebte ich einen Appell der Besatzung. Rettungsboote waren vorhanden, ob Schwimmwesten, weiß ich nicht. Jedenfalls waren die Menschenmassen so ungeheuer ohne Disziplin, daß meine Mutter und ich uns einig waren, im Notfall erst gar nicht eine Rettung zu versuchen. Wie hielten uns vier bis fünf Tage auf der »Pretoria« auf. Zum Schluß fehlte es an Trinkwasser und Verpflegung. Dann aber erreichten wir doch Stettin . . .«

Frau Margret Wendler entsinnt sich: » . . . ›Pretoria‹, ›Duala‹ und › Robert Ley‹ wurden im Pillauer Hafen zur Aufnahme von Flüchtlingen bereitgemacht. Zuerst wurden ganze Wagenladungen von Hausrat übernommen. Als es dann immer voller wurde, waren die Leute froh, wenn sie mit Handgepäck heraufkamen. Wir waren auf ›Robert Ley‹

mit 5000 Menschen. Es ging alles in musterhafter Ordnung zu, und die Matrosen halfen, wo sie konnten. In Gotenhafen machten wir Halt und übernahmen noch an 2000 Flüchtlinge und 1000 Verwundete. Außer der Besatzung waren wir 8000 Mann an Bord. Die Verpflegung war zuerst großartig. Nach der Übernahme so vieler fingen die Komplikationen an. Alle Gänge waren mit Verwundeten und Soldaten belegt ...«

Gerda Riech erlebt in Königsberg das gleiche: »... Am 24. 1. 1945 um 17 Uhr Einschiffung bei klarem Frostwetter (–C 20 Grad und hoher Schnee) auf dem Schiff ›General San Martin‹ im Hafenbecken IV. Die Passagiere waren Patienten, Angestellte von Kliniken, nicht mehr kriegsverwendungsfähige Ärzte und derer aller weiblichen Angehörigen mit Kindern. Die Besatzung des Schiffes sorgte unermüdlich für die Flüchtlinge. Die Verpflegung war reichlich und gut, für Kleinkinder gab es Sonderkost. Für Eßgeschirr mußte jeder selber sorgen ... Es waren ca. 3000 Flüchtlinge an Bord. Die vorerwähnten männlichen Ärzte wurden noch am 24. 1. abends auf Grund eines angeblichen Befehls ... mit einem Polizeiauto zur Univ.-Kinderklinik abtransportiert, obwohl sie vom ostpreußischen Leitenden Arzt Dr. Schröder den Befehl zum Begleiten des Transportes von Flüchtlingen bei sich hatten. Ein SS-Offizier, jung und namens Sonnenschein, gab an Bord den Befehl. Aus dem Reich war gerade ›Der Deutsche‹ in Königsberg mit ganz jungen Soldaten angekommen, die mit Stahlhelmen angetreten standen und z. T. weinten. Ein deprimierender Anblick. Unter den Schiffen, die Königsberg verlassen müssen, befindet sich auch der Kreuzer »Emden«. Er hat in der Werft gelegen, seine Maschinenanlage ist ausgebaut und wird überholt. Das manöverierunfähige Kriegsschiff wird mit Eisbrecherhilfe nach Pillau geschleppt, wo die eigene Besatzung den Marschmotor instandsetzt, so daß der Kreuzer schließlich mit nur sieben Knoten Fahrt nach Westen ablaufen kann – und noch 1300 Flüchtlinge mitnimmt. Doch ehe er Königsberg für immer verläßt, schickt man ihm in einer schier nibelungenhaften Szene noch zwei Särge an Bord: Den des Generalfeldmarschalls von Hindenburg, des Siegers von Tannenberg, und den seiner Frau. Vielleicht entsinnt sich der eine oder andere in diesem Augenblick, daß es nicht nur ein Tannenberg von 1914, sondern auch eines von 1410 gegeben hat, als das Heer des Deutschen Ritterordens eine vernichtende Niederlage erlitt.

Die jetzige Episode schildert Fregattenkapitän a. D. Ernst Ludwig Wickmann:

»... Das Generalkommando, mit dem ich dauernd Fühlung hielt, hatte das Eintreffen der Särge für den späten Nachmittag des 23. Januar angekündigt. Der Termin verschob sich aber von Stunde zu Stunde, so daß der Sohn des Feldmarschalls, General Oskar von Hindenburg, mit seinem Adjudanten, Major Zöllenkopf, erst abends gegen 22.00 Uhr an Bord kamen, um der feierlichen Zeremonie beizuwohnen. Doch auch dieser Zeitpunkt war noch fast vier Stunden zu früh gewählt ... Ich hatte mit Rettungsinseln und Flößen auf der Hütte einen kleinen Ehrenhof bauen lassen, in den die beiden Särge mittels eines Kranes hineingesetzt wurden. Selbstverständlich Ehrenwache und Doppelposten. Der Wall aus Rettungsinseln war gespickt mit den ganzen Fahnen und Standarten der Regimenter aus dem Tannenberg-Ehrenmal, so daß das Schlußbild im Scheine einer Bogenlampe bei leise rieselndem Schnee ungewöhnlich feierlich und schön war. In der nächtlichen Stille war infolge des Schneefalls jedes Geräusch gedämpft. Der General war wie alle, die diese Minuten miterlebten, sichtlich beeindruckt und verabschiedete sich morgens gegen 3.00 Uhr. Anschließend wurde sofort die Schleppfahrt durch den Seekanal angetreten ...«

In Pillau wurden die Särge von der »Emden« auf die »Patria« gegeben, die sie Anfang Februar in Stettin auslud. Von Lastwagen des Heeres abgefahren, verloren sie sich im Unbekannten. Später fanden sie sich wieder an und wurden im Dom zu Marburg aufgestellt. Sieben der insgesamt 60 alten Truppenfahnen und Feldzeichen aus Tannenberg hän-

gen heute in der Panzerkaserne Munster (Lager) andere auf der Burg Hohenzollern.
Um den ersten Ansturm der flüchtenden Massen auch nur annähernd aufzufangen, wurden alle nur erdenklichen Schiffe eingesetzt. Neben den großen und geräumigen Passagierdampfern ganz einfache Frachter, Munitionstransporter, Tanker, Flugsicherungsschiffe, Walfangboote und andere, havarierte und bombenbeschädigte. Gemessen an denen der ehemals glanzvollen Liner, waren die Transportbedingungen hier eher primitiv. Aber sie erfüllten ihren Zweck: die Rettung menschlichen Lebens. Was an Material fehlte, wurde durch die Hilfsbereitschaft und Menschlichkeit der Seeleute ausgeglichen. Waren die Unglücklichen erst einmal an Bord, waren sie meistens auch in Sicherheit. An Land »wurden durch die Disziplinlosigkeit der Bevölkerung des öfteren Frauen und Kinder ins Wasser gestoßen und kamen darin um.«
Wie hastig und provisorisch diese ersten Schiffe für den Menschentransport ausgerüstet und eingesetzt wurden, beschreibt Kapitän Lankau von den Deutschen Afrika-Linien. Nachdem er Munition nach Libau gebracht hatte, kam er mit einer Panzerjagd-Einheit zurück und bekam Befehl, sich für die neue Aufgabe vorzubereiten.
». . . Mein Schiff, die ›Mungo‹, erhielt aber lediglich größere Mengen Strohballen und einige transportable Toiletten. Für das Hinuntersteigen in die tiefen Laderäume wurden noch besonders lange Leitern beschafft, die Trinkwassertanks wurden aufgefüllt. Wir kamen nicht mehr zum Bestimmungshafen Königsberg, sondern wurden durch russisches Artilleriefeuer gezwungen, bei Fischhausen umzukehren. In Pillau standen die Menschen unübersehbar Schulter an Schulter an der Pier. Nach Stunden war das Schiff übervoll belegt, und ich mußte mich entschließen, Schluß zu machen. Hätte ich den Massen auf dem Kai meinen Entschluß mitgeteilt, hätte es eine Panik gegeben. Wir haben dann unauffällig das Fallreep hochgeholt. Als die Flüchtlinge merkten, was geschehen war, begann ein ent-

setzliches Geschrei, da ein Teil der Familien getrennt worden war ...« Der Kapitän hat dann mit unendlicher Geduld die Familien zusammengebracht, was länger dauerte als die Übernahme der großen Masse. In der Zwischenzeit schickte er auch den 2. Offizier und einige Soldaten der Bordflak zum Marineverpflegungsamt. Die dichte Menschenmenge zwang sie zu weiten Umwegen, als sie mit Lebensmitteln aller Art zurückkehrten. Die »Mungo«, ein Schiff von 3500 Tonnen Tragfähigkeit, hatte nun 3000 Menschen an Bord. Trotz stürmischer Winde, drangvoller Enge und fehlender ärztlicher Betreuung hat jeder einzige von ihnen den rettenden Hafen sicher erreicht.

Einer der wenigen Frachter, die noch nach Königsberg gelangen, ist die kleine »Marie Fisser« (1235 BRT) der Reederei Fisser & van Dornum, Emden. Beim Einlaufen in Pillau wird sie versehentlich von einem deutschen U-Boot gerammt und am Ruder und Hinterschiff erheblich beschädigt. Nach Aussagen des 1. Offiziers H. Kromminga » . . . hatte unser Schiff vier Luken, doch auf dem Doppelboden befand sich keine Holzwegerung. So wurden in jenem Laderaum lediglich Strohballen zum Auslegen verteilt. Es herrschte eine ziemliche Kälte mit sehr viel Schnee. Insgesamt sollten wir 600 Flüchtlinge, zumeist hochschwangere Frauen an Bord nehmen. Jedoch kamen auch sehr alte Leute. Noch in Königsberg, während der Einschiffung, erlebte ich die ›erste Geburt‹ meines Lebens. Leider mußte die arme Mutter wieder an Land gebracht werden, da es eine schwere Geburt mit Kaiserschnitt war. Es war für mich das erste Mal, daß ich ein neugeborenes Kindlein in einer Wolldecke vorsichtig zum Auto getragen habe.

. . . Während der Fahrt durch das Eis bis Pillau kamen noch zusätzliche Flüchtlinge über das Eis gelaufen und kletterten an Bord. Wir haben nicht versucht, sie daran zu hindern. Außer der Unterbringung in den Lade- und Wohnräumen wurden noch große Zeltbahnen geliefert und an Deck aufgebracht . . .«

Am 27. Januar, als eben die letzten Schiffe aus Memel zurückkehren, werden in Pillau 37 800 Flüchtlinge, 7090 Verwundete und 4487 Soldaten verschifft. Aber die Menschenflut schwillt immer mehr an. Seitdem Königsberg unter sowjetischem Beschuß liegt, kommen sie nicht nur auf Straße und Schiene. Auf Kleinfahrzeugen aller Art, unterstützt von Eisbrechern, schleichen sie sich massenhaft den Seekanal herunter. Am 28. 1. hat der Gauleiter und Reichsverteidigungskommissar Ostpreußen, Erich Koch, seine Landeshauptstadt verlassen. Hinter ihm wälzt sich ein unabsehbarer Menschenstrom zur rettenden Küste. Aber während man diesen von den Straßen fort und auf die zugefrorene Fischhauser Wiek lenkt, wo er auf dem Wege übers Eis Pillau zu erreichen sucht, wartet dort schon der moderne Eisbrecher »Ostpreußen« der Königsberger Kaufmannschaft auf seinen Gauleiter. Der Dampfer ist »für alle Fälle« reserviert, darf von keinem Flüchtling betreten werden und hat bereits die Parteikasse an Bord, obwohl Koch noch kurz zuvor der Bevölkerung versicherte, daß »die Lage sich beruhigt habe und der Russe an der Deime-Stellung aufgefangen würde«. An der Küste angekommen, wo ihm die Marine den Eisbrecher einstweilen entzieht, begibt sich Koch mit seinem Stab und Anhängerinnen nach Burg Lochstedt auf der Nehrung. Ein Dutzend, von der SS bewachte Fischkutter liegen für ihn zur Flucht nach Hela bereit. Zwischen ihm und der Front aber liegt vor allem Wasser: nämlich das Pillauer Seetief und die weite Fläche des Frischen Haffs.

Die Menschen hinter ihm, denen man viel zu spät die Räumung erlaubt hat, verlassen ihre Heimat mit der geringsten Habe. Sie laufen über das Eis und retten das nackte Leben. Sie kommen auf defekte Frachter und versuchen, sich umzubringen. Sie halten das alles für einen höllischen Traum, aus dem sie gleich zu erwachen hoffen. Und inmitten von Grauen und Elend werden Neugeborene durch einen chirurgischen Eingriff in eine schreckliche Welt der Wirklichkeit befördert. Beim trüben Schein einer Lampe in einer Ladeluke auf Heu und Stroh, und in der Ferne das Grollen der Front . . .

Am Morgen des 29. Januar ist Königsberg von den Sowjets zum erstenmal praktisch eingekesselt. Die Stadt wird zur Festung erklärt und dem General der Infanterie Lasch unterstellt. 50 000 Flüchtlinge begeben sich mit Mann und Roß und Wagen nach Pillau. 100 000 Zivilisten befinden sich noch in der eingeschlossenen Stadt.
Einen Tag später schlägt die Panzergrenadier-Division »Großdeutschland« eine Bresche in den Ring, und erzwingt einen schmalen Durchgang. In Pillau schwillt die Menschenflut auf kaum vorstellbare 300 000 an. Es ist, als brächen alle Deiche.
Die Offiziere der eilig zusammengestellten Seetransport-Stelle Pillau, geführt von Kapitänleutnant Krüger, haben so etwas noch nicht erlebt. Nicht einmal Krüger beim Rückzug aus Afrika. Krüger ist Reservist, 1. Offizier des Norddeutschen Lloyd, und es spricht für ihn, wenn er am 8. Mai seine Leute nicht alleine lassen will und mit ihnen auf Hela freiwillig in die Gefangenschaft geht. Mit aller Energie packt er in Pillau die Dinge an. Das ist bei dem Durcheinander in dem kleinen Standort von ausschlaggebender Bedeutung. Der Festungskommandant braucht sich nicht um die Einschiffungen zu kümmern. Der nahende Feind macht ihm Sorge genug. Und die Flüchtlinge stehen wie eine Mauer, bei 20 Grad Kälte, die meisten ohne ein Dach über dem Kopf.
Der Kapitän des Walfangbootes »Süd 5«, Carl Thiesen, sieht die Situation so: » . . . Von Libau kommend liefen wir Pillau ein, wo der Geleitzug aufgelöst wurde. Hier war, wie man so sagt, der Teufel los. Die ganze Stadt war in Aufruhr. Lange Reihen von Menschen standen mit Gepäck vor den im Hafen liegenden Schiffen. Andere Schiffe kamen von Königsberg und gingen in See. Sie mußten überhastet abgefahren sein; denn außenbords hingen noch Stellagen. Ein langer Strom von Flüchtlingen schob sich an meinem Schiff vorbei. Meine Dienststelle hatte mich angewiesen, am andern Morgen ca. 50 Soldaten und Personal nach Gotenhafen zu bringen. Trotzdem nahm ich am nächsten Morgen

noch Flüchtlinge an Bord, so daß mein kleines Schiff übervoll war . . .«

Jede Tonne, die sich noch als schwimmfähig erweist, wird von der Seetra auf die Reise geschickt. Da wäre beispielsweise die »Gotenland«, ein 5266 BRT großer Frachter des Norddeutschen Lloyd, der während des ganzen Krieges im Schatten der Marine still und unauffällig seine Transportaufgaben erfüllt hat. Geführt von Kapitän H. Vollmers hat sie auf bisher 175 Kriegsreisen nach Norwegen, Finnland und Kurland insgesamt 51 987 Seemeilen hinter sich gebracht, mehr als das Doppelte des Erdumfangs. Das Motorschiff hat in Libau zwei Bombentreffer bekommen und wird von der Schichauwerft in Danzig repariert.

Die Arbeiten werden abgebrochen, das unfertige Schiff wird Hals über Kopf in Fahrt gesetzt. Es fehlt ihm die Back, es hat weder Winden noch Anker. Nichtsdestoweniger läuft Kapitän Vollmers nach Pillau und bringt in diesen ersten, hektischen Januartagen 3500 Mütter mit Kindern nach Swinemünde.

Der Seetransportchef für die Wehrmacht, Admiral Engelhardt, spricht ihm später für seine Leistungen im Kriege besondere Anerkennung aus. Als alles vorbei ist, kehrt Kapitän Vollmers zum Norddeutschen Lloyd zurück und führt in den sechziger Jahren dessen Flaggschiff, die »Bremen«.

Aber auch die intakte Tonnage ist nicht mehr das, was sie einmal war. Selbst die großen Wohnschiffe müssen nach der ersten Reise gründlich überholt und ausgerüstet werden. Die Frachter haben fünf Jahre Krieg hinter sich. Ihre Lager sind ausgelaufen, an Buntmetall herrscht Mangel, sie pfeifen aus allen Fugen. Es fehlt an Tauwerk, an Leinen, es gibt keine Mennige mehr, allenfalls Harzfarben, und der Rost schlägt sich auf den Bordwänden nieder. Zum Teil sind diese zivilen Handelsschiffe noch mit Fremdarbeitern besetzt. Es ist kaum zu fassen, daß sich diese vorbehaltlos einsetzen und nicht ein einziger Fall von Sabotage nachgewiesen werden kann.

Und so fahren denn die Handelsschiffe bis zum Zusammenbruch: Hunderttausende von Flüchtlingen, nicht viel weniger Verwundete, obwohl – wie der Seetransportchef später klagt – »uns das OKH nie auf die brenzliche Lage der Verwundetentransporte aufmerksam gemacht hat«. Ende Januar liegen im Raum Danzig/Gotenhafen alleine 50 000 Verwundete, und täglich kommen neue hinzu. Aus Kurland bringt ein Schiff Verwundete direkt vom Truppenübungsplatz, Verbände fast nur aus Papier. Es ist eine Sisyphos-Arbeit, die kein Ende nimmt. Und zwischen den Menschenfrachtern laufen gleichzeitig Transporter mit Nachschub für die kämpfenden Armeen in Kurland und nach Norwegen. Mehr Schiffe müssen her; denn als auch in Pillau selbst die ersten Bomben fallen, wird alles noch schlimmer. Das Tagebuch der Seekriegsleitung trägt den Vermerk: Der ObdM sagt, es muß alles geschehen, um zu helfen!
Der Seetransportchef hält nur noch einen Rückgriff auf Schiffe für Kohlefeuerung für möglich (falls er die Kohle bekommt), alles andere ist ausgelastet. Die Verluste machen sich bemerkbar. Im Jahre 1944 gingen in der Ostsee 44 deutsche Handelsschiffe verloren, mit einer Tonnage von 101 000 BRT, ebensoviele wurden beschädigt und fielen vorübergehend aus. Wenn die Schiffe ihre Nasen in See stecken, erwarten sie Gefahren und Verzögerungen aller Art. Sie laufen, einmal im tiefen oder einmal im flachen Wasser dicht unter der Küste, auf »Zwangswegen«, die mit Bojen bezeichnet sind und ständig nach Minen abgesucht werden. Bei Minenverdacht wird die Schiffahrt vorübergehend unterbrochen. Die russische Luftwaffe macht sich stärker bemerkbar, und die Rote Marine wird aktiv. Zwar scheinen sich ihre Überwasserstreitkräfte nach den katastrophalen Verlusten beim Rückzug aus den baltischen Provinzen im Jahre 1940 noch nicht restlos erholt zu haben, dafür schickt sie kleinere Einheiten ins Feuer. Am 5. 1. wird bei Brüsterort ein russisches U-Boot gesichtet, später werden bei Rixhöft, vor der Halbinsel Hela, die Frachter »Mimi

Horn« und »Donau« von zehn russischen Flugzeugen angegriffen. Die Leuchtfeuer sind verdunkelt, und zu den Gefahren des Krieges, denen man durch nächtliches Geleitfahren begegnen kann, kommen die Mühseligkeiten des Winters, kommen Sturm und vor allem das Eis, das die Häfen blockiert und die Schiffe warten läßt. Mitte Januar liegen in der Pommerschen Bucht 43 Dampfer fest wegen Minengefahr, zwei Tage später sind es schon 101. Zwischen Pillau und Libau wird »Günther Russ« vermißt.
Hat die Seetra die Handelsschiffe bereitgestellt, beladen und ihnen den Marschbefehl übergeben, so werden sie auf ihren Reisen in der Ostsee von der 9. und 10. Sicherungsdivision begleitet und gesichert. Das ist eine Aufgabe für Vorpostenschiffe, Minensucher, Kriegsfischkutter und wenn es hochkommt von Torpedobooten. Mit den zunehmenden Flüchtlings- und Rückzugtransportern wird das Bereitstellen von Sicherungsfahrzeugen immer schwieriger. So bleiben am 23. 1. wegen Geleitbootmangel 4 Schiffe in Saßnitz liegen, 6 in Kolberg und 15 in Pillau. In Einzelfällen ziehen es Kapitäne von schnellaufenden Handelsschiffen sogar vor, ohne Geleit in See zu gehen, um die Tausende von Menschen nicht der Gefahr des Wartens in den bedrohten Häfen und auf der Reede auszusetzen. Das Eisenbahnfährschiff »Deutschland« hat diesen und jenen Alleingang gemacht. Der 17 528 BRT große Ostasien-Schnelldampfer »Potsdam« des Norddeutschen Lloyd, er nimmt über 7000 Menschen an Bord, lief mit Höchstfahrt an der Grenze der schwedischen Hoheitsgewässer entlang und erreichte unversehrt Kopenhagen. Sie waren eben schneller als ihre Verfolger, und auch schneller als ihre Beschützer, die mit mäßigem Tempo durch die Ostsee schlichen.

Als die russischen Stoßarmeen in den letzten Januartagen zwischen Frankfurt und Küstrin die Oder erreichen, verlegen Teile des Oberkommandos der Kriegsmarine in den Raum Varel/Wilhelmshaven. Der Stab der Seekriegsleitung geht nach Sengwarden, der Admiralquartiermeister nach

Varel. Der Seetransportchef für die Wehrmacht begibt sich mit seinem Stab nach Hamburg. Das ist sachlich bedingt wegen der guten Nachrichtenverbindungen, und unter anderem auch wegen der dort ansässigen Reedereien. Sein Quartier wird ein Haus in der Alte Rabenstraße, dicht neben der Kriegsmarinedienststelle Hamburg.
Sachlich hat sich nichts geändert. Der Admiral bekommt seine Befehle direkt vom ObdM und dem Chef der Seekriegsleitung, mit denen er in ständiger Verbindung steht. Führerentscheidungen werden gelegentlich unmittelbar durch Vizeadmiral Voß aus dem FHQ übermittelt. So oft wie möglich nimmt er an den Lagebesprechungen der Seekriegsleitung teil, bei denen der Großadmiral es nicht unterläßt, immer wieder auf die Rettung der Flüchtlinge und der Verwundeten hinzuweisen. Mehrfach wird der Seetrachef zur »Führerlage« hinzugezogen, wo er Transportfragen vorträgt.
Andererseits hält er ständige Fühlung mit dem Marineoberkommando Ostsee (MOK Ost) in Kiel, das nach seinen Angaben die Bewegungen der Flüchtlingsschiffe steuert. Diesem unterstellt sind die Admirale westliche und östliche Ostsee in Swinemünde und Gotenhafen. Dem MOK Ost ist als Seetransportreferent der aus dem Stabe Engelhardt kommende Korvettenkapitän Gert Eschricht beigegeben (MOK Ost Qu III). Dieser vierzig Jahre alte aktive Offizier begann seine Laufbahn ebenfalls in der Handelsschiffahrt und ist daher mit ihren Eigenheiten von Jugend auf vertraut. Eschricht bearbeitet die Seetransporte bis ins kleinste und führt mit seinen Helfern genaue Tagebücher nach unterschiedlichen Aspekten: Flüchtlings- und Verwundetenlage, Brennstoffsituation, Verzögerungen der Transporte infolge Wetterlage und Geleitmangel. Er registriert Schäden und Verluste durch Luftangriffe, Minen, U-Boote und anderes, die Anzahl der Geretteten, die Schiffe in den Werften. Seine Aufzeichnungen sind ein sachliches Abbild der damaligen Verhältnisse, unbestechlich und wahr, und geben die Arbeit der Seetra und die unvergleichlichen Leistungen der

deutschen Handelsschiffahrt in den letzten 115 Tagen des Krieges wieder. Das liest sich in Auszügen etwa so:

24. 1. 45 Dringende Forderung nach Schiffsraum für Flüchtlinge aus Königsberg und Pillau.
KMD Danzig unterrichten, melden wann »Der Deutsche«, »General San Martin« aus Königsberg mit Flüchtlingen ausgelaufen. Pillau muß Liegeplatz für »Steuben« und »Berlin« haben.
10 000 Verwundete sofort, 20 000 später.
Abends: Festung Memel ist zu räumen, Hafenanlagen zerstören, Nordteil der Kurischen Nehrung ist zu halten. Festungskommandant Memel am 27. 1. auf Nehrung absetzen. Keine Zivilbevölkerung mehr in Memel. Transportbewegung Kurland läuft weiter.
Pillau: »Venus« eingelaufen. »Steuben« und »Berlin« pro Woche ca. 8000 Verwundete erwartet. Zielschiffe der U-Waffe mit einsetzen, da sonst keine Möglichkeit, Unglück zu verhüten. Es sind im Raum Königsberg 20 000 Verwundete, bei Pillau weitere 20 000.

26. 1. 17 000 Flüchtlinge von Danzig. Aus Pillau »Tanga« mit 3500, »Eberhard Essberger« mit 4000, »Lappland« mit 4000, »Wartheland« mit 3500 und »Gotenland« mit 2000 ausgelaufen.

27. 1. Heute nacht letzte Schiffe aus Memel. »MFP 1072« beim Auslaufen durch Artilleriefeuer zerstört. »M 801« mit »Nettelbeck« und 180 Flüchtlingen bei Hela auf Grund.
»Tanga« mit Notsteuerung kann nicht nach Pillau. »Gotenland« bombenbeschädigt, »Göttingen«, »Hendrik Fisser«, »Westpreußen« und »Hedwigshütte« nach Pillau ausgelaufen.
Von Pillau:
»Andros« mit 2000 Personen, »Möve« mit 1000 Personen, »Kaiser« mit 2000 Personen. »Herkules«, »Hestia«, »Estonia«, »Freiburg«, »Wullenwe-

ber«, »Ostmark«, »Mungo«, »Brunhilde«, »Deike Rickmers«, »Fangturm«, »Irmtraud Cords«, »Vale« in Danzig.

28. 1. »Robert Ley«, »Pretoria« und »Berlin« in Swinemünde.
U-Boot-Stützpunkte Gotenhafen und Danzig räumen.

29. 1. Befehl an Admiral westliche Ostsee: Alles zur Aufnahme der Flüchtlinge vorbereiten.
Anruf von OKM Skl/Qu III: Flüchtingsschwerpunkt ist Pillau! Pendelverkehr Pillau-Gotenhafen einrichten.
Seekommandant Ostpreußen ist mit Abtransport Flüchtlinge zufrieden.

30. 1. 21 Schiffe nach Kurland schicken.
Pillau meldet: 300 000 Flüchtlinge.

Dreihunderttausend Flüchtlinge! Der Kommandant von Torpedoboot 28, Kapitänleutnant Temming, schreibt in sein Tagebuch:
». . . Um 11.17 Uhr im Hafenbecken 2 in Pillau festgemacht. Die Bilder in Pillau sind erschreckend. Es herrscht ein unbeschreibliches Durcheinander. Neben den endlosen Flüchtlingszügen sind es vor allem Hunderte von leicht- und mittelschwerverwundeten Soldaten, die völlig führerlos in der Landschaft umherstromern. Zweifellos sind eine große Menge Drückeberger unter ihnen. Da es an Unterbringung, Verpflegung und vor allem an Führung fehlt, ist es kein Wunder, wenn diese Haufen einen völlig demoralisierten Eindruck machen. Die Mittel und Kräfte der Feldgendarmerie und des Wehrmachtstreifendienstes scheinen, nach Mengen gemessen, völlig unzureichend . . .«
Im ganzen wurden bis Ende Januar 65 Schiffsabgänge aus Pillau und 31 aus Königsberg registriert, das sind zusammen 96. Trotz aller umständebedingten Mängel, Nöte und Versager wird Pillau weiterhin drei Monate lang, bis kurz vor seinem Ende, größter Flüchtlingshafen des deutschen

Ostens bleiben, der seine Landeskinder über eine ungewisse See in eine noch ungewissere Zukunft entläßt.

In Ostpreußen bemüht sich die 4. deutsche Armee verzweifelt, eine neue Front entlang der Heilsberg-Stellung aufzubauen. Ihr Oberbefehlshaber, General der Infanterie Hoßbach, beabsichtigt, den Weg zur unteren Weichsel freizukämpfen und sich mit der hartbedrängten, hinter die Weichsel zurückgegangenen 2. Armee zu vereinigen. Am 30. 1. wird Hoßbach von Hitler seines Postens enthoben und durch General F.W.Müller ersetzt. Erst später erfährt man, daß dieser Entschluß durch ein Fernschreiben von Gauleiter Koch an Reichsleiter Bormann ausgelöst wurde, das sinngemäß besagte:
»4. Armee feige auf der Flucht, versucht sich in die Heimat durchzuschlagen. Ich verteidige Ostpreußen mit dem Volkssturm weiter.«
Koch, der sich selbst als Verteidiger bezeichnet, sitzt weitab vom Schuß in Lochstädt auf der Frischen Nehrung.

4.

Schwerpunkt Danzig/Gotenhafen – Torpedoangriff in der Nacht
Zwölf Jahre nach der Machtübernahme

Indes die Seetransporte von Pillau/Königsberg ablaufen, hat sich, wie erwartet, ein zweiter Brennpunkt der Flüchtlingsbewegung entwickelt: Danzig/Gotenhafen. Hier strömten bisher die Menschen aus zwei verschiedenen Richtungen zusammen. Einmal aus dem ostpreußischen Kessel, solange sie von dort noch entweichen konnten, zum anderen aus den südlichen Kreisen Westpreußens, die der russische Vormarsch auf die Oder gestreift hatte. Noch einen knappen Monat zuvor hatte der Reichsführer SS Himmler, anläßlich einer Besprechung in der Marienburg mit Gauleiter Forster und Konteradmiral Sorge, jede Flüchtlingsbewegung auf den westpreußischen Straßen entschieden verboten. Inzwischen war er Oberbefehlshaber einer in aller Eile neu aufgestellten Heeresgruppe Weichsel geworden und versuchte, die Lücke zwischen Schlesien und Ostpreußen zu schließen. Konteradmiral Sorge kommandierte die Festung Gotenhafen, und in dem ganzen Gebiet waren mehr als zwei Millionen eingeschlossen, die zur Küste drängten.

Hinzu kam ein Kurzstreckenverkehr, vor allem für Verwundete, den man, um den Pillauer Hafen möglichst schnell zu entlasten, zwischen Pillau und Danzig/Gotenhafen eingerichtet hatte. Nach einer Meldung vom MOK Ost GKDos 201687/Qu III wurden alleine auf diesem Wege vom 15. 1. bis zum 19. 2. 1945 insgesamt 201 466 Menschen abgezweigt. Von Danzig aus liefen bis Mitte Februar täglich noch immer etwa 10 Flüchtlings- und Lazarettzüge nach Westen, bis die über Stolp und Köslin führende Strecke ebenfalls vom Feinde abgeschnitten wurde. Auch die Zahl derjenigen, die von Pillau nach Neutief den Seekanal überquerten und die Nehrung entlang nach Danzig oder Kahlberg wanderten, erreicht extreme Höhen.

Das Südufer des Frischen Haffs befindet sich bis auf Rosenberg und Heiligenbeil in russischer Hand, und wenn auch am 30. 1. deutsche Aufklärungsstreitkräfte in raschem Vorstoß Elbing erreichen und den Sowjets Verluste zufügen, können sie doch nicht wieder festen Fuß fassen. Die Zivilbevölkerung war über das Eis getreckt und vereinigte sich mit denen, die von Pillau kamen, zum Marsch in die Freiheit nach Westen. Aus Elbing wurden von der Seetra noch drei unfertige, mit Flüchtlingen besetzte Torpedobootsrümpfe unter Eisbrecherassistenz herausgeholt. Noch im Hafen bekamen sie Feuer von russischen Panzern. Schließlich bat Reichsminister Speer den Seetransportchef – und das ist bezeichnend für die Materiallage –, man möge versuchen, aus der Schichauwerft in Elbing die Fertigungsmaschinen für die Feldkanonen mitzunehmen, es wären die letzten produktionsfähigen. Aber es war schon zu spät.

Die dunkle Silhouette der alten Hansestadt Danzig ragt in den schneeverhangenen Winterhimmel. Noch steht das Krantor an der Mottlau, flankieren Barockfassaden die Gassen mit den typischen Beischlägen, hebt der Neptun seinen Dreizack über den Brunnen, werden die spitzen Giebel der Innenstadt vom stumpfen Turm von St. Marien beherrscht. In der Ferne die Hafenanlagen und die Werften, die Ausfahrt bei Neufahrwasser. Auf den ersten Blick ist es ein friedliches Bild, man darf nur nicht näher hinsehen. Hinter der Stadt und der Küstenlinie bewaldete Höhen. Wenn die Flüchtlinge nicht über das Wasser und über die Nehrung kommen, nähern sie sich von dort. Sie kommen, pausenlos und mit Pferd und Wagen.
Noch verkehren die Vorortsbahnen und brauchen nicht einmal dreißig Minuten, um über Olivia, Zoppot und Adlerhorst hinweg Gotenhafen zu erreichen, das polnische Gdingen. Es ist der wohl modernste Hafen der ganzen Ostsee, Polens Ausfalltor zur Welt, in dessen weiten Hafenbecken ein Ozeandampfer ohne Schlepper drehen könnte. Ein Güterbahnhof, der mit zwanzig Gleisen aus der Senke eines früheren Urstromtales herauskommt und die schlesische Steinkohle verschifft. Eine großzügig und großräumig geplante Stadt, die aber bei Kriegsausbruch noch in den Kinderschuhen steckt. Daher enthält sie viele Widersprüche und Unfertigkeiten, klaffen zwischen den komfortablen Wohnblocks weite Zwischenräume oder fügen sich unansehnliche Altbauten ein. Am Strand und Wald die Villenviertel Steinberg und Baltenberg; als Gegenstück die armselige Kolonie Oblusch. Aber eine Stadt mit Zukunft. Der Himmel über Gotenhafen ist weit und hoch.
Gotenhafen ist im Kriege eine deutsche Marinestadt mit einem Arsenal, mit Schulen, Lazaretten, Kasernen und Werften. Jetzt werden viele Marineeinheiten aufgelöst, und im ganzen bleibt nur das Marineflak-Regiment zurück. Ebenso wie in Pillau wird dieses Marineflak-Regiment 9, gleichsam mit dem Rücken an der Wand, bis zum Schluß einen eisernen Ring um den Hafen legen, in dessen Schutz

sich die Menschen über See entfernen. Was sonst noch von den Marinelandtruppen dableibt, wird dem Heer unterstellt und geht schanzen. Der Boden liegt unter meterhohem Schnee und ist steinhart gefroren. Die Flüchtlinge strömen in langen Trecks herbei. An den Rändern der modernen Straßen, in denen die O-Busse rollen, strecken erfrorene Pferde alle Viere von sich, sind Wagen zusammengebrochen, steht Vieh herum. Die hunderttausend deutschen Einwohner packen ihre Koffer oder sind schon fort.
In den Häfen des gesamten Bereiches rote Anschläge: Eine Warnung an alle deutschen und fremdländischen Arbeiter. Diebstähle werden allerstrengstens bestraft! In Danzig wurde ein russischer Arbeiter erschossen. Daraufhin große Empörung unter den arbeitswilligen Russen, alle wollen erschossen werden. Angeblich »klauen« auch Schiffsbesatzungen und Soldaten. Vom XX. Armeekorps wird Danzig zum Notstandsgebiet erklärt. Die dort liegenden großen Wohnschiffe »Hamburg«, »Deutschland« und »Iberia« rüsten sich zur Fahrt nach Westen.
Werften und sonstige Rüstungsbetriebe stellen nacheinander ihre Produktion ein. Die Belegschaften werden beschäftigungslos und harren der Abfahrt, wobei sie das Heer der Flüchtenden noch vergrößern. Wohin mit den Menschen, wohin mit dem angeblich unentbehrlichen Inventar? Der Leiter der KMD Danzig, Fregattenkapitän Bartels, findet am 26. 1. nachstehende Anmeldungen auf seinem Schreibtisch: 80 000 Flüchtlinge von Pillau, Haftanstalt Königsberg mit 1200 Häftlingen, Torpedoarsenal und Torpedoversuchsanstalt Gotenhafen, 40 000 KZ-Häftlinge und 4000 Juden . . .
Die Meldungen, die er an das MOK Ost und in die Alte Rabenstraße nach Hamburg funken läßt, sprechen für sich selbst. Am 28. 1. 45 hat er von Danzig auf die Reise geschickt:

»Eberhard Essberger«	mit 4000 Flüchtlingen
»Wartheland«	mit 3500 Flüchtlingen
»Gotenland«	mit 2000 Flüchtlingen
»Lappland«	mit 4000 Flüchtlingen

»Göttingen«	mit 4500 Flüchtlingen
»Eifel«	mit 800 Flüchtlingen
»Westpreußen«	mit 1500 Flüchtlingen
»Mungo«	mit 1000 Flüchtlingen

Das sind acht Schiffe mit zusammen 21 300 Flüchtlingen, der Kopfzahl einer kleinen Stadt. Zugleich stehen weitere acht Schiffe für ihn bereit: »Irmtraud Cords«, »Corona«, »Emsstrom«, »Vale«, »Urundi«, »Ingrid Leonhardt«, »Memphis« und »Jürgen Fritzen«. Die KMD bittet die Gauleitung der NSDAP, Verpflegung bereitzuhalten. Für die Kleinkinder fordert er nachdrücklich Milch und zur Betreuung NS-Schwestern. Hier und da klappt es schon nicht mehr richtig; denn von See aus funkt die »Capri«, daß sie dringend für 600 Menschen Brot und Milch, auch Nährmittel und 100 Tonnen Frischwasser brauche . . .
Dann wieder notiert Korvettenkapitän Eschricht in Kiel: Rüstungsstab Speer fordert Abtransport von 1200 Leuten vom Flugzeugbau in Stolp, da über Land nicht möglich. 1600 Luftwaffenhelferinnen aus Danzig abtransportieren; 1000 Werftarbeiter von Schichau, Elbing, in Gotenhafen abfahrklar; 11 000 von Danzig folgen. Für den 30. Januar sind in Gotenhafen die Abfahrten der »Hansa« (21 131 BRT) und der »Wilhelm Gustloff« (25 484 BRT) vorgesehen.

Das Motorschiff »Wilhelm Gustloff« ist ein imposanter KdF-liner. Die Konturen des hohen, hellen Rumpfes erscheinen riesengroß und verschwimmen mit dem Schneetreiben. Durch die großen Seitenpforten bewegt sich die lange Schlange der Flüchtlinge in das hell erleuchtete Innere, wo sie von Marineangehörigen wahrgenommen werden. Das Schiff summt vor Energie wie ein Bienenkorb, das Stimmengewirr vermischt sich mit den Geräuschen der Hilfsdiesel und der Lüfter. Die vielen Soldaten an Bord gehören zur 2. Unterseeboots-Lehrdivision, die ihren Stützpunkt Oxhöft räumt und nach Westen verlegt. Auf der Reede von Gotenhafen, und wenn es aufklart zeitweilig über die Außenmolen hinweg sichtbar, ankert die »Hansa« der Hamburg-

Amerika Linie. Ein dunkler Schiffsrumpf der New York-Klasse mit vier Masten. Beide Schiffe haben jahrelang in Gotenhafen zugebracht und unterstehen zu Wohnzwecken dem Führer der U-Boote (Ausbildung), der auch für die Überfahrt zuständig ist. Eigene Geleitfahrzeuge sind bereitgestellt. Man hat alles einige Tage vorher auf einer Sitzung beim F. d. U. Ausbildung besprochen, aber als es dann soweit ist, muß »Hansa« zurückbleiben. Das Schiff hat sich bei der KMD Danzig mit 4000 Flüchtlingen als voll beladen abgemeldet. Darauf erhielt es von Fregattenkapitän Bartels den energischen Befehl, noch mehr Flüchtlinge zu laden, »bis kein Platz mehr frei ist«. Seine Abfahrt verzögert sich. Am Mittag des 30. Januar 1945 ist »Wilhelm Gustloff« seeklar. Der große Passagierdampfer ist bis zum letzten Winkel mit Menschen gefüllt, die glücklich sind, eine derart bequeme Fahrgelegenheit gefunden zu haben. Als militärischer Leiter befindet sich Korvettenkapitän Wilhelm Zahn an Bord, der Kommandeur der 2. Abteilung der Unterseeboots-Lehrdivision. Vormals Kommandant von »U 56« und »U 69« hat er in der Nordsee und im Atlantik Versenkungserfolge aufzuweisen. Für die Überfahrt der »Wilhelm Gustloff« hat Zahn die Signal- und Schlüsselmittel beschafft, die Flakwaffen, Rettungsgeräte und anderes. Wie er später dem Oberbefehlshaber der Kriegsmarine gegenüber aussagt, sieht er seine Aufgabe darin, die zivile Schiffsführung in allen militärischen Fragen zu unterstützen und ihr Ratschläge zu erteilen.

Der eigentliche Führer der »Wilhelm Gustloff« ist der 63jährige Kapitän Petersen. Ihm sind kurz zuvor zwei jüngere Fahrkapitäne beigegeben worden. Das seemännische Personal, auf das allernötigste verringert, besteht vorwiegend aus Kroaten. Nur einige Schlüsselstellungen sind von Deutschen besetzt. Korvettenkapitän Zahn gilt nicht als Vorgesetzter der zivilen Schiffsführung. Er hat in dieser Beziehung keine schriftlichen Befehle erhalten und sagt später ganz logisch aus: »Es ist naturgemäß schwierig, ohne höhere Weisung einem 63jährigen Kapitän, der in fast fünf-

zigjähriger Seefahrt an die alleinige Verantwortung für sein Schiff erzogen wurde, Befehle zu erteilen.« Er weiß überdies aus vielen früheren Geleitfahrten, daß die Kapitäne ihre Schiffe alleinverantwortlich gefahren haben. Sonderbefehle über das Verhalten auf den Zwangswegen, wie Zick-Zack-Fahren und dergleichen liegen nicht vor. Über die U-Bootlage hatte sich Zahn gesprächsweise informiert, demnach waren im fraglichen Seegebiet keine feindlichen U-Boote festgestellt worden. Eine Warnung ist jedenfalls nicht ergangen.
Kurz vor dem Ablegen telefoniert Zahn noch mehrmals mit dem F.d.U.-Ausbildung. Er wird angewiesen, ohne die »Hansa« in Begleitung von Torpedoboot »Löwe« und »Torpedofangboot 1« abzumarschieren, und es wird ihm bestätigt, daß der Tiefwasserweg nach Westen zu wählen ist. Um 13.00 Uhr wirft »Wilhelm Gustloff« von der Pier los und passiert kurz darauf die große Molenausfahrt von Gotenhafen. An der Ansteuerungstonne erwartet die Schiffe ein Minengeleitfahrzeug, das vor ihnen den Weg absucht und sie sicher nach Hela bringt. Achteraus verschwindet das Schiff im Schneetreiben.
Die Wettervoraussage lautet: West-Nord-West 6 bis 7, abends auf West drehend und abflauend auf 5, Seegang 4, Schneefall, Sicht 1 bis 3 Seemeilen, leichter bis mäßiger Frost.
Hinter Hela auf sich selbst gestellt, läßt Korvettenkapitän Zahn »Löwe« und »TF 1« links und rechts vorauslaufen und U-Boot-Sicherung fahren. Doch die schon tagelang aufgewühlte See macht den kleinen Geleitfahrzeugen schwer zu schaffen. Wie ein Hammer schlägt sie auf ihnen herum. Schon bald signalisiert »TF 1«: »Habe einen Riß in der Schweißnaht, Wassereinbruch, erbitte Entlassung nach Gotenhafen.«
Jetzt sind sie nur noch zu zweien: »Wilhelm Gustloff« und Torpedoboot »Löwe«. Den Befehl vor dem großen Liner Zick-Zack zu fahren, kann das Torpedoboot praktisch nicht ausführen. Es macht nur kleine Schläge und kämpft schwer

mit dem von vorne kommenden Seegang. Deck und Aufbauten vereisen.
Für »Wilhelm Gustloff« ist es die erste Reise nach einer Pause von etwa fünf Jahren. Der kompakte 25 000-Tonner rührt sich kaum. Aus der Perspektive der hohen Brücke und der Promenadendecks verliert die See viel von ihrer Wildheit, und es sieht von hier so aus, als kröche das KdF-Schiff nur eben dahin. Die Rettungsboote sind nicht ausgeschwungen, sie hängen friedensmäßig in ihren Halterungen. Korvettenkapitän Zahn spricht mit der Schiffsleitung, die ihm unter anderem erklärt, daß sie nach ihren Anweisungen nicht mehr als 12 Knoten laufen dürften. Zick-Zack gefahren haben sie noch nie, und vom Zwangsweg abkommen sollen sie auch nicht. So zieht man denn dahin. Der trübe Wintertag geht bald zu Ende. Dämmerung und Dunkelheit senken sich über das Meer, über »Wilhelm Gustloff« und Torpedoboot »Löwe« und auch über andere deutsche Schiffe, die sich in der Nähe befinden, wenn man sie auch nicht sieht.

Russische Aussage: Am 30. Januar 1945 kreuzte das russische U-Boot »S-13« (Korvettenkapitän A. I.Marinesko) im Bereich des Leuchtturms Hela. Um 21.10 Uhr (russischer Zeit) entdeckte der Wachhabende, Komsomolez Bootsmann 2. Klasse Vinogradov, feindliche Schiffe, welche langsam aus der Danziger Bucht herausfuhren. Sie bildeten einen Konvoi.
Marinesko beschloß, die Dunkelheit und den starken Seegang nutzend, sich dem Konvoi zu nähern und ein besonders kostbares Objekt für den Angriff herauszusuchen. Es wurde angeblasen, und das U-Boot ging im vorgefluteten Zustand, allmählich die Geschwindigkeit steigernd, auf Parallelkurs. »S-13« lief nun 370–460 Meter von den feindlichen Schiffen entfernt. Mit großer Geschwindigkeit vorgeflutet zu laufen, so daß faktisch nur noch der Turm über der Wasseroberfläche blieb, war außerordentlich riskant. Die Möglichkeit des unverhofften Unterschneidens war nicht

auszuschließen. Der Untergang drohte somit auch nicht nur denen, die sich auf der Brücke befanden, sondern auch der ganzen Besatzung, da das Turmluk offenblieb.
Um so hartnäckiger fuhr das U-Boot fort, sich den Schiffen des Konvois vorzusetzen. Anscheinend haben die Faschisten in der Dunkelheit den Turm des U-Bootes für den Rumpf eines Kutters gehalten. Zudem war es dem Kommunisten Bootsmann 1. Klasse Volkow und Bootsmann 2. Klasse Vinogradov gelungen, die Erkennungssignale der feindlichen Schiffe abzufangen, so daß sich die sowjetischen U-Boot-Männer sicher fühlten.
Es war beschlossen, den Torpedoangriff auf das größte Transportschiff zu richten. »20 000, nicht weniger«, schätzte der Kommandant. Mit Spannung warteten die U-Boot-Männer auf das Kommando »Feuer!« Endlich war man vor dem Ziel. »S-13« drehte zum Anlauf, und um 23.08 Uhr schoß der Kommandant einen Viererfächer . . .

Gegen 21.00 Uhr saß Korvettenkapitän Zahn mit dem Kapitän des »Wilhelm Gustloff«, dessen 1. Offizier und einem der Fahrkapitäne zusammen. Dabei plädierte er noch einmal für höhere Fahrt und Zick-Zacken. Eine höhere Geschwindigkeit wurde abgelehnt mit dem Hinweis, daß eine nur notdürftig gelaschte, von früheren Bombenangriffen herrührende Schadenstelle an der Schraubenhose die höhere Belastung nicht aushielte. Für das Hin- und Herzakken wäre das 208 Meter lange Schiff mit seinen maschinellen Schwächen wiederum zu schwerfällig. Obendrein bestünde die Gefahr, vom schmalen Zwangsweg abzutreiben. Noch während dieses Gespräches, gegen 21.20 Uhr, gab es plötzlich nacheinander drei Detonationen. Das ganze Schiff schüttelte sich.

Russische Aussage: » . . . Die Luft erzitterte von der gewaltigen dreifachen Explosion. Einer der Torpedos traf auf der Höhe des vorderen Mastes des faschistischen Transporters, der andere mittschiffs, der dritte unter dem achteren Mast.

Der vierte Torpedo ging aus irgendeinem Grunde nicht vollständig aus dem Rohr und stellte für das U-Boot eine tödliche Gefahr dar. Es genügte die Explosion einer Wasserbombe in der Nähe, um Hunderte Kilo Trinitrotoluol detonieren zu lassen. Aber »S-13« ging schon in die Tiefe. Kaum hatte der Torpedomechaniker, Komsomolez Bootsmann 1. Klasse Kurockin, das System des Torpederohres mit der Hauptpumpe verbindend, mit viel Anstrengung den vierten Torpedo in das Rohr hineingezogen, als die Wasserbomben anfingen . . . .«

Zahn berichtet:
Das Licht ging aus. Der Notdiesel sprang sofort an und sorgte für ausreichende Notbeleuchtung. Das Schiff hatte sofort 5 Grad Backbordseite, die Back lag tiefer als normal. Brand war nicht entstanden. Alle Offiziere trafen sich auf der Brücke. Die Flüchtlinge erhielten Anweisung, auf das Oberdeck zu kommen. Keine Panik. UKW-Verbindung mit »Löwe«, wurde angewiesen, Wasserbomben zu werfen. Rote Sterne und Scheinwerferanrufe an alle in der Kimm sichtbaren Lichter. Es wurde versucht, die Rettungsboote zu Wasser zu lassen. Unter größten Schwierigkeiten und Einsatz unserer Soldaten kamen nur 4–6 Rettungsboote zu Wasser. Die Blöcke waren vereist, und die Kroaten waren nicht anwesend.
Allmählich schien sich eine Panikstimmung breitzumachen. Um die Menschen zu beruhigen, riefen wir ihnen zu, das Schiff würde auf Grund gesetzt. Ich befahl, die Schlüsselmittel zu vernichten. Das Schiff nahm während der ersten zwanzig Minuten nur wenig an Schlagseite zu. Bei etwa 15 Grad wurden die Menschen wieder unruhig. Wir riefen ihnen zu, daß das Schiff noch mehrere Stunden schwimmfähig bleiben würde. Als die Schlagseite etwa 25–30 Grad erreicht hatte und schneller zunahm, wurden wir uns klar darüber, daß es nicht mehr lange schwimmen würde. Das Oberdeck stand bald senkrecht, und es kam zur Panik. Das Schiff sank sehr schnell, auf der Backbordseite liegend. Ich

selbst arbeitete mich über die zahlreichen Rettungsflöße an einen Kutter heran, in dem etwa zehn Menschen saßen. Wir nahmen etwa 50 Menschen auf. Tausende saßen auf den Rettungsflößen, alles schrie um Hilfe. Es herrschte kein Seegang mehr, und die Dünung ließ nach.
Ich brachte den Kutter an ein Torpedoboot (»T 36«), das plötzlich in unserer Nähe lag. Auch »Hipper« war erschienen, verließ die Unfallstelle aber bald wieder. Auf »T 36« sagte mir der Kommandant, daß er zwei U-Boot-Ziele im Ortungsgerät hätte. Das Backbord-Ziel kam näher. Der Kommandant entschloß sich abzulaufen. Kurze Zeit später mußte er einer Torpedolaufbahn ausweichen. »T 36« hat vorzügliches geleistet und verdient besondere Anerkennung. Das Boot lag 45 Minuten gestoppt und rettete. Dann hatte es 550 Menschen aufgenommen und war, da es außer der Besatzung schon 250 Flüchtlinge an Bord hatte, völlig überfüllt.
»T 36« warf auf mein Anraten Schreckwasserbomben. Schießen mit Flakwaffen war nicht möglich, diese waren vereist. »Löwe« meldete starke Vereisung der Funkmeßgeräte bis zu Zentimeterdicke. Sämtliche Geräte nicht einsatzbereit.

Noch einmal die Russen: » . . . Der angegriffene Transporter sank schnell tiefer. Es war das Motorschiff »Wilhelm Gustloff« mit 6100 Hitleristen an Bord, darunter 3700 Unteroffiziere und Matrosen-Spezialisten, die aus dem Übungszentrum der hitleristischen Flotte von Gotenhafen evakuiert wurden. Zum untergehenden Motorschiff stürzten sich der Schwere Kreuzer »Hipper«, die Torpedoboote »T 36« und »Löwe«, der Minensucher »M 341«, das Torpedofangboot »TF 19« und der Dampfer »Göttingen«. Die Hitleristen vermuteten jetzt überall sowjetische U-Boote, und »T 36« wich sogar zweimal sowjetischen Scheintorpedos aus. Von den an Bord der »Wilhelm Gustloff« befindlichen Menschen gelang es nur 904, sich zu retten . . .«

Die deutschen Ermittlungen ergaben nur 838 Gerettete. Auch sonst weichen die beiden Darstellungen etwas voneinander ab. So wäre nach dem russischen Text die »Wilhelm Gustloff« über Steuerbord gesunken. Es scheint sich dabei einmal um Übersetzungsfragen zu handeln, zum anderen kommt hinzu, daß der russische Bericht nicht von Marinesko direkt, sondern von einem dritten stammt (V. I. Dmitriev, Atakujut podvodniki, S. 249/53). Auf jeden Fall scheint das U-Boot seinen Angriff zwischen der Küste und dem KdF-Schiff gefahren zu haben. Von Marinesko und »S-13« werden wir noch mehr hören. Was »Hipper« betrifft, so hatte der Schwere Kreuzer selbst schon 1377 Flüchtlinge und 152 Werftarbeiter an Bord, konnte nicht auch noch das Risiko eines Angriffs vom gleichen U-Boot auf sich nehmen und dampfte nach Kiel weiter, wo er wohlbehalten eintraf.
Einer der Hauptgründe für die großen Verluste beim Untergang der »Wilhelm Gustloff« war die winterliche Jahreszeit. Die mit Schwimmwesten im Wasser Treibenden erstarrten in wenigen Minuten und starben, ehe sie gerettet werden konnten. Besondere Schwierigkeiten bereitete das Herablassen der Rettungsboote, die sich bei der starken Schräglage des Schiffes an der hohen Seite nicht mehr aussetzen ließen. Sie hätten bereits bei Beginn der Reise ausgeschwenkt werden müssen. Als ein weiterer Nachteil erwies sich die behelfsmäßige Funkausrüstung des Schiffes. Die kleinen von der Marine an Bord gebrachten Funkgeräte waren sogar noch auf eine ungebräuchliche Welle eingestellt. Der SOS-ruf erreichte Torpedoboot »Löwe« auf dem Funksprechwege und wurde erst von dort aus auf der üblichen Welle weitergegeben. In diesem Zusammenhang einen Auszug aus dem Kriegstagebuch der 10. Sicherungsdivision vom 30. 1.:

Um 23.00 Uhr einging folgender offener Funkspruch: Quadrat 9452 Schiff sinkt schnell – M 118 –
M 118 hier nicht bekannt. Daher zuerst noch nicht feststellbar, welches Schiff gemeint ist. Erst die gegen 23.30

Uhr eingehenden Funksprüche geben Klarheit darüber, daß Wilhelm Gustloff um 22.18 Uhr auf 55 Grad 7,5 Nord und 17 Grad 42 Ost gesunken ist. Ursachen vorläufig unbekannt.
Erst jetzt einläuft Fernschreiben FdU-Ausbildung G 93 vom 30. 1. daß Wilhelm Gustloff um 15.15 Uhr Hela Wachschiff auslaufend 4749 Personen an Bord unter Geleit T-Boot Löwe passiert hat. Es ist also bei der Sicherungsdivision der Untergang des Schiffes früher bekanntgeworden als seine Inmarschsetzung und sein Aufenthalt im eigenen Seegebiet . . .
Leiter Chef 2. Sicherungs-Flottille

Als die von Hela ohne Geleit kommende »Göttingen« die Unfallstelle passierte, konnte sie noch 27, meist weibliche Schiffbrüchige, retten. Die selbst schwer angeschlagene und von »M 341« geschleppte »Gotenland« nahm noch eine Frau und einen Obermaaten auf. Flugzeuge einer Seenotstaffel fanden bei Hellwerden keine Lebenden mehr vor, ebenso erging es einer Räumboot-Flottille.
Glück im Unglück hatte die in Gotenhafen zurückgebliebene »Hansa«. Nachdem sie sich mit 5000 Menschen an Bord endlich in Marsch gesetzt hatte, kam sie noch eben bis nach Hela, wo ihr das Hauptdampfrohr brach, dessen Reparatur sie bis zum Nachmittag des 31. Januar festhielt. Als es dann weiterging, begleitete sie ein altes Minensuchboot, das mit ausgefahrenem Gerät knapp fünf Knoten in der Stunde machte. Trotz der sehr geringen Geschwindigkeit und der damit verbundenen erhöhten Gefährdung, erreichte das große Schiff nach fünf Tagen unbehelligt seinen Bestimmungsort Kiel.
Verglichen mit dem Minensucher, der vor der »Hansa« herlief, war das Geleit der »Wilhelm Gustloff« stark.

Zur selben Stunde, in der die »Wilhelm Gustloff« torpediert wird, spricht Adolf Hitler anläßlich des 12. Jahrestages der Machtübernahme über den Großdeutschen Rundfunk. Es

ist das letzte Mal, daß er sich auf diese Weise hören läßt, und er sagt unter anderem:
». . . Das grauenhafte Schicksal, das sich heute im Osten abspielt . . . wird trotz aller Rückschläge und harten Prüfungen abgewehrt und gemeistert werden . . . Es ist aber deshalb erst recht unser unabänderlicher Wille, in diesem Kampf der Errettung unseres Volkes vor dem grauenhaftesten Schicksal aller Zeiten vor nichts zurückzuschrecken und unwandelbar und treu dem Gebot der Erhaltung unserer Nation zu gehorchen . . .«
Er sagt weiter wörtlich: ». . . Die Geister, die die Demokratien aus den Steppen Asiens gerufen haben, werden sie selbst nicht mehr los. Alle die kleinen europäischen Nationen, die im Vertrauen auf alliierte Zusicherungen kapitulierten, gehen ihrer völligen Ausrottung entgegen . . .«

Am Nachmittag dieses 30. Januar, es ist ein Dienstag, kommt es nach Pressemeldungen »zu heftigen Szenen im britischen Unterhaus, als der Labourabgeordnete Stokes die britische Regierung, vor allem den Ministerpräsidenten persönlich beschuldigt, während der Konferenzen des Jahres 1943 Geheimabkommen mit Stalin und Roosevelt geschlossen zu haben. Diese Geheimabkommen gelten nach Ansicht der Öffentlichkeit sowohl Polen, wie Jugoslawien und Griechenland, das heißt, der zukünftigen Machtverteilung auf dem Balkan.«
An diesem Dienstag überschreiten die russischen Streitkräfte die Oder und bilden Brückenköpfe nördlich und südlich von Küstrin. Fünf Tage später kündigt der Präsident des polnischen Nationalrates, Bierut, die Übernahme Schlesiens und Ostpreußens in polnische Verwaltung an.

5.

Hilflos im Eis – Ein Verwundetentransporter sinkt – Der Kampf um das Schlauchboot – Führerlage: Auf Seetransporte kann nicht verzichtet werden

Das Walfangboot »Süd 5«, das sich ursprünglich dem gleichen »Gustloff«-Geleit anschließen sollte, blieb in Gotenhafen zurück, da der Schneesturm nicht nachließ und das Boot noch zwei Havaristen nach Westen mitschleppen sollte: das Taucherfahrzeug »Kiel 15« und den Fischkutter »Hausente«. Die beiden Fahrzeuge haben je etwa 150 Flüchtlinge an Bord. Mit diesem schwerfälligen Anhang würde das Boot bei der schlechten Wetterlage kaum fünf Knoten laufen. Allerdings ist die »Süd 5« kein Boot im üblichen Sinne des Wortes, vielmehr ein sehr seetüchtiges Schiff von Fischdampfergröße mit starker, ölbefeuerter Dampfmaschine. Es gehört dem Hamburger Walfang-Kontor und zur Flotte des Mutterschiffes »Südmeer«, mit dem es vor dem Kriege in der Antarktis operierte.

An die Antarktis erinnern um die Monatswende Januar/Februar '45 die Temperaturen an der Ostseeküste. An Land friert es Stein und Bein. Die Häfen werden übereinstimmend von Eis blockiert, und die Zufahrten lassen sich nur von Eisbrechern offenhalten. Die Schollen treiben auf die offene See hinaus. Das Wasser ist rauchig in der Kälte, nachts funkeln die Sterne wie Kristall. Man findet Tote der »Wilhelm Gustloff«, zu Eisblöcken erstarrt, auf Flößen treibend.

Am Abend des 31. Januar macht sich Kapitän Carl Thiesen mit einem neuen, aus 30 bis 40 Schiffen bestehenden Konvoi auf die Reise. Zwei Minensuchboote bilden den Geleitschutz. Das Führerboot verweist den langsamen Schleppzug auf den letzten Platz. Nach kaum zwei Stunden sind ihm die anderen davongelaufen, und Kapitän Thiesen ist froh, daß es diesig wird und die schlechte Sicht sie feindlichen Spähern entzieht. Gegen Mitternacht entsteht sogar

dicker Nebel. Trotz mäßiger Geschwindigkeit findet sich der Schleppzug plötzlich wieder im Geleitzug, der gestoppt daliegt. Morgens ist »Süd 5« wieder allein, vormittags schließt alles wieder auf. Der Kapitän sagt:
»Gegen 15.00 Uhr sahen wir voraus Eis, soweit das Auge reichte. Der Wind hatte stark aus West aufgefrischt. Da ein Umfahren des riesigen Eisfeldes nicht möglich war, suchte ich mich durch offene Rinnen hindurch zu arbeiten. Da aber die beiden Fahrzeuge schlecht steuerten, blieb ich mit dem Schleppzug gegen 17.00 Uhr hoffnungslos stecken. Ringsumher sitzen schon andere Schiffe fest und weitere kommen hinzu. In der Nähe liegt ein etwa 2000 Tonnen großer Frachter, der dem Aussehen nach nur noch für eine Abwrackwerft geeignet war . . .«
Als es dunkel wird, gibt der Frachter mit einer Handlampe ungelenke Morsezeichen. Der Unbekannte hat 800 Flüchtlinge an Bord, das Trinkwasser ist ihm ausgegangen. Da er keine Funkanlage besitzt, bittet er »Süd 5«, dringend aus Swinemünde Eisbrecherhilfe für ihn anzufordern. Das Telegramm wird übermittelt, der ausgeschickte Schlepper findet das bewußte Schiff aber erst mit großer Verspätung. Kapitän Thiesen selbst stellt fest, daß sich das Eisfeld stündlich um etwa zwei Seemeilen nach Osten verschiebt. Als etwa um Mitternacht der Wind nachläßt, kann er sich mit seinem Anhang langsam aus dem Eisfeld lösen. Am 3. Februar ankert der Schleppzug vor Swinemünde, darf aber erst am nächsten Morgen einlaufen. Man läßt die Menschen nicht an Land, da in Swinemünde schon mehrere vollbesetzte Eisenbahnzüge festliegen. Nach weiteren drei Tagen, in denen die Vertriebenen auf den Havaristen herumsitzen, schickt man »Süd 5« mit seinem Anhang nach Rostock, wo sie endlich von Bord gehen können.

Nachdem das U-boot »S-13« die »Wilhelm Gustloff« versenkt hatte, setzte es seine Operationen vor der Danziger Bucht fort. Am 9. Februar, um 22.15 Uhr nach russischer Zeit, entdeckte es einen anderen großen Transporter, die »Steu-

ben«, ein Schiff von 14 660 BRT mit etwa 5000 Menschen an Bord, begleitet von Torpedoboot »T 196«. Als Korvettenkapitän Marinesko sich anschickte seine Bugtorpedos abzufeuern, lief »T 196« unerwartet auf das U-Boot zu und zwang es abzudrehen.
Vier Stunden später griff Marinesko mit »S-13« wieder an und schoß um 2.50 Uhr einen Zweierfächer aus den Heckrohren. Beide Torpedos trafen das Ziel. An der Brücke der »Steuben« stieg eine steile Flamme auf, der zweite Treffer zeigte sich durch eine hohe schwarze Rauchsäule am hinteren Schornstein. Nach zwei bis drei Minuten gab es auf dem Schiff eine weitere Explosion. Dem untergehenden Transporter eilte »T 196« zu Hilfe, wobei es die See mit Scheinwerfern abtastete und durch Leuchtraketen erhellte. Das russische U-Boot nahm seinen Kurs in den dunklen Teil des Horizontes, steigerte die Geschwindigkeit auf 18 Knoten und entschwand.
Bei der »Steuben« handelte es sich um die 1922 beim Stettiner Vulkan gebaute ehemalige »München« des Norddeutschen Lloyd, ein Spitzenpassagierschiff der New York-Route, das man in den dreißiger Jahren nach einem Brand an Bord umbenannt hatte. Jetzt diente es als Verwundetentransporter und war bewaffnet. Am Abend des 9. Februar '45 verließ die »Steuben« den Hafen von Pillau, belegt mit etwa 2500 Verwundeten, 2000 Flüchtlingen und 450 Mann Besatzung. Unter anderem befanden sich 30 Ärzte und 320 Schwestern an Bord. Ungewöhnlich viele wurden ein Opfer der Unterkühlung im Wasser. Gerettet wurden im ganzen 600 Menschen, und zwar von »T-196«, »TS-1« und von einem U-Boot. Zwischen den deutschen und den russischen Berichten liegt wie immer eine Uhrzeitdifferenz von zwei Stunden.

Herr Franz Huber, heute Direktor einer Versicherungsgesellschaft, der den Untergang miterlebte, faßte seine Eindrücke nachstehend zusammen:
». . . wurde ich in Fischhausen bei Pillau im Samland,

Ostpreußen, durch Granatwerferbeschuß zweimal an der Stirnseite des Kopfes und am Hinterkopf schwer verwundet. Zum Zeitpunkt der Verwundung saß ich in einer Beiwagenmaschine, und der Fahrer fuhr infolge der Granatwerferwirkung mit 80 km/st gegen einen Baum. Hierdurch erlitt ich zusätzlich einen äußerst schweren Bluterguß im Unterleib. Mit diesen Verwundungen wurde ich in das Feldlazarett Pillau eingeliefert und dort zunächst ärztlich versorgt. Am 9. Februar wurden wir abends durch Sanitätsautos zum Schiff gebracht, bei hohem Fieber und fast unerträglichen Schmerzen.
In Bayern zu Hause, hatte ich keine Gelegenheit gehabt, Schiffe kennenzulernen. Somit kam mir das Schiff in seinen Ausmaßen wie eine kleine Stadt vor. Ich wurde in das Schiffsinnere geladen und hörte von meinen Kameraden, daß ich mich im ehemaligen Tagesraum der »Steuben« befand. Die Matratzen lagen auf dem Boden sehr dicht nebeneinander, so daß sehr viele Verwundete Platz finden konnten. Im Tagesraum befanden sich fast ausschließlich Kopfverletzte.
Während der Fahrt versuchte ich dann auf der Toilette erstmalig, mein sieben Tage altes Blut aus dem Gesicht zu waschen, Schmutz und Dreck zu entfernen, und ich hatte anschließend das Gefühl, als ob mir wesentlich wohler geworden wäre. Ich legte mich dann wieder hin, konnte jedoch nicht richtig einschlafen, da um mich herum furchtbares Stöhnen und Jammern entstand und ich auch merkte, wie die Schwestern bei dem einen oder anderen sich länger aufhielten, und dann wieder zudeckten und sagten, es sei schon wieder einer gestorben. So gegen 24.00 Uhr schlief ich wohl ein und wurde erstmals wachgerüttelt durch ein furchtbares Getöse, etwa um 0.50 Uhr am 10. Februar.
Der ganze Schiffskörper erbebte und zitterte, und man hatte das Gefühl, als ob wir in den nächsten Minuten zerbersten sollten. Alles schrie und brüllte in sämtlichen Räumen. Sanitäter und Krankenschwestern standen an den Türen, das Schiff schaukelte mächtig hin und her. Die Verwunde-

ten, die aufstehen konnten, erhoben sich, flogen aber unmittelbar gegen die Wände. Die übrigen Verwundeten rutschten mit ihren Betten auseinander. Wir überschlugen uns und drückten uns gegenseitig und verletzten uns noch mehr, als wir ohnehin schon verletzt waren.«

Alois Gra. beschreibt das so:
Durch die Schräglage kamen in den großen Sälen sämtliche Kästen, Tische, Schränke in Bewegung und erschlugen so mehrere verwundete Soldaten, die auf ihren Matratzen lagen. Das Wasser strömte bereits in die unteren Decks, und nun brach eine Panik sondergleichen an Bord der »Steuben« aus. Schüsse krachten, verwundete Soldaten erschossen sich wegen der Ausweglosigkeit einer Rettung.
Die zwei noch benutzbaren Ausgänge waren im Nu verstopft. Grauenhafte Szenen spielten sich an diesen zwei Stellen ab. So daß es nur wenigen gelang, sich aus diesem Menschenknäuel zu lösen. Ich selbst war einer der wenigen, und als ich glücklich ans Oberdeck kam, rutschte ich sofort und fiel über die Reling ins Wasser. Und nun begann im Wasser der Kampf um die einzelnen Rettungsflöße. Auch hier wiederum unbeschreibliche Szenen . . .

Franz Huber fährt fort:
»Ich zog meine Jacke an, darüber die Schwimmweste, ein anderer Kamerad half mir dabei. In dieser panikartigen Stimmung versuchte ich, mit anderen Kameraden die Treppe zu erreichen. Nun gelang es mir, barfuß auf das Oberdeck zu kommen, und ich stand erstmals mit meinen Füßen auf Eisen und merkte, wie schrecklich kalt das draußen war. Es war stockdunkle Nacht, und das Schiff schaukelte hin und her.
Zu Hunderten sah ich Verwundete, Ärzte, Schwestern und Personal ins Wasser springen, und ich versuchte, die höchste Stelle des Schiffes zu erreichen, in der Hoffnung, dieser Teil

wird sicher zuletzt untergehen. Ich saß lange dort im Dunkeln, alleine, und hörte die Schreie auf dem Schiff. Ich hörte sie das Vaterunser beten, mit einer Stimme, wie man sie selten gehört hatte und kaum jemals wieder hören wird. Ich hörte die Schreie im Wasser und sah, wie das Schiff mit etwas brannte und sich Silhouetten im Wasser und auf dem Schiff bildeten. Ich sah mehrere Menschen aus den einzelnen Bullaugen herausquellen, die dann ins Wasser plumpsten. Ich wartete und wußte eigentlich selber nicht, warum ich wartete, bis ich in unmittelbarer Nähe von mir eine Stimme hörte: »Jetzt müssen wir springen, sonst ist es zu spät; dann kommt der Sog.«
Diese Worte überzeugten mich, und ich sprang aus einer Höhe von schätzungsweise zwanzig Metern, und ich glaubte in der Luft das Bewußtsein zu verlieren, vielleicht auch infolge von Angst, und bekam meine volle Besinnung erst wieder als ich meinte, tief im Wasser zu sein. Ich kam wieder an die Oberfläche war aber unmittelbar neben dem Schiff und sah, wie es sich auf meine Seite neigte und glaubte, daß es mich unter sich begraben würde . . .«
Franz Huber versucht nun mit aller Kraft wegzukommen. Als er weit genug zu sein glaubt, erfaßt ihn doch noch der Sog, zieht ihn aber nicht hinunter. Mit einigen Hundert anderen bleibt er oben. Als dann die Luftblasen aus dem untergehenden Schiff herausquellen und es gurgelt und kracht, beginnen die Überlebenden noch viel schlimmer als zuvor zu schreien. Es ist ein Spektakel, das er nie vergessen wird. Die letzten Toten und Verwundeten werden von Deck gespült und treiben im Wasser. Beim Schwimmen stößt man mit den Händen auf lebende und tote Körper. Nach einiger Zeit ruft eine einzelne Frauenstimme um Hilfe.
». . . als ich bei ihr war, sagte ich zu der Schwester, kommen Sie, schwimmen Sie mit mir. Und sie sagte, Sie gehen ja auch unter, ich habe noch eine Mutter und will nach Hause.
Ich sagte dann zu ihr, entweder ertrinken wir beide, oder

wir kommen beide raus. Sie schwamm einige Zeit mit mir, und ich merkte, daß ihre Kräfte sie verließen. Ich legte ihren Kopf auf meinen verwundeten Körper und sagte, sie müsse sich nun selbst bewegen und auch selbst helfen, um nicht steif zu werden. Ich nannte ihr auch die Adresse meiner Mutter für den Fall, daß sie rauskommen sollte.
Nach einiger Zeit hörte ich in unmittelbarer Nähe Schimpfen und Auseinandersetzungen, und ich dachte, wenn hier um etwas gestritten wird, daß man dort Rettung finden könnte. Inzwischen war es wieder völlig finster geworden, das Feuer war verlöscht. Mit der Schwester stellte ich fest, daß es sich um ein großes Schlauchboot handelte, um ein Rettungsboot.
Das Rettungsboot war übervoll, und die draußen hängenden Soldaten wurden von den im Boot verbliebenen einzeln und nacheinander schwer geschlagen, mit Gewehren, Pistolen, mit harten Gegenständen, wie man sich den Selbsterhaltungstrieb nicht schlimmer vorstellen kann.
Ich schwamm deshalb wieder weiter und ließ mich mehr oder weniger treiben, bei leichtem Wellengang und immer diese Rote-Kreuz-Schwester neben mir, der ich wieder versprach, entweder versuchen wir beide herauszukommen oder wir ertrinken beide hier.
Als ich die Hoffnung bereits aufgegeben hatte, das Festland lebend zu erreichen, stieß ich mit meinen steifen Fingern gegen etwas Weiches. Ich wußte zunächst nicht, handelt es sich um einen Menschen, um ein Tier, oder um einen ganz dicken Gegenstand. Sehr bald hatte ich eine Leine in der Hand, die regelmäßig verlief, und ich sagte zu der Schwester, sie möge sich an der Leine festhalten, ich wolle einmal versuchen, um den Gegenstand herumzuschwimmen. Ich stellte fest, daß es sich um ein kleines Zweimann-Schlauchboot handelte. Wie durch ein Wunder schwamm dieses Schlauchboot vor uns, und wir hatten nicht die Kraft hineinzuklettern. Ich versuchte es lange Zeit mit aller Energie, bis ich auf der anderen Seite des Schlauchbootes einen weiteren Überlebenden entdeckte, der die gleichen Versuche unter-

nahm, und dachte bei mir, wenn auf der anderen Seite mehrere das gleiche versuchen, dann werde ich sicher auch in diesem Schlauchboot keinen Platz finden.
Der andere Kamerad konnte hineinkommen, und ich bat und flehte ihn an, mir und dieser Schwester, einer deutschen Frau, einer Roten-Kreuz-Schwester, die doch für uns wahrhaftig sehr viel Gutes getan hat, zu helfen. Aber von diesem Kameraden kamen keinerlei Laute mehr . . .«
Nach einer endlos langen Zeit, die ihm wie eine Ewigkeit vorkommt, gelangt auch Franz Huber in das Schlauchboot. Den anderen hält er für erschöpft oder tot. Er ruht sich einen Augenblick aus und versucht dann, auch die Schwester in das Schlauchboot hineinzuziehen. Seine Hände sind schon völlig steif, und er kann gerade noch die Handgelenke der Frau festhalten. Als er sie mit unsäglicher Mühe etwa in Brusthöhe aus dem Wasser hat, schlägt sie ihre Arme über dem Kopf zusammen und gleitet wieder zurück. Er glaubt, einen Fehler gemacht zu haben, versucht es noch einmal und geht dabei methodisch vor, indem er sich rückwärts fallen läßt, um sie hochzureißen. Vergeblich! Er redet ihr gut zu, beider letzte Kraft noch einmal aufzuwenden und versucht es zum dritten Male. Dabei kniet er auf dem Bootsrand, und als er wieder soweit ist, wirft sie sich zurück und er fällt über sie hinweg kopfüber wieder selbst ins Wasser. Er merkt, daß seine Kräfte schwinden, hält sich an der Leine fest und ist überzeugt, daß es keine Rettung gibt. Im Begriff mit dem Leben abzuschließen, hört er erneut Hilferufe und antwortet: »Hier Schlauchboot!«
»Wo Schlauchboot?« schallt es zurück. Aus der Dunkelheit taucht ein weiterer Schwimmer auf, »ein Obergefreiter aus dem Rheinland oder aus Westfalen«. Dieser hat einen Lungenschuß. Zu allem übrigen hat ihm beim Untergang des Dampfers ein schweres Eisenstück zwei Finger abgerissen.
»Ich sagte ihm, daß er tot oder lebendig über mich verfügen könne, da in Kürze mein Leben ohnehin zu Ende sein würde.«
Der Neuangekommene bindet ihn so an der Leine fest, daß

er waagerecht im Wasser liegt, getragen von der Schwimmweste. Dann steigt er über ihn hinweg ins Boot. Er zieht der Schwester das Kleid aus, macht eine Schlaufe und streift sie der Frau über. Dann schlingt er sie um sein Genick und lüftet sie so aus dem Wasser. Unter unerhörten Anstrengungen holt er zuletzt auch Franz Huber heraus.
» . . . Als wir nun zu viert im Schlauchboot lagen, der eine Unbekannte, der Obergefreite, die Schwester und ich, befiel mich ein starker Schüttelfrost. Ich meinte, nun sollten wir uns, die wir soweit alles lebend überstanden haben, hinsetzen und fest umklammern, damit wir Körperwärme bekämen. Hierbei hörte ich zum erstenmal von dem Unbekannten, einem Feldwebel, daß er gar nicht daran dächte; denn ihm sei unten prima wohl. Ich glaube, ich hätte ihn erwürgt, wenn ich gekonnt und die Kraft dazu besessen hätte. Übermenschliches mußte bisher geleistet werden, um den Untergang noch einigermaßen zu überstehen.
Ich sagte auch zu ihm, wir hätten nicht mehr viel Kraft, aber doch noch soviel, daß wir ihn gewiß ins Wasser werfen würden, wenn er sich nicht sofort hinsetzen würde. Nach einiger Zeit setzten wir uns alle vier auf, warteten die Dinge ab, und harrten der Rettung.
Nach einiger Zeit sahen wir weit hinten am Horizont Scheinwerfer, und wiederum war es dieser Feldwebel, der sagte, nun käme das russische U-Boot und würde uns sicher aufnehmen, und wir kämen nach Sibirien oder in den Ural in Gefangenschaft. Hierzu sagte ich ihm, wir könnten jetzt keine pessimistischen Gespräche gebrauchen, sondern wir brauchten Optimismus, um daran zu glauben, daß wir den Untergang überstehen.
Weil die Scheinwerfer in entgegengesetzter Richtung leuchteten, nahmen wir an, das Schiff wäre sehr weit weg. Wir waren überrascht, daß es sehr bald bei uns war und riefen, so laut wir konnten, um Hilfe. Aber die Kälte ließ keine laute Sprache zu, weil es uns das Gesicht verzogen hatte. Wir versuchten unsere Signalpfeifen an den Mund zu setzen, aber wir hatten keine Kraft mehr zu pfeifen. Der

Scheinwerfer war wieder weit, weit entfernt. Dieser Vorgang wiederholte sich vier- oder fünfmal. Erst morgens um 5.30 Uhr wurden wir vom Scheinwerfer erfaßt und vom Schiff aufgenommen. Es war das Torpedoboot »T 196«, Oberleutnant zur See Hartig.
Ich weiß noch, daß wir mit der letzten uns verbliebenen Kraft gerufen haben, »Hilfe, Hilfe – Verwundete!« Als wir dann zum ersten Male hörten »Wir kommen«, war es für uns wie einer Erlösung. Der totale körperliche Zusammenbruch war da. Ich spürte noch das Anstoßen unseres Schlauchbootes an das Schiff, dann wurde ich vorübergehend bewußtlos . . .
Mit Strickleiter und Trage wurden wir auf das Schiff gezogen und dort mit Tee, Kaffee, Kognak, Zigaretten und allem, was wir wünschten, versorgt. Meine Verwundung spürte ich überhaupt nicht mehr, jedoch machten sich in meinen Beinen starke Schmerzen bemerkbar. Und ein Obergefreiter aus München, ein noch junger Mann, nahm sich meiner an und massierte mich wie seinen eigenen Bruder, der Schweiß lief ihm herunter. Meine Schmerzen in den Beinen wurden immer größer, bis ein Arzt kam und mir Spritzen gab, so daß ich einschlief.
Wir wurden von »T 196« nach Kolberg gebracht und kamen in ein Lazarett. Der Roten-Kreuz-Schwester hatte ich meine Adresse gegeben, habe aber nie wieder etwas von ihr gehört . . .
Mit sieben Mann wurden wir mit warmer Milch versorgt, und die Frauen betrachteten uns wie Wunderkinder. Es erschien ein Oberarzt des Heeres mit einem Notizbuch, und ich fragte ihn, wann er glaube, daß wir hier einmal behandelt würden. Er schrie mich an, was ich denn eigentlich denke, wir müßten doch zuerst entlaust werden. Daraufhin zog ich meine Uniform unter der Decke hervor mit meinen Orden und Ehrenzeichen und sagte, daß mich die Entlausung nicht interessiere, sondern wann wir behandelt würden. Ich gab ihm den dienstlichen Befehl, umgehend für Abhilfe zu sorgen. Innerhalb von wenigen Minuten wurden

wir in Badewannen gebracht, um das Öl vom Körper zu waschen. In der gleichen Nacht bekam ich nochmals Schüttelfrost und glaubte, den Untergang der »Steuben« nochmals zu erleben, im Traum.
Niemand dachte, daß ich jemals wieder würde laufen können . . .«

Bei der »Führerlage« meldet Großadmiral Dönitz den Verlust der »Wilhelm Gustloff«. Wie er ausführt, hätte die Seekriegsleitung derartige Einbußen von vornherein in Rechnung gestellt. Daß die russischen U-Boote in der Ostsee auftreten könnten, läge an der fehlenden U-Jagd durch Flugzeuge. Die Kriegsmarine müßte sich wegen Mangel an Sicherungsstreitkräften auf den Schutz der Geleite beschränken.
Auch nach der Versenkung der »Steuben« ändert das Oberkommando der Kriegsmarine seine Meinung nicht. Die Zwangslage wird immer deutlicher, es gibt gar keine Alternative; denn die Landverbindungen, sofern sie überhaupt noch bestehen, sind noch eine Frage der Zeit, wenn es auch niemand ausspricht.
Aktenvermerk vom 11. 2. 1945: *Nach der Meinung des ObdM kann auf die Benutzung großer Schiffe für Verwundete (auch) in Zukunft nicht verzichtet werden, weil damit die Zahl der abtransportierten Verwundeten um 40 000 im Monat sinken würde. Mit den kleinen Lazarettschiffen können monatlich nur 17 000 Verwundete befördert werden.*
Dönitz wörtlich: »Es ist wichtiger, alle verfügbaren Mittel einzusetzen und dabei hin und wieder Verluste in Kauf zu nehmen, als auf den gesamten Abtransport der Verwundeten zu verzichten. Bisher sind 76 000 Verwundete abtransportiert worden, so daß die Verluste nur eine kleine Prozentzahl darstellen.«
Adolf Hitler schließt sich seiner Auffassung an.
Die Ereignisse gaben ihnen recht.

FEBRUAR

6.

Lazarettschiff und Verwundetentransporter
5000 Mann auf leckem Schiff nach Kopenhagen: »Monte Rosa«
Die Seetra besorgt Menschen, Waffen und Kohle

Die »Steuben« war kein Lazarettschiff im eigentlichen Sinne, sie war ein Verwundetentransporter. Lazarettschiffe genießen den Schutz verschiedener Haager und Genfer internationaler Abkommen und werden von beiden kriegführenden Parteien anerkannt. Dabei sind viele Einzelheiten zu beachten, angefangen beim weißen Anstrich mit den roten Kreuzen, über die nächtliche Lichterführung, bis zur namentlichen Bekanntgabe des vorgeschriebenen Zivilpersonals. Allein, diese Vereinbarungen stammen aus dem Jahre 1907 und sind mit einem umständlichen Anmelde- und Bestätigungsverfahren bei den Schutzmächten verbunden, das lange Monate beansprucht. Die raschen Ereignisse und Massenausfälle der heutigen Kriegsführung laufen derartigen Formalitäten davon und zwingen zu Notlösungen. Dazu gehören die formlos von einem Tag zum andern in Fahrt gesetzten Verwundetentransporter. Diese genießen keinen völkerrechtlichen Schutz, um es deutlich zu sagen.

Die Sowjets sagten es noch deutlicher. Abgesehen davon, daß die russische Regierung über eigene Lazarettschiffe kein Wort verliert, was bei ihrer engen maritimen Ausgangsposition und den langen Landfronten wohl auch gegenstandslos wäre, erkennt sie von vornherein keine deutschen Lazarettschiffe an. Sie begründet das kurz nach Beginn des Rußlandfeldzuges, am 17. 7. 1941, mit einer Note, in der sie der deutschen Regierung »systematische

und verräterische Übertretung der internationalen Verträge und Konventionen« vorwirft. Daher werden also in den letzten 115 Tagen des Krieges noch einige echte deutsche Lazarettschiffe ein Opfer feindlicher Angriffe. Hierzu trägt noch bei, daß ein angreifendes Flugzeug aus seiner Höhe die Art des Schiffes, dem seine Bomben gelten, kaum erkennen kann. Vom Luftkrieg ist in den veralteten Bestimmungen der Haager Abkommen vom 18. 10. 1907 nicht die Rede. Der deutschen Wehrmacht konnte es ziemlich gleichgültig sein, wie sie ihre Verwundetenschiffe formell einordnete. In der Ostsee wurden sie auf jeden Fall angegriffen.
Lazarettschiffe sind fast ausnahmslos für ihren Zweck hergerichtete ehemalige Handelsfahrzeuge. Die Kriegsmarine verfügt am Anfang der Flüchtlingsbewegung in der Ostsee über acht kleinere: »Glückauf«, »Marburg«, »Meteor«, »Oberhausen«, »Pitea«, »Posen«, »Würzburg« und »Rügen«. Alle diese Schiffe sind zwischen 1000 und 3000 BRT groß, sie können kleinere Häfen anlaufen und bieten wenig Zielfläche. Bei Beginn der Kämpfe um Ostpreußen und in der Danziger Bucht sind sie die Zubringer, die auf kurzen, schnellen Fahrten Verwundete vom frontnahen Pillau nach Danzig/Gotenhafen oder zur Reede von Hela bringen. Dort übernehmen große Lazarettschiffe die Leidenden und tragen sie in den sicheren Westen.
Zu den bis zu 15 000 BRT »großen Lazarettschiffen« zählten die »Berlin«, »General San Martin«, »Monte Olivia«, »Monte Rosa« und »Pretoria«. Alle erst nach dem 15. Januar 1945 als solche eingesetzt, entsprechen ausstattungsmäßig und personell vollwertigen Lazaretten an Land.
Als Mitte 1944 durch die Räumung des Baltikums die Zahl der Transportfälle schlagartig ansteigt, führt die Marine sogenannte »Verwundetentransporter« (VTS) ein. Diese sind ebenfalls wie Lazarettschiffe eingerichtet, haben eine Sanitätseinheit an Bord, verzichten aber bewußt auf jede äußere Kennzeichnung und sind mit Bordflak bestückt. Über ihren Einsatz sagt die Seekriegsleitung am 26. 9. 1944 unter anderem:

»Der VTS (Verwundetentransporter) dient ausschließlich zum Massentransport von Verwundeten über See. Der innere Betrieb an Bord richtet sich nach der ›Dienstanweisung für den Dienst auf Lazarettschiffen‹.«

Zu den Verwundetentransportern gehören: »Adler«, »Antonio Delfino«, »Der Deutsche«, »Deutschland«, »General San Martin« und »Monte Rosa« (ehe die letzten beiden reine Lazarettschiffe wurden). Ferner »Steuben«, »Regina«, »Ubena«, »Urundi«, »Renate«, »Walter Rau«, »Wagoni«, »Winrich von Kniprode«, »Karlsruhe«, »Robert Möhring«, »Goya« und das Reichsbahn-Fährschiff »Preußen«. Im weiteren Verlauf der Ereignisse sind, der Not gehorchend, alle im Augenblick überhaupt verfügbaren Kriegs- und Handelsschiffe benutzt worden. Ohne diese allumfassenden Maßnahmen wäre der nachweisliche Abtransport von 450 000 Verwundeten in 115 Tagen einfach nicht möglich gewesen. Eine allerletzte Kontrolle über jedes einzelne Schiff, das gelegentlich einige wenige Verwundete mitnahm, scheint zu fehlen, so daß auch hier die tatsächlichen Ziffern die nachweisbaren übersteigen.
Wie gefährdet ein Lazarettschiff trotz aller Abkommen noch ist, und daß es ebenfalls eines Geleites bedarf, was ihm von Rechts wegen verwehrt ist, zeigt der Untergang der »Berlin« (15 286 BRT) am 31. 1. 1945 auf der Reede von Swinemünde, gewissermaßen eben vor der Haustüre. Glücklicherweise waren die Umstände wenig aufregend und forderten nur ein Menschenleben. Die »Berlin« sollte sich einem im schweren Eisgang manöverierenden Konvoi anschließen, für den kein Grundminengeleit vorgesehen war. Nachmittags erschütterte eine schwere Detonation das Schiff, Wasser strömte in die Maschine und in den hinteren Heizraum. Erst gegen Abend trafen Eisbrecher und Bergungsdampfer ein, die versuchten, den Lloyddampfer in flachem Wasser auf Grund zu setzen. Dabei erlitt das Schiff einen zweiten Minentreffer, sank zusehends und lag um 23.53 Uhr in 13 Meter Wasser auf Grund. Teile der Räume und die

Aufbauten blieben trocken, do daß die Besatzung das Schiff noch nicht zu verlassen brauchte. Als in der Folgenden Nacht starker Südwest aufkam, entstanden weitere Leckagen. Danach wurde die Ausrüstung abgeborgen, und Kapitän und Besatzung gingen von Bord.
Mit dem Lazarettschiff »Berlin« verliert der Norddeutsche Lloyd wieder einen seiner nur noch wenigen repräsentativen Passagierdampfer. Die »Europa« liegt in den Vereinigten Staaten fest, die »Bremen« ist, nachdem sie in einer aufsehenerregenden Rückreise die Blockade brach und Murmansk erreichte, schließlich im Heimathafen durch Brandstiftung zerstört worden.
Die »Columbus« wurde von der eigenen Besatzung versenkt. »Steuben« wird torpediert, »Scharnhorst« übernimmt die japanische Marine, »Gneisenau« fällt dem Krieg in der Ostsee zum Opfer, und nur die »Postdam« ist noch in Fahrt. Von den 2466 Seeschiffen der deutschen Handelsflotte des Jahres 1939 ist nur noch ein Bruchteil vorhanden. Der Krieg zehrt an der Substanz aller deutschen Reedereien. Da der breite englische Versicherungsmarkt ihnen verschlossen bleibt, sind sie nicht einmal gegen das Kriegsrisiko abgeschirmt und können sich daher nur auf die gesetzlich festgelegten Ersatzansprüche gegen das Deutsche Reich berufen, dessen Verpflichtungen immer größer werden. Während man bemüht war, in den ersten Kriegsjahren Verluste durch Zuteilung von Beute- und Prisenschiffen an die geschädigten Reeder auszugleichen, ist dies später mangels Masse nicht mehr möglich. Und so wird am Ende der deutsche Reeder nicht nur leer ausgehen, weil sich für das aufgelöste Deutsche Reich kein Rechtsnachfolger findet, sondern die ihm verbliebene Resttonnage obendrein fast ausnahmslos an die Alliierten abliefern müssen.

Zu den vorgenannten Lazarettschiffen und Verwundetentransportern, die in dieser Zeit von sich reden machen, gehört auch die »Monte Rosa«, ein Motorschiff der Hamburg-Süd. Die Einheiten der Monte-Klasse, einstmals ein

großer Erfolg in der Passagierfahrt der zwanziger und dreißiger Jahre, eilen nun nicht mehr zum Karneval nach Rio oder mit Touristen nach Feuerland und Spitzbergen. Sie sind, soweit vorhanden, alte Kriegsteilnehmer. Die »Monte Rosa« diente abwechselnd als Wohnschiff in Stettin, als Truppentransporter zwischen Dänemark und Norwegen, als Verwundetentransporter von Finnland. Sie liegt im norwegischen Alta-Fjord neben der »Tirpitz« und beherbergt 2500 Werftarbeiter, bringt deutsche Dienststellen zurück ins Reich und 1944 Flüchtlinge von Riga dazu. Zwischendurch erhält sie einen Minentreffer, dampft aber mit eigener Kraft in den Hafen und wird repariert, sie ist stark gebaut. Sie wird geführt von Kapitän Bertram, von dem einer seiner Offiziere, der alle Kriegsreisen mitmachte, bemerkt: »Er war der Schiffsführer, wie er im Buche steht. Durch sein Können und seine Wachsamkeit haben viele Tausende von Menschen den Westen erreicht.«
Ende 1944 wird die »Monte Rosa« in Oslo zum Lazarettschiff umgebaut, Sanitätspersonal und rund 40 Krankenschwestern kommen an Bord. Ende Januar '45 wird sie plötzlich von Norwegen nach Pillau beordert. Zahlmeister Werner Neiling schreibt:
»Am 1. 2. 1945 waren wir dort. Sofort wurden Verwundete eingeschifft und Flüchtlinge aufgenommen. Es waren weit über 3000 Mann. Wir Besatzungsmitglieder stellten unsere Kammern zur Verfügung. In meiner hauste eine 7köpfige Familie. Die Ärzte, das Sanitätspersonal und vor allen Dingen die Besatzung versorgten die vielen Menschen. Täglich schrieb ich von 10.00 bis 12.00 Uhr Totenscheine, die ein Arzt mir diktierte. Ich war damals erschüttert über die hohe Zahl der Kleinkinder und alten Menschen, die an Bord nach den vorangegangenen Strapazen verstarben. Von Kiel ging es zurück nach Pillau. Dort war die Hölle los. Alles war verstopft von Flüchtlingstrecks, und die russische Artillerie beschoß das ganze Hafengelände. Die russischen Flieger warfen ständig Bomben in die Menschenmassen. In der Nacht ging es von Pillau ab nach Swinemünde. Ich schätze,

wir hatten diesmal weit über 4000 Menschen an Bord. Es war nicht auszudenken. Unsere Kammern waren voll Ungeziefer, besonders Flöhe, und der Dreck war unbeschreiblich.
Am 15. 2. ging es von Swinemünde ab, und wir brachten unsere Unterkünfte mit Lysol wieder auf Vordermann. Am 16. 2.1945, gegen 5.00 Uhr, erhielten wir einen Minen- oder Torpedotreffer. Die Maschine stand sofort unter Wasser. Mit starker Backbord-Schlagseite lag die »Monte Rosa« manöverierunfähig auf der Höhe von Hela. Das Sanitätspersonal und ein großer Teil der Besatzung mußten in die Boote. Einheiten der Kriegsmarine nahmen sich der Leute an, und gegen Mittag kamen Schlepper der »Monte Rosa« zu Hilfe. Das Schiff wurde nach Gotenhafen eingeschleppt und am Seebahnhof festgemacht. Die Feuerwehr und Schlepper pumpten das Wasser heraus, nachdem Taucher das riesige Loch gedichtet hatten. Das Sanitätspersonal wurde sofort von Bord genommen.«
Kapitän Bertram versetzt man auf das Spitzenschiff der Hamburg-Süd, den 27 561 BRT großen Dreischornsteiner »Cap Arkona«. Sein Nachfolger auf der »Monte Rosa« wird Kapitän Goy. Zwei Wochen später wird der schwerbeschädigte 14 000-Tonner an einem Sonntag nach Danzig in die Werft geschleppt. Montags muß er vor den Einschlägen russischer Granaten wieder auf Gotenhafen Reede flüchten. Das Hin und Her des Havaristen geht weiter, als man ihn an Kai verholt und mit Flüchtlingen belegt.
». . . Es ging alles sehr ordentlich zu, obwohl die eingeschlossene Stadt unter Feuer der Russen lag. Während die Menschen an Bord kamen, war ich mit einer kleinen Gruppe auf Jagd nach Verpflegung. Was wir bekamen, war sehr kläglich, so daß wir zur Selbsthilfe greifen mußten. Wir nahmen die zurückgebliebenen Pferde der Flüchtlinge. Unser Küchenpersonal kochte Tag und Nacht, wenn der Eintopf auch nur aus Pferdefleisch bestand . . .«
Der letzte Akt endet mit einem seemännischen Bravourstück, wie es in der Geschichte der Schiffahrt wohl einzig

dasteht, und dem Können der Schiffsführung, dem Geschick der Schlepper und der Qualitätsarbeit deutscher Werften das beste Zeugnis ausstellt.
Die »Monte Rosa«, vor fünfzehn Jahren bei Blohm & Voß gebaut, ist manöverierunfähig, ihre Maschine ist ausgefallen und das Leck provisorisch abgedichtet. Sie befindet sich überhaupt in einem Zustand, daß in besseren Zeiten kein Schiffssicherheitsbeamter auch nur ein Seefähigkeitsattest, geschweige denn einen Fahrterlaubnisschein auf ihren Namen ausstellen würde. Dessen ungeachtet spannen sich drei Schlepper vor das Schiff, dessen untere Decks unter Wasser stehen, dessen Leck wieder aufbrechen könnte, und ziehen mit ihr kaltblütig 600 Kilometer weit über die Ostsee, während in den oberen Decks, in allen Räumen, Kammern, Treppen und Aufgängen 5600 Verwundete, Kranke und Flüchtlinge essen und schlafen, schlafen und essen – die erste warme Mahlzeit nach längerer Zeit. Sie fühlen sich geborgen. Ehe sie zu sich kommen, sind sie bereits in Kopenhagen . . . Da kann man nur sagen: Hut ab!

In der Alte Rabenstraße in Hamburg verfolgen der Seetransportchef und sein Stab aufmerksam jede Seemeile dieses riskanten Unternehmens. Mit seiner Funkstation kann er die Sprüche der Handelsschiffe empfangen, sie aber auch direkt erreichen. Als die Einlaufmeldung einläuft, atmet alles auf. Der Admiral kennt die »Monte Rosa«, die später an England abgeliefert wird, wie auch deren Schwesterschiff »Monte Olivia«, die – Duplizität der Ereignisse – am gleichen Tage wie die – »Rosa« bei Pillau einen Minentreffer erhält, und wenige Tage vor Kriegsende im Kieler Hafen ausbrennt.
Er kennt die Schiffe. Und er kennt die Besatzungen, wenigstens summarisch, ihre Sorgen und die mit ihnen verbundenen Probleme. Die Schiffe mußten für die Aufnahme so vieler Menschen erst hergerichtet werden. Die zivilen Besatzungen zeigten sich anfangs der Situation nur dann gewachsen, wenn sie vorher schon Ähnliches erfahren hat-

ten. Das Geleitfahren klappt nicht immer, obwohl es zum Überleben unerläßlich ist. Die Befehlsübermittlung von Schiff zu Schiff läßt zu wünschen übrig, weil es an militärischem Signalpersonal fehlt. So gibt es häufig ein Durcheinander bei Nacht, im Nebel und bei feindlichen Angriffen. Ganz abgesehen von der erhöhten Gefahr, die aus der Massierung so vieler und großer Schiffe im Kriegsgebiet nun einmal erwächst. Da unter den angeführten Schiffen viele überhaupt zum erstenmal feindbedrohte Gewässer durchfahren, muß man ihre Leistungen um so mehr anerkennen. Diese zivilen Besatzungen sind uneinheitlich, vielfach überaltert, körperlich nicht immer tauglich und mit Ausländern durchsetzt: Holländer, Italiener, Kroaten, Balten und andere. Zusammengenommen ist ihr Verhalten mehr als lobenswert. Sie tun, was sie tun können und noch viel mehr!

Aber das ist noch nicht alles. Zum Wehrmachtgefolge erklärt, stehen sie sozusagen zwischen Baum und Borke. Den Militärgesetzen unterworfen und im Kampfgebiet eingesetzt, werden sie doch zweitklassig behandelt insofern, als die Hinterbliebenen der im Krieg gefallenen Zivilseeleute nicht die für Soldaten vorgesehenen Renten und Kriegsopferfürsorgen erhalten. Für Zivilseeleute gibt es keinen Heldentod, sondern nur Arbeitsunfälle mit tödlichem Ausgang . . .

Der Admiral tut, was er kann. Die KMDs, seine Verbindungsstellen, haben ein besonders enges Verhältnis zu den dienstverpflichteten Zivilbesatzungen, das aber nicht immer von anderen militärischen Kommandos geteilt wird. Ende 1944 geraten die braven Seeleute unverhofft in einen Machtkampf, und der Seetransportchef sieht sich gezwungen, der Parteikanzlei gegenüber die Hergabe von Seeleuten zum Volkssturm abzulehnen. Er begründet dies:

Besatzungen der Handelsschiffe sind Wehrmachtgefolge, deren militärischen Befehlen sie unterstehen. Militärische Ausbildung ist seit langem geregelt . . . muß Ansprüchen des Borddienstes Rechnung tragen und zeitlich auf ihn abgestellt sein. Dies kann nur von der Schiffsführung und von zuständigen Stellen der Kriegsmarine sichergestellt werden. Mangel an Besatzungen zwingt überdies dazu, auf Besatzungsteile stilliegender Handelsschiffe zur Auffüllung fahrtbereiter zurückzugreifen . . . Derzeitige Krise in der Seetransportlage verträgt keinerlei Beunruhigung oder Störungen der Handelsschiffahrt durch Einschalten neuer Organisationen.«

Um die Jahreswende 1944/45 weist die Seekriegsleitung die Marineoberkommandos und den Reikosee an, die Möglichkeiten der Geheimhaltung der Handelsschiffahrtswege und der Schiffsbewegungen erneut sorgfältig zu überprüfen. Das Ausscheiden der Schweden und der Finnen aus der Deutschlandfahrt hätte die bis dahin sehr schwierige Abwehrlage zwar gebessert, aber –

». . . verbleibender Ausländereinsatz bringt noch immer erhebliche Kompromittierungsgefahr mit sich . . . Bei Beurteilung Verratsgefahr muß von der Annahme ausgegangen werden, daß jeder in der (deutschen) Schiffahrt tätige Ausländer, ob Kapitän, Schiffsoffizier oder sonstiges Besatzungsmitglied, mit feindlichem Nachrichtendienst in Verbindung steht . . .«

Trotz allem erfüllen sich diese naheliegenden Befürchtungen nicht. Es kommt nicht einmal zur Sabotage. Dabei wäre es doch so leicht: ein wenig Sand in die Lager, ein bißchen Wasser ins Treiböl oder ein paar Tropfen Öl ins Kesselspeisewasser, ein undichtes Seeventil, ein zerstörter Kompaß – und das Schiff liegt lahm! Nichts dergleichen geschieht, auch die Nichtdeutschen geben sich große Mühe, ihre Schiffe fahrtklar und betriebsbereit zu halten. An Land flüchten Fremdarbeiter und Kriegsgefangene vor den roten Befreiern und reichen der deutschen Zivilbevölkerung, ihren früheren Arbeitgebern und Bewachern, die helfende Hand. Das ist die Wirklichkeit!

Als die große Flucht beginnt, sind die meisten Handelsschiffe in der Ostsee noch unbewaffnet, und den angreifen-

den Flugzeugen wehrlos ausgeliefert. Es gibt ein großes Hin und Her wegen der Flakwaffen, das sich sogar bis in die höchste Ebene fortsetzt und zu einer Auseinandersetzung zwischen Großadmiral Dönitz und dem Rüstungsbeauftragten Sauer führt. Denn die Spitzenschiffe fuhren immerhin schon Flakgeschütze bis zum Kaliber 8,8 oder gar 10,5 Zentimeter. Dazu noch die schnellfeuernden 2 und 3,7 Zentimeter, zum Teil Doppel- oder Vierfachlafetten. Als man dem Admiral in der Alte Rabenstraße auf sein Drängen hin schließlich weitere 200 Zwei-Zentimeter bewilligt, sind für diese Waffen keine Sockel vorhanden. Was nun? Er selbst sagt dazu: »Ich habe dann einfach von allen in der Werft liegenden und sonstigen stillgelegten Schiffe die Waffen ausbauen und sie mit Holzpodesten wieder einbauen lassen. Das ist zum Teil gelungen.«
Die Geschützbedienungen sind erstklassig. Sie unterstehen der Bordflakbrigade Nord in Hamburg und ihren Bordflakabteilungen in Stettin und Rendsburg. Ihre Stammkompanie in den einzelnen Häfen sehen sie aber nur von weitem, da sie ständig an Bord der Handelsfrachter eingeschifft sind und mit diesen jahrelang umherdampfen. Wobei ihre soldatischen Umgangsformen vielleicht merklich nachlassen, ihre artilleristischen Fähigkeiten aber in zahlreichen Gefechten und Abschüssen zunehmen. Für die Zivilkapitäne sind diese tatkräftigen Flakbesatzungen nicht nur aus Sicherheitsgründen von unschätzbarem Wert. Auch bei der Betreuung der Flüchtlinge und Verwundeten stehen sie ihren Mann.
Die größte Sorge machte die Beschaffung von Treibstoff, von Kohle und Öl. Seit 1944 hatte die alliierte Luftwaffe erfolgreich deutsche Hydrierwerke angegriffen, zum Beispiel Pölitz bei Stettin. Außerdem ging im gleichen Jahr das rumänische Öl verloren. Die Dieselölproduktion schrumpfte um 30 Prozent. Am 1. Juli 1944 wurde das Heizöl und am 1. August auch das Treiböl kontingentiert. Die Kohle war vorerst nur eine Transportfrage.
Wegen der zunehmenden Fliegerangriffe weigerten sich die

Zivilbesatzungen der Rheinschiffahrt weiterzufahren. Auch hier mußte der Seetransport einspringen. Im Laufe des Jahres stellte der Admiral aus etwa 70 bis 90 Kohlenkähnen und Flußschleppern drei Rhein- und Ruhrflottillen zusammen. Diese Flottillen haben zunächst die holländischen Kraftwerke mit Ruhrkohle versorgt. Als die ständigen Luftangriffe auch den Schienenverkehr beeinträchtigen und die Kohlezufuhr für die deutschen Schiffe bedrohen, werden die Kohlenschleppzüge über den Rhein-Herne-Kanal und den Mittellandkanal nach Hamburg und Stettin geleitet. Aus Oberschlesien wird die Kohle oderabwärts verschifft.

Das oberschlesische Industriegebiet fällt nach dem 15. Januar 1945 in die Hände der Sowjets. Zu einem Zeitpunkt, als man die Kohle für all die Flüchtlingsschiffe am nötigsten gehabt hätte. So erscheint es selbstverständlich, daß man mit der ersten Welle, am 26. Januar, dem ObdM das Verfügungsrecht über die Kohle auf dem Wege in die Häfen und auf den Schiffen überträgt. Die Marine verteilt nach drei Dringlichkeitsstufen. An erster Stelle stehen Sicherungsstreitkräfte und Transporter, danach gibt es Kohle für die Werften für Schiffsreparaturen und zuletzt für Neubauten. Es kennzeichnet die Lage, daß der Reikosee aus dem Heimatbereich zwar 18 Schiffe zum Flüchtlingstransport abzweigen will, aber nur, wenn im Osten auch tatsächlich Brennstoff für diese Schiffe vorhanden ist. Er selbst hat keinen übrig. Um die Kohlentransporte von Westen her zu sichern, besteht der Seetransportchef nunmehr auch auf der Lieferung von Flakwaffen für die Kohlenkähne. Für seine Binnenflottillen werden hundertfünfzig 15-Millimeter-Drillinge und hundert 2-Zentimeter-Zwillinge bereitgestellt. Der Krieg geht weiter.

7.

Mit der Hosenboje gerettet – Die U-Boote verlassen Hela Pendelverkehr und Kleine Küstenfahrt – Ännchen von Tharau

Während unter dem Druck einer vielfachen russischen Übermacht die zunächst noch nach Süden gespannte Front der deutschen Armeen in erbitterten Abwehrkämpfen langsam zurückweicht, während eine Armada von Flüchtlingsschiffen die ostdeutschen Häfen verläßt, ist die Danziger Bucht nach wie vor der Exerzierplatz einer Waffe, die bis in die letzten Tage des Krieges hinein auch in der Ostsee eine gewisse Sonderstellung behält, vor allem in ihrer Ausbildung. Das sind die U-Boote.
Schwerpunkt der Unterseebootwaffe, und erst recht, nachdem sie ihre anderen Basen um die Danziger Bucht herum aufgeben mußte, ist die »Ausbildungsgruppe Front-U-Boote«, auf Hela, kurz die Agrufront. Die U-Boot-Waffe hat sich auf Hela etabliert. Sie benutzt sogar eine eigene Briefmarke (Feldpostmarke Halbinsel Hela), wie man es nach dem Kriege noch im Michelkatalog Nr. 13 ersehen kann. Von hier aus werden die kriegsmäßigen Angriffe auf Geleitzüge geübt. Hier sammelt man auch Erfahrungen mit den nach ihrem Konstrukteur benannten neuartigen Walter-U-Booten, die nach Antriebsart, Unterwassergeschwindigkeit und Tauchdauer alles bisherige in den Schatten stellen. Es sind in mehr als einer Beziehung letzte Erfahrungen, da sie für Deutschland zu spät kommen. Wie auch immer mit nahezu hundert Meter Wassertiefe und einer langgestreckten nördlichen Mulde von etwa einhundertzwanzig Metern ist die Danziger Bucht ein ideales Prüffeld für alle Tauchmanöver. Die unter Wasser Übenden hören über sich die Schraubengeräusche der Transporter. Umgekehrt sehen mehr als einmal erschrockene Flüchtlinge ein auftauchendes U-Boot prustend die Wasserfläche durchbrechen. Bis einen Monat später alle U-Boote zur weiteren Ausbildung in

die tiefen Gewässer bei Bornholm und vor Norwegen geschickt werden, und im März der Stab mit drei Überwasserschiffen, »Swakopmund«, »Pionier« und »Adler«, nach Westen verlegt.
Die ablaufenden U-Boote nehmen flüchtende Hitlerjungen aus Wehrertüchtigungslagern mit sich. So hat »U-3025« fünfzig von ihnen an Bord, die in Rönne auf Bornholm aussteigen. Als eines der Boote durch Minentreffer verlorengeht, stellt es sich heraus, daß sich die Frau des Kommandanten und Angehörige der Besatzung an Bord befunden haben. Normalerweise war jedes U-Boot für Frauen verboten. Doch Not bricht Eisen, auch »U 14« berichtet ähnliches.
Westlich von Pillau und nörlich von Danzig/Gotenhafen gelegen, bildet die Halbinsel Hela die dritte Spitze im Dreieck der Danziger Bucht: Ein rund 33 Kilometer langer, in der Hauptsache kaum einen Kilometer schmaler Dünenstreifen mit Fichten und Kiefern, der am breiten Südende wie einen Brückenkopf das gleichnamige Fischerdorf und Seebad trägt. Der Ort liegt an der Innenseite und ist zur Putziger Wiek gerichtet. Leuchttürme, einfache Villen und strohgedeckte Fischerhäuschen stecken zwischen Bäumen, in den Wäldern verschwinden die alten polnischen Befehlsbunker und die Batterie Nordstrand. Von den molengeschützten Hafenbecken aus erblickt man über das Wasser hinweg die Wohnblocks von Gotenhafen und die Danziger Marienkirche. Sie sind nur eine Stunde zu dampfen entfernt und erscheinen bei klarer Luft greifbar nahe. Die Reste ehemals polnischer Kriegsschiffe auf dem Grunde des Hafens sieht man nicht. Pillau liegt jenseits des Horizonts, am anderen Ufer der rund 38 Seemeilen offenen Danziger Bucht. Die Leucht-Glockentonne Hela-Süd markiert das Ende des Landsockels unter Wasser. Hier fällt der Grund steil ab und über die Zehn-, Zwanzig- und Vierzig-Meter-Grenze abrupt in die Tiefe. Auch zur Seeseite hat die Halbinsel einen nur schmalen Landgrund aus hartem Sand. Wenn man bei nördlichen und nordöstlichen Winden zu dicht an der Küste entlangläuft, besteht die Gefahr der Strandung, warnt das

Seehandbuch. Dagegen bietet die Innenseite der Halbinsel einen guten Schutz vor Wind und Seegang.
Hinter Hela suchten schon in Friedenszeiten die Schiffe bei schlechtem Wetter Zuflucht und ankerten. Und auf Hela Reede werden sie sich jetzt einstellen, wenn die russischen Granaten die Häfen erreichen und die großen Schiffe die Feuerzone verlassen. Hierher kommen nun von allen Seiten der Danziger Bucht die kleinen Zubringer und geben ihre menschliche Ladung an die Großen ab. Die ankernden Flüchtlingstransporter werden zum gewohnten Bild, Hela rückt immer mehr in den Mittelpunkt der Ereignisse, und die Landzunge als solche wird zum Sprungbrett nach Westen. Bei der Tonne Hela-Süd, die schon immer als Wendemarke diente und von Schiffen aller Nationen umrundet wurde, beginnen und enden jetzt die Geleitfahrten. In den letzten Januartagen nehmen sie erst ganze 850 Menschen von Hela mit, in der ersten Februarhälfte schon Tausende. Dann schnellen die Zahlen aufwärts, und bei Kriegsende werden 495 810, eine halbe Million Flüchtlinge, Verwundete und Soldaten den Landstreifen auf dem Wege in die Freiheit überschritten haben.
Gleichwohl verschlägt es die ersten Flüchtlinge unfreiwillig und durch höhere Gewalt an das winterliche Gestade. Dr. Gustav Pfeiffer, Korvettenkapitän d. R. damals, teilt mit:
»Es dürfte Ende Januar 1945 gewesen sein. Es herrschte schon länger erhebliche Kälte und an diesem Tage ein gewaltiger Schneesturm. Da kam morgens die Meldung, daß am seewärtigen Strand, etwa 3 Kilometer vom Dorf Hela entfernt, ein Schiff gestrandet sei und mit schwerer Schlagseite daliege. Die Fischer von Hela erklärten (die Bevölkerung war noch nicht evakuiert), sie könnten bei dem Sturm und der Brandung nicht längsseit gehen, ohne zerschmettert zu werden. Dies traf bestimmt zu. Es blieb also nichts anderes übrig, als von außerhalb einen Raketenapparat mit einer Hosenboje zu holen. Bis zu deren Eintreffen vergingen mehrere Stunden. Dann mußte der Apparat mit dem einzigen geländegängigen Raupenfahrzeug durch die Dünen an Ort und Stelle gebracht werden.

Auf dem Schiff befanden sich Flüchtlinge, die von Königsberg kamen. Sie erzählten, man habe sie von der NS-Volkswohlfahrt aus auf das stillgelegte, nicht geheizte Schiff gepackt, ohne Verpflegung. Das Schiff war nicht unter Dampf und wurde von einem anderen geschleppt. Bei Hela riß die Leine und das Schiff wurde auf Strand getrieben. Es war mittlerweile total vereist. Die Insassen, Frauen, Kinder und alte Männer, wurden nun einzeln mit der Hosenboje an Land geholt. Da die Leine unter ihrem Gewicht natürlich durchhing, bekamen sie jeweils Brecher von oben und unten. Sie kamen völlig erschöpft an Land und mußten mehr getragen als geführt werden. Zum Glück befand sich in einigen hundert Metern Entfernung ein Scheinwerferstand meiner Marine-Flakabteilung 818, wo die Leute hingebracht, aufgewärmt und mit Suppe versorgt wurden.
Die Zahl der Leute ist mir nicht mehr in Erinnerung, es dürften wohl hundert gewesen sein. Sie waren etwa zwei Tage an Bord gewesen, und kamen in den Baracken der mir unterstellten Ausbildungsbatterie Hela unter und waren sehr dankbar dafür . . .«
Der Seetransportreferent beim Marineoberkommando Ostsee, Korvettenkapitän Eschricht, registriert den Havaristen als die »Nettelbeck«, die mit 180 Personen an Bord, einschließlich Besatzung, von »M 801« geschleppt wurde. Die »Nettelbeck« war bombengeschädigt, aber da man in jenen Tagen jeden Schiffsraum ausnutzt, wurde auch sie zum Flüchtlingsträger.

Für viele der nun Heimatlosen entwickelt sich die Fahrt in die Freiheit zu einer umständebedingten Odyssee, deren Winkelzüge sie nicht begreifen und die ihre Geduld auf eine harte Probe stellt. Haben sie, getrieben von der Angst vor der Roten Armee, dem ostpreußischen Hinterland den Rükken gekehrt und unter Lebensgefahr Pillau erreicht, sehen sie sich einer anderen Gefahr gegenüber: dem Wasser. Manch einer hat das Meer noch nie gesehen oder nur aus

der Ferne, oder im Sommersonnenschein, und in winterlicher dunkler Strenge erscheint es den in der ostpreußischen Erde Verwurzelten fremd und abweisend. Das kommt ihnen erst richtig zum Bewußtsein, nachdem sie die Schiffe gestürmt haben, deren Unterschiedlichkeit sie erst jetzt gewahr werden: in engen Kabinen zusammengepfercht, in der Tiefe eines finsteren Laderaumes, in einem zugigen Winkel kauernd. Erschreckt fahren sie zusammen beim Poltern der Eisschollen an der Bordwand, beim Getrampel über ihre Köpfen, ducken sich, wenn die Flak auf ihre Posten eilt und das Krachen der Geschütze einsetzt, wenn deutlich hörbar Torpedos durchs Wasser flitschern. Und die Todesangst kriecht erneut auf sie zu. Wird die Reise denn nie ein Ende nehmen?
Die einen haben Glück und erwischen gleich einen großen schnellen Transporter, der geradewegs nach Westen steuert. Andere landen auf einem kleinen Kahn, den man aus dem überfüllten Pillauer Hafen hinausjagt und nach Danzig/Gotenhafen abschiebt, wo andere Schiffe sie aufnehmen; denn die Seetra steht ihnen bei.
Von Pillau nach Danzig sind es rund 45 Seemeilen, von dort nach Hela 13, von Pillau nach Hela sogar nur 35 in der Luftlinie, und von Pillau direkt nach Swinemünde 210 Seemeilen. Das bedeutet in der Frachtergeschwindigkeit etwa vier Stunden. Auf einmal aber liegen sie zwischendurch zu Anker. Warten auf Geleit, das nicht sofort verfügbar ist und wenn, als langsamer Schrittmacher vor ihnen herkriecht. Oder sie müssen sich der geringsten Geschwindigkeit eines Mitfahrenden anpassen; denn in einem Geleitzug bestimmt der Langsamste das Tempo. Sie schleichen sich an allen Windungen der Danziger Bucht entlang, weil der direkte Weg nach Hela wieder einmal zu bedenklich wäre, und von Ort zu Ort. Der Zwangsweg ist wegen Minenabwurf gesperrt, also werden sie umdirigiert, laufen wieder zurück. Die Stunden verrinnen, werden zu Tagen, die Länge trägt die Last. Die Menschen verlieren die Geduld, sie sehen noch immer die Landzunge von Hela vor sich, sie ver-

stehen die Welt nicht mehr und sind sich selbst im Wege. Die Seeleute geben alles her, um mit dieser ihnen ungewohnten Ladung fertig zu werden. Selbstverständlich und gleichmütig, mit den Gefahren vertraut, tun sie ihre Pflicht. Auch ohne Uniform wirken sie vorbildlich. Wohltuend strahlt ihre Ruhe auf die Geängstigten über. Ihr menschliches Verständnis öffnet ihnen die Herzen, so daß man sich ihrer ausnahmslos mit großer Dankbarkeit erinnert.

Plastisch und akkurat, ganz Auge und Ohr, schildert Dr. L. schon kurz nach seiner Flucht die wechselnden Eindrücke eines Schiffahrtspanoramas der ersten Tage am Rande der Danziger Bucht.

In seiner Heimatstadt Königsberg in kriegswichtiger Stellung für einen Elektrokonzern tätig, muß er mit seiner Frau und anderen Personen die Stadt bei 19 Grad Kälte und schneidendem Ostwind verlassen, »in einem Kastenwagen des meinem Schwiegervater gehörenden Gutes Friedrichswalde, gut gefahren von einem jungen Polen«. Über Groß-Heydekrug gelangen sie bis zum Gut Kalkstein, westlich von Fischhausen. Unter den verschärften Ausreisebestimmungen muß sich die Familie in Pillau trennen. Dem zurückgebliebenen Dr. L. gelingt es später, mit seinem Dienstausweis die Sperre zu passieren und an Bord des 1923 BRT großen Bremer Dampfers »Fangturm« der Hansa-Reederei zu kommen.

1. 2.: »Etwa 16.30 Uhr an Bord. Nicht sehr gemütlich auf dem gepreßt vollen Kasten im schwer fliegergefährdeten Pillau. Die Wände des Schiffes und die Holzwolle tropfen feucht. Sehr kalt. Um 20.00 Uhr läuft das Schiff aus, stoppt aber bald. Nachts schwierig über schmutzige, steile Leitern nach oben.

Morgens geht es hinaus in die diesige, leicht bewegte See. Mehrere mittlere Frachter, gesichert durch alle möglichen, auch kleinsten Fahrzeuge. Außer Kaffee gibt es nichts für die 3000 Personen auf dem Schiff. Man liegt dösend im Halbschlaf, bemüht, sich warm zu halten. Torpedoboote

kommen uns entgegen. Etwa 15.00 Uhr vor Gotenhafen, wo Dutzende von Frachtern aller Größen liegen. Auch verschiedene Kriegsschiffe, eins vom Typ »Hessen«, uns von hinten überholend. Abends schön die Lichter der Schiffe. Licht- und Scheinwerfersignale. Wir verholen näher an Land, wo Verwundete in einen Prahm gehen.
2. 2.: Schiffsarzt sagt, es sollen Brot und Medikamente übernommen werden, nebst Kindernahrungsmitteln. Um uns herum lebhafter, interessanter Schiffsbetrieb. Dicht neben uns läuft ein großer Kreuzer mit Katapultflugzeug aus. Vollbesetzte Flüchtlingsschiffe, Wracks halb aus dem Wasser ragend. Etwa 15.00 Uhr Abfahrt nach Hela, wo ein Konvoi sich sammeln soll. Auch hier starker Verkehr verschiedenartiger Fahrzeuge. Es verbreitet sich das Gerücht, wir würden in Hela entladen, kämen dort in Baracken und auf größere Schiffe. Ungefähr um 18.00 Uhr beginnt (in Hela) bei nebeligem Regenwetter die Entladung, die sich wegen der schwer zu passierenden Leitern, der vielen Frauen und Kinder und des zahlreichen Gepäcks bis 2.00 Uhr nachts hinzieht.
3. 2.: Liegen eng, aber in geheizter Baracke, die sogar bald überheizt ist, auf dem Boden auf Stroh. Wandere schon um 6.30 Uhr in Dunkelheit und Nässe zum zwei Kilometer entfernten Dorf Hela. Sehr tüchtige Mitwirkung von Ingenieuroffizieren und Matrosen, die den Flüchtlingen überall halfen. Melde uns Siemens-Leute bei dem leitenden Ingenieuroffizier in der Verwaltungsbaracke zum beschleunigten Abtransport an. Spaziergang zum Hafen mit interessanten Schiffen aller Art (Kleinst-U-Boot, Afrikadampfer usw). Mittags Kohlsuppe. Nachmittags Organisation des Stubendienstes. Abends gibt es für fünf Mann ein Brot im Eßsaal und je eine Scheibe guten Schmalzspeck, diesen angeblich aus der Zusatzverpflegung für U-Boot-Leute.
4. 2.: Waschen ist Sonntagsvergnügen. Nachmittags Spaziergang nach Dorf Hela. »Hipper« geht vor Anker, vier U-Boote laufen ein. Abends wieder Brot und Schmalz. Heeresbericht: Frankfurt an der Oder, Küstrin, Arnswalde

usw. gefallen. Wenn wir nicht bald wegkommen, bleiben wir noch in Hela sitzen – vielleicht nicht das Schlechteste!« Die Spezialisten sitzen auf Hela und warten. Die arbeitsfähigen Männer verladen Munition aus schwer betonierten Bunkern an mehreren Geschützständen, von denen die 40,6-Zentimeter-Geschütze abmontiert und zum Atlantikwall gebracht wurden. Am fünften Tage ihres Hela-Aufenthaltes bringt sie die Fähre nach Gotenhafen zurück. Dr. L. findet nach langem Verhandeln, mit Hilfe des Siemens-Büros, am 8. Februar einen Platz auf dem Dampfer »Neuss« (1243 BRT). Gefangene tragen seine Koffer das letzte Stück. Die kleine »Neuss« hat 300 Flüchtlinge, Torpedos und Maschinen an Bord, legt ab, und ist um 13.00 Uhr wieder bei Hela, wo ein Geleitzug aus 40 Schiffen zusammengestellt wird. Nachts schläft er im Sitzen in der Unteroffiziersmesse, so eng ist es.
9. 2.: »Morgens 6.00 Uhr Waschen und Rasieren. Wind und See ruhig. Nachts ist Fliegeralarm gewesen. Schiffe streng abgeblendet, Rettungsboote ausgeschwungen. Die Sonne erhebt sich aus dem Nebeldunst, der die Küste verhüllt. Wir fahren durch viele Kilometer breite Eisbarrieren. Dann weiter im Zick-Zack-Kurs, dauernde Wink- und Blinksprüche, absichtlich kein Funkverkehr. Gerüchte, daß Strecke Kolberg-Swinemünde heute nacht erneut vermint! Nehmen daher anderen Kurs. Wir stoppen stundenlang etwa in Höhe Kolberg, zunächst bei Sonne, dann bei Nebel, während durch das Geleit hindurch Minensuchboote mit Gerät das Wasser durchfurchen. Es ist also brenzlich.
10. 2.: Leichter Nieselregen, trostloses Wetter. Liegen seit zwanzig Stunden an derselben Stelle. Gereizte Stimmung der beim Schlafen Benachteiligten. Süße Haferflocken und wenig Brot. Ein Matrose, der alles kann: Kinder wickelt, verbindet usw. Vormittags wird es sonnig. Flugzeuge mit Eisenrahmen darunter suchen Minen. Nach einunddreißig Stunden geht es um 18.00 Uhr weiter. Von Swinemünde kommend, passiert ein Geleitzug von sechs großen Schiffen, darunter die »Pretoria« von 17 000 Tonnen.

11. 2.: Es wird langsam hell. In weitem Rund liegen viele Schiffe. Wir fahren eine Stunde an zahlreichen vorbei, näher an die Hafeneinfahrt heran und ankern ziemlich dicht unter der Küste. Dann wieder stundenlanges Warten. Minensuchboote fahren dauernd mit Gerät hin und her. Bei allmählich klarer werdender Sicht sieht man Swinemünde und alle Badeorte von Misdroy (Kaffeeberg) bis Ahlbeck, Heringsdorf usw. Um 14.30 Uhr Anker gelichtet, um 15.00 Uhr Mole passiert, 15.30 Uhr Anlegen am bekannten Liegeplatz der Ostpreußendampfer. Rote-Kreuz-Züge stehen dort, große Dampfer werden ausgeladen, Hafen vollgestopft von Fahrzeugen.
12. 2.: Leidlich geschlafen trotz des beängstigenden Gefühls, nur hier in der Überfüllung keinen Fliegerangriff. Gerücht, daß die Passagiere der »Neuss« in dem inzwischen vorgefahrenen Personenzug nach Rostock verladen werden sollen . . .«

Ännchen von Tharau ist's, die mir gefällt,
Sie ist mein Leben, mein Gut und mein Geld –

Wenn heutzutage bisweilen noch einmal Simon Dachs Lied vom »Ännchen von Tharau« gesungen wird, so entsinnt sich trotz der innigen Klänge kaum noch jemand, was es mit Tharau auf sich hat. Die Landkarten werden mit anderen Ortsnamen überdruckt, Tharau ist schon vergessen, selbst die Melodie entschwindet unserem Gedächtnis. Frau Hedwig von Lölhöffel wird Tharau, Kreis Preußisch-Eylau, nie vergessen. Es ist ihre Heimat, die sie 1945 verließ.
» . . . Helmut, mein Ältester, war knapp ein Jahr alt, und ich erwartete im Juni das Zweite. Ein junges Mädchen, das seit einer Woche bei uns im Tharauer Gutshaus lebte, begleitete mich. Annemarie trug Helmut und ihren Koffer, ich einen Rucksack mit Kinderwäsche und Handgepäck mit Lebensmitteln. Der Kohlenfrachter »Konsul Cords« legte (in Königsberg) an. Die Menschen drängten sich mit

aller Gewalt hinein. Schon war Annemarie mit Helmut durchgekommen, ich selbst stand noch draußen, da hängte der Seemann die Kette ein. Alles zurück! Ein furchtbarer Schrecken durchfuhr mich. Ich schrie aus Leibeskräften: Mein Kind – mein Kind ist auf dem Schiff! Da machte der verständige Mann die Kette noch einmal auf und zog mich an Bord . . .«

Hedwig von L. verbringt eine schreckliche Nacht im Laderaum. Im hellen Morgenlicht durchdampft »Konsul Cords« den Seekanal und erreicht die offene See. Die Häuser und Türme von Pillau werden kleiner und entschwinden schließlich, das ist der Abschied von ihrem Ostpreußen. Nachmittags kommt Sturm auf, die Stimmung wird verzweifelt.

». . . Und wir konnten doch eigentlich froh sein, daß wir nicht nach Sibirien fuhren, sondern in umgekehrter Richtung. Wohin es ging, wußte niemand zu sagen. Nachts ankerten wir vor Gotenhafen. Sonntag kamen wir kaum weiter. Wir erfuhren, daß unser Schiff Maschinenschaden hatte. Es schaffte nur sechs Kilometer in der Stunde. Im Fußgängertempo nach Swinemünde? Kein schöner Gedanke, noch tagelang hier aushalten zu müssen, ohne Schlaf und ohne Essen. Aber der Kapitän hatte ein Einsehen. Vor Hela ließ er sich ausbooten und brachte gegen Abend die Nachricht, wir würden auf Hela landen und von der Marine untergebracht werden.

Bei Dunkelheit und stürmischem Wetter verließen wir das Schiff, eine nach der anderen. Auf der Schiffstreppe war Glatteis, wie sollte ich da hinunterkommen? Aber siehe da, auf jeder Stufe stand ein Matrose und stützte uns. An Land nahmen die Matrosen uns die Kinder und das Gepäck ab. Auf dem verschneiten Weg, der sich, von einigen Lampen erhellt, in den Wald hineinschlängelte, sahen wir im Schattenriß die lange Reihe junger Kerle im Gänsemarsch vorwärtsgehen, jeder mit einem kleinen Kind auf dem Arm. Dieses Bild werde ich nie vergessen . . .

Wir folgten ihnen in den schneebedeckten Kiefernwald. Da

war ihr Barackenlager. In der großen Kantine, auf langen Tischen, hatten sie unsere Kinder abgesetzt. Fröhlich begrüßten uns die jungen Matrosen, als wir hereinkamen. Nun möchte ich doch gerne sehen, wie das Kind aussieht, das ich getragen habe! Ist es ein Junge oder ein Mädchen, fragte der Matrose, als wir Helmut aus seiner winterlichen Verpummelung wickelten. Er strahlte, als unser stämmiger, rotbackiger Junge zum Vorschein kam. Die Matrosen erzählten, sie hätten monatelang keine Frau und kein Kind gesehen. Sie freuten sich über die Abwechslung und wollten für uns sorgen, so gut sie konnten.

Wir bekamen Nudelsuppe mit Rindfleisch, gut gekocht, soviel wir wollten, die Kinder ein Süppchen. Die Matrosen hatten ihre Schlafräume für uns frei gemacht und schliefen selber in der Kantine auf der Erde. Sie waren fürsorglich und ritterlich. Zu den Mahlzeiten brachten sie uns – wir waren über tausend Frauen und Kinder – in die große Kantine. Gegen Abend kamen sie in unsere Räume und spielten Schifferklavier. Das war gut von ihnen gemeint. Sie wußten nicht, in welcher Stimmung wir im Grunde waren. Die Ungewißheit bedrückte uns, und die Gedanken an unser Zuhause quälte uns. Waren dort etwa schon die Roten, und wo waren unsere Angehörigen?

Mittwoch kamen Unteroffiziere in alle Baracken und verkündeten, am Abend würde das Ozeanschiff »Oranjefontein« auf See liegen. Nachmittags brachten uns die Matrosen zum Hafen. U-Boote fuhren hin und her, um uns an Bord zu bringen. Im U-Boot reichten die Mannschaften uns Kaffee und Kuchen. Nach einer halben Stunde waren wir am holländischen Luxusdampfer »Oranjefontein« angelangt. Ein Matrose ging uns voran und trug Helmut die fast endlose Schiffstreppe hinauf . . .

In einem eleganten Speisesaal empfingen uns die Offiziere. Der Kapitän reichte jeder Frau die Hand. Diese persönliche Begrüßung tat uns wohl. Wieder hatten auch hier die Matrosen ihre Betten frei gemacht und schliefen auf den Gängen.«

Es sind die kleinen Dinge, die zählen. Ein Händedruck, eine freundliche Geste, ein wenig menschliche Wärme, und schon sieht die Welt anders aus. Die »Oranjefontein« war kein Luxusdampfer wie Hedwig von L. irrtümlich annahm und nach den Maßstäben der letzten Tage unwillkürlich annehmen mußte. Es war ein Kombischiff für Ladung und 150 Passagiere der Vereinigten Niederländischen Dampfschiffgesellschaft, und als Kriegsbeute der deutschen Reederei John T. Essberger ersatzweise zugewiesen worden.

2n»Wir hatten es sehr gut auf dem Schiff, aber es ging nur langsam voran. Nachts blieben wir immer stehen. Über uns detonierten zwei Flakgeschütze daß alles zitterte. Man sagte uns, das seien Übungen. Ach, wir ahnten nicht, daß das keine Übungen waren, und daß vor und hinter uns Schiffe sanken! Das Leben auf dem Schiff war gut organisiert. Außer uns Königsbergern waren noch 2000 Danziger an Bord (auf einem Schiff für 150 Passagiere!). In drei Etappen wurden die Mahlzeiten eingenommen. Bei Tage saß Helmut auf dem oberen Bett in unserm Schlafraum und sah durch das Fenster auf die Wellen. Auch wir gewöhnten uns daran, nichts als Wellen zu sehen. Wir ahnten nicht, wo wir waren. Sonntag, den 4. Februar, ging ich hinaus, ich traute meinen Augen kaum. Wie immer hatte ich das Meer erwartet. Aber nein, das waren keine Wellen. Da waren Äcker, in deren Furchen der Schnee taute, grüne Saatschläge und strohgedeckte Bauernhäuser rechts wie links. Träumte ich denn? »Wo sind wir?« fragte ich die Matrosen. Im Kaiser-Wilhelm-Kanal. In Brunsbüttelkoog sollten wir aussteigen. Freudig packten wir unsere Sachen. Als wir eine Stunde später landeten, stand schon die halbe Stadt zu unserm Empfang bereit. Pimpfe luden unser Gepäck auf Handwagen. Ein Lehrer, der die NS-Volkswohlfahrt leitete, begrüßte uns auf holsteinich Platt. Das heimelte uns Ostpreußen an. Im Kino gab es Milch und belegte Brote die Hülle und Fülle. Überall, wo wir hinkamen, wurden wir liebevoll aufgenommen. Die gefahrvolle Seereise aber, und die uns retteten, werden wir immer in besonders dankbarem Andenken behalten . . .«

8.

Wie der Westen sie empfängt – Überfüllte Häfen – 150 000 nach Dänemark? – Zu Anker vor dem Minenfeld – Flucht vom Frischen Haff
»Noch in diesem Jahr tritt die geschichtliche Wende ein«

Von Ende Januar bis Anfang Februar verlassen 228 455 Flüchtlinge, Verwundete und Soldaten den Raum Königsberg/Pillau. Aus Danzig/Gotenhafen gehen 220 233 Menschen. Das sind zusammen fast schon eine halbe Million, die sich mit der ersten Welle auf und davon machen. Ihnen ist zwangsläufig jedes Mittel recht, und hin und wieder haben sie mehr Glück als alles andere. So auch Hedwig Rafalski, die mit ihrer Schwester und zusammen sechs Kindern »nach vielen Strapazen und angstvollen Tagen und Nächten« in Danzig eintrifft, in einem überschwemmten Kino übernachtet, und sich am anderen Morgen am Hafen selbst ein Schiff suchen will. »Wir kamen auf die Werftanlagen. Jedoch wollte uns ein Herr mit dem goldenen Parteiabzeichen den Durchgang nicht erlauben. Wir waren am Ende unserer Kräfte, und in der Verzweiflung sagte ich ihm – auf das goldene Parteiabzeichen zeigend –, das Ding, das werden ihm wohl bald andere abreißen. Er überschlug sich in Drohungen und lief zum Telefon, um mich verhaften zu lassen. In diesem Moment kam ein junger blonder Seeoffizier hinzu, der schleuste uns an dem Posten vorbei und riet uns, zu dem Schiff zu gehen.« Es ist das von einem Marinekommando belegte Hamburger Fahrgastschiff »Iberia«, und obwohl sie weder Sonderausweise noch sonstwas haben, bekommt es Fregattenkapitän Eckermann beim Anblick der sechs Kinder nicht fertig, sie abzuweisen und nimmt sie in einer Kabine mit. Sie merken gar nicht, daß die »Iberia« nur mit 4,5 Knoten dahinkriecht, daß der Motor aussetzt und das Schiff manöverierunfähig auf See treibt, um schließlich mit Not und Mühe Eckernförde zu erreichen.
Sie sind alle froh, dem Verderben entronnen zu sein. Ein

Ehepaar, das von der Nehrung kommt und schon drei Wochen umherirrt, entsinnt sich noch im hohen Alter der, wie sie sagen, herrlichen Fahrt auf dem Schulschiff »Regulus«. Die Sonne schien warm, sie waren glücklich und alle Leute waren friedlich und nett. Diesen 11. Februar vergessen sie ebensowenig wie Hedwig Rafalski den jungen blonden Seeoffizier, »den uns der liebe Gott gesandt hatte.«
Die westlichen Ankunftshäfen lassen die Flüchtlinge Gutes hoffen. In Brunsbüttelkoog werden sie herzlich empfangen, in Flensburg rührend aufgenommen; in Eckernförde begrüßt eine Musikkapelle die Flüchtlinge vom »Walter Rau« mit zackigen Marschklängen. Es ist noch die Zeit der Volksgemeinschaft, die sie in ihre Arme schließt, wenn sich auch hier und da leise Untertöne in die Begrüßungsworte mischen. Aber während es in Kiel großartig organisiert ist und am Sonntag sogar die Bäcker und Fleischer ihre Läden für sie offenhalten, während sie im Lande Schleswig-Holstein ein Dach über dem Kopf vorfinden und Jugendliche in Uniform ihr Gepäck tragen, warten sie in Swinemünde auf die Anschlußzüge, oder marschieren in langer Kolonne »verdreckt und krank zum Strohlager in der Tirpitzschule. Man begaffte uns wie Weltwunder, aber niemand nahm uns mit.« Es klingt grotesk, was das Artzehepaar Dr. F. W. Sch. erlebt, als es auf der Flucht bei einem Kollegen im noch friedlichen Bohnsack bei Danzig einkehrt. »Wir bekamen in dem sehr gepflegten Haushalt, in dem man sich als Flüchtling nicht recht am Platze fühlte und dreimal die Füße abtreten mußte, bevor man den Teppich betreten durfte – eine Tasse Tee!«
So werden sie zu Boten eines Schicksals, das die noch nicht Betroffenen plötzlich auf sich zukommen sehen, aber solange wie möglich von sich wegschieben möchten. Auf dem dänischen Dampfer »Lotte« sind sie eine unangenehme Fracht, berichtet Dr. F. W. Sch. weiter. Mit den dampfenden Schüsseln ihrer eigenen appetitlichen Verpflegung geht die Besatzung gedankenlos durch die hungernden Menschen. Aber auch in Dänemark wird man sich an

den Anblick dieser Unglücklichen gewöhnen müssen, die das neutrale Land in Kürze überschwemmen werden. Denn, wenn auch der Reichsführer SS Himmler im Februar Kontakte mit dem schwedischen Grafen Bernadotte aufnimmt, um die Möglichkeit eines Sonderfriedens mit den Westmächten zu erkunden, der Krieg ist noch nicht zu Ende.

Die westliche Eisenbahnverbindung Deutsch-Krone/Schneidemühl ist schon abgeschnitten. Die Russen stehen bei Frankfurt an der Oder und bei Küstrin. Sie erweitern ihre Brückenköpfe, so auch bei Schwedt, und drücken nordwärts auf Stettin. In Hinterpommern gelingt es den russischen Streitkräften nicht, die Front der 2. deutschen Armee zu durchstoßen. Aus dem Raum Stargard in Pommern geht sogar eine SS-Panzerarmee zum Gegenangriff über, doch fehlt es ihr an Kräften. Zusammengenommen schirmen die deutschen Truppen das hinterpommersche Land und seine Küste ab. Die Häfen sind noch frei, ein letzter Ausweg steht ihnen allen offen. Die sowjetischen Truppen wiederum müssen immer erst ihre Nachschubschwierigkeiten beheben, ehe sie nach einer Pause aufs neue vorstoßen können. Von den beiden Großkraftwerken, die mit ihrer Energie die gesamte Küste von Stolp bis Lübeck, Pommern und die Mark Brandenburg beliefern, ist Finkenheerd (bei Frankfurt/Oder) schon in Feindeshand, das andere, in Stettin, hat seine Leistung wegen Kohlenmangel auf ein Sechstel verringert.

Im Westen unterbindet der Vormarsch der Alliierten, die den Rhein bei Millingen erreichen, die Kohleversorgung Hollands durch die Deutschen. Die holländischen Pumpwerke stehen still, das eingedeichte Land läuft langsam voll Wasser. Nachdem Tauwetter einsetzt, sind Dortmund-Ems-Kanal und Ems-Jade-Kanal für Kohletransporte nach Nordenham und Wilhelmshaven wieder befahrbar.

Der Kohlemangel stellt die oberste Führung immer wieder vor die Gewissensfrage, ob man sich für Flüchtlingstransporte oder für taktische und operative Aufgaben entscheiden soll. Der Seetransport bringt mit sieben Dampfern das 3. SS-Panzerkorps von Libau nach Stettin zurück. Adolf Hitler ist von Schnelligkeit der Aktion so beeindruckt, daß er den Verantwortlichen seine Anerkennung ausspricht, wörtlich: »... dieser Transport lief schneller, als der Landtransport der Westdivision nach Osten.« Der Reikosee führt eine Woche lang mit 30 (!) Schiffen weitere Kurlandkräfte zurück. Swinemünde und Stettin sind die Basis für diese Operationen und erlangen für den Seetransport besondere Bedeutung.

Flüchtlingstransporte, Nachschubverkehr und Truppenverschiebungen überschneiden sich sowohl tonnagemäßig als auch räumlich. Die vielen Transporter, die Menschen und Material loswerden wollen, verstopfen die Auffanghäfen, das Eisenbahnnetz des Hinterlandes ist den Anforderungen nicht gewachsen. In der Pommerschen Bucht behindern starkes Eis und schlechte Sichtverhältnisse den raschen Ablauf, feindliche Minenabwürfe lähmen zeitweilig alle Bewegungen zu Wasser. In Swinemünde, das selbst nur für einen normalen Bäderverkehr und für den Seedienst Ostpreußen eingerichtet ist und jetzt als Auffangplatz für Verwundetentransporte dient, stauen sich Anfang Februar 20 000 Flüchtlinge. Das mag an sich nicht viel sein, aber angesichts der Menschenflut, die aus dem Osten herankommt, ist es einfach zuviel. Nach einer Sammelmeldung vom MOK Ost (Eschricht) haben am 1. 2. allein dreizehn Schiffe mit 27 000 Flüchtlingen, darunter auch 70 Franzosen, Danzig/Gotenhafen verlassen. Dahinter wartet noch die doppelte Anzahl auf ihren Abtransport. Von Pillau werden 21 000 erwartet, weitere 80 000 sind noch zurückgeblieben. Wohin mit den Flüchtlingsströmen, wird zum Problem. Acht Flüchtlingsschiffe ankern auf der Reede von Warnemünde. Gauleiter Hildebrandt protestiert gegen die Abnahme, da alle Eisenbahnlinien Truppentransporten vorbehalten sind. Admiral Skagerrak wird angewiesen, sich in Dänemark nach Aufnahmemöglichkeiten für Flüchtlinge umzusehen. SS-Obergruppenführer Dr. Werner Best,

Reichsbevollmächtigter in Dänemark, meldet: Es sind 150 000 Flüchtlingsplätze in Dänemark vorhanden. Am 4. 2. entscheidet Adolf Hitler: »Zur sofortigen Entlastung der Transportlage im Reich befehle ich, daß aus dem Osten des Reiches vorübergehend zurückgeführte Volksgenossen außer im Reich auch in Dänemark unterzubringen sind.« Er vermeidet das Wort Flüchtlinge und spricht dagegen von »Volksgenossen, die vorübergehend aus dem Osten zurückgeführt« wurden. Deren Landung in Dänemark löst zwar gewisse räumliche Probleme, verlangsamt aber die Rettungsaktion ganz allgemein; denn je weiter die Anlandehäfen von Ost- und Westpreußen entfernt sind, um so länger dauern die Rundreisen der Schiffe. Rechnete man bei den großen Transportern mit einer Rundreise in einer Woche, wenn sie das nahe Swinemünde anliefen, so würden sie bis Kopenhagen und zurück zehn Tage gebrauchen. Falls man es sich einfallen lassen sollte, gegen den Rat von Dr. Best die dänische Hauptstadt mit einzubeziehen.
Um Swinemünde zu entlasten, dirigiert man Flüchtlingsschiffe nach Saßnitz. Aber Saßnitz auf der Insel Rügen ist nur ein kleinerer Hafen, Brückenkopf der deutsch-schwedischen Eisenbahn-Fähren und wenig mehr als fünf Meter tief, so daß die größeren Schiffe draußen auf der ungeschützten Reede ankern und die Flüchtlinge mit Fischkuttern ausbooten müssen. Das Spiel des Zufalls hat die »Potsdam« dorthin verschlagen. Sie gebrauchte für das Ausbooten von 7500 Menschen, darunter viele Kinder, fast zehn Tage. Zudem kostete das nutzlose Herumliegen noch 200 Tonnen Heizöl, und das in einer Zeit, in der jeder Tropfen Brennstoff in Bewegung umgesetzt werden muß. Der Vermerk des Seetransportes lautet deshalb auch: »Untragbare Verhältnisse.«

Die »Potsdam« ist nur noch eine Schale, ein Schatten ihrer selbst. Lediglich die Silhouette erinnert an den 17 528 BRT großen Schnelldampfer, den der Norddeutsche Lloyd 1935 bei Blohm & Voß bauen ließ und neben »Scharnhorst« und

»Gneisenau« im Ostasiendienst verwendete. Mit mehr als zwanzig Knoten trugen sie ihre 375 Passagiere und Ladung in wenigen Wochen durch das Mittelmeer, den Suezkanal, den Indischen Ozean, die Straits, das Chinesische Meer, zu den fernen japanischen Inseln: nach Hongkong, Shanghai, Nagasaki, Yokohama und Kobe. Die Windhunde des Fernen Ostens. Heute lächelt ihnen Asien nicht mehr, die bunten Farben sind verblaßt, der Fujiyama ist nur noch eine Erinnerung. Selbst der Schiffsname hat für die an Bord kaum noch etwas von friederizianischer Größe. Nach einem Bericht von Kapitän Schill lag die »Potsdam« im Winter 1944/45 in Gotenhafen als Wohnschiff für durchreisende Soldaten. Turbinen-Elektroschiff »Potsdam«, welches als Flugzeugträger umgebaut werden sollte, war eigentlich mit Ausnahme der Maschineneinrichtungen nur noch als schwimmende Hulk zu bezeichnen. Auf dem Bootsdeck standen noch vier Rettungsboote. Die Kabineneinrichtungen waren herausgerissen. In der Küche konnte für ca. 500 Personen gekocht werden. Hierfür war auch das Eßgeschirr, z. T. von der Kriegsmarine, vorhanden und die benötigten Zapfstellen für Frischwasser. Die Funkstation war ausgebaut. Das Echolot war noch vorhanden, aber außer Betrieb. Der Kreiselkompaß befand sich im defekten Zustand. Die Mannschaft bestand aus 73 Mann, darunter 1 Kapitän und 3 Offiziere. Die Leute waren meist alle seeuntüchtig.

. . . Am 30. 1. mußte TES »Potsdam« Gotenhafen verlassen. An Bord befanden sich ca. 7000 Flüchtlinge. Um 19.00 Uhr verließen wir mit Begleitern den Hafen. Als wir auf der Höhe von Rixhöft anlangten, erhielten wir Befehl, mit äußerster Kraft zurück auf Hela Reede zu dampfen, um dort zu ankern. Es herrschte diesiges Wetter, der Wind wehte mit Stärke 6 aus Südwest. An Bord waren 7 Personen verstorben. Ein Arzt meldete mir den Ausbruch von Scharlach und Masern unter den Kindern . . . Bei einem erneuten Anlauf am nächsten Tage verfehlt die »Potsdam« im Nebel die an einer bestimmten Stelle wartenden Geleitfahrzeuge und muß wieder umkehren. Mit einem anderen

Geleit geht es dann nochmal nach Westen, als der Wind auffrischt und auf West dreht. Am frühen Morgen des 2. 2. können die Geleitboote nicht mehr gegen den Seegang andampfen und suchen unter Bornholm Schutz. Die »Potsdam« ankert und setzt beim Nachlassen des Windes mit dem Geleit am Nachmittag die Reise fort.

». . . Der Arzt hatte jetzt Verdacht auf Typhus und Flecktyphus, und ich bat den Geleitzugführer, uns jetzt schnellstens nach Swinemünde zu bringen. Er setzte sich vor »Potsdam« mit dem Grundminengerät. Wegen Treibeis mußte jedoch auch dieses aufgegeben werden. Durch das Führerboot schickte ich jetzt ein Telegramm an Großadmiral Dönitz und an den Kommandierenden Admiral der Mittleren Ostsee. Von letzterem erhielten wir Befehl, nach Kiel weiterzufahren. Die Reise wurde unverzüglich angetreten und verlief gut, bis wir wieder in das eisfreie Wasser kamen. Es wehte jetzt stürmischer Westwind. Auf »Potsdam« setzte am 3. 2. um 1.00 Uhr morgens die Maschine aus (durch Verstopfung des Benson-Kessels), und wir trieben quer zum Winde auf Adlergrund in das Minenfeld hinein . . .«

Das manöverierunfähige Schiff wird zum Spielball der Winde, und es ist nur gut, daß keiner der 7500 Mitfahrenden ahnt, welche tödliche Gefahr ihnen allen droht. Die Folge wäre eine Panik unvorstellbaren Ausmaßes. In Kürze werden sie alle in die Luft fliegen, zerrissen von der eigenen, deutschen Minensperre, wenn nicht ein Wunder geschieht und der Himmel ein Einsehen hat. Es geschieht zwar kein Wunder, aber das Glück ist doch auf der Seite des Kapitäns, der die haarsträubenden Situation mit der Routine des erfahrenen Schiffsführers meistert. Er läßt einen Anker wegfieren und durch das Wasser schleifen. Als das Wasser flacher wird, faßt der Anker Grund und hält das treibende Schiff auf der Stelle fest, ohne daß die Kette bricht. Was nicht zuletzt dem Fingerspitzengefühl des Ltd. 1. Offiziers zu verdanken ist, der das Ankermanöver auf der Back ausführt. Ihre Sorge wird damit nicht viel kleiner; denn wenn auch der unmittelbaren Gefahr begegnet

wurde, so liegt das große Schiff doch noch 24 Stunden ungeschützt und mutterseelenallein mitten auf der Ostsee, in der schätzungsweise ein halbes Dutzend russische U-Boote operieren. Die Begleiter der »Potsdam« haben sich wieder nicht in der See halten können und Saßnitz Reede aufgesucht. Am 4. 2. ist die Maschine wieder fahrbereit.
»Am Vormittag desselben Tages brachte uns unser Führerboot auf meinen Wunsch nach Saßnitz Reede. Da die Flüchtlinge von dort aus nicht an Bord verpflegt werden konnten, aber genügend Waggons zum Abtransport von Flüchtlingen zur Verfügung standen, begann ich, ohne weiteren Befehl abzuwarten, mit dem Ausladen der Reisenden. »Potsdam« wurde von dort nach Swinemünde beordert. Hier wurde das Schiff mit allem für die Flüchtlingsfahrt Nötigem versehen. Wir erhielten noch eine Funkstation, genügend Rettungsgeräte, 15 Ärzte und Personal und Proviant, so daß wir noch weitere fünf Fahrten mit Flüchtlingen reibunslos abwickeln konnten, nur stark belästigt durch Bomben- und Torpedoflieger sowie Minen und russische U-Boote. Jedoch blieb die »Potsdam« unbeschädigt.
Befördert wurden auf diesen Reisen 50 000 Flüchtlinge und verwundete Soldaten . . .«
Fünfzigtausend Menschen gerettet! Man weiß nicht, was man mehr bewundern soll. Die ungeheure Leistung eines einzigen Schiffes und das Pflichtbewußtsein der deutschen Zivilseeleute unter den allerwidrigsten Umständen, oder die Sachlichkeit, mit der sie über jene Geschehnisse sprechen. Die Worte kommen ihnen nur schlicht und schwer von den Lippen und fließen noch schwerer aus der Feder.
Die »Potsdam« existiert nicht mehr. Sie wurde am 20. Juni 1945 in Kiel zur englischen Prise erklärt, von der eigenen Besatzung nach Methyl in Schottland überführt und dort abgeliefert. Dann steckte man die Deutschen für etwa zwei Monate in ein Lager bei Edinburgh. Der letzte Kapitän der »Potsdam«, Schill, ist verstorben. Es spricht für seine gradlinige Denkungsart und für die Achtung, die der ehemalige Gegner ihm und seinen Leuten entgegenbrachte, wenn er

den Bericht über den Aufenthalt in Edinburgh mit den schlichten Worten beendet:
»Die Engländer haben uns sehr anständig behandelt!«

Die etwa 150 000 Soldaten der deutschen 4. Armee werden nach und nach an den Rand des Frischen Haffs gedrückt. Bei Heiligenbeil entsteht ein Kessel, der schätzungsweise eine Million Zivilisten enthält. Solange das Eis noch trägt, suchen sie ihr Heil in der Flucht übers Haff zu den Landeplätzen und Wegen auf der Nehrung. Der Feind und das Winterwetter verursachen erhebliche Verluste unter ihnen. Als es taut, hoffen sie, daß Gott ihnen weiterhilft. Schließlich ist es wieder der Seetransport, der den Nachschub der 4. Armee über das Haff schafft und sich dabei auch der Flüchtlinge annimmt.
Als die Heeresgruppe Nord über anhaltenden Munitionsmangel klagt und weitere Eisbrecher und Schlepper für das Frische Haff wünscht, antwortet der ObdM (gekürzt):
»Seit 1. 2. sind KM und Reikosee in der Lage, neben vollem Nachschub für Pillau und Samland täglich 2000 Tonnen Nachschub über das Haff an Heeresgruppe Nord zu überführen. Diese Umschlagzahl ist noch steigerungsfägig. Da es jedoch in den Häfen an Nachschubgut fehlt, wurde der Generalquartiermeister des Heeres am 5. 2. auf diesen Mangel hingewiesen. Mangellage ist nicht der Schiffsraum, sondern das Versorgungsgut.«
Schiffsraum ist genügend vorhanden, seitdem sich der Seetransportchef für das flache Haffgewässer entsprechend flachgebaute Fahrzeuge von allen Seiten heranholte: Marinefährprähme und die sogenannten Siebelfähren mit Außenbordmotoren. Aus dem westlichen Mittelmeer kamen 15 Fährprähme und 9 Siebelfähren, aus Dänemark 5, aus Norwegen 12. Andere Einheiten gaben noch 5 ab, und aus Italien trafen 35 Neubauten ein.
Die Seeschiffe fahren so schnell wie sie können und die Wetterlage und Minenabwürfe es gestatten. Haben sie die Flüchtlinge gelandet, laden sie Nachschub und Verpflegung

für den Osten. Beispielsweise nehmen »Hamburg« und »Deutschland« am 11. 2. von Kiel nach Gotenhafen zurück: 10 000 Stück Fleischkonserven, 20 000 Dosen Milch, 150 000 Brote. Von Lübeck kommen 500 Schlauchboote, 1000 Flöße und 16 000 Schwimmwesten. Für ihren Eigenverbrauch erhält die »Potsdam« alleine 18 000 Brote, da ihre Küche für die vielen Flüchtlinge nicht ausreicht.

Am 19. 2. erkämpfen sich deutsche Landstreitkräfte, unterstützt durch das Feuer schwerer Schiffsartillerie, aufs neue einen Zugang nach Königsberg. In der ostpreußischen Hauptstadt sind noch 50 000 bis 60 000 Einwohner. Diese Zahl erhöht sich rasch durch Rückkehr, die bisher keine Gelegenheit zur Ausreise in den Westen gefunden haben. Es flutet hin und her. Der Generalstab befiehlt, Königsberg, Danzig und Gotenhafen mit Vorräten für drei Monate aufzufüllen. Über dieses Ansinnen kann der Seetransportchef nur bitter lachen. Admiral Engelhardt sagt heute: »Wir hatten nämlich noch nicht mal genug Vorräte für die kämpfende Truppe in Kurland, Ost- und Westpreußen. Eine Bevorratung für drei Monate klang damals wie der Wunsch eines Verrückten.«

Wie Eschricht vermerkt, meldet Mitte Februar die Parteikanzlei wieder 350 000 bis 400 000 Flüchtlinge im Samland und 470 000 in Danzig/Westpreußen. Die Verschiffung dieser Menschenmassen, eine Folge des falschen Optimismus und der verspäteten Räumungsbefehle, bildet das ständige Problem und wird zum Gegenstand von Überlegungen auf höchster Ebene. So enthält das Kriegstagebuch der Seekriegsleitung Hinweise auf einen charakteristischen Schriftwechsel. Gauleiter Koch, der sich in einem Fliegerhorst bei Neutief aufhält, berichtet demnach an Reichsleiter Bormann:

»Der Abtransport von Frauen und Kindern aus Königsberg ist in vollem Gange, daher ist ein Flüchtlingsstau im Raum Fischhausen/Pillau mit 250 000 Menschen zu erwarten. Der Abtransport von mindestens 15 000 bis 20 000 Flüchtlingen täglich ist erforderlich. Konteradmiral Engelhardt gibt an, er hätte genügend Schiffsraum. Es fehle aber ein Zusatzkontingent an Kohle für diese Flüchtlingstransporte. Führerentscheidung erbeten.«

Die Parteikanzlei antwortet:

1.) Angaben werden bezweifelt.
2.) Seetransportchef wird um Mitteilung gebeten, ob Zusatzkohle notwendig.
3.) Grundsätzlich ist der Abtransport von Flüchtlingen aus dem Danziger Raum vordringlich.

Mit einer »Chefsache« kabelt Vizeadmiral Voss aus dem Führerhauptquartier:

». . . Gauleiter Koch hat Führer gegenüber auf militärische Notwendigkeit des Abtransportes von Flüchtlingen aus Pillau hingewiesen und diese Notwendigkeit damit begründet, daß bei überraschender Lageentwicklung Flüchtlingsmassen zwischen Verteidigern Pillau und dem Gegner stehen, damit Widerstandskraft der Besatzung Pillaus lähmen würden. Habe nach Rücksprache mit dem ObdM (dem) Gauleiter mitgeteilt, daß für den gesamten ost- und westpreußischen Raum das Mögliche getan würde, aber je nach Lage Einschiffungsplätze berücksichtigt werden müßten. Gauleiter bittet ObdM nochmals, möglichst Abtransport von etwa 50 000 Flüchtlingen aus Pillau, durch deren Einschiffung Lage im Samland in kurzer Zeit behoben werden könnte, überprüfen zu wollen. Reichsleiter Bormann schließt sich dieser Bitte an . . .«

Bormann bittet, Adolf Hitler befiehlt und gibt Pillau wieder Vorrang. Der Seetransport, schon von sich aus bestrebt, der Situation gerecht zu werden, verstärkt den Pendelverkehr. Am 18. 2. registriert Korvettenkapitän Eschricht in seiner »Flüchtlingslage«: Im Pendelverkehr Pillau-Gotenhafen 17 Dampfer mit 20 000 BRT, im Anmarsch weitere 9 Dampfer mit 16 000 BRT. Man bringt die Menschen kurzfristig aus dem gefährdeten Pillau in das weniger gefährdete Gotenhafen, wo größere Schiffe auf sie warten und sie mit nach Westen nehmen. Gependelt wurde, mal mehr oder weniger, während der ganzen Belagerung von Königsberg und

Pillau, aus dem Heiligenbeil-Kessel, von der Nehrung, und später aus der Weichselniederung mit den unterschiedlichsten Fahrzeugen. Mit kleineren Frachtern, mit Schleppern, Flugsicherungsschiffen, mit Fischkuttern, bis hinunter zu dem Sturmbooten der Landungspioniere. Es nahm eben jeder jeden mit, wenn es sich irgendwie machen ließ, setzte ihn im nächsten Hafen oder an der nächsten Landstelle ab, von dort fuhr er weiter. Er wurde gezählt, wieder gezählt und tauchte in einer anderen Statistik nochmal auf; denn gezählt wurden sie. solange es sich machen ließ. Nach dem Bericht eines Pioniermajors sind alleine mit einer »Seeschlange«, die zwischen Pillau und Neutief pendelte, an die 300 000 Menschen zur Nehrung entkommen. Bei der Räumung des Heiligenbeil-Kessels sollen bis Ende März insgesamt etwa 80 000 Mann nach Pillau gekommen sein.

Mitte Februar liegt der Soldat Gerhard Grabowski verwundet in einer als Lazarett eingerichteten ostpreußischen Mädchengewerbeschule. In der Nacht wird er für einen Verwundetentransport im Sanitätskraftwagen ausgewählt.
». . . Bei Morgendämmerung – dem ersten Tageslicht, das ich nach 14tägigem Liegen im Keller der Schule erblickte – ging es über eine Straße in der Nähe des Hafens in Richtung Heiligenbeil. Die russischen Linien sollten nur 1,5 Kilometer von der Straße entfernt sein, dauernd lag sie unter feindlichem Granatwerferfeuer. Etwa eine halbe Stunde dauerte die wilde Fahrt über Trichter auf der Straße, während ringsum Explosionen von Granaten zu hören waren. Dann trat die Front wieder zurück.
In Heiligenbeil waren, wenn die Türen des Sankas geöffnet wurden, viele Flüchtlinge und deren Wagen auf der Straße zu sehen. Für die Flüchtlinge ist die Versorgung nach den Lebensmittelkarten sehr schlecht. Die Einwohner der Ortschaften sind selbst geflohen. Unsere Fahrt endet in Rosenberg, einem kleinen Hafen am Haff. Hier blieben wir bis zur Nacht in einem großen Schuppen.
In der Nacht wurden wir in Papiertüten (!) gesteckt, im

Hafen in einen Schleppkahn gebracht, der am Morgen nach Pillau gezogen werden sollte. Es war kalt, ab und zu schneite es durch die Ladeluke von oben herein. Einige Wehrmachthelferinnen sollten uns betreuen. Im Ladeschacht neben uns waren Flüchtlinge: Frauen, Kinder, alte Männer. Sie stritten sehr viel, so daß wir Ruhe fordern mußten, und als eine Schlägerei drohte, einige Leichtverwundete hinüberkletterten. Zunächst wurden wir aus dem Hafen abgestoßen und lagen bis zum Mittag, auf den Schlepper wartend, in der Fahrrinne, die sich durch Eisschollen allmählich immer mehr schloß. Da, endlich erschien der Schlepper aus Pillau. Am Spätnachmittag wurden wir nach Pillau gezogen, wo ein Schiff zum Weitertransport bereitliegen sollte. Da jedoch keines im Hafen lag, das uns aufnehmen konnte, wurden wir gegen Mitternacht in ein Lazarett in der Skagerrak-Kaserne gebracht. Immer wieder verzögerte sich die Abfahrt, wir hörten von Lazarettschiffen, die untergegangen sein sollten. Nur Leichtverwundete wurden von anderen Transportdampfern in geringer Anzahl mitgenommen.
Russische Flieger kamen in Tiefangriffen nach Pillau. Der Hafen wurde von Artillerie beschossen, man hörte Einschläge. Der Feind wurde wieder zurückgedrückt, der Beschuß hörte auf, der Weg nach Königsberg wurde wieder frei. Neue Truppen kamen im Hafen an und marschierten mit Gesang am Lazarett vorüber. Verwundete aus Königsberg wurden in unser Lazarett neu eingeführt. Einige wurden zur Truppe entlassen. Man merkte, wie ungern sie gingen.
Endlich lag der Dampfer »Würzburg«, ein ehemaliger dänischer Passagierdampfer, im Hafen und noch ein anderer Passagierdampfer, der ebenfalls Verwundete aufnehmen soll. Dicht nebeneinander werden wir in den Kajüten auf Matten gelegt. Jeder erhält eine Gummischwimmweste, die sofort umgehängt und aufgeblasen, bald aber auch wegen der Hitze in der Kajüte wieder abgelegt wird. In der Nacht fuhren die beiden Dampfer nach Danzig-Neufahrwasser,

wo wir am frühen Morgen eintrafen. Die Verpflegung auf dem Schiff war nach allgemeiner Ansicht sehr gut.
Durch den Rundfunk wurde eine Rede Adolf Hitlers zum 25. Jahrestag der Verkündung des Parteiprogramms übertragen, die Kreisleiter Wagner vorlas . . .«
Es war eine Proklamation aus dem Führerhauptquartier. Adolf Hitler beruft sich darin auf die Rolle Friedrichs des Großen im Siebenjährigen Kriege. Angesichts der Übermacht einer Weltkoalition gäbe es nur ein Gebot:

» . . . mit äußerstem Fanatismus und verbissener Standhaftigkeit auch die letzte Kraft einzusetzen, die ein gnädiger Gott den Menschen zur Verteidigung seines Lebens finden läßt. Was dabei schwach wird, fällt –, muß und wird vergehen . . .
Es soll aber kein Zweifel darüber herrschen, daß das nationalsozialistische Deutschland diesen Kampf solange weiterführen wird, bis am Ende auch hier, und zwar noch in diesem Jahre, die geschichtliche Wende eintritt . . .«
» . . . Meine Parteigenossen, vor 25 Jahren verkündete ich den Sieg der Bewegung. Heute prophezeie ich, wie immer durchdrungen vom Glauben an unser Volk, am Ende den Sieg des Deutschen Reiches!«

Das war am 24. Februar 1945.

MÄRZ

9.

Die Sache mit Saßnitz – Der Griff nach den Häfen Flucht aus Hinterpommern – Die KMD Danzig – »Der Russe ist da!«

Als der Lazarettzug, der den Verwundeten Gerhard Grabowski nach Mitteldeutschland bringt, am 26. Februar Stolp durchfährt, geht der Flüchtling Liesbeth Kohn in Gotenhafen an Bord des Dampfers »Hamburg« der Hamburg-Amerika Linie.

»Nach Aussagen anderer Flüchtlinge ist das Schiff schon drei Tage am Laden. Und so komme ich ganz oben aufs Promenadendeck. Beim Betreten des Schiffes wurden für die Kleinkinder Verpflegungsmarken ausgegeben. Mütter mit Kindern wurden in der Offiziersmesse untergebracht, dort war es warm und gemütlich. Dreimal durften wir Kinderverpflegung in Form von Flaschennahrung, Weißbrot und Butter empfangen. Doch war es leider oft nicht möglich, zur Verpflegungsstelle durchzukommen. Erwachsene erhielten auch Kaffee und Suppe, soweit es möglich war, eine zu ergattern.

Am gleichen Tag der Einschiffung, nachmittags drei Uhr, hat der Dampfer Gotenhafen verlassen. Am 27. 2. sind wir vor Saßnitz gestanden. Dort begann die Umschiffung auf kleinere Dampfer. So kamen wir erst am 28. 2. nachmittags an die Reihe, und gelangten nach Saßnitz auf die Insel Rügen. Dort erwarteten uns wiederum hilfsbereite Matrosen, und wir wurden in einen bereitstehenden Zug verladen, welcher noch am gleichen Abend die Insel verlassen hat.«

Liesbeth Kohn hat Glück. Mit der höchsten Tagesleistung von Saßnitz gelangt auch sie als eine von 6940 Flüchtlingen und Verwundeten an das sichere Ufer. So wird sie wohl auch kaum erfahren, wie gut das Schicksal es trotz allem mit ihr meint, indem es sie gleich weiterschickt. Sie betrat die »Hamburg« als eine der Letzten, saß ganz oben, und ging immer noch als eine der Ersten von Bord. Es sagte ihr nichts, daß auf der offenen Seereede, außerhalb der Molen und unterhalb der kreidefelsigen Steilküste, neben der »Hamburg« noch vier weitere Großschiffe liegen, mit der Personenzahl einer Kreisstadt im Bauch: »Der Deutsche«, »Pretoria«, »Potsdam« und »General San Martin«. Das zeitraubende Umsteigen auf kleinere Schiffe nimmt sie als selbstverständlich hin, weil die großen infolge ihres Tiefgangs nicht in den Hafen einlaufen können. Es ist das umgekehrte Verfahren wie in Hela, nur witterungsbedingter, und noch am selben Abend muß man mit dem Anlanden der Menschen aufhören, da der Wind bis auf Stärke 7 zunimmt und die Kleinen bei den Großen nicht mehr weitermachen können, ohne daß es Verletzte geben würde. Und Verletzte und Verwundete sind weiß Gott noch genug an Bord, alleine 12 000 Mann. Doch da ist Liesbeth Kohn glücklicherweise schon auf und davon und nicht mehr Zeuge jener unglücklichen Vorfälle, denen auf der Reede von Saßnitz schließlich auch die »Hamburg« zum Opfer fällt.
Denn Saßnitz, Fischerei- und Fährschiffshafen, als Ausweichlösung für Swinemünde gedacht und nach den Worten des »Hestia«-Kapitäns Voss »für so große Schiffe völlig ungeeignet«, sieht sich in zunehmendem Maße einem schier unlösbaren Problem gebenüber. Eine Flut von 60 000 Menschen ergoß sich in den letzten Tagen über den kleinen Badeort, der nur durch eine eingleisige Eisenbahnstrecke mit dem Hinterland verbunden ist, auf der aus Swinemünde 22 Lazarettzüge herangeführt werden müssen. Als das Marineoberkommando Ostsee den teilweisen Rohbau des KdF-Bades als Lazarett einrichten wollte, waren dort

bereits 5000 Ausgebombte und Helferinnen untergekommen. Nach dem Eintreffen der »Hamburg« spitzt sich die Lage zu. Wegen der Frühjahrsstürme, die an anderer Stelle sogar dem 28 000-Tonner »Cap Arkona« beide Anker abreißen, können Zehntausende nicht von Bord und liegen auf der Reede wie in schwimmenden Gefängnissen. Es fehlt ihnen an Verpflegung, an Trinkwasser, auf »Der Deutsche« bricht Scharlach aus, es wächst Seuchengefahr. In den windstillen Pausen geht das Ausschiffen weiter, aber am Monatsende sind 9000 Verwundete noch immer nicht an Land.

» . . . Ich versuchte mit zwei bis drei Sanitätsdienstgraden die Verwundeten zu betreuen und ging im Sinne einer Krankenhausvisite von einem zum anderen«, sagt der Schiffsarzt der »Deutschland«, die auf Saßnitz Reede hinzugekommen war, » . . . Bald mußte ich erkennen, daß auf diese Weise die Aufgabe nicht zu bewältigen war. Im großen Speisesaal waren allein 600 Verwundete untergebracht. Es waren so viele seit Tagen nicht mehr behandelt worden und daher in großer Not. Ich muß noch erwähnen, daß wir Verwundete bekommen hatten, die überhaupt noch nicht behandelt worden waren. Manche kamen sogar aus Kurland. Es waren meistens Insassen aufgelöster Feldlazarette. So hatten wir auch eine ganze Station Hirnverletzter an Bord, die schon einige Tage auf der Reise waren . . .

Wir hatten nicht genug Verbandsmaterial, so daß die alten Verbände wieder verwendet werden mußten. An Medikamenten, besonders an schmerzstillenden Drogen und Opiaten, fehlte es ebenfalls. Narkosemittel fehlten völlig, so daß ich im Bedarfsfall ein Mischpräparat von Scopolamin-Eukodal-Ephetonin rasch intravenös spritzte. Dies war ein Experiment, zu dem ich mich wegen der Gefährlichkeit unter normalen Verhältnissen nie entschlossen hätte. Es gelang aber gut, so daß wir sehr viele Eingriffe machen konnten. So gut wie möglich versuchten wir alles zu tun, um den Zustand unserer Verwundeten nicht schlimmer werden zu lassen. Die Verwundeten blieben aber länger an Bord als

vorgesehen. Es war nicht zu vermeiden, daß sie das Schiff in schlechterem Zustand verließen, als sie an Bord gekommen waren. Beim Transport nach Saßnitz wirkten sich unsere beschränkten Möglichkeiten katastrophal aus . . .
An Bord aber waren nicht nur Verwundete und Soldaten, sondern auch Tausende von Zivilisten auf der Flucht nach Westen. Bei unserer Sorge um die Verwundeten blieb natürlich für die Flüchtlinge wenig Zeit übrig. Wir hatten im Revier eine ständige Wache, und die Flüchtlinge konnten jederzeit jemanden erreichen. Wir hatten auch vormittags eine kurze Revierzeit angesetzt, und mußten da oft viele Menschen oberflächlich versorgen.
Auf dieser dritten Reise (nach Saßnitz) wurden 1400 Verwundete an Bord genommen. Wegen ungünstigen Wetters dauerte die Reise schon länger als sonst. Es waren für uns zusätzliche Anstrengungen, die trotzdem nicht verhindern konnten, daß mehr als sonst starben. Sowohl unter den Verwundeten, wie unter den (10 000) Flüchtlingen waren Tote zu beklagen. Der Gesundheitszustand der Flüchtlinge war durch die langen Märsche und Entbehrungen sehr verschlechtert . . .«
So ankern sie denn auf der Reede und warten, daß das Wetter sich beruhigt. Statt dessen nimmt der Wind wieder Sturmstärken an und wächst in den Böen fast bis zum Orkan. Das MOK Ostsee spricht von chaotischen Zuständen an Land, wo die Flüchtlinge in Eisenbahnwagen untergebracht werden. Neue Züge kommen nicht heran. Erst am 4. März kann man bei abflauenden Südwest-Winden das Ausschiffen wieder aufnehmen und landet 2586 Verwundete. Einen Tag später kann man abends 5500 Verwundete in drei Lazarettzügen auf die Reise schicken.
»Als wir nun glaubten, unsere Verwundeten in Saßnitz rasch übergeben zu können und die Vorbereitungen schon liefen –«, fährt der Schiffsarzt fort, »– kam der Luftangriff, der uns allen unvergeßlich sein wird. Ich persönlich war ratlos, was im Falle eines Treffers zu tun wäre; denn mit unserem wenigen Personal Schwerverwundete in die Ret-

tungsboote zu bringen, war unmöglich. So stellte ich mich an den Eingang des Speisesaales des A- und B-Decks und harrte der Dinge. Bald krachte es, und ich mußte hören, daß ein Zerstörer getroffen sei und sinke ...«

Es war der Zerstörer »Z 28«. Kapitän Feindt von der »Deutschland« wird Augenzeuge des Angriffs am 6. März, um 23.30 Uhr.

»Tannenbäume wurden an den Himmel gehängt. Hell erleuchtet lagen wir im Bombenhagel. Ein Zerstörer in unserer Nähe wurde versenkt. Wir setzten Rettungsboote aus, um die im Öl schwimmende Besatzung zu retten. Weiter folgte ein Luftminengeschwader. Im Licht der Tannenbäume wurden deutlich die an Fallschirmen hängenden Magnetminen erkannt. Nach drei Stunden endlich Ruhe. Wie durch ein Wunder blieb unser Schiff verschont. Nun saßen wir im Hexenkessel, eingemint.«

Die »Deutschland«, mit noch 8000 Menschen an Bord, hatte es verschont, auch »Der Deutsche« und »Hamburg« kamen heil davon. »Potsdam«, »Pretoria« und »Pitea« waren schon abgelaufen. Aber »Z 28« ist verloren, Dampfer »Sofia« geht wenig später unter, und das im Fährbett liegende Lazarettschiff »Robert Möhring« (3344 BRT) brennt lichterloh, wobei 350 Verwundete umkommen. An Land brennen die Eisenbahnwagen der Flüchtlinge. Viele, die sich schon in Sicherheit wähnten, verlieren ihr Leben.

Die gegnerische Luftaufklärung hatte gut gearbeitet und die auf Saßnitz Reede versammelte Armada bald als lohnendes Ziel ausgemacht. In früheren Jahrhunderten erforderte die Blockade eines Hafens einen aufwendigen Flottenapparat. Im Zeitalter der Technik begnügt man sich mit einfacheren Mitteln und legt einen tödlichen Ring von Magnetminen, der alle ankernden Schiffe zur Bewegungslosigkeit verurteilt. Wer die Tragweite noch nicht erfaßt hat, erfährt es anderntags, als die »Hamburg« ihren Liegeplatz wechseln will. Als sie aufs neue Anker wirft, und die Schraube rückwärts laufen läßt, detonieren zwei Minen beim Schiff. Die Zerstörungen sind so groß, daß der Untergang des 22 000-

Tonners nicht mehr aufzuhalten ist. Langsam legt sich die »Hamburg« auf die Seite und ist innerhalb einer Stunde von der Oberfläche verschwunden. Die Verwundeten und Flüchtlinge sind schon von Bord, und die Schiffsbesatzung rudert in den Booten davon.
Auch hier wieder eine Duplizität der Ereignisse. Fast gleichzeitig läuft vor Warnemünde ein Schwesterschiff, die »Hansa« der Hamburg-Amerika Linie, auch auf eine Mine, gerät beim Abschleppen auf ein Wrack, kentert, und sinkt in 17 Meter Tiefe, wo sie breitseits noch aus dem Wasser ragt. Und ehe der Krieg zu Ende geht, wird es auch die beiden restlichen der New York-Klasse erwischt haben, die eine so und die andere so. Und die Hamburg-Amerika Linie wird nie mehr jede Woche eines ihrer Spitzenschiffe, mit der Regelmäßigkeit eines Uhrwerks, über den Nordatlantik schicken.
Auf der Reede von Saßnitz aber erstarren einstweilen alle Bewegungen. Sie ist verseucht und der Hafen total ausgefallen. Wegen der akuten Gefahr können selbst die kleinen Dampfer nicht mehr zwischen Schiff und Land pendeln, und als man schließlich Rettungsboote und hölzerne Fischkutter einsetzt, geht das Ausschiffen nur langsam vor sich. Mit derart langen Verzögerungen hat niemand gerechnet. Kapitän Feindt von der »Deutschland« notierte schon am Tage des Angriffs: Kein Proviant mehr! Unser Zahlmeister klappert mit 15 Leuten sämtliche Geschäfte des Ortes nach Lebensmitteln ab. Nach dem Angriff dasselbe: Kein Proviant mehr! Unser Trinkwasser geht zu Ende, und noch 7500 Flüchtlinge an Bord! Ein Rettungsboot mit 58 Personen wird abgesetzt. Dann gelingt es ihnen, 1400 Menschen zu landen, danach 1600 und 80 Tote, und einen weiteren Tag darauf 1800. Das Trinkwasser wird rationiert. Nach Aussage des Schiffsarztes »gehen die eigenen Leute still und heimlich zum Essen und keiner darf ahnen, daß sie noch etwas bekommen.« Sie geben weitere Verwundete, Schwerverwundete und Flüchtlinge an Land, aber erst am 15. März, nach mehr als zwei Wochen an Bord, können die Letzten

Ein Flüchtlingstreck macht halt in einem Dorf.

Flüchtlinge werden im Hafen von Kolberg von Einheiten der Kriegsmarine an über die Reede.

Bord genommen. Schwere Brandwolken aus der brennenden Stadt wälzen sich

Am Kai des Hafens von Kolberg warten die Flüchtlinge auf den Abtransport.

das ausgehungerte Schiff verlassen. Die Zahl der Toten ist auf 107 angestiegen, »wahrscheinlich durch diesen Umstand und die mangelnde Pflege.«
Unter größten Vorsichtsmaßnahmen wird die »Deutschland« aus der minenverseuchten Zone gebracht. Die Rückreise nach Gotenhafen verzögert sich noch immer: Vor russischen U-Booten, Schnellbooten und Torpedofliegern gewarnt, wartet man noch ab. Vom dritten Schwesterschiff, der »New York«, trifft ein Funkspruch ein. Sie hat in der westlichen Ostsee einen Minentreffer bekommen, wird nach Kiel geschleppt und brennt dort später völlig aus.
Dem Schiffsarzt der »Deutschland«, vorwiegend Internist und erst kurz zuvor an Bord kommandiert, haben sich diese Wochen unauslöschlich eingeprägt. Nur auf sich selbst gestellt, kämpft er bis an die Grenze des physischen Zusammenbruchs einen verzweifelten Kampf gegen ein Übermaß an menschlichem Elend. Er ist ungeheuer erleichtert, als auf einer der Reisen ein gefangenes russisches Feldlazarett mit voller Ausrüstung und allen Ärzten mitkommt und bemerkt fast glücklich: »Da setzte nun eine rege operative Tätigkeit ein und die Verwundeten wurden versorgt.« Wahrscheinlich verdankt so mancher Deutsche diesen russischen Chirurgen sein Leben. Die Russen müssen gehen, und er bleibt wieder allein zurück. Allein mit einer unvorstellbaren Verantwortung, die ihm der Krieg auferlegte. Noch heute quält ihn die Erinnerung:
». . . Mit den 70 000 bis 80 000 Flüchtlingen und Verwundeten, die während meiner Anwesenheit auf mehreren Reisen an Bord der »Deutschland« transportiert wurden, habe ich Grund genug, dem Herrn zu danken, daß diese vielen Menschen nicht von der gegnerischen Front überrollt wurden und vielen anderen Gefahren ausgesetzt waren. Vor allem auch, daß die Transporte in dieser Zeit, von einigen Hundert Sterbefällen abgesehen, ohne Verluste verliefen.
Bedeutend wohler aber wäre mir, wenn man auch bei den Verstorbenen, den Erfordernissen entsprechend, hätte helfen können.«

Angesichts aller Hindernisse, kriegsbedingten Mängel und unglücklichen Umstände darf man nicht die außergewöhnlichen Leistungen der Deutschen Reichsbahn übersehen, die Saßnitz, nach Swinemünde, zum größten Landeplatz für die Evakuierten werden ließen. Alleine in der Zeit von Mitte Februar bis Mitte März setzten hier 100 369 Menschen, darunter 26 027 Verwundete, ihre Füße wieder auf deutschen Boden. An den hohen Ziffern ist nicht zu zweifeln, da man bei der Ankunft im Westen eine bessere Kontrolle hatte und sorgfältiger zählte, als bei der überstürzten und oftmals vom Feinde bedrängten Abfahrt im Osten. Alle die großen Scharen der Blessierten und Verhärmten, samt ihrer letzten Habe, wurden von Saßnitz aus von den unermüdlichen Bediensteten der Bahn über ein einziges Gleis nach und nach in Sicherheit gebracht.
Der Lazarettzug, der den Verwundeten Gerhard Grabowski von Gotenhafen aus tief in das Reich fuhr, nahm einen anderen Verlauf. Am 2. März erreichte er Schmalkalden in Thüringen. Schon weit hinter ihm durchbrachen am 4. März die Sowjets die deutsche Verteidigungsfront in Hinterpommern und eroberten Köslin. Damit schnitten sie auch die letzte Eisenbahnverbindung mit dem Westen ab. Als der Verwundete am 5. März in Mühlhausen ausgeladen wurde, drehte die sowjetische Heeresgruppe nach Osten und Nordosten ein, und setzte zum Sturm auf die Häfen an. Der Ring um den Danziger Raum begann sich zu verengen und am Ende zu schließen. Die Wende war da, die Lage spitzte sich dramatisch zu.

Wenn solche Requisiten wie echte Teppiche und schöne Möbel, Dresdner Porzellan und wertvolle Bilder auch nicht in einen kriegerischen Rahmen passen, so behindern sie doch keineswegs die Geschäfte eines militärischen Kommandos und verleihen ihm bis zum letzten Augenblick noch ein wenig friedensmäßige Behaglichkeit. Der Kriegsmarinedienststelle Danzig ist ein solcher Vorzug zuteil geworden. Seit dem Polenfeldzug bewohnt sie ein repräsentatives

Gebäude auf einem Parkgrundstück in der Delbrück-Allee von Langfuhr. Es ist der gleiche Villenvorort, in dem auch der letzte deutsche Kronprinz lebte, als er noch Kommandeur des Danziger Leibhusaren-Regimentes war. Kronprinz und Husaren sind längst passé, und nur zwei, der hohenzollernsche Vermögensverwaltung gehörende Villen blikken auf die weite blaue Ostsee und künden von jener Zeit. Auch das Gebäude der KMD hat nicht nur eine architektonische Vergangenheit. Bis vor sechs Jahren war es noch das polnische Generalkommissariat im Freistaat Danzig, und hatte den diplomatischen Status einer Gesandtschaft. Wie die Dinge liegen, bereiten sich die Polen vor, in absehbarer Zeit wieder einzuziehen. Noch aber sitzt hier Fregattenkapitän Bartels, ein grauhaariger Fünfziger, mit seinem Stabe, und alle äußere Bequemlichkeit (wozu für seine Person auch ein eleganter Dienstwagen in Schwarz und Chrom gehört) kann nicht darüber hinwegtäuschen, daß hier Tag und Nacht die umfangreiche Arbeit eines Seetransportbetriebes organisiert und geleitet wird. Mit einer fahrbaren Funkstation im Park und einer Küchenbaracke für das militärische und zivile Personal, einschließlich der Bürogehilfinnen und einer ukrainischen Kochfrau. Bis sich am Ende zu der Gulaschkanone noch eine Flakbatterie gesellt und die Fensterscheiben zerspringen. Das Ganze ist eine Filiale jenes Kommandos in Hamburgs Alte Rabenstraße, ausgewiesen durch ein Türschild »Der Admiral der Kriegsmarinedienststelle Danzig«.
Die Telefone kommen nicht zur Ruhe und der Fernschreiber klappert unentwegt in den Geschäftsräumen der oberen Stockwerke, Nachts umgibt ein Schleier von Zigarettenqualm die Lampenschirme, und die trüben Lichtkegel erhellen Seekarten, Pläne und letzte Telegramme. Nur in den wenigen Stunden, in denen außer dem Offizier vom Dienst alle anderen unter den Steppdecken des polnischen diplomatischen Dienstes zu schlafen versuchen, wird es in dem großen Hause gespenstisch still. Auch dann kann es noch passieren, daß einer der spät vom Hafen Zurückkehrenden,

leise die läuferbelegten Treppen herauftappend, plötzlich dem wie aus dem Boden geschossenen Chef gegenübersteht, der seine Tasse schwarzen Kaffee in der Hand hält. Fregattenkapitän Bartels kommt, wie die meisten seiner Mitarbeiter, aus der Handelsschiffahrt. Ein Vorgesetzter, der schon bei der Besetzung von Kreta mit der Maschinenpistole voranstürmte, großzügig und ohne Angst vor hohen Tieren, hart gegen sich selbst und viel von anderen verlangend. Er liebt militärisch korrekte Umgangsformen und zeigt trotzdem eine kameradschaftliche Art, daß ihn die seemännische Gefolgschaft unter sich nur »Heini« Bartels nennt: Der Schiffahrtsreferent, Oberleutnant zur See Otten, die Leutnante Schmolz und Seidel, Kapitänleutnant Krüger (wie Otten ein Lloydfahrer), der von Kirkenes kam und den Bartels in Pillau einsetzt. Sein Vertreter in Gotenhafen, Korvettenkapitän Piening, ein alter Segelschiffskapitän der Reederei Laeisz. Und vor allem die im weiten Hafengelände von Danzig und Neufahrwasser eingesetzten und seit zwei Monaten unter ständiger Spannung lebenden Einschiffungsoffiziere der Gruppe Schuldt. Jenes Schuldt, den der Seetransportchef aus dem Flugzeug stehenden Fußes hierher schickte. Bei dieser Gruppe endeten schließlich die unabsehbaren Bevölkerungsschlangen, die sich in der Amtskasse der KMD, wie die Angestellte Frau Gronwald berichtet, anfangs noch Schiffskarten abholten und die später die Lagerschuppen füllten und die Kais entlangwanderten, den Blick auf die Schiffe gerichtet.
Seit Mitte Januar macht Heini Bartels mit seinen Leuten zwanzig Umdrehungen mehr, wie es im Marinedeutsch heißt, um sich der rasch wechselnden Lage und ihren Folgen anzupassen. Er setzte die »Hamburg«, »Deutschland« und »Iberia« in Marsch, er gab grünes Licht für »Monte Rosa« und »Berlin«, er wußte um die »Steuben« und hielt auf Gotenhafen Reede die »Hansa« zurück, als sich diese seiner Meinung nach mit zweitausend Menschen zu wenig, dem vom FdU Ausbildung angeordneten »Gustloff«-Geleit anschließen wollte. Wodurch die »Hansa« im

Augenblick zwar dem »Gustloff«-Schicksal entging, aber nicht ihrem eigenen. Er trägt die Verantwortung des regionalen Seetransportleiters, wenn man so will und davon absieht, daß er die Befehle des Admirals in Hamburgs Alte Rabenstraße in die Tat umsetzt, und jener wiederum im Sinne des Marineoberbefehlshabers in der »Koralle« zu Bernau handelt.
Die Übernahme von Schiffen, diese für ihre neuen Aufgaben einzurichten und auszurüsten oder sie reparieren zu lassen, ihnen den Brennstoff und das Geleit zu beschaffen, Ankünfte und Abgänge, das Entladen und das Beladen, das sind einige der großen Tagesprobleme. Die großen Probleme arten in die Details einer mühevollen Kleinarbeit aus, wenn man drei Tage lang nach Strohsäcken suchen muß und endlich eine Danziger Firma findet, die noch 10 000 Stück auf Lager hat. Oder wenn man der Organisation Todt, die noch immer bauen will, zuvorkommen und 900 Quadratmeter hölzerne Bohlen ergattern kann, mit denen man den Sandballast in den Schiffsräumen abdecken läßt und eine Plattform für die menschliche Ladung schafft. Wenn man die dringend nötigen 19 Seeleute zugeteilt erhält, die erst eingekleidet werden müssen und samt und sonders aus dem Gefängnis kommen. Wenn man Kaffee-Ersatz und Wehrmachtsuppen (3mal täglich für zwei Tage) an Bord gibt und bei der Partei Milch und NS-Schwestern anfordert. Wenn es an geschultem Trägerpersonal bei der Entladung von Lazarettschiffen fehlt, dafür andererseits die Transportberichte die lapidare Feststellung enthalten, daß fünfzig Prozent der Verwundeten seekrank wurden und viele der angeblichen Liegefälle nach Antritt der Reise plötzlich aufstehen, umhergehen und Platz wegnehmen. Zuweilen beunruhigt ihn der Nachschubverkehr nach Kurland. Er vertraut dem Kriegstagebuch an, daß man nicht nur Divisionen abzieht, sondern Urlauber in die Heimat schickt, und Munition von Osten nach Westen fährt, anstatt umgekehrt. Der Pendelverkehr macht Sorgen und Lazarettzüge bleiben aus.

Die Berichte der Zweigstellen lassen zu wünschen übrig, aber was tut das heutzutage nicht. Die Flüchtlingslandestelle Kahlberg auf der Nehrung wird von russischen Stoßtrupps angegriffen. Der kleine Badeort ist durch Heereseinheiten gesichert, aber das Artillerieschulboot »Fuchs« muß sie unterstützen, und von See aus schießen zwei Torpedoboote, »T 28« und »T 33«, über das Haff hinweg Störfeuer auf das russisch besetzte Tolkemit. Dazwischen liegen die hohen Dünen und versperren die Einsicht. Und zum Schluß fordert Kahlberg Feldpolizei an, um der wilden Flucht Herr zu werden.
In Königsberg ist der zivile Hafenkapitän geflohen. Obendrein haben dort und in den Haffplätzen die Besatzungen der Schlepper und Kähne alles stehen- und liegengelassen. Der Admiral östliche Ostsee schlägt vor, durch Aufrufe im Reich ostpreußische Seeleute zur Rückkehr zu bewegen. Die Seekriegsleitung denkt realistischer und läßt die verlassenen Fahrzeuge durch Marinepersonal besetzen. Über allem bittet die Zweigstelle in Pillau, nicht mehr zu telefonieren, da der Feind die Leitung angezapft habe.
Gegen den Rat von Kapitän Bartels wird der Dampfer »Göttingen« nach Libau beordert und ein paar Tage darauf bei der Ansteuerungstonne von einem dort wartenden russischen U-Boot abgeschossen, was wiederum Menschenleben kostet, ehe weitere gerettet werden. Es handelt sich um dieselbe »Göttingen«, die sich knappe vier Wochen vorher an der Rettung der »Gustloff«-Passagiere beteiligte. Heute rot und morgen tot! Und da Bartels nicht gerne tot sein möchte und Verluste zu vermeiden sucht, weist er auf die Luftgefahr bei Schiffsmassierungen hin; siehe Saßnitz.
Alle wollen sie etwas von ihm und seiner KMD Danzig. Der Festungskommandant, der Seekommandant, der Präsident Huth, Parteidienststellen, die Gauleitung. Vor allem die Gauleitung, die mit ihren verständlichen aber ständigen Anfragen die öffentlichen Telefonleitungen blockiert, bis er sich energisch beschwert. Und der Gauleiter selber, über den er sich ebenfalls zu beschweren hat, was wiederum eine

Grundsatzfrage auslöst, bei welcher der Seetransport von höchster Stelle recht bekommt. Am 25. 2. verlangt der Gauleiter Danzig/Westpreußen, daß man ihm den kleinen Dampfer »Zoppot« zur Verfügung stellt, und zwar unverzüglich. Der Gauleiter und Reichsverteidigungskommissar sah ihn liegen und beschloß sofort, ihn auf eigene Faust im Flüchtlingsverkehr einzusetzen. Kapitän Bartels, der etwas anderes mutmaßt, wendet sich an den Seetransportchef in Hamburg und dieser wieder an den Admiral im FHQ. Schon nach zwei Tagen trifft die Antwort als Fernschreiben ein:

»Nach Anordnung Reichsleiter Bormann, daß auf Grund eines Führerbefehls die Gauleiter und Reichsverteidigungskommissare sich jeder Beschlagnahme von Schiffen für Flüchtlingstransporte zu enthalten haben und daß allein Seetransportchef Wehrmacht planmäßige Verwendung über jeden verfügbaren Schiffsraum für Flüchtlingstransporte bestimmt, wird Dampfer »Zoppot« mit sofortiger Wirkung wieder . . . zurückgegeben.«

Der Seetransportchef in Hamburg kann sich nicht mehr persönlich von den Vorgängen in den östlichen Häfen überzeugen. Er muß seine häufigen Inspektionsreisen einstellen, da man ihm nach Osten keine Flugerlaubnis mehr erteilt, und er im übrigen nur noch mit Jagdschutz in die Luft gehen darf. Immerhin, beim Stabe Bartels lag seine Sache in guten Händen: 250 Schiffstransporte verlassen im Februar die Danziger Bucht in westlicher Richtung. 147 von Pillau/Königsberg, 103 von Danzig/Gotenhafen und Hela.
Gegen Monatsende hört das Landen der von Libau kommenden Verwundeten auf, diese werden unmittelbar nach Westen geschickt. Die Landfront Danzig/Gotenhafen und Pillau/Kahlberg haben eigene Ausfälle genug, für deren Abmarsch gesorgt werden muß. Hamburg befiehlt, den Danziger Abtransport zu verstärken. Nach dem Verlust der letzten Eisenbahnstrecke ist man gänzlich auf den Seeweg angewiesen. Hinzu kommt der steigende Druck der Zivilbevölkerung, die von allen Seiten nach Danzig strömt. Neuer-

dings auch aus dem Hinterpommerschen, wo der russische Vormarsch die deutsche Front zwischen der 2. Armee und der 3. Panzerarmee breit aufspaltet.

Der flüchtende Revierförster Ewald Hildebrandt, sagt aus: »Um 2.00 Uhr in jener Märznacht klopften deutsche Soldaten hart an meine Tür: »Sind hier noch Zivilpersonen?« Auf meine Antwort erhalte ich die Aufforderung »Binnen einer halben Stunde räumen, der Russe ist da!« Ich springe aus dem Bett und wecke das Hausmädchen. Wir lassen alles stehen und liegen, greifen zu einem Rucksack, füllen ihn mit Lebensmitteln und etwas Leibwäsche und treten hinaus in die Nacht. Es liegt Schnee und der Mond scheint.
Auf meinem Hofe wimmelt es von Soldaten, die Motore ihrer Fahrzeuge laufen und surren leise. Wir springen in meinen Wagen, mit Mühe komme ich aus dem Gewühle. »Richtung Danzig!« ruft man mir nach. Doch ein Vorwärtskommen ist kaum möglich, alle Straßen sind von Militärfahrzeugen und Flüchtlingstrecks hoffnungslos verstopft, ein heilloses Durcheinander. Halten, anfahren, wieder halten. In sieben Stunden Autofahrt habe ich ganze 18 Kilometer hinter mich gebracht, und 80 Kilometer sind es bis Danzig. Ich versuche auszuweichen, mache Umwege und erreichte in der nächsten Nacht im Polnischen Korridor den Ort Seefeld, auch er ist vollgestopft mit Flüchtlingstrecks und Soldaten.
Während ich mich um Mitternacht am Dorfausgang bemühe weiterzukommen, rollen am Dorfeingang russische Panzer ins Dorf. Sie feuern, und schießen einzelne Häuser in Brand. Eine Panik bricht aus, Flüchtlingstrecks, Militärfahrzeuge, Dorfbewohner, deutsche Soldaten, alles wälzt sich dem Dorfausgang zu. Eine Wagendeichsel bohrt sich von hinten durch die hölzerne Karosserie meines Autos, die Räder drehen sich im Schnee, ringsum von allen Seiten blockiert und festgefahren.
Ich greife nach meinem Rucksack, springe aus dem Wagen, das Mädchen klammert sich an meinen Arm, wir springen

in den Straßengraben und rennen in Richtung Neustadt. Die russischen Panzer haben das Dorf verlassen, rollen links neben uns auf dem Acker, wo sie einzelne Gehöfte in Brand schießen, und sind verschwunden.

Die Straße ist immer noch von haltenden Fahrzeugen verstopft. Nach stundenlangem Marsch erreichen wir ein Dorf. In der Schule brennt Licht, wir gehen hinein. Soldaten auf Stroh, wie die Heringe. Wir wollen etwas essen, da kommt ein Offizier herein und ruft: »Fertigmachen – der Russe ist da!«

Auf einem Militärfahrzeug kommen wir nach Neustadt, das Mädchen im Führersitz, ich auf dem Kotflügel. Am gleichen Nachmittag entkommen wir auf einem Militärlastwagen nach Danzig.

Die erste Nacht verbringen wir mit anderen Flüchtlingen in einer Kirche, sitzen im Gestühl und frieren. Am nächsten Tage versuchen wir mit einem Schiff fortzukommen, doch so einfach ist das nicht! Tausende von Flüchtlingen wollen das auch. Nur wenige Schiffe liegen in den Hafenanlagen, nichts tut sich. Alle öffentlichen Lokale in der Stadt sind vollgestopft von Wartenden. Mehrmals am Tage heulen die Sirenen, der Russe wirft Bomben auf Stadt und Hafen, rein in den Heldenkeller, raus aus dem Heldenkeller. Am dritten Tage fahren wir nach Gotenhafen, jawohl, die Züge verkehren noch, dort sollen mehr Schiffe auslaufen. Erst hier erfahren wir: nur wer eine Schiffskarte erhält, kommt heraus.

Ein riesiger Menschenhaufen steht vor dem Gebäude, in welchem die Karten angeblich ausgegeben werden sollen. Wir warten stundenlang vergeblich. Am folgenden Tage steht wieder ein großer Haufen von Menschen vor dem Gebäude und wartet. Da tritt ein Offizier mit einigen Soldaten zu uns, sie greifen hundert oder zweihundert Flüchtlinge heraus, auch uns trifft es. Wir müssen antreten und werden zum Schanzen abgeführt. Am folgenden Tage treiben wir uns in den Hafenanlagen herum, soweit sie nicht polizeilich abgeriegelt sind, und versuchen noch einmal

ohne Karte wegzukommen, vergeblich. Wir übernachten in irgendeinem der hohen Häuser mit anderen wartenden Flüchtlingen zusammen.
Am folgenden Morgen prangen an allen Litfaßsäulen, in vielen Schaufenstern und an Bretterwänden große Plakate mit dem Aufruf: »Alle Männer von 16 bis 60 Jahren haben sich sofort bei einer (auf dem Plakat angegebenen) Parteidienststelle zu melden, widrigenfalls sie als Deserteur usw.«
Ich sehe, man macht bereits Jagd auf uns. Militärstreifen durchkämmen die Lokale, prüfen die Ausweise und nehmen einige Männer mit. Um meiner Meldepflicht zu genügen, melde ich mich am folgenden Tage, nachdem ich mein Mädchen einer alten Försterfamilie anvertraut habe.
Bei der Parteidienststelle, anscheinend ein Auffangstab, zeige ich meinen Ausweis vor, den ich von der Landesforstverwaltung in Danzig-Oliva erhielt. »Längst überholt«, erhalte ich zur Antwort. In Schubs werden wir zur Navigationsschule geführt, dort gemustert, und noch am gleichen Tage bin ich Soldat (nicht Volkssturm), trage Ankerknöpfe auf meinem Waffenrock und gehöre einem Marineschützen-Bataillon an . . .«
Soweit die Erlebnisse des Forstbeamten Herrn Ewald Hildebrandt, der nach fünfundzwanzigjähriger Tätigkeit seine Revierförsterei Fließhof Hals über Kopf vor den Russen verlassen mußte. Er wird Soldat und schickt sich ohne Federlesen in das scheinbar Unvermeidliche. Und das ist gut so; denn so begegnet er nicht den Feldstreifen, die im Auftrag der »Sonderstandgerichte zur Bekämpfung von Auflösungserscheinungen« arbeiten und vom Reichsführer SS Ende Februar eingeführt wurden. Himmler befiehlt noch immer die Heeresgruppe Weichsel.

Auf der KMD Danzig verfolgt man aufmerksam die Entwicklung an der hinterpommerschen Küste. Wie aus den Fernschreiben hervorgeht, werden alle verfügbaren Boote der Luftwaffe nach Kolberg beordert, desgleichen alle

Werftschlepper, die sich erübrigen lassen. Weitere Meldungen erwähnen Teile einer Sicherungsflottille und schnelle Flugsicherungsboote auf dem Marsch nach Kolberg, um die Bevölkerung zu evakuieren. Wenn die Angaben stimmen, hätten sich im Bereich von Kolberg, Rügenwalde, Stolpmünde und Leba insgesamt bis zu 700 000 Menschen eingefunden, die nach Hilfe schreien. Im Einvernehmen mit dem Admiral Östliche Ostsee beschließt Fregattenkapitän Bartels, die nächstgelegenen Häfen Stolpmünde und Leba zu übernehmen und sich an Ort und Stelle von der Flüchtlingssituation zu überzeugen. Am 4. März setzt er sich in seinen schwarz-verchromten Dienstwagen, an dem Panzerfäuste hängen, und begibt sich auf die Reise. Außer dem Fahrer begleiten ihn zwei seiner Offiziere. Einer von ihnen ist der Verfasser.

Der 4. März 1945 ist ein grauer, wolkenverhangener Sonntag. Die Chausseen sind wie ausgestorben, und die Landschaft liegt da wie tot. Mittags sind sie in Leba, wo sie der Seetransportvertreter Oberleutnant Perrey empfängt; im Zivilberuf ein Lotse, der einige Tage später in russische Gefangenschaft gerät. Leba selbst ist nur ein Hafen für Fischkutter, eine kleine Anlegestelle, ein Durchbruch vom Leba-See zum Meer. Max Pechstein hat ihn oft gemalt.

Dann geht es weiter. Kurz vor Stolp stoßen sie auf die ersten deutschen Truppen: Volkssturmeinheiten. Im Rathaus zeigt ihnen der Kampfkommandant, Major Jahn, die Generalstabskarte. Das Bild der in breiter Front herankommenden Russen ist entmutigend genug. In der folgenden Woche wird die kinderreiche Familie des Kampfkommandanten Stolpmünde auf dem Seewege verlassen. Major Jahn, bald danach ein Kommandeur ohne Kommando, findet sich auf Hela wieder. Auf der Chaussee nach Stolpmünde gerät der Wagen in einen immer dichteren Flüchtlingsstrom hinein, den die Ostsee magisch anzieht und der mit der Dunkelheit in ein ungewisses Schicksal läuft. Am Abend sitzen Kapitän Bartels und seine Offiziere mit dem Hafenkapitän, dem Chef der dortigen U-Jagdflottille und mit den Vertretern von

Partei und Staat an einem Tisch. Seine Mitteilung, daß innerhalb von 48 Stunden genügend Handelsschiffe eintreffen werden, um die Bevölkerung aufzunehmen, quittieren die Zivilisten mit Zurückhaltung. Sie können sich anscheinend noch nicht an den Gedanken gewöhnen, ihre Heimat aufzugeben; das ist verständlich. Sie haben solange still und außerhalb des eigentlichen Kriegsgeschehens gelebt, daß sie den Sinn für die Realitäten offenbar verloren. Gewiß, sie wollen für Marschverpflegung sorgen und für Stroh. Es soll alles bestens geregelt werden. Doch als Stolpmünde vier Tage später evakuiert und verlassen ist, stellt sich hinterher heraus, daß noch mehr als tausend Menschen dageblieben sind. Die alten Reservisten beim Hafenkapitän bleiben auf ihren Posten, und die Beamten in der Stadtkasse zahlten noch Gelder aus, als die Russen zur Tür hereinkamen. Man hatte ihnen preußische Pflichterfüllung bis zum Letzten gepredigt. Nach zwanzig Jahren sahen wir uns auf einer Heimattagung in Glückstadt an der Unterelbe wieder, da hatten sie ihr Sibirien hinter sich.
Am Montagmorgen fuhr Fregattenkapitän Bartels nach Danzig zurück. Einer seiner Offiziere blieb in Stolpmünde.

10.

Hart, aber wohlwollend – Die Armada von Stolpmünde 1435 Tonnen Bomben auf einen Badeort – Das Drama der »Andros«

Inzwischen wurde Fregattenkapitän Kolbe mit dem »Abtransport der Flüchtlinge und Verwundeten aus den Pommernhäfen« beauftragt. Der Seetransportchef kannte ihn von früher, als der ehemalige Handelsschiffskapitän noch Seetransportleiter jenseits des Polarkreises in Kirkenes, dann auf den Kanalinseln vor der Normandie und schließlich in Athen gewesen war, ein lebendes Beispiel für

die Weite der deutschen Fronten. Seitdem war der Horizont kleiner geworden. Fregattenkapitän Kolbe, jetzt dreiundfünfzig Jahre alt und hager, leitete das Wehrbezirkskommando Kolberg. Der Seetransportchef erfuhr es zufällig und machte ihn sofort telefonisch zum Einsatzleiter für Kolberg mit entsprechenden Vollmachten für alle benachbarten Häfen. Der Admiral spricht von seinem Kapitän als von einem »harten, aber trotzdem wohlwollenden Mann mit großen seemännischen Kenntnissen und Organisationstalent«. Er sagte: »Ich hatte ihn seinerzeit in Athen aufgesucht und mit ihm in wenigen Stunden die verworrene Lage in der Ägäis geklärt, wo Heer und Luftwaffe durch dauerndes unbefugtes Eingreifen ein großes Durcheinander hervorgerufen hatten.« Kapitän Kolbe, an seinem Wehrbezirksschreibtisch gerade damit beschäftigt, die Einberufungsbefehle für den sechzehnjährigen Jahrgang 1929 zu unterzeichnen, kommt auch diesmal wie gerufen.
Kolberg ist von feindlichen Landstreitkräften umgeben. Die Stadt wird bereits beschossen. Erhebliche Brände entstehen und dehnen sich ungehindert aus. In den Parks und Straßen die ersten Leichen von Mensch und Tier. Behörden und Dienststellen beginnen zu räumen, und, nach den Worten von Kolbe, »es mußte ihnen mit allen Mitteln klargemacht werden, daß es sich keineswegs um die Abbeförderung von Gerät und umfangreichen Privatsachen handeln könne, sondern lediglich um den Abtransport von Menschen mit geringstem Gepäck.« Die ersten 2200 besteigen die »Heluan«, »Heidelberg«, die »Saar«, »Merkur«, zwei Schlepper und verlassen den kleinen Hafen an der Persantemündung. Trotzdem besteht noch keine akute Gefahr für die Stadt, so daß Fregattenkapitän Kolbe beschließt, die nach dem Fall von Schlawe vom russischen Ansturm unmittelbar bedrohten östlichen Pommernhäfen aufzusuchen. Das Flugsicherungsboot »FLB 434« trägt ihn nach einem kurzen Zwischenstopp in Rügenwalde (wo der Feind nur noch 8 Kilometer vom Strand entfernt ist und die Dampfer »Bille«, »Peter«, »Zenith«, und »Regulus« die Flüchtenden

aufnehmen) nach Stolpmünde, das er in wenigen Stunden am Nachmittag des 6. März erreicht. Es ist ein Dienstag. Kapitän Kolbe kommt gerade zurecht, um zu erfahren, daß die Vorarbeiten des KMD Danzig hier schon angelaufen sind und zwei moderne Motorschiffe der Bremer Neptun-Reederei das Stolper Lazarett abgeholt haben: 250 Verwundete, 60 Schwestern, die Ärzte und das Sanitätspersonal. Ihnen haben sich über tausend Flüchtlinge angeschlossen. Weitere, aus Danzig kommende Schiffe sind stündlich zu erwarten. Das ist die Lage, die sich dem neuernannten Einschiffungsleiter für die Pommernhäfen anbietet.
In Stolpmünde ist es noch immer ruhig. Selbst das Zollamt an der Stadtseite des Hafens geht noch seinen Geschäften nach, und auch der einzige Lotse ist auf dem Posten. Im Kopfsteinpflaster stehen Bäume mit den ersten Ansätzen von Frühlingsknospen. Die Giebel sehen auf die vorbeiströmende Stolpe. Zwischen den Molen blaut die Ostsee, die bei Gegenwinden die Ausfahrt versanden läßt und immer wieder ausgebaggert werden muß. Fischkutter trocknen ihre Netze, und am Kai haben ein paar kleine Schiffe festgemacht, die aussehen, als wollten sie wie im Frieden Getreide, Futtermittel und Baustoffe laden. Einige ältere Männer schlurfen dahin, was den Eindruck des Gemütlichen erhöht. Die Jüngeren sind irgendwo im Kriege oder kreuzen mit der Sicherungsdivision auf See.
Stolpmünde hat Ausgebombte aus Stettin und anderen Großstädten aufgenommen. In den letzten Tagen benutzten einige Einwohner die Gelegenheit, um sich nach Westen abzusetzen. Andere sind vom Lande hereingekommen, und es heißt, daß jetzt in und um Stolp etwa 120 000 versammelt sein sollen und sich zur Küste begeben. Es ist, als höre man ihre Schritte in der Nacht. Am Mittwochmorgen haben die engen Straßen schlagartig ein anderes Gesicht und sind von einer dichten Menschenmenge gefüllt, so daß man das Hafengebiet absperren muß. In aller Eile zusammengezogene Flaksoldaten, Zollbeamte, Matrosen der Sicherungsdivision und die beiden Ortspolizisten

drängten die Flüchtlinge von der Bollwerkkante zurück. Ein Fernschreiben von General Weiß, dem Oberbefehlshaber der 2. Armee, schränkt den Kreis der Fliehenden ein und besagt unmißverständlich: Kein kampffähiger Mann verläßt den Raum Pommern! Ein Auffangkommando macht sich bereit, die an Bord Gehenden zu kontrollieren und hat vor allem ein Auge auf zurückflutende Soldaten, die sich einzeln und in kleinen Einheiten schon einstellen. Und so, während gleichzeitig zwischen Maas und Rhein große Kämpfe toben, während der Wehrmachtbericht wieder steigende Erfolge der deutschen U-Boote und der Luftwaffe meldet, die im Vormonat Februar 288 000 BRT an feindlichem Schiffsraum im Atlantik versenkten, beginnt hier an der pommerschen Küste der Auszug. Vielleicht hat der Reichsminister für Volksaufklärung und Propaganda, Dr. Josef Goebbels, von den Begleitumständen eine gewisse Vorstellung, wenn er seinen wöchentlichen Leitartikel im »Reich« mit einer sinngemäßen Parole beschließt:

». . . Ohren steifhalten, fest auf den Beinen stehen, und bei noch so hohem Seegang nicht über Bord springen, da das den sicheren Tod bedeuten würde. Unentwegt auf den Steuermann schauen und mit vereinter Kraft dem Ziel entgegen . . .«

Als die Schiffe einlaufen und nacheinander am Bollwerk festmachen, werden sie von der tausendköpfigen Menschenmenge jubelnd begrüßt. Es ist eine Armada, wie sie der kleine Hafen in seiner besten Zeit kaum gesehen hat, aber eine Armada im Taschenformat und auf die örtlichen Verhältnisse zugeschnitten: »Söderhamn«, »Reiher«, »Pickhuben«, Karlsruhe«, »Amrum«; die in Stolpmünde beheimateten »Martha Geiß« und »Kolberg«, die »Nautik«, »Nordpol«, »Oktant«, Sextant«, »Nadir«, »Bernd« und »Viking 2«. Der Größte hat alles in allem knapp fünfzehnhundert Tonnen, und der Kleinste ganze 198. Es sind die Pendler, die kleinen Nord- und Ostseefahrer, die bisher nicht genannt wurden, weil sie nicht spektakulär genug sind. Die teilweise sogar ihren eigentlichen Namen verleug-

nen, und umbenannt als Ausbildungsschiffe der Navigationsschule der Marine in Gotenhafen dienen. Die aber in jedes kleine Loch hineinkriechen können und nun zeigen, was sie leisten. Es ist die Stunde der Küstenfahrer, der Schlickrutscher, und der Seetransport hat ihnen eine angemessene Aufgabe gegeben.
Was jetzt folgt, das sind die gleichen Bilder, wie sie in allen anderen Häfen auch zu sehen sind. Nur erscheinen sie in der räumlichen Enge dieser pommerschen Städtchen wie mit der Lupe betrachtet ins Überdimensionale projiziert, sozusagen als Großaufnahmen. Eine Woge von Menschenleibern wälzt sich über schmale Landgänge an Bord, die unter ihrem Gewicht durchbiegen. Die Menge stößt und schiebt, sie schlägt um sich. Kinderreiche sollen bevorzugt werden, Ledige zuletzt einsteigen; was für die Erhaltung des deutschen Volkes notwendig und was nicht mehr wünschenswert ist, wurde reglementiert. Doch angesichts dieser Flut werden die Verhaltungsvorschriften für die Katz und das Ausleseverfahren utopisch. Fast Hals über Kopf fallen sie in die Laderäume, wo sie zu viert auf einem Quadratmeter Platz finden, wie man es mit Nachdruck verlangt. Ein Kindertransport gelangt nur inmitten von Versehrten an Bord, alleine gelassen, würde man die Kleinen zertrampeln. Alte Leute brechen zusammen, werden an die Oberfläche geworfen und weitergereicht. Ein Herzschlag rührt hier kaum ein Herz; wer fällt, der fällt und treibt beiseite. Die Angst sitzt ihnen im Nacken; der Russe kommt stündlich näher und Schlawe ist schon gefallen. Nur der Anblick von Uniformen weckt bei ihnen ein wenig die Vernunft.
Dabei weiß man selbst bei den Uniformen nicht mehr genau, wo sie herkommen und was sie machen.
»Versprengte Soldaten, Angehörige von Stäben und Wehrmachtgefolge tauchen mit hochbepackten Fahrzeugen auf und mischen sich unter die Flüchtlinge. Der Auffangstab ›Heldenklau‹ siebt nach Kräften, kann aber nicht überall zugleich sein. Von den 120 Mann einer Arbeitsdienstabtei-

lung des laut Führerbefehl freigestellten Jahrgangs 1927, werden gleich achtzehn begleitende höhere Vorgesetzte zurückbehalten. Auf Dampfer »Reiher« muß es sich ein Generalarzt gefallen lassen, daß man seine Marschpapiere eingehend betrachtet, bevor man ihn passieren läßt. Im Motorenraum der kleinen »Amrum« wird ein Oberleutnant aufgestöbert und an Land gejagt. Zwischen Flüchtlingsfrauen kommen ein paar verschlafene Landser zum Vorschein, die sich schon in Sicherheit wähnten. Eine schwerbewaffnete »Brigade Göring«, von der einzelne Leute unter Vorwänden abzuspringen versuchen, hält sich im Hintergrund und verheißt nichts Gutes. Eine Stolpmünder Reederei hat ihren eigenen Dampfer für sich reserviert. Nach kurzem Wortwechsel werden sie vor die Wahl gestellt, noch zweihundert Flüchtlinge zusätzlich mitzunehmen oder dazubleiben. Alle Schiffe und Boote liegen mit der Nase nach See zu, um jeden Augenblick loswerfen und auslaufen zu können. Die Menschen strömen an Bord. Weitere Schnellboote laufen ein und beteiligen sich an der Aktion. Eine »Rette-sich-wer-kann«-Stimmung kommt auf.
Die letzte Nacht bringt Nordoststurm und beißende Kälte. Tausende haben sich bereits eingeschifft, aber im Windschutz der Häuser kauert noch immer eine dunkle, erschöpfte Menschenmasse. Während sie sich aufraffen und an Bord tappen, zerreißen heftige Detonationen die Nacht. Der Marinenachrichtenoffizier sprengt die Funkstation und setzt sich verabredungsgemäß nach Osten ab. Auch der nahe gelegene Schießplatz der Flakschule meldet sich nicht mehr. Ein Zeichen, daß Oberst Gürke schon auf dem Marsch in den Danziger Raum ist. Mit Rügenwalde und Kolberg besteht keine Verbindung mehr. Alles verläuft wie erwartet und bedeutet, daß nunmehr Stolpmünde an der Reihe ist und das Eintreffen der Russen nur noch eine Frage von Stunden sein kann. Von Zeit zu Zeit läßt sich die KMD Danzig über eine Sonderleitung Bericht erstatten.
Der Donnerstagmorgen graut, es wird höchste Zeit. Die Kapitäne legen mit ihren vollgestopften Schiffen schwerfäl-

lig ab. Noch auf dem Oberdeck stehen die Menschen dicht an dicht. Es kann ihnen kein Geleitschutz mehr gestellt werden. Die Kapitäne dampfen auf eigene Gefahr und müssen mit russischen Angriffen zu Wasser und aus der Luft rechnen. Ihr Herz ist schwer, vielleicht treten sie die letzte Reise an. Im Kielwasser der Dampfer folgen Fischkutter und die Boote und Fährprähme der Marine. Eines nach dem anderen verläßt den Hafen von Stolpmünde und geht auf Westkurs.«

Der Nordoststurm schlägt ihnen entgegen. Gleich außerhalb der Molen fangen sie an zu stampfen und nehmen viel Wasser über, später haben sie Rückenwind. In der schweren Grundsee vor der Einfahrt schneidet ein Fährprahm unter, und das letzte, was man von ihm sieht, sind auf- und eintauchende Köpfe wie auf alten Tafelbildern von Schiffen in Seenot – ORA PRO NOBIS. Dann sieht man nichts mehr. Die Armada entfernt sich langsam aus dem Blickfeld.

Als Kapitän Kolbe sich mit den U-Jäger 120 absetzt, ist der Hafen leer. Er berichtet, daß ihn 18 310 Menschen verlassen haben. Es ist wohl eine der kürzesten Räumungen überhaupt gewesen. Der Kapitän gibt allerdings zu, daß noch etwa zweitausend bis dreitausend Menschen in der Stadt zurückgeblieben sind. Während 14 Schiffe mit den Geflüchteten dem Hafen von Swinemünde zustreben und am gleichen Tage dort eintreffen, wird die Partei die in Stolpmünde Zurückgebliebenen zu Fuß nach Osten am Strand entlang in Marsch setzen. Es ist eine verkehrte Welt, in der die Richtungen wechseln und der Feind in einem alles umfassenden Bogen diesmal von Westen kommt.

»Das Bollwerk liegt voll fortgeworfener Gegenstände. Vom Rohrplattenkoffer bis zum Fahrrad, vom Schinken bis zum Kinderwagen stapelt es sich. Verlassene Wehrmachtfahrzeuge stehen herum. Durch die geisterhaft leere Stadt, in der die Zurückgebliebenen wie vom Erdboden verschwunden sind, kommen Nachzügler. Kleine Kinder, am Rockzipfel ihrer Mütter, jammern herzzerreißend. Die Mütter ringen verzweifelt die Hände: Schießt uns doch tot, schießt uns

doch bloß tot! Die Szene geht unter in den krachenden Einschlägen vereinzelter Granaten. Der Russe ist da!«
Sie schießen wahllos von irgendwoher. Der Lotsenturm bekommt einen Zufallstreffer. Am Stadtrand steigt dichter Qualm hoch, vom Bahnhof. Bis sie sich vergewissert haben, daß mit Widerstand nicht mehr zu rechnen ist und in den Stadtkern eindringen, bleibt noch eine kleine Galgenfrist. Vielleicht wollen sie auch absichtlich den Letzten Gelegenheit geben, das Weite zu suchen. Je weniger Menschen ihnen in die Hände fallen, um so geringer ist die damit verbundene Arbeit. Ein U-Boot der 250-Tonnen-Klasse, das ahnungslos in den leeren Hafen einläuft, um einen Tauchschaden zu beheben, dreht erschrocken bei und entfernt sich mit äußerster Kraft nach Hela. Es nimmt den Offizier der KMD Danzig mit, der schon mit seiner Ordonnanz zu Fuß nach Osten marschieren wollte.

In der folgenden Nacht zieht der Dampfer »Hektor« vorbei. An Bord befindet sich unter vielen anderen auch Helene von Zitzewitz, geborene von der Markwitz. Sie hat das Gut Klein-Machmin im Kreise Stolp verlassen und ist nach Danzig geflohen. Ihre Hoffnung, vielleicht doch noch etwas von der heimatlichen Küste zu sehen, auf schmerzliche Weise erfüllt.
»Nachts standen wir an Deck, als wir auf der Höhe von Stolpmünde an Land Brände erkennen konnten.«

Als die 14 Schiffe Swinemünde erreichen, geraten sie in ein entsetzliches Gedränge. Die Flotte muß ihre Liegeplätze am Bollwerk frei machen, und 50 Schiffe sind auf der Reede versammelt. Bekannte Transporter und Lazarettschiffe sind darunter wie »Moltkefels«, »General San Martin«, »Mars«, »Masuren« und Oberhausen.« Obwohl man den meistbenutzten Flüchtlingslandehafen aufzulockern sich bemüht, ist Swinemünde unvorstellbar überfüllt. Die Brennstoffvorräte sind erschöpft, es gibt keine Bunkerkohle, die Dampfer können nicht weiter und warten länger als eine Woche. Es

fehlt auch an Eisenbahnzügen, die Menschen müssen an Bord bleiben, wo Hungersnot entsteht und Typhus ausbricht.
Der früher einmal so beliebte pommersche Badeort wird in diesen Märztagen von einer Welle von 30 000 Flüchtlingen überlaufen. Am jenseitigen Ufer der Swine, auf der Insel Wollin, sind weitere 40 000 aus Hinterpommern im Anmarsch. Danach erwartet man nochmals 25 000, notiert Korvettenkapitän Eschricht. Denn die russischen Truppen haben die alte Bischofsstadt Kammin erobert und das Stettiner Haff erreicht, die Bevölkerung flieht in hellen Scharen. Der Großschiffahrtsweg Stettin-Swinemünde kann nur nachts befahren werden, am Tage liegt er unter dem Feuer der feindlichen Artillerie. Alle Kabelverbindungen mit dem Osten sind unterbrochen. Um die Kampfhandlungen der Landfront im Raume Swinemünde-Stettin zu unterstützen, werden der Schwere Kreuzer »Lützow« (ex Panzerschiff »Deutschland«) mit diesem und jenem Zerstörer und Torpedoboot dem Admiral Westliche Ostsee in Swinemünde unterstellt. Zu ihnen gehört auch »Z 34«, Kommandant Korvettenkapitän Hetz, später Admiral in der Bundesmarine.
Der Zerstörer, Anfang des Jahres im Verband der 4. Zerstörerflottille noch im hohen Norden eingesetzt, hilft in der zweiten Märzwoche bei der Verteidigung Kolbergs und schlägt sich mit der russischen Luftwaffe herum. Die eingeschlossene Stadt liegt unter den rollenden Angriffen sowjetischer Bomber, die in Wellen halbstündlich anfliegen, ohne daß sich die Stadt merklich gegen sie wehren kann. In den Kampfpausen übernimmt der Zerstörer Flüchtlinge und Verwundete, die ihm Pendler längsseit bringen. Am 12. März, gegen 4.00 Uhr, wird »Z 34« durch Funkspruch nach Swinemünde zurückgerufen. Als Kapitän Hetz mit vielen Zivilisten an Bord um 11.00 Uhr die Swinemünder Ansteuerungstonne erreicht und sich kurz darauf innerhalb der Molen befindet, wird auf allen Signalstellen Fliegeralarm gezeigt: Die UK-Welle meldet große Bom-

berverbände im konzentrischen Anflug auf Swinemünde. Später stellte es sich heraus, daß es 700 Bomber der 8. USAAF vom Typ B 17 und B 24 waren, die ihre tödliche Last von 1435 Tonnen auf den überfüllten Hafen und Badeort abwarfen. Es ist einer der schwersten Schläge überhaupt gewesen, die dem Seetransport zugefügt wurden, und seine Notwendigkeit ist noch heute umstritten. Unglücklicherweise war kurz zuvor ein Konvoi von 11 vollbeladenen Schiffen eingelaufen und hatte festgemacht. Über ihm und allen anderen zog sich das Unheil zusammen. Korvettenkapitän Hetz berichtet:

»Auf der Brücke Totenstille. Über den tiefliegenden Wolken hört man schon das dumpfe Dröhnen zahlreicher schwerer Bomber. Zum Umkehren ist es zu spät. Aus dem Hafen setzt eine panikartige Flucht von Fahrzeugen aller Art ein, die mit Höchstfahrt an uns vorbeirauschen, um noch rechtzeitig vor Beginn des Angriffs die rettende freie See zu erreichen. Uns bleibt zunächst keine andere Wahl als weiterzulaufen, wenn mich auch der Gedanke an die vielen Menschen unter Deck zu einer vorschnellen Aktion verleiten möchte. Aber mein Entschluß steht fest: Wir werden bis zur Badeanstalt durchlaufen und dort versuchen, so schnell wie möglich kehrtzumachen. Hoffentlich lassen uns die Flieger dazu noch Zeit.

. . . Jetzt werden die Minuten bis zum Drehpunkt zur Ewigkeit. Jeder auf der Brücke sieht geradeaus, um nicht dem Kameraden in die Augen sehen zu müssen. Da endlich kann ich die erlösenden Kommandos geben. In diesem Moment bestätigt sich wieder einmal, daß nichts umsonst ist, was man einmal geübt hat. Die unzähligen An- und Ablegemanöver auf der Swine in Friedenszeiten gaben mir die Sicherheit, den Zerstörer mit wenigen Maschinen- und Ruderkommandos auf Gegenkurs zu bringen.

Mit 15 Seemeilen Fahrt wird wieder ausgelaufen. Eben ist der Leuchtturm passiert, da rauscht der Bombenteppich auf Stadt und Hafen nieder. Gerade in unserem Drehpunkt, den wir vor kurzem verlassen haben, steht die hohe weiße

Wand einer schweren Bombensalve. Allmählich löst sich die lähmende Spannung an Bord, und als wir die Molen auslaufend wieder passiert haben, erscheinen an Deck zwei Flüchtlingskinder, die sich an den Händen halten und ahnungslos fröhlich lachen. Dieses Lachen war wohl der glücklichste Augenblick seit langer Zeit. Es schien mir der unbewußte Dank für eine Rettung aus höchster Gefahr, in der wir – Menschen und Schiff – nur Werkzeuge einer höheren Macht waren . . .«

Es gibt bei diesem Angriff eine große Menge Leidtragender, die nichts mehr darüber sagen können, weil sie ihn nicht überlebt haben. Alleine sieben der dicht an dicht liegenden deutschen Handelsschiffe gingen verloren: Die »Jasmund« (276 BRT), »Hilde« (491 BRT), »Ravensburg« (1069 BRT), »Heiligenhafen« (1923 BRT), »Tolina« (2000 BRT), »Andros« (3048 BRT) und die »Cordillera« (12 055 BRT) der Hamburg-Amerika Linie, als Wohnschiff eingesetzt. Die schwersten Verluste gab es auf der »Andros«, einem Frachter der Deutschen Levante-Linie. Sie hatte etwa 570 Tote und sank am Bollwerk.
Das Schiff erreichte nach stürmischer Überfahrt mit 2000 Pillauer Flüchtlingen an Bord Swinemünde. In qualvoller Enge wie es heißt, ohne Verpflegung und Trinkwasser, hatten zumeist Frauen und Kinder Tage und Nächte auf See zugebracht, immer in Erwartung eines Torpedos oder einer Mine. Chaotische Wochen der Flucht, die verwüstete Heimat und die Gefahren der See lagen hinter ihnen, der rettende Hafen war erreicht. Erleichtert atmeten sie auf und kamen an Deck. Sie wußten nicht wie ihnen geschah, als der Fliegeralarm einsetzte und sie wieder hinuntermußten. Nach dem ersten Treffer fingen die Kabinen, in denen Ärzte und Schwestern lagen, Feuer. Das Licht erlosch. Aus den dunklen Laderäumen führte eine einzige große Leiter nach oben. Ein Teil der Insassen drängte in panischem Schrecken hinauf, ein anderer wich vor den krachenden Einschlägen zurück. Manche wollten ihre letzte Habe retten und griffen

zum Gepäck. Ein Kommando wurde durchgesetzt: »In Ruhe und ohne Gepäck das Schiff verlassen!« Ein Junge rief: »Mama, der Dampfer sinkt!«
Herr Artur Krüger erreichte das Zwischendeck, als gerade eine neue Welle ihre Bomben warf:
»Mit Entsetzen sah ich, daß der Bug des Schiffes in Rotglut stand. Im nächsten Augenblick vollzog sich die Katastrophe. Die Nieten gaben nach und der Schiffsbug klaffte auseinander. Wasser kroch ins Innere. Ein Verzweiflungsschrei von Hunderten angsterfüllter Menschen ertönte, unmittelbar darauf eine unheimliche Stille. Das eisige Wasser war über die Menschen hinweggegangen. In diesem Augenblick warf mich der Luftdruck einer Bombe zu Boden und mir schwanden die Sinne. Ich wachte einige Zeit später wieder auf und bemerkte, daß der Dampfer sank. Die Bombe hatte eine Trennwand aufgerissen, durch die ich mich auf das Oberdeck drängte.«
Schon steigt ihm die Flut bis zu den Hüften. Unter großen Bemühungen holt man die Leute von Bord, während der Luftangriff weitergeht. Einer erklettert die Brücke und findet dort einen einsamen Mann mit Ärmelstreifen, vermutlich der Kapitän. Dann liegt die »Andros« unter Wasser und kein Leben macht sich mehr bemerkbar. Wer das Land gewinnen und sich retten konnte, tauchte in irgendeinem Luftschutzkeller oder Splittergraben unter. Auch draußen unbeschreibliche Zustände. Flammen überall, die ganze Strandsiedlung war ein Feuermeer. Die Tanks waren getroffen, und der Hafen lag unter dicken schwarzen Rauchwolken. Sämtliche Flakstellungen waren ausgebrannt und verlassen. Die Stadt brannte an vielen Stellen. Tausende waren zugrunde gegangen. Der Kurpark war voller Toter, Arme und Beine lagen herum. Auf dem Kaiserbollwerk erhielt ein abfahrtbereiter Personenzug einen Volltreffer, die Leichen flogen bis in die Baumkronen. Die nach Swinemünde hereinkommenden Flüchtlingstrecks wurden von Tieffliegern dahingemäht. Es waren fast keine Männer dabei, die hatte man schon zum Volkssturm geholt, und so lagen neben den

erschossenen Pferden fast nur tote und verwundete Frauen und Kinder.
Auf dem Wasser ist ein unvorstellbares Getümmel. Die Flieger kreisen und die Schiffe zick-zacken. Auf der »Heinz Horn« werden Schwimmwesten verteilt, und die Flüchtlinge schwitzen Blut und Wasser, so sagt Gertrud Schiffer. Die »Tolina« sinkt nach zwei Treffern auf ebenem Kiel, der Schlepper »Vorsetzen« übernimmt die Leute. Kapitän Falk liegt im Bauhafen und sieht, wie sein Eisbrecher von der Gewalt der Detonationen einen Meter angelüftet wird.
Else Flußner aus dem Kreise Belgard hat noch das »Urräh« der Russen in den Ohren, als sie fliehend bei Horst die Pommersche Küste erreicht, wo sie in das Artillerieduell zwischen Land und See gerät. Ein Marinefährprähm trägt sie nach Swinemünde und direkt in den Angriff, den sie in allen Phasen erlebt. Sie findet ihn »genauso gemein wie den auf Dresden; denn die, die auf den Meeresgrund geschickt wurden, hatten ja ohnehin schon alles verloren, und die waffenlosen Soldaten, die dabei waren, waren genauso wehrlos wie wir.« Sie schließt mit der akademischen Frage: »Mit wieviel Jahren Zuchthaus oder Hängen werden die bestraft, die das taten –?«

Als alles vorbei ist, ist Swinemünde nicht mehr wiederzuerkennen. Ganze Straßenzüge liegen in Trümmern, die Anlagen sind umgepflügt, die schönen alten Bäume zersplittertes Brennholz. Die unter ihnen, halb von Sinnen, Schutz suchten, düngten den Boden mit ihrem Blut. Das alte Swinemünde starb. Der Verfasser hat später Mühe, hinter all den Schuttbergen sein Haus zu finden.
Der Kapitän des Lloyd-Dampfers »Lappland«, der den Angriff auf der Reede übersteht, muß gleich danach in die Stadt. Er weigert sich, zu erzählen, wie er sie vorfand und schreibt nur: »Was ich am Hafen erblickte, kann ich nicht schildern. Es war wohl das Grauenhafteste, was ich in meinem Leben gesehen habe . . .« Und diese alten Lloydkapitäne und vielleicht noch Ostasienfahrer haben zuweilen

allerlei gesehen, nicht zuletzt die Greuel der chinesischen Bürgerkriege. Doch alle Schreckensbilder verblassen gegen jenes Inferno von Blut und Feuer, in dem Preußen untergeht.
Die tapfere kleine »Nautik«, die als eines der 14 Schiffe Stolpmünde verließ, übersteht alles fast ungeschoren, »während ringsum alle Schiffe ausbrannten, sanken oder kenterten.« Und ehe sich Swinemünde noch von dem lähmenden Entsetzen erholt hat, läuft sie schon wieder zu neuem Einsatz aus, nach Kolberg . . .

11.

Kolberg: Film und Wirklichkeit – Wer sind Nettelbeck und Gneisenau heute? – Zwischen Feuer und Wasser – Rettung auf der Reede
Großadmiral Dönitz an Himmler – Die letzten Preußen

Rund zweitausend Kilometer westlich liegt an der Biskaya die alte Hafenstadt La Rochelle. Im nahen La Pallice hat die deutsche Wehrmacht riesige U-Boot-Bunker gebaut und obendrein das ganze Gebiet zu einem Stützpunkt des von Waffen starrenden Atlantikwalls gemacht: zur Festung La Rochelle. Sie wird von Zehntausenden deutscher Soldaten verteidigt und steht unter dem Kommando von Vizeadmiral Schirlitz. Die Atlantik-Festung La Rochelle ist seit sechs Monaten von den Alliierten eingeschlossen und auf eine lange Verteidigung eingerichtet.
Im französischen La Rochelle und in der deutschen Reichshauptstadt Berlin wird gleichzeitig ein Film uraufgeführt. Es ist der von Veit Harlan inszenierte, ungeachtet aller Verknappung mit größten materiellen und personellen Mitteln hergestellte Farbfilm »Kolberg«: geschichtliche Parallele, Symbol des Durchhaltewillens und des Endsieges. Aber wenn sich auch die Geschichte in ihren Konfliktsituationen

wiederholen mag und im Dom zu Kolberg an der Ostsee noch Kanonenkugeln aus der Belagerung von 1807 stecken: Die Wirklichkeit von 1945 ist ein Spiel mit anderen Vorzeichen als der Film sie zeigt, den man in das eingeschlossene La Rochelle einfliegt. Und so wird es keinen Endsieg mehr geben.

La Rochelle wird kapitulieren, Berlin erobert werden und das belagerte Kolberg verliert schließlich auch noch seinen deutschen Namen. Die Zeit arbeitet nicht mehr für die Verteidiger von heute, und gewährt Kolberg an der Persante nur noch eine Frist von ganz wenigen Tagen. Preußens Untergang ist nicht aufzuhalten, und seine Feinde, auch die inneren, werden sich bemühen, alle Spuren einer achthundertjährigen Kultur im Osten zu tilgen.

1255 gründeten der Kamminer Bischof Hermann von Gleichen und Herzog Wratislaw III. von Pommern-Demmin urkundlich die deutsche Stadt Kolberg und versahen sie mit Lübischem Recht. Später kam sie zu Brandenburg, im Siebenjährigen Krieg wurde sie dreimal von den Russen belagert, 1807 widerstand sie auf dramatische Weise allen kriegerischen Anstürmen. Aber am 18. März 1945 ist alles hin und vorbei. Von der ersten Feindberührung am 4. März bis zum Verlassen der Stadt vergehen nur vierzehn Tage, in denen sich das Schicksal Kolbergs schlimmer vollzieht, als es sich der Dramatiker Paul Heyse je träumen ließ. Der französische Gegner von einst hat sich in den sowjetischen von heute verwandelt, dem der Schrecken vorauseilt und das Land entvölkert. Wer ist der Gneisenau von heute, der die Stadt verteidigt, und gibt es einen Nettelbeck als die bürgerliche Seele des Widerstandes?

Da steht der Oberst und Ritterkreuzträger Fullriede vom Panzerarmee-Oberkommando 3, der am 1. März den kranken bisherigen Festungskommandanten ablöst, wie weiland Gneisenau den Lucadou. Der in Afrika die Rommel-Armee vor dem Untergang rettete, »indem er selbständig und nach eigenem Ermessen alle Maßnahmen traf.« Den Hitler schätzte, obwohl er mehrmals eigenmächtig gegen Führer-

befehle entschieden hatte. Neben ihm der SS-Oberführer Bertling, dem alle nichtmilitärischen Dienststellen untergeordnet sind, und SA-Standartenführer Pfeiffer, der Kommandeur des Volkssturms. Da erscheinen der Fischereirat Dr. Marquard, der irrtümlich als standrechtlich erschossen gemeldet wird, und der kommissarische Oberbürgermeister Generalmajor a. D. Krapp, der Selbstmord verübte.
War Kreisleiter Gerriels ein Nettelbeck, der schlecht mit dem Festungskommandanten zusammenarbeitet, oder der Zivilbeauftragte der Kolberger Ärzte, Dr. Brand, der unermüdlich die Flüchtlinge versorgt und eine Darstellung der Vorgänge aus ziviler Sicht gibt?
Einer der Höhepunkte des »Kolberg«-Films ist die Szene, wo Heinrich George, in der Rolle des Nettelbeck, vor Gneisenau kniet, der im Hinblick auf die Leiden der Bürger schon aufgeben will, und ihn beschwört durchzuhalten. Der Gneisenau von heute braucht nicht zum Durchhalten aufgefordert zu werden. Seine eigene Darstellung läßt darauf schließen, daß er genug zu tun hatte, die Verantwortlichen bei der Stange zu halten. Wenn ihn nicht die Partei mehrmals daran gehindert hätte, hätte er schon Tage vor Beginn der Kämpfe die Zivilbevölkerung nach Westen abziehen lassen. Als er es schließlich selber verfügte, war es zu spät. Es kam, wie es kommen mußte, und man sollte die Dinge gerecht und aus der damaligen Lage heraus zu beurteilen versuchen.
Was schreibt Fullriede? ». . . die Verluste der eigenen Truppen sowie der Zivilbevölkerung sind beträchtlich. Es machen sich Anzeichen einer beginnenden Panik bemerkbar. Um zunächst den Abtransport von Frauen und Kindern zu sichern, sind härteste Maßnahmen erforderlich. Gegen Plünderer und Drückeberger muß mit exemplarischen Strafen vorgegangen werden . . .«
Man erfährt von einer Atmosphäre des Mißtrauens, von mangelnden Informationen, von Kompetenzstreitigkeiten, von überschrittenen Befugnissen. Während die Gauleitung der NSDAP knapp einen Tag vor dem Aufmarsch der

Russen der eingesessenen Kolberger Bevölkerung grünes Licht gibt, wollte die SS kurz zuvor noch Fischer zum Schanzen einziehen, anstatt diese auf ihren für den Abtransport so wichtigen Kuttern zu belassen. Und das alles in einer fast noch friedlichen Kreisstadt (37 000 Einwohner) an der Persantemündung, die man nach bloßer Planung von ein paar Dämmen und Gräben, weniger geschützt und abwehrbereit als 1806/07, auf dem Papier zur »Festung« erklärt hatte.
War Fregattenkapitän Kolbe ein Nettelbeck? Nicht im geringsten. Abgesehen davon, daß er aus Ostfriesland stammte und nur zufällig nach Kolberg verschlagen wurde, hatte er eine ganz andere Aufgabe. Er war der Einschiffungsleiter. Wir werden sehen.

In der Nacht vom 3./4. März 1945, gegen 2.30 Uhr, wurden die Amtsleiter der Stadtverwaltung zum Rathaus gerufen, um die Geheimsachen zu verbrennen. Ein Finanzwachtmeister hatte zufällig die Meldung eines Offiziers abgehört: Der Russe stand an der Hohen Bergschanze. Zwei Stunden später sichtete ihn ein Spähtrupp bei Rossenthien. Nach Angaben des Stabes Fullriede befanden sich zu diesem Zeitpunkt 85 000 Zivilisten in der Stadt, die Amtsleiter zählten jedoch nur gut 18 000 Empfänger von Lebensmittelkarten. Die anderen waren der Rest von 250 000 Ostflüchtlingen, die man seit Januar 1945 verpflegt, ärztlich versorgt und auf dem Bahnwege weitergeleitet hatte. Als man am Vorabend dem Drängen des Festungskommandanten nachgab und endlich auch die Kolberger selbst abziehen ließ, waren bis auf eine Strandstraße schon sämtliche Fluchtwege versperrt. Zu Beginn der Einschließung standen auf einer Strecke von 40 Kilometern zwischen Kolberg und Belgard noch 22 Eisenbahnzüge mit Flüchtlingen, Verwundeten und Material. Auch der letzte, mit Flüchtlingen besetzte Güterzug, der in der Frühe des 4. März Kolberg verließ, fiel den Russen in die Hände.
Der Befestigungsgürtel des Ostseebades bestand aus dem

Teilstück eines Panzergrabens, einer Infanteriestellung und behelfsmäßigen Stellungen für schwere Wurfkörper. Das war alles, wenn man von den mehr historischen Relikten absehen will, die zurückgeblieben waren: die Kleistschanze, die Waldenfelsschanze und vor allem das ehemalige Fort Münde an der Ausfahrt. Der Munitionsvorrat der Stadt war dürftig, erst nach Ausbruch der Kämpfe wurden vom Seetransport 100 Tonnen angelandet. Ebenfalls trafen acht schwere Feldhaubitzen vom Kaliber 18,7 Zentimeter ohne Bedienung und Bespannung ein. An Truppen standen dem Festungskommandanten zu Anfang etwa 3300 Mann zur Verfügung (darunter Ersatz-, Ausbildungs-, und Volkssturmeinheiten) und ein 400 Mann starkes Marinekontingent unter Führung des Korvettenkapitäns (V) Prien. Während der Kampfhandlungen fielen etwa 2300 Mann aus, die durch Zugänge ergänzt wurden. Alles in allem war die Verteidigung von Kolberg militärisch aussichtslos, und der Kampf hatte für Oberst Fullriede nur einen Sinn: die in der Stadt Eingeschlossenen zu retten. Als er dies erreicht zu haben glaubte, gab er auf.
Kolberg wurde zuerst von russischen Panzerverbänden von Süden her angegriffen. Nach dem Mißlingen des ersten Ansturms traten polnische Truppen hinzu: Teile der 3., 4. und 6. polnischen Infanterie-Division, verstärkt durch Artillerie und Panzer. Die Besatzungen der feindlichen Panzer bedienten sich beim Funkverkehr unter anderem auch der deutschen Sprache. Den starken Feindverbänden hatte der Festungskommandant »... nur mangelhaft bewaffnete und eilig aufgestellte Kampftruppen (entgegenzusetzen). Diese wurden zudem behindert durch eine schwer zu übersehende und zu erfassende Menge fremder Troßteile, die nicht die geringste Disziplin und Kampfmoral zeigten. Die sich herumtreibenden Soldaten wurden aufgefangen, soweit brauchbar in die kämpfenden Truppe eingereiht, die übrigen entwaffnet und zu Arbeitsdiensten herangezogen, namentlich zur systematischen Verbarrikadierung sämtlicher wichtigen Straßen und Plätze. Die Straßen und Häuser

waren überfüllt mit den in der Stadt aufgestauten Flüchtlingstrecks. Erst dem tatkräftigen Eingreifen des Kreiskommandanten, SS-Oberführer Bertling, gelang es, nach und nach Ordnung in dieses Durcheinander zu bringen.«
Der in den Morgenstunden des 4. März vorstoßende Feind besetzte um 5.00 Uhr das Wasserwerk Koppendieksgrund. Damit war Kolberg von der Trinkwasserzufuhr abgeschnitten. Zwei Stunden später erreichte der Angreifer den Rand der Gelder Vorstadt. Sofort mit der ersten Feindberührung wurde über Kolberg das Standrecht verhängt. Durch öffentliche Anschläge unterstellte sich Oberst Fullriede sämtliche Parteiinstanzen und Behörden. Kein Mann dürfe ohne seine Einwilligung die Stadt verlassen, da zuerst Frauen und Kinder evakuiert werden sollten. Jeder diensttaugliche Mann sollte sich dem Volkssturm zur Verfügung stellen und Kolberg verteidigen. Es bestätigt nur das von Fullriede erwähnte Durcheinander, wenn der Zivilarzt Dr. Brand sagt: »Daß durch ihn der Belagerungszustand verhängt worden war und er selbst die zivile Gewalt übernommen hatte, blieb dem größten Teil der Bevölkerung in den turbulenten ersten Märztagen unbekannt.« Und wenn schon. Sollten nicht die ersten Schüsse jedermann Augen und Ohren geöffnet haben? Aber der Kreisleiter betonte wiederum noch am 7. März, also drei Tage nach dem Verhängen des Belagerungszustands, ausdrücklich, daß er die zivile Verfügungsgewalt habe. Er residierte im neuen Solbad, und von seiner Tätigkeit wußten gerade die, die es anging, zunächst auch nichts.
Bereits seit Januar arbeiteten mehrere zivile Dienststellen aus eigenem Antrieb an der Versorgung der durchreisenden Flüchtlinge. Mit der Belagerung verlegten sie ihre Tätigkeit an den Hafen, wohnten auf dem Dienstfahrzeug »Gneisenau« des Fischereibeamten und in den umliegenden Häusern. Es arbeiteten mit: Fischereirat Dr. Marquard als Vertreter der KMD Stettin, ein Baurat vom Wasserstraßenbauamt, ein Amtmann als Leiter der Ortspolizei, ein Vertreter des Ernährungsamtes, Zivilarzt Dr. Brand und einige frei-

willige Helfer. Am 6. März gesellte sich auch der kommissarische Bürgermeister, Generalmajor a. D. Krapp, zu ihnen. Der Kreisleiter Gerriels, anstelle des Reichsverteidigungskommissars und Gauleiters Schwede-Coburg, bestätigte sie alle. Er verbot ihnen das eigenmächtige Verlassen der Stadt, versprach ihnen aber die Ausreise zu gegebener Zeit. Nach ihren eigenen Angaben sah der Hafenkapitän, ein Korvettenkapitän d. R., die Tätigkeit der zivilen Vertreter nicht gerne und empfand sie als Eingriff in seine Befugnisse. Der Festungskommandant, der mit der Verteidigung genug zu tun hatte, betrachtete diese Nebenregierung mißtrauisch und unterstellte sie dem Kreiskommandanten SS-Oberführer Bertling, der sich um einen Ausgleich bemühte.
Da sich der Hafen in der umkämpften Stadt zwangsläufig zum Schwerpunkt entwickelte, ernannte Oberst Fullriede anscheinend noch einen weiteren militärischen Verantwortlichen. Es war dies ein Kriegsberichter, der freiwillig in seine Heimatstadt zurückkehrte. Nach dessen eigener Meinung drohte am Hafen das Chaos, und er bekam den Auftrag: Besorgen Sie Schiffe und regeln Sie den Abtransport! So fühlten sich mittlerweile bereits drei Parteien für den Hafen, die Schiffe und die Einschiffung zuständig. Daß unter diesen Umständen später »die Zusammenarbeit mit dem Einsatzleiter Fregattenkapitän Kolbe nicht ganz reibungslos« verlief, wie es Oberst Fullriede ausdrückt, liegt auf der Hand. Der vorerwähnte Kriegsberichter sollte die Zivilbevölkerung evakuieren und alle Soldaten, ungeachtet ihres Dienstgrades, am Verlassen von Kolberg hindern – notfalls mit der Waffe in der Hand. »Natürlich erhielt ich zur Unterstützung eine Sonderstreife mit allen Vollmachten. So gelang es uns auch unter härtesten Bedingungen, ca. 50 000 Menschen aus dem Kessel Kolberg über See in Sicherheit zu bringen.« Abgesehen davon, daß diese Zahl viel zu niedrig gegriffen ist, schreibt Dr. Brand aus seiner Sicht, was ihnen gelang und wie.
». . . Diese militärische Hafenstreife erschwerte die Arbeit der bisher mit der Verschiffung Beschäftigten aufs Äußer-

ste. Sie fuchtelte den Flüchtlingen ständig mit der Maschinenpistole vor der Nase herum und beunruhigte, statt zu beruhigen. Sie kommandierten und schnauzten am Hafen herum. Sie versuchten sogar die städtische Polizei an ihrer Tätigkeit zu hindern, so daß es nur mit Mühe gelang, eine drohende Schießerei zwischen beiden zu verhindern. Schließlich kam es soweit, daß die Streife in der Nacht des 7. März die oben angeführten (zivilen) Dienststellen verhafteten, als diese von der Beladung des Dampfers »Theseus« kommend, wie üblich ihr Quartier aufsuchte, wegen Fluchtverdacht! Der Festungskommandant ließ die Verhafteten wie Verbrecher behandeln und drohte ihnen mit Erhängen, ließ sie aber auf Einspruch des SS-Oberführers nach 24 Stunden wieder frei und weiterarbeiten.«

Die Hafenstreife revanchierte sich damit, daß die den SS-Oberführer Bertling nunmehr selbst verhaftete, als dieser im Hafen dienstlich ein Boot besteigen wollte. »Daß durch derartige Vorkommnisse, die sich in aller Öffentlichkeit vor der zur Verschiffung bereiten Bevölkerung abspielten, diese ihre stoische Ruhe nicht erhalten konnte, sondern hochgradig erregt wurde, ist erklärlich.« Die Hafenstreife wiederum schien nach Ansicht von Augenzeugen irgendeiner Bewegung anzugehören, »vermutlich kommunistischer Art«; denn sie begrüßten einander, ebenfalls in aller Öffentlichkeit, mit »Frei Deutschland!«

Es kommt zu einem tödlichen Mißverständnis, von dem Dr. Brand berichtet. Demnach entband der Kreisleiter den kommissarischen Oberbürgermeister von allen Pflichten. »Begeben Sie sich mit dem nächsten Schiff nach Stettin, suchen Sie dort den Reichsverteidigungskommissar auf und berichten ihm über die Lage in Kolberg, über die man in Stettin anscheinend völlig im unklaren ist. Vor allem machen Sie darauf aufmerksam, daß viel mehr Schiffe geschickt werden müssen –.« Generalmajor a. D. Krapp tat wie geheißen, wurde beim Betreten des Dampfers »Theseus« von der Hafenstreife festgenommen, mit noch anderen Personen zum Festungskommandanten gebracht und vom Gerichts-

offizier verhört. Er blieb in Haft. Als er nach erneutem Verhör am nächsten Abend wieder ins Zimmer trat, war er sehr blaß und sagte kein Wort. »Nach wenigen Minuten brach er plötzlich unter Krämpfen zusammen und war kurz darauf tot.« Wahrscheinlich hat er sich vergiftet. Nein, das Bild der Eintracht von Nettelbeck und Gneisenau war 1945 nur noch eine Fiktion. In den ersten Morgenstunden des 7. März erreicht der Feind beiderseits der Stadt den Strand, so daß Kolberg landseitig nun gänzlich eingeschlossen ist. Um 13.55 Uhr untersagt ein Funkspruch vom OKH das weitere Freikämpfen einer Abschubstraße nach Westen, befiehlt die eigenen Kräfte zu sammeln und den Abtransport der Bevölkerung über See zu schützen. Das ist die Situation, die auf Fregattenkapitän Kolbe wartet.
Am gleichen Tage stehen die Sowjets vor Rügenwalde. Unter Aufsicht des Kapitänleutnants Eyben können in den letzten Stunden noch 4325 Menschen den kleinen Hafen verlassen. Dann werden die Batterien gesprengt und das Städtchen fällt in Feindeshand. Ihm folgt am 8. März Stolpmünde.

Auf der Reede von Kolberg ankern die Transporter und übernehmen die Flüchtlinge aus Kleinfahrzeugen, die zwischen der Moleneinfahrt und ihnen hin- und herpendeln. Einige der Flüchtlingsschiffe ragen hoch aus dem Wasser: Die »Westpreußen« (2877 BRT), der ehemalige Westindienfahrer »Heinz Horn« (3994 BRT), das Bananenschiff »Nordenham« (4592 BRT) und erst recht die 10 000 Tonnen große »Winrich von Kniprode« der Hamburg-Amerika Linie, die unter französischer Flagge einmal »Kerguelen« hieß. An den beiden Vortagen wurden 9500 Flüchtlinge ausgefahren.
Als Kapitän Kolbe nach Meldung beim Admiral westliche Ostsee mit dem U-Jäger 119 am 9. März wieder in Kolberg eintrifft, sollen sich noch etwa 40 000 Menschen in der eingeschlossenen Stadt befinden. Der Feind hat sich mit Panzern und Infanterie über die Persantewiesen und in die Vorstädte herangeschoben. Friedhof und Gasanstalt wech-

seln im Angriff und Gegenangriff den Besitzer. Die Brücken über Persante und Holzgraben werden nach und nach zerstört. Den Mittelabschnitt verteidigt die Marine unter Korvettenkapitän Prien (Deckname Indigo). Im Osten steht das Heer unter Oberst Woller (Deckname Leibjäger). Im Westen schlägt sich sehr tapfer der Volkssturm unter SA-Standartenführer Pfeiffer (Deckname Nußknacker). Die Belagerer stellen eine Batterie nach der anderen auf, mindestens 20 schwere, und feuern auf alle Teile der Stadt. Mit am meisten betroffen ist der Hafen. Die Menschen sind nur noch schwer zu bewegen, die schützenden Keller und Bunker zu verlassen und am Hafen das Einschiffen abzuwarten. Oberst Fullriede schildert dem Kapitän die Lage der Stadt als hoffnungslos. Die Verteidigung könne nur die feindlichen Streitkräfte möglichst lange aufzuhalten versuchen, um der abfahrenden Bevölkerung den Rücken freizuhalten. Die zivilen Dienststellen versuchen ihr Bestes zu tun. Sie richten zahlreiche Sanitätsstuben ein, machen Kaltverpflegung zurecht, helfen beim Verladen und Abtransport. Bäkker und Fleischer arbeiten bis zum letzten Augenblick. Andererseits hat der Festungskommandant Grund zum Mißtrauen. So sind beispielsweise die drei beamteten Lotsen mit dem Lotsenkutter nach Westen geflohen.
Kapitän Kolbe fordert über Funk möglichst viele seegehende Kleinfahrzeuge an. Diese erscheinen ihm zweckmäßiger als ein zeitraubendes und schwieriges Pendelverfahren, bei dem die ungeübten Menschen in offener See auf große Schiffe mit hohen Bordwänden zu klettern und dann wieder in tiefe Laderäume hinabzusteigen haben. Außerdem verursacht die stürmische Wetterlage hierbei Zwangspausen. Das Hereinholen von Schiffen in den Hafen, wo sie im engen Flußbett umdrehen müßten, ist zu gefährlich. Das zeigt sich am 10. März, als sich die feindliche Artillerie mit gutem Erfolg auf Hafen und Moleneinfahrt einschießt. Laufende Luftangriffe erschweren nun auch der Reede alle Bewegungen. Von Swinemünde dampfen deutsche Zerstörer heran und geben Feuerschutz.

Der Kapitän des Dampfers »Hestia« bemerkt: »Die Reede von Kolberg lag unter ständigem Beschuß. Es waren immer nur wenige Meilen bis zur Kampflinie. Die Menschen wurden bei völliger Dunkelheit von längsseit kommenden Landungsbooten unter den schwierigsten Bedingungen übernommen. Von Kolberg Reede wurden sie nach Swinemünde gebracht. Durchschnittlich nahm »Hestia« auf jeder Fahrt ca. 2800 Flüchtlinge an Bord.« Die dem großen Bombenangriff auf Swinemünde entronnene »Nautik« hat im Schiffstagebuch folgende Passagen stehen: » . . . zu neuem Unternehmen und trifft dort (in Kolberg) am nächsten Tage ein. Wegen der Unpassierbarkeit der Einfahrt bleibt »Nautik« auf der Reede liegen und übernimmt unter dem Feuerschutz unserer Zerstörer von Flugsicherungsbooten 1200 Flüchtlinge und 150 Verwundete . . .«
Die kleinen, flinken Flugsicherungsboote erweisen sich als besonders geeignet. Stabsbootsmann Piersecki schreibt: »Wir liefen immer mit drei Booten Kolberg an. Dabei brachten wir 10,5 Zentimeter Granaten mit, die kein Mensch gebrauchen konnte. Die Einsätze wurden immer schwieriger. Unter starkem Beschuß und unserer Gegenantwort liefen wir mit äußerster Kraft in den kleinen Hafen ein. Beim Anlegen sprangen gleich so viele Flüchtlinge an Bord, daß wir oft zu kentern drohten. Das Auslaufen war auch nur noch mit äußerster Kraft möglich. Wir hatten immer 200 bis 300 Flüchtlinge an Bord, die wir direkt nach Swinemünde brachten.« Ein weiterer: »Wir machten zwölf Fahrten nach Kolberg, beladen mit Munition und Verpflegung, und zurück nach Swinemünde mit Flüchtlingen. 150 Personen ohne Gepäck sollten wir mitnehmen, aber als wir einmal zählten, waren es 250 mit vollem Gepäck. Bei mir an Bord hatte keiner den Mut, den Frauen ihre Habe abzunehmen. Allerdings gingen wir so das Risiko ein, bei Fliegerangriffen keinen Schuß abgeben zu können, da das ganze Deck und die Flakstände mit Gepäck vollgestopft waren . . .«
Sie tun alles, was sie können und weit mehr, als ihnen befohlen wird und riskieren lieber einen Fliegerangriff, als

das Gepäck der Ärmsten zurückzulassen. Es geht um Kopf und Kragen. Andere sind weniger einsatzfreudig. Der Kapitän des Lotsenschoners »Prinz Albert« kennt Kolberg nicht und hat schwere Bedenken. Auf eigenen Wunsch bekommt er einen schriftlichen Befehl. Als er bei den Pendelfahrten auch noch Schwierigkeiten macht und mehr an sein Schiff als an die Menschen denkt, übernimmt ein Steuermanns-Gefreiter kurzerhand das Kommando und sperrt den Kapitän ein. Der Gefreite ist ein degradierter Leutnant der Reserve. Marinefährpräme kommen hinzu, Fischkutter verstärken die Kleinflottille, Schlepper fügen sich ein. Die nächtliche Dunkelheit und der Morgennebel helfen dem Rettungswerk und schützen gegen Feuerüberfälle. Und über allem gewinnen Tausende und Abertausende den Weg ins Freie.
Manchmal ist das Wetter zu schlecht. Wenn bei auflandigem Wind in der Einfahrt schwere Grundsee steht, können keine Fahrzeuge hinein. Das Barometer zeigt Sturm und Seegang an, im Hafen hagelt es Eisen. Kolberg selbst brennt an allen Ecken und Enden.
Kapitän Kolbe räumt seinen Liegeplatz im Hafen, als der U-Jäger »119« einen Treffer erhält und der Posten vor dem Schiff schwer verwundet wird. Mit seinem Begleiter, einem Oberleutnant, begibt er sich einstweilen an Bord des Zerstörers »Z 43«, der sich mit »Z 34« auf der Reede ablöst. Es sprechen noch andere Gründe für das Verbleiben auf dem Wasser. »Die Einschiffung im Hafen und das Auslaufen der Schiffe geht immer schnellstens vor sich, da auf die Beteiligten der gehörige Nachdruck durch den feindlichen Beschuß ausgeübt wird. Schwieriger ist es, die Fahrzeuge von der Reede in den Hafen zu schicken und das Ausladen auf die größeren Schiffe und Wiedereinlaufen möglichst zu beschleunigen. Dazu war ein unermüdliches Antreiben und schärfste Befehlserteilung mit dem nötigen Nachdruck erforderlich.
Nach reiflicher Überlegung war für mich als Einsatzleiter ein Fahrzeug mit Funk und UK-Sprechwelle sowie mit einem gut besetzten Signaldeck, ausgerüstet mit den optischen

Signalmitteln, von ausschlaggebender Bedeutung. Ich erkannte, daß das bewegliche Schiff auf der Reede mein Gefechtsstand sein mußte.«
Hin und wieder wechselt Kolbe das Schiff, so, wenn beispielsweise die Zerstörer zwischendurch einmal mit gut 1000 Flüchtlingen nach Swinemünde eilen, und später sitzt er meistens auf »M 401«. Dabei hat er nach eigenen Worten während der ganzen Zeit auch nicht eine Stunde zum Schlafen oder Aussetzen.
In der Stadt sieht es furchtbar aus. Von Panzern unterstützt, greift der Feind von allen Seiten an. In der Lauenburger Vorstadt brechen die Russen den Widerstand, indem sie Haus für Haus mit der Pak systematisch zerschießen und ihre Infanterie vorschieben. Ganze Häuserfronten stürzen ein. Brennendes Öl ergießt sich in die Persante, aus der man das Trinkwasser mit Eimern schöpft. Die Georgenkirche wird von den Verteidigern angesteckt, damit sie dem Feinde nicht als Beobachtungsstelle dienen kann. Auch die anderen Kirchen brennen, der Leuchtturm wird selbst zerstört. Im Osten besetzt der Gegner die Gasanstalt und den Lokomotivschuppen. Russische Lautsprecher versuchen den Widerstand niederzuschreien: »Kameraden der Festung Kolberg, denkt an eure Frauen und Kinder! Rettet euer Leben, indem ihr den Kampf einstellt!« Aus der Luft flattern Flugblätter.
Der Festungskommandeur verlegt seinen Gefechtsstand vom Finanzamt in der Parkstraße zum Luftwaffenbauamt in der Seestraße. Immer enger wird der Ring. Maikuhle und Waldenfelsschanze werden heiß umkämpft. Der Kommandeur des Volkssturms meldet, daß von seinen anfänglich 700 Mann bereits 450 tot, verwundet oder vermißt sind.
Nach und nach gelingen dem Feind tiefe Einbrüche, die nur mit Mühe abgeriegelt werden können. Aus spärlichen Reserven bildet man eine zweite Verteidigungslinie. Zwei Kompanien frisch gelandeter Truppen erfüllen nicht die in sie gesetzten Erwartungen. Sie sind an offene Feldschlachten gewöhnt, aber nicht an Straßenkämpfe, finden sich in

den Trümmern der brennenden Stadt nur schwer zurecht und haben hohe Ausfälle. Auch der Feind erleidet schwere Verluste.

Auf den offenen Flächen sind die Verteidiger dem massierten Feuer der Angreifer fast deckungslos ausgeliefert, der hohe Grundwasserstand macht das Eingraben unmöglich. In den Straßen müssen sie sich gegen Panzer, Pak und Flammenwerfer wehren. Nahkampfmittel, Flak und Artillerie vernichten nachweislich 28 Feindpanzer, in den russischen Bereitstellungen werden noch mehr durch die Zerstörer zusammengeschossen. Die Zerstörer sind der lange Arm, ohne sie würde Kolberg es nicht vierzehn Tage aushalten.

Der ständige Beschuß versetzt die Zivilbevölkerung allmählich in eine Panikstimmung. Vor allem am Hafen sieht man schaurige Bilder. Mütter töten ihre eigenen Kinder und bringen sich dann selbst um. Säuglinge sterben durch Mangel an Milch. Andererseits tragen manche Frauen eine ungeahnte Tapferkeit zur Schau, helfen Brände zu löschen, bergen Verwundete unter Einsatz ihres Lebens. Besonders erwähnt werden zwei Nachrichtenhelferinnen und eine Wehrmachthelferin, die bis zum Abtransport der letzten Frauen und Kinder freiwillig bei der Truppe ausharren und ihren Dienst in einer Weise versehen, die manchen Männern zum Vorbild dienen kann. So läßt es Fullriede durchblicken. Aber auch sein Urteil wird den Umständen nicht immer gerecht; denn als sich am neunten Tage beim Volkssturm Auflösungserscheinungen zeigen, ist das nur eine natürliche und unvermeidliche Folge. Am neunten Tage wird die Situation sehr kritisch. Der ihnen weitaus überlegene Feind verstärkt die Luftangriffe. Maikuhle und Friedhof fallen in seine Hand, die Torpedoschule geht verloren. Die Hauptkampflinie soll unter allen Umständen gehalten werden, bis die Zivilbevölkerung die Stadt verlassen hat.

Immer wieder tasten sich die kleinen Pendler in den Hafen hinein. Behörden und Parteidienststellen setzen sich zum Wasser ab. Der Kreisleiter residiert mit seinem Stab im

Bunker der DRK am Bollwerk und weist immer wieder darauf hin, daß noch 12 000 Menschen herauszubringen sind. Es ist schwer, die noch vorhandene Bevölkerung zahlenmäßig zu erfassen, auf jeden Fall dürften es noch Tausende sein.

Im Morgengrauen des 14. März stehen etwa ein halbes Dutzend russische Panzer westlich der Molen und belegen alle ein- und auslaufenden Fahrzeuge mit Schnellfeuer. »M 401« wird eine Meile in See schwer eingedeckt. Nach Kapitän Kolbes Vermutungen wird sich der Hafen noch ein, zwei Tage halten, aber es besteht große Gefahr, daß der Feind von Osten die Stadtmitte erreicht und den Hafen abschneidet. Am Nachmittag fordert das polnische Armeekommando den Festungskommandanten, Oberst Fullriede, zur Übergabe auf. Er läßt zurückfunken: »Kommandant hat Kenntnis genommen.« Das ist alles. Eine nochmalige Aufforderung, etwa eine halbe Stunde später, bleibt unbeantwortet. Der eigentliche Grund: Zwar wurde der Truppe Leben und anständige Behandlung zugesichert – nicht aber den Einwohnern.

Fährprähme versuchen außerhalb des Hafens am Seesteg anzulegen, löschen Munition und nehmen von dort Flüchtlinge mit. Im flachen Wasser von 1,30 Meter geraten sie beinahe fest und ziehen sich vor dem feindlichen Feuer eilig zurück. »Z 43« beschießt die russischen Panzer am Strande und trifft dabei Freund und Feind. Als mit dem Dampfer »Sextant« noch Waffen für den Volkssturm eintreffen, werden diese schon nicht mehr benötigt. Die Stadt stirbt. Die elfköpfige Kreisleitung schifft sich auf einem U-Jäger ein. Nach ihren Feststellungen sind noch etwa einige Hundert Frauen und Kinder und etwa 2000 Männer in Kolberg, die nachts abgeholt werden könnten. Ebenso viele Kranke und Alte, die entweder nicht fortwollen oder können, werden zurückbleiben. Auch viele Fremdarbeiter bleiben da. Franzosen, Belgier, Polen und Russen, die in Kellern hocken und als erstes irrtümlich die Handgranaten der »Fritz, Fritz« rufenden Eroberer zu spüren bekommen.

Dichter Nebel bringt den Abtransport zum Erliegen. Die Artillerie macht Pause. Es ist eine Ironie, daß die Fahrzeuge die Situation nicht ausnutzen können. Ohne Radar tappen sie blind auf dem Wasser umher und gehen schließlich zu Anker. Der Festungskommandant vermag nicht einzusehen, daß Kolbe und seine Schiffe das Menschenmöglichste tun. Auch der Beschuß der feindlichen Panzer findet seine Kritik und einige Vorgänge, die sich vom festen Boden aus anders darstellen als auf der trügerischen See. Das muß dem Oberst zugute gehalten werden.
Der feste Boden bebt. Die Zustände am Hafen werden unerträglich, die feindlichen Granatwerfer halten vom Fischereibecken aus alles unter Feuer. Der sehr einsatzfreudige Kommandant eines U-Jägers muß nach zwei Pendelfahrten abends aufgeben. Er erklärt: »An Land furchtbare Verhältnisse. Das anlegende Boot wird sofort von fliehenden Soldaten gestürmt, Kontrolle unmöglich, Feuerüberfälle von enormer Wucht, Brände in nächster Hafennähe.« Sein Schiff ist derart havariert, daß es aus dem Verkehr gezogen werden muß. Da sich Kolberg nicht mehr meldet und man in Swinemünde rätselt, ob es schon von den Sowjets besetzt ist oder nicht, schickt man von dort das sehr schnelle, 36 Seemeilen laufende Flugsicherungsboot »FLB 5003« herüber. In der Frühe des 16. März landet es im Hafen einen Kapitänleutnant und zwei Funker mit Gerät, und ehe es der Feind gewahr wird, ist es mit 90 Verwundeten schon wieder auf und davon. Flüchtlinge waren zu dieser Zeit im Hafengebiet nicht mehr zu sehen. Und doch sind sie noch da.
Der Feind hat Rathaus und Bahnhof genommen. Die brennende Stadt bietet ein grausiges Bild der Verwüstung. In den Straßen Granattrichter, Panzerwracks als Barrikaden, zerrissene Leitungen hängen herunter. Auch die Hotels am Badestrand stehen lichterloh in Flammen. Stalinorgeln heulen, alles ist in Qualm gehüllt. Und inmitten dieses Infernos die ineinander verzahnten Linien der kämpfenden Parteien. Nach Augenzeugenberichten liegen an einer Stelle lettische,

estnische und französische Waffen-SS den Polen und Russen gegenüber. Andere plündern, werden erschossen. The end ist at hand.
Das Ende ist nahe. Östlich der Molen werden die Verteidiger auf einen Strandstreifen von 1800 Meter Länge und etwa 400 Meter Breite zusammengedrängt. Dezimiert, körperlich und seelisch erschöpft, der schweren Waffen bar, sind sie nur noch eine Zielscheibe des übermächtigen Gegners. Ihn weiterhin zu binden, bedeutet den sicheren Tod. Mit dem Abtransport der letzten Frauen und Kinder, der unbewaffneten Organisationen, der Schlüsselkräfte, der Nichtkombattanten ist der Auftrag des OKH erfüllt. Um einer sinnlosen Vernichtung zu entgehen, beschließt der Festungskommandant, mit den Überlebenden seiner kleinen Truppe, in der nächsten Nacht auf eigene Verantwortung abzuziehen –, wenn Schiffe kommen und er die Stadt noch solange halten kann. Die Abschnittskommandeure stimmen zu. Während er noch überlegt, erobert der Feind die Waldenfelsschanze und beherrscht damit den gesamten Strandstreifen, die Hafenausfahrt und die Feuerstellung der übriggebliebenen Geschütze.

Es ist der 17. März. Hinter Nebelschleiern läuft der Pendelverkehr noch einmal auf vollen Touren. Der Schiffsraum auf der Reede wird knapp. An den belgischen Dampfer »Lys«, der mit 1800 Gefangenen auf der Reise nach Saßnitz zufällig vorbeikommt, werden 350 Soldaten abgesetzt. Fregattenkapitän Kolbe verfolgt den Ablauf der Dinge vom Vorpostenboot 2005. Am Nachmittag überbringt ihm ein Offizier den Entschluß Oberst Fullriedes, sich in den späten Abendstunden einzuschiffen. Um 21.00 Uhr und 22.00 Uhr sollen je ein Fährprahm am äußersten Ende der Ostmole Truppen aufnehmen, außerdem sollen alle verfügbaren Boote und auch Schlauchboote vom Seesteg und am Strande die weiter östlich stehenden letzten Sicherungen abholen. Die Artillerie der Zerstörer will mit starkem Feuerschlag östlich und westlich alles abschirmen, und den nachdrängenden Feind aufhalten.

Kolbe weiß, worauf es ankommt und macht sich Sorgen wegen des Schiffsraums. Es fällt ihm ein Stein vom Herzen, als sich seine Hoffnung erfüllt und abends noch einmal »Nautik« und »Hestia« erscheinen, in ihrem Gefolge die Seeschlepper »Charles Nungesser« und »C 72 S« und, im Augenblick fast als Wichtigstes, vier Flugsicherungsboote. Erst diese wieselflinken Schiffchen, die er sofort und noch vor der verabredeten Zeit einsetzt, ermöglichen die Absetzbewegung im Laufe einer kurzen Nacht. Sie sind gewandter als die schwerfälligen Fährprähme und stehen untereinander in Funksprechverbindung. Es geht ruck-zuck! Kaum hat eins von der Ostmole abgelegt, ist das nächste schon wieder da. »Nautik« berichtet von 1100 Soldaten und vielen Zivilisten, die sich im Laufe der nächsten Stunden retten können. Auch »T 33« und »Z 43«, die hinzukommen und kräftig feuern, nehmen viele Menschen auf. Etwa um 2.30 Uhr verschießt »Z 34« fünfzig Granaten gegen russische Panzer, die sich zum Sturm auf die westliche Hafenseite sammeln. Das auf der Westseite fechtende Marinekontingent unter Korvettenkapitän Prien wird nicht abgeholt. seit dem späten Abend und vor allem von Mitternacht an, als das Stichwort »Strand« fiel, sehen sie die Heeressoldaten unter ständigem Beschuß auf dem gegenüberliegenden Ufer abfahren. Immer mehr, immer wilder. Um 2.00 Uhr scheint alles beendet zu sein. Um nicht zu spät zu kommen, bemannt Prien mit seinen Leuten und den letzten Sicherungen West eine defekte Siebelfähre. Das Stichwort »See« bleibt aus, und so läßt er sich von der abgeschossenen Hafenbarkasse »Marga« hinüberschleppen. Im Moment des Ablegens gibt es durch einen Volltreffer Tote und Verwundete. Zu den Marinern stoßen noch Volksstürmer. Als die Strömung das zerbrechliche Fahrzeug drüben an die Ostmole drückt, wird es von verspäteten Soldaten gestürmt und ist nahe am Sinken. Es entsteht eine Panik, und kein Befehl vermag die Schreie zu durchdringen. Während die Geschosse des Gegners über sie hinwegziehen und die Molen bestreichen, während lodernde Flammen ihre

Gesichter erhellen, treibt die Arche langsam in die ruhige See hinaus. Korvettenkapitän (V) Prien übernimmt mit »Marga« am Ende der Mole noch fünfzig Heeressoldaten. Draußen auf See steigen alle auf einen Fährprahm über. Siebelfähre und Motorboot dümpeln verlassen davon. Sie haben ihren Zweck erfüllt und ein paar Hundert Deutsche, die kein Abruf erreichte, vor der Gefangenschaft bewahrt. Die Nachrichtenverbindung war schon abgebrochen.

Gegen 3.00 Uhr leuchtet zuckendes Mündungsfeuer über den Wasserspiegel, der große Feuerschlag aus allen Schiffsgeschützen setzt ein. Am Strand holen Boote die restlichen Sicherungen ab. Beim Lotsenturm rollen schon russische Panzer. Oberst Fullriede steigt als Letzter in eine Motorjolle und folgt seinen Leuten. Im feindlichen Kugelhagel erleidet er eine Motorpanne, wird abgeschleppt und landet auf einem Zerstörer. Was man erst später merkt: Einige Nachhuten der kämpfenden Truppe haben sich vom Feinde nicht mehr lösen können . . .

Nach Kolbes Informationen hätte das Absetzen um 4.00 Uhr beendet sein müssen. Um ganz sicher zu gehen, legt er noch eine Stunde zu. An ein Einlaufen ist nicht mehr zu denken, es dämmert bereits. Die Stadt brennt in ganzer Breite aus. Auf der Mole gehen Landser mit erhobenen Armen den Polen entgegen. Kolbe wartet noch, aber es kommt niemand mehr. Sie hören von zwei Schlauchbooten und finden zwei Offiziere und acht Mann. Dann läuft Fregattenkapitän Kolbe mit VP 2005 dem nach Swinemünde abdampfenden Konvoi hinterher. Es ist jetzt 6.00 Uhr und heller Sonnenschein. Die Einschläge der russischen Artillerie folgen ihnen im Kielwasser. Kolberg bleibt in einem Flammenmeer zurück.

Es war ruhige See, ein blauer Himmel wölbte sich darüber, über der Stadt stand eine kilometerhohe Rauchwolke – ein Bild, das sich den letzten Verteidigern unauslöschlich eingeprägt hat.

Am Nachmittag trifft das Geleit mit sämtlichen Fahrzeugen in Swinemünde ein. Die Seekriegsleitung erfährt, daß das

Unternehmen am Morgen des 18. März abgeschlossen wurde. Nach Kolbe gelang es, 70 915 Menschen aus der eingeschlossenen Stadt herauszubringen.
Großadmiral Dönitz verschickt zwei Fernschreiben. Im ersten spricht er allen beteiligten Kommandostellen, Boots- und Landmarineeinheiten seine besondere Anerkennung aus. Das zweite ist an den Reichsführer SS und Oberbefehlshaber Heeresgruppe Weichsel, Heinrich Himmler, gerichtet:

»Lieber Reichsführer! Ich erfahre, daß Festungskommandant Kolberg in drei Funksprüchen gegen die für Einschiffung und Abtransport von Flüchtlingen und Verwundeten verantwortlichen Marinekommandostellen schwere Vorwürfe erhoben hat. Ich habe Transportleistungen bei gegebener Lage als ausgezeichnet anerkannt und Vizeadmiral Lange, dem Kommandierenden Admiral westliche Ostsee, für Durchführung volle Anerkennung ausgesprochen. Vorwürfe sind nur mit völligem Mangel an Sachkenntnis (beim) Festungskommandanten zu erklären. Er hätte über Dinge, von denen er nichts versteht, nicht urteilen sollen.«

Aber man ist weit davon entfernt die Worte eines aufgebrachten Haudegens, der sich schon in Afrika brillant geschlagen hat und den die Kolberger nie vergessen werden, auf die Goldwaage zu legen. Oberst Fullriede erhält für die Verteidigung Kolbergs das Eichenlaub zum Ritterkreuz des Eisernen Kreuzes. Korvettenkapitän Prien deutet man eine Sonderbeförderung an. Die erstaunliche Tatsache, daß gerade bei der im Landkampf völlig unerfahrenen Marinetruppe durchweg eine sehr gute und zuversichtliche Stimmung herrschte, und daß sich seine Leute weder durch Rückschläge noch durch schlechte Beispiele entmutigen ließen, erklärt Prien auf bescheidene Art. » . . . neben guter Bewaffnung spielt hier sicher die, im Gegensatz zum Heer und Volkssturm, regelmäßige und reichliche Verpflegung eine Rolle . . .«
Der Bericht von Oberst Fullriede endet mit: »Dem Feind fiel

eine völlig niedergebrannte, verwüstete Stadt in die Hand. Der Dom ist eine ausgebrannte, schwerbeschädigte Ruine, sämtliche Persante- und Holzgrabenbrücken sind gesprengt. Der Bahnhof mit Gleisanlagen ist zerstört, die Verladeeinrichtungen am Hafen (sind) für lange Zeit unbrauchbar. Dies ist der Gewinn, den der Feind mit sehr hohen Verlusten erkaufte, aber auch der Preis, um den es gelang, 75 000 Menschen dem Reich zu erhalten.«
Ja und nein, ein magerer Trost. Denn um dem Reich die Menschen zu erhalten, hätte es kaum dieser Opfer bedurft. Man brauchte sie nur wenige Wochen zuvor, als noch kein Schuß gefallen war, mit der Bahn abfahren zu lassen. Und was den Gegner betrifft –, vielleicht wollte er gerade eine niedergebrannte und verwüstete Stadt, in der nichts mehr an die einstige Bevölkerung erinnerte, um von Grund auf neu anfangen zu können. So wie er einen Monat später bei der Eroberung von Königsberg/Preußen wiederholen wird: »Alle Gebäude, die wir nicht gebrauchen, brennen wir nieder – grundsätzlich!« So gesehen, konnte ihm die ganze Evakuierung nur willkommen sein. Indem er Furcht und Schrecken verbreitete, gegen die das Treiben französischer Revolutionsarmeen oder napoleonischer Heere Kinderspiele waren, schlug er die Einwohner in die Flucht. Sie gaben auf, hinterließen ein leeres Land und ersparten ihm Minderheitenprobleme. Wie immer es auch gewesen sein mag, im Grunde kam alles den gegnerischen Absichten entgegen.

Das ist das Ende von Kolberg und seiner letzten Preußen. Jener Preußen, über die man zwar Filme machte, denen man aber im Dritten Reich nicht über den Weg traute. Das Ende einer Festung, die bereits 1873 auf königliche Anordnung geschliffen wurde und sich in einen Badeort verwandelte, der die Überlebenden aus dem Schlauchboot der »Steuben« aufnimmt und wie Wunderkinder bestaunt. Ein Städtchen, nach den Aussagen der kurz vor Beginn der Belagerung dorthin geschickten Soldaten »von allen Wirr-

nissen und Gefahren des Krieges bis dahin völlig verschont. Überall Friedensbetrieb, in allen Gassen sorglose Bürger.« Vielleicht haben manche noch nicht ganz begriffen, daß sie in eine ideologische Auseinandersetzung geraten sind, die kein Pardon kennt und weder im Inneren noch im Äußeren vor nichts und niemand Halt macht. Nach den Worten des Arztes Dr. Brand wäre die Tragödie von Kolberg die Tragödie des ganzen Krieges überhaupt: Wehrmacht, Partei und Bürgertum liefen gegeneinander oder im besten Falle nebeneinander, ohne sich zu finden. Auch der Fall Krapp wäre hierfür exemplarisch und nur ein kleiner Faktor im Gesamtkomplex.
Sechzig Prozent des Volkssturms haben ihre Liebe zur Heimat mit dem Tode besiegelt, und während man die abgezogenen Verteidiger im Regiment »Kolberg« zusammenfaßt, rollt über die restlichen Nachfahren des alten Nettelbeck die Zeit hinweg. Eine jahrhundertealte Epoche geht zu Ende.
Der Oberfischermeister Dr. Marquard ist noch stolz auf seinen Beruf, »der zu den ältesten in Deutschland gehört und der um 1350 herum von den Ordensrittern geschaffen wurde, um die Nutzung der zahlreichen Fischereigewässer des Deutschen Ritterordens bis hinauf nach Kurland in ausreichender Weise sicherzustellen.«
Der Bauer Erich Finger ist der letzte eines Geschlechtes, das seit 1578 in der dreizehnten Generation auf seinem Hof in Degow saß.
Der Bürger Haenisch sagt: »Im Jahre 1804 war mein Urgroßvater nach Kolberg gekommen, und hatte die Belagerung unter Lucadou und Gneisenau mitgemacht. Er war nach den Befreiungskriegen Syndikus der Stadt gewesen. Mein Großvater hatte als Justizrat in Kolberg gelebt, mein Vater – wie ich – als Arzt. Was wir in mehr als einem Jahrhundert geschaffen hatten, ist verloren. Geld und Geldeswert, Andenken und Aufzeichnungen sind dahin. Unsere Gräber sind ein Spott der Feinde, das Grab meiner Mutter hat nicht mal einen Namen. Solange ich lebe, werden die Bilder der Heimat mich heimsuchen, wie mit dem Schloß Boncourt –,

›So stehst du, Stadt meiner Väter, mir treu und fest in dem Sinn, und bist von der Erde verschwunden, der Pflug geht über dich hin!‹«

Kolberg heißt heute Kolobrzeg.

12.

Bomben auf die Alte Rabenstraße – Zwischenbilanz: 1 108 000 Menschen nach Westen gebracht – Kohle: »Wir leben von der Hand in den Mund«
Danziger Bucht unter Feuer – Letztes Schiff aus Neufahrwasser
Der Rest der 4. Armee – Was sagt man im FHQ?

Die Iden des März wurden schon Rom und seinem Cäsar zum Verhängnis. Für das Deutsche Reich haben sie katastrophale Folgen. Es brennt an allen Ecken. An der Westfront rücken die Alliierten vor; nördlich drängen die Kanadier, im Westen und Süden gewinnen die Amerikaner an Boden. Um einer drohenden Umklammerung zu entgehen, sollen drei kampfstarke deutsche Divisionen den Raum Ostfriesland verlassen und sich anschließend nach Schleswig-Holstein begeben. Sie haben dabei Unterweser und Unterelbe zu überqueren, was wiederum den Seetransportchef der Wehrmacht einschaltet. Das ganze Unternehmen ist so umfangreich, daß Admiral Engelhardt seine Hamburger Dienststelle verläßt, ohne dabei zu ahnen, daß er sie nicht mehr wiederfinden wird. Der Wagen bringt ihn zu den Fährstellen von Kleinensiel-Dedesdorf und Blexen-Bremerhafen, wo Korvettenkapitän Rössing den Übergang leitet. Die Divisionen gelangen mit all ihrem Gerät auf das östliche Weserufer, marschieren weiter nach Cuxhafen, besteigen dort größere Seeschiffe und landen in Brunsbüttelkoog. In Schleswig-Holstein eingetroffen, werden sie in

die Heeresgruppe Busch eingegliedert. Für die Seetra ist damit der Fall erledigt.
Nach einem langen und anstrengenden Tag erreicht der Admiral am späten Abend des 12. März Cuxhafen, wo man schon Panzersperren aufwerfen will, und hofft auf eine ungestörte Nachtruhe. Die Luft ist voll von Motorengeräusch. Amerikanische Bomberverbände fliegen in den nordwestdeutschen Raum, britische greifen außerdem die Reichshauptstadt an. Der Admiral hat sich kaum hingelegt, da klingelt um 1.00 Uhr morgens das Telefon. Was man ihm meldet, vertreibt allen Schlaf: Das Gebäude in der Alten Rabenstraße wurde soeben total ausgebombt. Als er noch in der gleichen Nacht nach Hamburg fährt, steht er vor einer rauchenden Ruine. Die Referenten für Hafen, See- und Binnenschiffahrt sind tot: Kapitänleutnant Grössel, die Leutnante Jacobus Fritzen und Petersen. Mehrere Offiziere und weibliche Angestellte sind verwundet. Durch die Zerstörung aller Nachrichtenmittel hat die Dienststelle ihre Arbeitsbasis verloren. Der ObdM kondoliert der Reederfamilie Fritzen, die Überlebenden beerdigen ihre Kameraden und verlagern dann nordwärts: Der Konteradmiral, ein Korvettenkapitän, ein Stabsarzt, ein Oberleutnant und ein Leutnant – der Rest eines der wichtigsten Kommandos in diesen turbulenten Wochen.
Die Fahrt selbst ist typisch für die Endphase, in der sich Kriegsgeschichte in nahezu anekdotenhafte und individuelle Einzelepisoden aufzulösen beginnt. In Schleswig wird der Wagen mit dem Admiralstander auf der Straße angehalten. Ein Posten, in der Uniform des NS-Kraftfahrerkorps, verlangt den Marschbefehl der Marinesoldaten zu sehen. Erst ein herbeigeholter Heeresoffizier läßt die Seetra-Leute weiterfahren. In Flensburg-Mürwik trifft der Chef einen Kapitänleutnant, dem ein Kriegsgerichtsverfahren wegen Wehrkraftzersetzung droht, weil er in der Kantine der Nachrichtenschule unter Kameraden äußerte, der Krieg wäre längst verloren. Der Admiral schickt den Unvorsichtigen für mehrere Wochen auf eine Dienstreise. Er selbst,

reichlich verärgert, begibt sich mit dem Rest seines Stabes nach Sonderburg und an Bord des Dampfers »Malaga«.
Die graue 2146 BRT große »Malaga« gehört der Hamburger Reederei Robert M. Sloman und war in besseren Zeiten in der Mittelmeer-Linienfahrt beschäftigt gewesen. Jetzt ist sie nur noch ein manöverierunfähiger Frachter mit defekter Maschine. Aber es gibt genügend Wohnraum an Bord und eine Funkstation, die den Seetransportchef wieder mit den Handelsschiffen verbindet. Nach wenigen Tagen folgt Engelhardt einem Befehl, der ihn nach Flensburg ruft, läßt sich mit der »Malaga«dorthin schleppen und auch gleich an das Telefon- und Fernschreibnetz anschließen. Von Norwegen bis Kurland eingeschaltet, arbeitet die Dienststelle wieder in vollem Umfange.
Die Organisation ändert ihre Arbeitsweise. Nach dem Ausfall der Zentrale in der Alten Rabenstraße wurde die Leitung des Seetransportes in der Ostsee dem MOK Ost (Qu III), Korvettenkapitän Eschricht, übertragen. Während Kiel nun selbstständig operiert, behält der Seetrachef die Kontrolle über alle Schiffsbewegungen und kann gegebenenfalls auch von sich aus eingreifen. Nach wie vor ist er ausführendes Organ der Seekriegsleitung bzw. des ObdM persönlich und berichtet umgekehrt Erfolge oder Mängel der obersten Führung, nötigenfalls mit eigenen Vorschlägen. Dabei ist der Admiral viel unterwegs, um selbst in den Häfen nach dem Rechten zu sehen. Als Beförderungsmittel dient ihm nur noch der Kraftwagen. Eisenbahn und Flugzeug kommen nicht mehr in Betracht, es geht allmählich zu Ende. Bis zum letzten Tag behält er nach seinen eigenen Worten alle Fäden in der Hand und nimmt vollen Einfluß auf den Ablauf der Geschichte. Sonderbefehle regeln die Rückführung der Truppen von Norwegen und Kurland. Über dem Reichsgebiet hält die starke feindliche Flugtätigkeit an. Nach den Terrorangriffen auf die deutschen Häfen strömen die Ostflüchtlinge jetzt nach Dänemark, wo ein Führerbefehl alle Einwände von Dr. Best abgewiesen und nun auch Kopenhagen als Landeplatz einbezogen hat. In Hamburg wird bei

einem der schweren Luftangriffe das KdF-Schiff »Robert Ley« (27 288 BRT) getroffen und brennt völlig aus. Später wird es verschrottet: ein Haufen ausgeglühtes Eisen.
Am 22. März macht MOK Ost eine Zwischenbilanz: Seit Beginn der Aktion im Januar wurden 1 108 191 Menschen nach Westen gebracht.

Immer größere Sorgen bereitet die Beschaffung der Bunkerkohle für die Schiffe. Von den etwa 470 in der Flüchtlingsfahrt und im Seetransport eingesetzten Handelsschiffen sind drei Viertel mit Kohle befeuerte Dampfer, drei Dutzend werden mit Heizöl betrieben und der Rest sind Motorschiffe. Als der Seetransportchef dem Großadmiral Anfang März die Treibstoffsituation erneut meldet, stellt sich heraus, daß nur noch ganze 80 000 Tonnen Kohle verfügbar sind. Bei einem Gesamtverbrauch aller Kriegs- und Handelsschiffe von täglich 8000 Tonnen, würde der Kohlevorrat noch für zehn Tage ausreichen. Auch Dönitz weiß, daß man es weniger mit einem echten Kohlenmangel, als vielmehr mit einem innerdeutschen Transportproblem zu tun hat: Wie kommt die Kohle aus den Gruben in die Häfen? Durch das Umleiten der Flüchtlingsschiffe nach Dänemark sind die Bunkervorräte in Aarhus und Kopenhagen erschöpft, in Swinemünde laufen sie aus. Als das MOK Ost fordert, in Rostock ein Kohlenlager von 1000 Tonnen anzulegen, wird ihm geantwortet, »daß man einem nackten Mann nicht in die Tasche fassen könne«. Wie kurz die Kohlendecke tatsächlich ist, wird man immer dann gewahr, wenn erhöhter Druck im Osten die Massen zum beschleunigten Abtransport zusammendrängt. Bei der Führerlage fällt das Wort: »Wir leben von der Hand in den Mund.«
Immer wieder greifen die alliierten Bomber das Binnenschiffahrtsnetz an und beeinträchtigen den Nachschub. Teilstrecken der Kanäle laufen leer. Die Organisation Todt versucht fieberhaft, die gröbsten Schäden zu beheben. Als im Kanalschnittpunkt Datteln, nördlich des Ruhrgebietes, ein 80 Meter breiter Einbruch entsteht, empfiehlt der Groß-

admiral die Zivilbevölkerung aufzubieten, wie es an der Küste bei Deichbrüchen üblich ist. Bei der Eisenbahn sind die Transportmöglichkeiten noch ungünstiger, hier wird obendrein ein zunehmender Mangel an Waggons spürbar. Was die Ölversorgung der Marine betrifft, so ergibt eine Besprechung bei Staatssekretär Milch am 8. März, »daß zwar die vorgesehenen Lieferungen an Treiböl nicht erreicht wurden, daß aber kein Anlaß zu ernsten Besorgnissen besteht«. Für April hat das OKW schon rund 24 000 Tonnen Treiböl bereitgestellt. Beim Heizöl muß jedoch im April mit einschneidenden Kürzungen gerechnet werden. Auch hier haben sich durch die Nachschubschwierigkeiten die Bestände in den Häfen erheblich vermindert.
Im letzten Märzdrittel setzen die Alliierten unter Feldmarschall Montgomery bei Wesel über den Rhein. Luftlandetruppen gehen nördlich des Ruhrgebietes nieder. Der Verschiebebahnhof Hamm wird zerstört. Dadurch sind die Verbindungen zur Ruhr unterbrochen, von dort ist keine Kohle mehr zu erwarten. Der Vormarsch der Alliierten beendet auch den Einsatz der Rhein- und Ruhrflottillen, welche die holländischen Elektrizitätswerke mit Kohle versorgten. Der Seetransportchef dazu wörtlich: »Bis zu dem Zeitpunkt, als die Alliierten den Niederrhein bei Elten und Wesel sperrten, lief dieser Verkehr. Wir machten diese Anstrengungen, um die Pumpwerke, die zur Verhütung von Überschwemmungen in Holland gebraucht wurden, in Gang zu halten. Die alliierte Presse behauptete dagegen, wir hätten die Marschen von Holland absichtlich überflutet.«
Die Kohlenkrise gerät in ihr letztes Stadium. Als Liefergebiete sind nur noch Niederschlesien und Ibbenbüren am Teutoburger Wald vorhanden. Es gelingt tatsächlich noch, einige tausend Tonnen in Norwegen einzusparen und aus Vorräten des OKW buchstäblich zusammenzukratzen. Der Seetra werden für den kommenden Monat noch folgende Mengen versprochen: 2000 Tonnen aus Dänemark, 300 Tonnen Deisterkohle, 1000 Tonnen aus Niederschlesien und

4000 Tonnen Braunkohlenbriketts. Das ergibt zusammen 7300 Tonnen und gleicht dem sprichwörtlichen Tropfen auf den heißen Stein: es ist die Ladung eines einzigen (!) größeren Frachters der damaligen Zeit. Immerhin wird das drohende Stillegen aller kohlefeuernden Dampfer im Verwundeten- und Flüchtlingstransport noch einmal aufgeschoben. Eine Beschränkung des Seetransportes und auch der Operationen der Sicherungsstreitkräfte ist nur noch eine Frage der Zeit. Man kann sich das an den fünf Fingern abzählen.

Dabei setzt die Räumung der Ostgebiete mehr denn je alle nur denkbaren Bemühungen voraus. In Swinemünde liegen 14 Schiffe eine Woche und länger ohne einen Brocken Kohle und somit ohne Dampf. Als endlich drei Schiffsladungen eintreffen, werden diese sofort nach Gotenhafen umdirigiert, wo sich die Lage rapide verschlechtert hat und der Russe nur noch 19 Kilometer südwestlich von Danzig steht. Die drei nach Gotenhafen beorderten Kohledampfer sind nur ein Bruchteil jener Flotte, die der ObdM in den Raum Danzig/Gotenhafen schickt. Man schätzt die Zahl der hier zusammengeballten Menschen auf 2,5 Millionen Flüchtlinge und 25 000 Verwundete. Vielen wurde in Hinterpommern der Weg nach Westen abgeschnitten, und bis aus der Gegend von Köslin trieb der Russe sie vor sich her. Im gesamten Küstenbereich der Danziger Bucht kommt es zu erbitterten Artillerieduellen, die den Widerstand der deutschen Stützpunkte nach Ansicht des FHQ zu einer reinen Munitions- und Waffenfrage werden lassen. Die Reeden liegen unter Beschuß. In Gotenhafen erhält das Lazarettschiff »Pretoria« bei der Übernahme von Verwundeten Artillerietreffer und Einschüsse von Tieffliegern. Beim Auslaufen am 23. 3. wird es von Zoppot aus unter Feuer genommen und zweimal getroffen. Die Folge sind Tote und Verwundete, wie die Seekriegsleitung dem Auswärtigen Amt protestierend mitteilt. Für den Hafenaufenthalt der Lazarettschiffe und ähnlicher Fälle erbittet der Seetrachef Jagdschutz, damit der ohnehin knappe Schiffsbestand nicht

noch weiter geschwächt wird. Luftwaffenkommando Ostpreußen garantiert Schutz in Pillau, empfiehlt aber nächtliches Laden. Der ObdM beantragt dringend mehr Flakwaffen für Handelsschiffe, die zunehmenden Angriffen der russischen Flieger ausgesetzt sind. Die ganze Küste liegt unter feindlichem Feuer, und der Kapitän des Dampfers »Samland«, der mit 1000 Frauen und Kindern an Bord Neufahrwasser verläßt, klagt: »Von Neufahrwasser-Mole bis Hela-Süd lagen wir unter ständigem Beschuß von russischen Landbatterien und Fliegern. Wie durch ein Wunder wurde niemand verletzt.«
Auf Befehl Adolf Hitlers greifen die deutschen Kriegsschiffe »ohne Rücksicht auf die Munitionslage« mit in die Erdkämpfe ein und schicken wieder von See aus ihre schweren Kaliber hinüber, »eine halbe Munitionsausrüstung bleibt gesperrt«. Der ausdrückliche Hinweis läßt auch hier Komplikationen erkennen. Die Stütze der deutschen Landverteidigung ist das 9. Marine-Flakregiment, das allein die Hälfte aller Schüsse in diesem heißumkämpften Teil der Front abgibt: mindestens 245 000 Schuß an 10,5- und 12,8-Zentimeter-Granaten. Linienschiff »Schlesien« verfeuert 80 Prozent seiner 28-Zentimeter (245 Schuß), der schwere Kreuzer »Prinz Eugen« verschießt 235 Granaten von 20,3 und 168 von 10,5 Zentimeter. Ähnlich ist es mit »Lützow« und »Leipzig«. Am Rande des Brückenkopfes Danzig/Gotenhafen bilden Reste der 2. deutschen Armee einen Abwehrring. Vor ihnen, etwa 10 Kilometer südwestlich von Danzig, liegt wie ein schwerer Brocken die 4. Panzer-Division. Alle kämpfen sie mit dem Rücken zu den Häfen, in denen sich die schrecklichen Szenen wiederholen. In Todesangst eilen die Menschen an das Wasser, zu den Schiffen.
In Gotenhafen schlagen die russischen Granaten in die Straßen beim Bahnhof, »daher die Flüchtlinge immerfort Deckung nehmen mußten und für den normalerweise nur 20 Minuten erfordernden Weg gute zwei Stunden brauchten«. So Pastor Th. Taube. Der auf der Reede ankernde Dampfer »Goya« übernimmt Flüchlinge und entladet

gleichzeitig Munition und Panzerketten; die an Bord kommenden Männer müssen kräftig zupacken. Fliegerangriff folgt auf Fliegerangriff. Es geht bis zum späten Abend. Willy Damitz berichtet, »unvergessen ist mir der Anblick des brennenden Gotenhafen und Danzig, abends um 20.00 Uhr. Trotz des hellen Mondenscheins war Danzig ein Flammenmeer«. Frau Helene Krause schlägt sich am 23. März mit ihrem elfjährigen Sohn zum Hafen Neufahrwasser durch. »Hier waren schon viele HJ-Jungen, die von HJ-Führern buchstäblich von der Straße aufgelesen waren. Lange bat ich vergeblich, uns beide auf dem Schiff mitzunehmen. Als ich mich an einen jungen Offizier wandte, fragte er mich, ob mein Elfjähriger schon als HJ-Junge mitgehen könnte; ich selbst sollte sagen, daß ich in Dänemark für die Jungen kochen würde . . .« Mit dieser List gelangten sie auf den Dampfer »Hoheweg« und nach Dänemark. Der Admiral östliche Ostsee drängte auf den Abtransport der sehr zahlreichen Flüchtlinge und bemerkt, daß der hier verfügbare Schiffsraum bei weitem nicht ausreicht. Zwischen Gotenhafen und Hela wird ein Pendelverkehr mit kleinen Fahrzeugen eingerichtet, wobei es sich als günstig erweist, daß der Feind die Danziger Bucht bisher noch nicht vermint hat.

Die Waage fängt an, sich zu neigen. Das Armee-Oberkommando 2 meldet, das Halten der langen Front von Danzig bis zur Frischen Nehrung überspanne die Heereskräfte. Der Küstenbefehlshaber unterstreicht, »Feinddruck im Raum Gotenhafen/Danzig derart stark und eigene Kräfte und Munition so im Abnehmen, daß, wenn nicht schnellstens Unterstützung in jeder Form gewährt wird, Verteidigungsfront aufgespalten und ein Festungsbereich nach dem anderen überwältigt wird.« Die Verteidigungslinie um Danzig ist schon bis auf zwei Kilometer an den Stadtrand zurückgewichen.

Einen Tag später, am 23. März, stoßen die sowjetischen Streitkräfte mit gewaltiger Übermacht an Menschen und Material zwischen Danzig und Gotenhafen bis an das Meer

durch und beginnen von Zoppot aus die Küste nach beiden Seiten aufzurollen. Der deutsche Abwehrring ist in drei Teile zersplittert: In Hela, in Gotenhafen/Oxhöft und in Danzig/Neufahrwasser mit der Weichselniederung. Die Ereignisse überstürzen sich.
An der Danziger Frage entbrannte der zweite Weltkrieg. Nun ist er wieder dort, wo er angefangen hat. Der Teufelskreis hat sich geschlossen und Danzig selbst angezündet. Danzig geht vor die Hunde. Eichendorffs »dunkle Giebel, hohe Fenster, Türme tief aus Nebel sehn; bleiche Statuen wie Gespenster lautlos an den Türen stehn«. In diesen hellen Frühlingstagen wird der Nebel zu Qualm. Die Barockfassaden der alten Gassen starren aus leeren Fensterhöhlen, hinter denen schon tagelanges Feuer glimmt und schwelt. Die Täfelungen der Patrizierhäuser und historischen Gaststätten brennen wie Zunder, die kultivierten Getränke Lachs, Goldwasser und Machandel vertrocknen. Die Fachwerkspeicher mit den romantischen Namen sinken in sich zusammen; die Brücken lösen sich auf, der Giebel des Krantors, ein Wahrzeichen der Stadt, kippt vornüber und stürzt in die Mottlau. Die Menschen selbst eilen gespensterhaft bleich von dannen, und das Ganze nimmt sich aus wie Memlings Kolossalgemälde »Das Jüngste Gericht« im Artushof. Nie mehr singt der Türmer sein uraltes Lied: Wolle Gott, den Schiffer wahren, der bei Nacht vorüberzieht. Gott schweigt, wenn die Kanonen reden und im Zeughaus die Hellebarden schmelzen.
Denn die Stadt ist verdammt. Die Stadt der Kaufleute, Schiffbauer und Seefahrer. Die Heimat des Admirals Paul Beneke, des Physikers Fahrenheit, des Kupferstechers Chodowiecki, des Philosophen Arthur Schopenhauer, die Garnison der Leibhusaren und des letzten deutschen Kronprinzen. Danzig – aus dem Dunkel des Jahres A. D. 1000 im Herzogtum Pommerellen entstanden und 1236 eine deutsche Stadt geworden. Stadt der Ordensritter, blühende Hansestadt, von der Weichsel überflutet, von der asiatischen Cholera heimgesucht, wieder zum Leben erwacht,

Freistaat unter dem Schutz des polnischen Königs, polnisch, preußisch, nach dem ersten Weltkrieg wieder Freistaat, dann heim ins Reich, wo der Gulden nur noch fünfzig Pfennig wert ist. Freiheit hin, Freiheit her, die Aphorismen zur Lebensweisheit eines Schopenhauers verfangen heut nicht mehr. Danzig – Amtssitz eines Hohen Kommissars des Völkerbundes und eines Generalkommissariats der Republik Polen, an dessen Türschild man heute liest »Der Admiral der Kriegsmarinedienststelle Danzig« . . .

Das lädierte Gebäude der KMD wird am Palmsonntag des Jahres 1945 geräumt. Es ist der 25. März. Die Zivilangestellte Charlotte Gronwald, die Tausenden von Flüchtlingen Schiffskarten überreichte, blickt zurück in Trauer:

» . . . In der Nacht vom Sonnabend zum Sonntag folgte ein Tieffliegerangriff dem anderen. Die Stunden im Luftschutzkeller des Dienstgebäudes waren für den Rest der Belegschaft ein schmerzliches Erinnern an eine gute Zusammenarbeit aller KMD-Leute. Wie habe ich Danzig geliebt! Nach dem gemeinsamen Mittagessen eröffnete man uns, daß Fregattenkapitän Bartels vom Hafen aus Anweisung gegeben habe, die Dienststelle aufzulösen und mit Gepäck nach Neufahrwasser zu kommen.

Kurz bevor wir abrücken wollten, ein neuer Alarm, den ich im Keller erlebte. Das war der schlimmste Angriff! Die dicken steinernen Wände des riesigen Gebäudes schienen über uns zu wanken. Entsetzt sah einer den anderen an. Auch Passanten von der Straße waren noch schnell in den Keller gehuscht, Verwundete wurden verbunden. Der Angriff dauerte ziemlich lange, und als dann ›Entwarnung‹ gegeben wurde, fiel uns allen ein Stein vom Herzen. Ich lief schnell noch einmal nach dem ersten Stockwerk, um vom Dienstzimmer der Amtskasse Abschied zu nehmen. Der Flur war stark demoliert, die Türen ausgehakt, die Glasscheiben zersplittert. Aber ich erreichte noch meinen Schreibtisch, aus dem ich dann einem jungen Soldaten, dem Fernschreiber, ein Buch zum Andenken schenkte.

In rasender Fahrt fuhren wir durch die Straßen, vorbei an

toten Pferden und sonstigem, dem Hafen zu. In Neufahrwasser angekommen, neuer Alarm! Nach der Entwarnung schien der Hafen eine Feuersäule. Zwei große Kutter lagen bereit, um uns aufzunehmen. Alles spielte sich in Eile ab. Kapitän Steinkraus, der den Transport leitete, drängte zur Abfahrt. Auch hier waren schon Gepäckplünderer auf ihre Rechnung gekommen, mir fehlten zwei Stücke, unserer Kochfrau ebenfalls . . .«

Neufahrwasser hat einen Freihafen. Eigentlich nur ein zolltechnischer Begriff und Grenzbezirk, wurde er in den letzten Wochen zum wirklichen Hafen in die Freiheit. Hunderttausende warteten in seinen Güterschuppen und Lagerhallen auf die Schiffe, bis die sowjetische Luftwaffe alles in einen Trümmerhaufen verwandelte und die Betondecken herunterfielen und die Unglücklichen erschlugen. Heute, am Palmsonntag, sind diese äußeren Hafenbecken fast leer. Die Seetransportoffiziere genießen nach hektischen Wochen die ungewohnte Pause. Eine Pause voll Mißtrauen, die Ruhe vor dem Sturm. Irgendwo liegen noch die kleineren Dampfer »Bille« und »Weser« an Mole und Pier. Sie haben Munition geladen, die aber nicht mehr zum Einsatz gelangt, und die »Weser« übernimmt Verwundete. Nach allerjüngstem Befehl dürfen in besonders dringenden Fällen auch Soldaten auf Munischiffen befördert werden. Und der Fall ist dringend; denn der Feind hat sich von Zoppot aus über die Badeorte Glettkau und Brösen am Strande vorgearbeitet, sucht Danzig-Stadt vom Meer abzuschneiden und steht im Kampf mit den Resten eines Regimentes der Waffen-SS. Über den Flugplatz, auf dem bis zuletzt noch die eine oder andere Ju 52 landete, laufen schon die Russen und leuchten die Kometenschweife ihrer Werferbatterien. Im Gegenlicht des Nachmittags liegt im Hintergrund die Küstenlinie von Zoppot, Adlerhorst bis Gotenhafen mit der vorspringenden Oxhöfter Kämpe. An allen vorhergehenden Tagen setzte, wenn die Sonne im Rücken der Russen stand, das Artilleriefeuer ein und bestrich die Hafenausfahrt. Nach einer spannungsgeladenen Verzögerung ergeht am Nachmittag dieses

Palmsonntags wie ein Paukenschlag der größte Feuerüberfall auf Stadt und Hafen. Gleichzeitig kommen die russischen Flieger in ganzen Schwärmen und scheinbar heillosem Durcheinander aus allen Richtungen, und werfen kreuz und quer ihre tödliche Last ab. Gegenüber dieser Taktik versagt jede systematische Abwehr. Die deutsche Flak verschießt sich bald, ein Geschütz nach dem anderen fällt aus und verstummt.
Nach diesem letzten Angriff, bei dem sich alles verkriecht und der Hafen wie ausgestorben daliegt, ist auch Neufahrwasser nur noch ein rauchendes Trümmerfeld, aus dem der Leuchtturm unbeschadet herausragt. Die Dampfer »Bille« und »Weser« sind an der Pier am Sinken, die Munition prasselt als ein schaurig-schönes Feuerwerk gen Himmel, und 250 Verwundete haben den Tod gefunden. Die Seetraoffiziere kommen mit den übrigen Angehörigen der KMD im Schutz des Proviantspeichers zusammen, und während hinter ihnen der zerschlagene Vorort Neufahrwasser in Straßenkämpfen von den Russen genommen wird, setzen sie bei Dunkelheit mit ihrem Chef »Heini« Bartels in Kleinfahrzeugen über die Danziger Bucht. Ab morgen wird es keine KMD Danzig-Hela mehr geben, nur noch Hela.
»Der Mond stand leuchtend am Himmel«, sagt Charlotte Gronwald, »Flieger über uns, man sah den Feuerschein von Zoppot.«

Als letztes großes Flüchtlingsschiff verläßt die »Ubena« den Hafen von Danzig. Die »Ubena« ist ein 9500 Tonnen großer Zweischornsteiner mit Einrichtungen für 338 Erster-Klasse-Passagiere. Sie gehört der Deutschen Ostafrika-Linie, die kürzlich in Stettin einen anderen Passagierdampfer, die »Usambara«, bei Luftangriffen verlor. Auch diese eleganten hellgrauen Nachfolger der Reichspostdampfer zu den Kolonien werden nie mehr den Äquator überqueren, auch für sie ist der Zauber der Tropen dem Feuerzauber des Endkampfes gewichen. Die in einen Verwundetentransporter verwandelte »Ubena« wird von Kapitän Lankau geführt, der sich schon auf der »Mungo« in den ersten Tagen der Räumung von Pillau auszeichnete. Um nicht in Gotenhafen zusammengeschossen zu werden, flüchtete er mit seinem Schiff von dort und steuert in der Früh des 25. März kaltblütig noch einmal Danzig/Neufahrwasser an. Er hat Platz an Bord und will wenigstens noch einen Versuch wagen und retten, was zu retten ist.

». . . Obwohl keine Leuchtfeuer brannten, wurde eingelaufen. Als das Schiff gedreht wurde, kamen wir (im Hafenkanal) am Grund fest. Es war alles andere als schön. Der Tag war bald da, und wir mußten auf alle Fälle freikommen, um rechtzeitig mit der Anbordnahme der Menschen anzufangen. Es klappte dann doch alles, und früh morgens begannen die Massen über beide Fallreeps an Bord zu strömen. Der Kai war schwarz voll Menschen, und man konnte sich nicht vorstellen, daß noch alle mitkämen.

Dann setzte plötzlich Artilleriefeuer ein, Salve auf Salve rauschte heran. Zu unserm Glück war das Feuer nicht gut geleitet. Die Einschläge lagen meistens auf der gegenüberliegenden Böschung und im Wasser zwischen dieser und dem Schiff. Splitter durchschlugen die Promenadendeckswände und richteten Unheil an, bis schließlich ein Treffer auf dem Kai zwischen den vielen Menschen einschlug. Es gab leider Verluste. Wir standen wie auf Kohlen. Allein schon der Gedanke, daß ein Volltreffer in das mit Menschen volle Schiff einschlagen würde, womöglich noch Feuer im Schiff . . .! Verfrüht wollte man nicht abfahren, wenn man die trotz Beschuß geduldig wartende Menschenmenge auf dem Kai betrachtete. Jeder wollte in Sicherheit, und ich beabsichtigte mitzunehmen, was irgend möglich war. Wir hatten sogar unsere großen Tau-Ladenetze über die Bordwand gehängt, an denen die Menschen wie die Katzen heraufkletterten. Unsere gesamte Besatzung war eingesetzt, um den Menschenstrom zu dirigieren und ein Durcheinander zu vermeiden. Endlich konnten wir mit gutem Gewissen abfahren und warfen die Leinen los. Noch beim Ablegen kletterten die Flüchtenden in dich-

ten Trauben in den Netzen an Bord, es war furchtbar! Ich erinnere mich noch, als ich selbst unten an Deck die Leute antrieb und mit aller Gewalt veranlaßte, das Fallreep aufzuhieven, daß noch eine jüngere Frau im verregneten Pelzmantel mit zwei Kindern zu allerletzt an Deck kam und nun hilflos und wie vergessen herumstand. Auf meine Frage, ob sie einen Platz hätte, konnte sie nur schluchzend ein ›Nein‹ sagen. Ich nahm sie mit in meine eigene Kammer, wo schon alles voll besetzt war, und es gelang noch, sie unterzubringen. Sie war so glücklich ...
Wir kamen gut aus dem Hafen heraus –, das letzte größere Schiff, welches Neufahrwasser angelaufen hatte ...«
Von dort aus läuft Kapitän Lankau, jetzt mit mehreren Tausend Flüchtlingen an Bord der »Ubena«, wieder die Reede von Gotenhafen an, um nötigenfalls dort noch Verwundete zu übernehmen.
»... Es hatten bereits mehrere Schiffe hier geankert. Weiter seewärts standen Kreuzer und Zerstörer als Schutz, und die Nacht verlief ruhig. Am nächsten Morgen konnten wir beobachten, daß hinter Gotenhafen Fesselballons aufgelassen wurden. Es war mir klar, daß diese das Artilleriefeuer auf die auf der Reede versammelten vielen Schiffe lenken sollten. Ich ließ sofort den Anker aufhieven, um beweglich zu sein. Der Anker war noch nicht hoch, als schon die erste Salve angerauscht kam und mit drei Einschlägen sehr dicht bei der »Ubena« lag. Die zweite Salve lag noch dichter und überschüttete uns mit Wasser und Splittern. Einer davon traf den Splitterschutz des Ruderhauses, zerriß ihn und richtete keinen weiteren Schaden an. Ich habe dieses Stück, es ist der Kopf einer Granate, noch zu Hause. Es flog mir handbreit am Gesicht vorbei. Als wir mit »Voll voraus« den Ankerplatz verlassen hatten, schlug die dritte Salve genau dort ein. Als der Russe ein Schiff nach dem anderen zu beschießen begann, nahmen die Kreuzer und Zerstörer die russischen Artilleriestellungen unter Feuer, und wir hatten dann etwas Ruhe ...«
Neben den Schweren Kreuzern »Prinz Eugen«, »Lützow«

und anderen Einheiten, beteiligt sich auch das Torpedoboot »T 28« an den Abwehrkämpfen. Sein Kommandant, Kapitänleutnant Temming, notiert, daß die feindlichen Batterien 17 000 bis 18 000 Meter weit nach See schießen. »An Land pausenloses Trommelfeuer. Der Qualm der Landfront verdeckt einigermaßen gegen Sicht. Mit der aufsteigenden Sonne wird es diesig.« Beim Auf und Ab begegnet ihnen der kleine Dampfer »Neufahrwasser«, den Temming auf Geheiß von »Lützow« anhält: »Wo wollen Sie hin, und warum nehmen Sie keine Flüchtlinge mit?« Die Antwort lautet: »Hier Gauleiter Forster an Bord, auf dem Weg nach Hela!« Die Matrosen sind empört, und ihr Kommandant bemerkt vielsagend: Nun –, die Lage dürfte damit einigermaßen charakterisiert sein.«

»So ganz ungeschoren kommt die »Neufahrwasser« aber nicht davon. Ein bis an den Schornsteinmantel überfülltes Geleitboot, das die gleiche Frage stellt, will die Antwort nicht gelten lassen und fordert den Dampfer auf, längsseit zu kommen und ihm Menschen abzunehmen. Als sich »Neufahrwasser« weigert, wird der Kommandant des Geleitbootes böse und brüllt: »Wenn Sie nicht sofort stoppen, eröffne ich das Feuer auf Sie!« Seine Matrosen besetzen ein Geschütz. Da endlich scheint man zu erkennen, daß sich die Zeiten geändert haben und gehorcht ohne Widerspruch.

Am 19. März erließ Adolf Hitler den Befehl der »verbrannten Erde«, der nicht in der Zeitung steht, wonach bei einem Rückzug kein Stein auf dem anderen bleiben und dem Feind nur eine verwüstete Landschaft in die Hände fallen soll. Die Ausführungsbestimmungen des OKW heben später vieles wieder auf. Großadmiral Dönitz greift von sich aus schon vor. Die Häfen von Danzig und Gotenhafen, Königsberg und Pillau hätten höchsten Wert, man solle sie nicht zerstören, sondern nur »verblocken«. Darum wird der Danziger Hafen auch nur mit Minen verseucht – die erst nach sechs Tagen scharf werden. Nach sechs Tagen aber ist auch der letzte Deutsche auf und davon.

Nach der Aufgabe von Neufahrwasser meldet der Wehrmachtbericht:

> *An den Stadträndern von Gotenhafen und Danzig, sowie an der Küste des Frischen Haffs nordöstlich Heiligenbeil, kämpfen unsere Verbände gegen den Ansturm der feindlichen Übermacht mit großer Erbitterung. Die Sowjets wurden nach weiterem Geländegewinn aufgefangen und verloren allein bei Gotenhafen und Danzig 52 Panzer.*

Danzig-Stadt fällt nach heftigem Widerstand am 30. März. Um Bahnhof, Werften und alle Brennpunkte wird hart gerungen. Die 4. Panzer-Division verteidigt hartnäckig das Olivaer Tor. Ihr Kommandeur, General Betzel, findet den Tod beim Straßenkampf. Die restlichen deutschen Landtruppen setzen bei Heubude über die Weichsel und ziehen sich ostwärts zurück. Auch Gotenhafen geht zum Monatsende verloren. Der Russe stürmt von Zoppot aus über Adlerhorst unter hohen Panzerverlusten zum ehemaligen Gdynia. Ewald Hildebrandt, aus dem pommerschen Fließhof geflüchtet, der seine Revierförster-Dienstkleidung gegen eine graue Uniform mit Ankerknöpfen tauschen mußte, und einem Marine-Schützen-Bataillon angehört, entsinnt sich.

». . . Und dann naht das Ende. Tag und Nacht liegt Gotenhafen unter Beschuß, dazwischen Bomben und Fliegerangriffe. Überall bellen Flakgeschütze, auch die schweren Pötte im Hafenbecken verteidigen sich mit Flakfeuer. Auf den Bahnanlagen werden die letzten Eisenbahn-Loks zusammengefahren und gesprengt. Die Stalinorgel schießt in die Stadt, Straßenkämpfe am Rande. Ratternde Maschinengewehre und berstende Handgranaten sind zu hören, der Lärm kommt näher. Es wird dunkel und der Zauber hört nicht auf.

Wir sitzen in einem Heldenkeller und haben keine Waffen, jeden Augenblick gewärtig, daß die Tür aufgerissen wird und der Russe vor uns steht. Endlich erhalten wir einen

Befehl: Einzeln auseinandergezogen, im Schutze des Bahndammes, nach Hexengrund absetzen! Nächtlicher Artilleriesegen begleitet uns. Von Hexengrund, entlang der Küste, marschieren wir zur Oxhöfter Kämpe.
Hier in den Dünen graben wir uns in Schützenlöcher ein. Vor uns die Hauptkampflinie, hinter uns die See. Hier liegen wir tagelang. Hinter uns werden auf kleinen Fahrzeugen, die an einer Notbrücke anlegen, Truppen eingeschifft, tagelang. Dazwischen wollen sich Soldaten anderer Truppenteile mischen, die Feldgendarmerie schlägt mit Knüppeln dazwischen und vertreibt sie. Der Russe wirft Bomben, um den Abtransport zu stören.
SS-Soldaten kommen aus der Hauptkampflinie, bauen Flöße. Pferde werden zusammengetrieben und erschossen. Endlich werden auch wir in einer Nacht auf einem kleinen Fahrzeug eingeschifft und gelangen bei Tagesanbruch nach Hela. An der Mole steht ein General, unentwegt schaut er über die Danziger Bucht. Einige Schritte neben ihm liegt im Sande eine tote alte Flüchtlingsfrau, niemand beachtet sie . . .«

Die Odyssee des Ewald Hildebrandt ist noch nicht zu Ende. Er wird auf Hela Reede an Bord eines großen Tankers gebracht, der schon Kurlandkämpfer mit sich führt. Auf dem blanken Eisendeck reist er unter freiem Himmel in den Swinemünder Kessel und nimmt dort am Endkampf teil.
Vor der Einfahrt von Gotenhafen aber wird wie ein Riegel das defekte Schlachtschiff »Gneisenau« versenkt, und die Pier versperrt das auf Grund sitzende und geflutete alte Linienschiff »Schleswig-Holstein« . . .
Die letzten Verteidiger der Oxhöfter Kämpe verlassen nach klassischen Absetzmanövern das westpreußische Festland und begeben sich auf die im Dunkel der Nacht wartenden Boote der Marine, die sie zur Halbinsel Hela mitnehmen. Dort kümmert man sich vor allem erst einmal um die vielen Verwundeten.

Kapitän Lankau von der »Ubena« wieder: » . . . Wir gingen näher an die Spitze der Halbinsel Hela heran und begannen Verwundete zu übernehmen. Bei den Luken 2 und 4 kamen die Marinefährprähme voll beladen mit Verwundeten längsseit. Die gesamte Übernahme ist nur von unseren Seeleuten ausgeführt worden. Plattformen wurden mit dem Ladebaum in eine solche Fähre hinuntergelassen. Zwei Verwundete wurden daraufgelegt. Um ein Herunterfallen beim Hochhieven zu verhindern, setzte sich einer unserer Leute dazu, und hoch ging es an Deck. Oben war jeder Gesunde damit beschäftigt, die Verwundeten schnellstens fortzubringen. So ging es Schlag auf Schlag, umd im Handumdrehen war eine Fähre, die oft bis zu 300 Verwundete brachte, leer. Die noch Gehfähigen kamen über die Fallreeps.
Es darf nicht vergessen werden, daß wir dabei noch beschossen wurden. Schlimm wurde es nach dem Fall von Gotenhafen. Der Russe hatte auf der Oxhöfter Kämpe 17-Zentimeter-Kanonen aufgestellt und nahm jedes Schiff unter Feuer. Dazu kamen die pausenlosen Angriffe der Flugzeuge. Die eigene Flak schoß, was aus den Rohren herausging, und trotzdem durfte die Übernahme der Verwundeten und Flüchtlinge nicht stoppen.

Am Spätnachmittag waren wir endlich fertig und fuhren im Geleit nach Kopenhagen. Wir hatten insgesamt etwa 5000 Personen an Bord, darunter ungefähr 1200 Verwundete (und das auf einem Dampfer, der ursprünglich einmal für 338 Passagiere eingerichtet war!) Trotz der vielen Menschen an Bord funktionierte der Betrieb verhältnismäßig gut. Die Küche war mit Großkesseln ausgestattet und es konnten erhebliche Mengen Zusammengekochtes gleichzeitig zubereitet werden. Die sanitären Einrichtungen reichten natürlich nicht aus. Aber es mußte eben gehen, und es ging auch!«
Die »Ubena« kam von Kopenhagen wieder zurück nach Hela. Alle kamen wieder zurück, oder doch die meisten.

Der ehemalige Afrikadampfer hat auf sechs solcher Reisen insgesamt 27 000 Menschen abgeholt. Und es war doch nur ein Schiff unter vielen.

Auch die im Wehrmachtbericht der letzten Tage »nordöstlich von Heiligenbeil kämpfenden Verbände« mußten aufgeben. Wie es nach einer knappen Verlautbarung heißt, ist in Ostpreußen die letzte Kampfgruppe, nach Bergung der Verwundeten, in den Morgenstunden auf die Frische Nehrung übergesetzt. Es handelt sich bei dieser letzten Kampfgruppe um Reste der 4. Armee, die an der Südküste des Frischen Haffs im bewußten Heiligenbeil-Kessel auf engstem Raum zusammengepfercht waren. Zwei Wochen hatten sie den konzentrischen Angriffen einer gewaltigen russischen Übermacht widerstanden. Am 20. März hatte Adolf Hitler entschieden, daß sie bleiben und ihren Brückenkopf halten sollten. Nichtsdestoweniger ließ der ObdM alle verfügbaren Kampffähren und kleineren Fahrzeuge in Richtung auf die Landestelle Rosenberg in Marsch setzen, da die Rücknahme nur eine Frage der Zeit sein konnte. Es sind über 100 Schiffchen aller Sorten und Typen, ausgenommen Sturmboote, die eine Eigenschaft haben müssen, nämlich geringen Tiefgang, um die flachen Gewässer passieren und nahe genug an das Ufer zu können. Noch macht ihnen das im Frühlingswind aufbrechende Treibeis zu schaffen.
Am 23./ 24. März geht die Stadt Heiligenbeil verloren, und die Besetzung von Rosenberg schlägt sich nach Verschuß aller Munition nach Nordosten durch. Jetzt steht die 4. Armee, vielmehr das, was von ihr übriggeblieben ist, nur noch auf dem kleinen Landzipfel der Halbinsel Balga, die wie eine Nase in das Frische Haff hineinragt. Endlich ist auch Adolf Hitler einverstanden, daß die Eingeschlossenen zurückgenommen werden. Am 29. März setzen sie bei Balga und Kahlholz über das Wasser. Der Soldat Paul Groeger erzählt:
» . . . Es waren furchtbare Tage und Wochen, bis unsere

zusammengeschrumpfte Einheit im Kessel von Heiligenbeil bis an den Rand des Frischen Haffs zurückgeschlagen wurde. Im ganzen Kessel herrschten nur Tod und Vernichtung. Ich und meine Kameraden konnten uns nur in schnell ausgeworfenen Erdlöchern vor Splitterwirkung schützen. Jedoch lagen wir mit anderen Einheiten so dicht zusammen, daß jeder dritte bis vierte Schuß ein Volltreffer war.
Endlich kam der Befehl: Die Züge setzen sich heute nacht planmäßig zur Rettung über das Frische Haff ab. In Einzelreihe, fünf Schritt Abstand halten, Verwundete werden mitgenommen. Nachts zwölf Uhr, Kommando des Zugführers zum Aufbruch. Die Nachtkälte in den zitternden Gliedern, ohne Tritt – marsch! Stockdüstere Nacht, ringsumher aufblitzender Feuerschein feindlicher Geschütze. Durch einen Verwundeten, den wir mitnahmen, waren wir drei Mann vom Zuge abgerissen. Der Zug war auf einem Lastkahn verladen und fuhr bereits ab. Den Verwundeten zur Sammelstelle gebracht, dann konnten ich und mein Kamerad, zunächst bis zur Hüfte im Wasser, uns auf ein kleines, mit zwanzig Mann besetztes Motorboot retten. Es war so beladen, daß das Wasser nur eben nicht überschwappte. Nach einer Stunde Fahrt landeten wir neben einem dunklen Schatten. Es war ein Ausflugsdampfer von der Reederei Zedler, Elbing. Dieser lag mitten in der Fahrrinne des Haffs und wartete auf Gerettete.
Als ich die Strickleiter hochkletterte, nahmen mir Matrosen erst Tornister, Karabiner und Spaten ab. Dann hörte ich nur noch die Worte des Kapitäns: Kameraden, nun seid froh, der Hölle entronnen zu sein! Er lag mit seinem Schiff in dunkler Nacht, ohne jegliches Positionslicht und konnte das schaurige Schauspiel auf dem Festland genau beobachten. Flugzeuge warfen Phosphor- und Sprengbomben. Die gestapelte Munition wurde getroffen und ging in die Luft. Die Schreie der Verwundeten hallten übers Wasser. Dann setzte mit 'mal ein Flugzeug, Nebelkrähe oder Nähmaschine genannt, geräuschlos 15-20 Leuchtkugeln und

sichtete somit auch die Schiffe. Gleich darauf prasselten rundherum die Bomben. Doch glücklicherweise hatten wir keinen Treffer. Gleich gab der Kapitän den Befehl zur Weiterfahrt und sagte: Ich habe hundert Mann an Bord, und diese will ich erst retten, ehe wir alle absaufen!«
Paul Groeger gelangt nach Neutief gegenüber von Pillau. Alle Überlebenden werden zusammengefaßt, neu formiert und wieder eingesetzt. Oberbefehlshaber der 4. Armee ist der General der Panzertruppen von Saucken. In seiner Art ähnelt er dem Oberst Fullriede, bei ihm hat der Gauleiter nichts zu melden. Zwei Wochen später wird von Saucken Oberbefehlshaber des aus den Resten der 2. und 4. Armee gebildeten AOK Ostpreußen.

Ostpreußen –, das ist nur noch der kleine Kreis um Königsberg und das Samland, ein Gau der alten Pruzzen. Die Ordensritter sind lange tot. Alle Opfer an der Marienburg, die noch zuletzt das Blut bester Marinetruppen forderte, waren umsonst. Frauenburg, die Stadt eines Nikolaus Kopernikus, der die moderne Himmelskunde einführte und die Sonne in den Mittelpunkt des Planetensystems stellte, ist hin. Elbing, einmal von Lübecker Kaufleuten gegründet, besteht nicht mehr. Rosenberg und Heiligenbeil sind nur noch leere Namen, unter denen sich niemand mehr etwas vorstellen kann. Die 4. Armee mußte Ostpreußen, und sich selbst dazu, aufgeben. Seit dem 18. März wurden über das Haff zurückgenommen: 4838 Zivilisten, 10 170 Soldaten und 60 285 Verwundete! Einer von den letzteren ist Werner Wodtke, heute Mittelschullehrer in Holstein.

» . . . Gegen Abend werde ich schwer verwundet. Ein Pferdewagen bringt mich über aufgewühlte Straßen zwischen Panzern und Trecks nach Heiligenbeil, aus dem im Schutze der Nacht die deutschen Truppen abziehen. Alle Kirchen und größeren Gebäude sind mit Verwundeten überfüllt, nirgends will man uns mehr aufnehmen. In einer Kaserne werden wir endlich abgeladen.

In der Nacht hat man mich wohl operiert – als ich vormittags erwache, liege ich auf einer Bahre. Beide Arme, beide Beine sind geschient, ich kann mich nicht bewegen – warum hat man die Bahre auf dem Korridor stehenlassen?
Ich habe fürchterlichen Durst – niemand hört mich, alles rennt wild durcheinander. Draußen hat ein schwerer Kampf eingesetzt. Die Einschläge kommen näher, erschüttern die Kaserne. Verwundete kriechen auf allen vieren aus den Zimmern über den Korridor die Treppe hinunter – die Angst ist riesengroß, keiner will hilflos dem Feind in die Hände fallen.
Draußen ist es stiller geworden – mein Ruf hallt laut durch die leeren Flure – ein deutscher Offizier beugt sich über mich: »Ich bin der Divisionspfarrer – wir sind eingeschlossen und werden soeben an die Russen übergeben – ich bleibe bei euch, auch Ärzte und Sanitäter.
Da kommt auch schon ein russischer Offizier – er geht an mir vorbei und durch alle Räume.
In den Morgenstunden setzt ein schwerer Kampf um die Kaserne ein. Deutsche Truppen drängen mit den letzten Kräften den Feind zurück, um noch Verwundete zu retten. Es ist Frühlingsanfang. Landserstiefel kommen die Steinstufen herauf – wahrhaftig, es sind zwei Kameraden. Sie stekken mich in eine Papiertüte – unheimlich diese Beerdigungshülle – sie tragen meine Bahre auf den Kasernenhof und laden mich in eine Sanka. Rasende Fahrt unter dauerndem Beschuß – mit einem Prahm über das Haff nach Pillau . . .
Die Zitadelle ist übervoll mit Verwundeten. Medikamente und Verbandsmittel gehen zur Neige. Die grauen Decken sind vom Eiter verkrustet. Viele Kameraden bekommen Wundbrand – sie toben für einige Stunden, werden stiller und stiller und schlafen für immer ein. Die Ärzte amputieren von morgens bis abends Arme und Beine. Ein Arzt geht jeden Morgen durch die Räume und prüft, wer unbedingt verbunden werden muß. Dann kommt ein Sanitäter und

wickelt über ein Salbenläppchen Klosettpapier, das nach kurzer Zeit wieder aufgeweicht ist.
Wir werden auf ein kleines Lazarettschiff verladen. Alle Betten sind belegt, in den Gängen Hängematten – alles so sauber, eine Wohltat. Ich werde richtig verbunden, alle Wunden werden gesäubert, der brennende Schmerz verschwindet. Ein Gefühl glückseliger Geborgenheit überkommt uns.
Am Morgen sind wir in Hela. Wie gerne wären wir in dieser Behaglichkeit geblieben; aber das Lazarettschiff soll zurückfahren und andere Kameraden aus Pillau holen.
Wir werden auf das große Schiff »Antonio Delfino« umgeladen. Das Schiff ist überfüllt mit Flüchtlingen und Landsern. Es fährt und bringt uns in Sicherheit.
Mittags kommen wir in Kopenhagen an. Wir werden aber nicht ausgeladen, ein Tag nach dem anderen vergeht – die Dänen wollen uns nicht mehr aufnehmen.
Als ich gerade einmal verbunden werde, weint die Krankenschwester bitterlich. Soeben hat sie erfahren, daß ihr Mann als Schiffsarzt mit seinem Schiff, das nach uns Hela verließ, untergegangen ist . . .«

Nach Unterlagen vom MOK Ost, des Roten Kreuzes und nach Schiffstagebüchern wurden bis Ende März rund 1,23 Millionen Deutsche in westlichen Häfen abgesetzt. Bei einer Diskussion im Führerhauptquartier hält Großadmiral Dönitz die Hinweise von Generalen auf Schwierigkeiten beim Seetransport für überflüssig, da die Situation durch ihn allein beurteilt würde. Vorläufig ließen sich die Transportaufgaben trotz der Feindeinwirkung weiter durchführen. Die größte Gefahr wäre nur die, daß durch den Mangel an Kohle und Treibstoffen der Seetransport völlig zum Erliegen käme.
» . . . Die sehr großen Leistungen im Abtransport von Verwundeten und Flüchtlingen veranlassen mich zu der Äußerung, daß das Risiko bei diesen Transporten mit überfüllten Schiffen und teilweise unzureichender Sicherung außeror-

dentlich groß ist. Dies muß aber nach meiner Ansicht getragen werden, da sich nur so diese hohe Leistungen erzielen lassen.«
Bemerkung von Adolf Hitler: »Besser zehn Prozent Verluste auf dem Marsch nach Deutschland, als neunzig Prozent auf dem Marsch nach Sibirien.«

APRIL

13.

»Goya«: von 6000 überleben 183 – Wo bleibt die Rotbanner-flotte?
Königsberger Blutgericht – Das Versehen der »Neuwerk«
Die Kohlen stimmen nicht mehr

Auf der Reede von Hela ankert das Motorschiff »Goya«. Der 1942 gebaute Fünftausender wird von der Hamburg-Amerika Linie bereedert, die den modernen Frachter an die Kriegsmarine vercharterte. Anfänglich war »Goya« ein Zielschiff, jetzt hat auch sie menschenfreundliche Aufgaben. Bisher ging noch alles gut, und »Goya« war glücklicher als jene, die es wenige Tage zuvor erwischte, sie ganz von der Oberfläche nahm oder als Wracks am Strande von Hela zurückließ: den Transporter »Askari«, den Tanker »Franken«, den Stinnes-Dampfer »Albert Jensen«, den Indienfahrer »Moltkefels«, das Lazarettschiff »Posen«, die Flugsicherungsschiffe »Boelke« und »Hans Albrecht Wedel« und andere.
Vor Hela wird das Sprichwort »Die Nacht ist keines Menschen Freund« in sein Gegenteil verkehrt; denn mit dem Morgenlicht stellen sich auch schon die ersten russischen Flugzeuge ein. Es ballert die Flak, die Bomben fallen, das Wasser spritzt. Beim dritten oder vierten Anflug erhält »Goya« im vorderen Drittel einen Treffer, der das Deck aufreißt. Die Geschützbedienung wird verwundet, Kapitän Plünnecke kommt mit blutendem Kopf aus seiner Kammer gerannt und schimpft. Ein Splitter hat ihn unsanft geweckt. Der Tag fängt nicht gut an ...
Trotz seines Deckschadens ist das Schiff fahrtklar. Ab 9.00

Uhr schickt die KMD Hela Flüchtlinge und Verwundete, und den ganzen Tag legen Kutter, Fähren und Boote bei der »Goya« an. Durch die laufenden Angriffe zeitweise in Panik versetzt, erreichen immerhin etwa 6000 Menschen stoßend und kletternd das rettende Schiff. Dann wird der Anker gehievt, und um 19.00 Uhr setzt sich das von zwei Minensuchbooten geschützte Geleit nach Kopenhagen in Marsch. Mit ihm fährt noch der Frachter »Kronenfels«. Die »Goya« hat Doppelschrauben und ist ein schneller Läufer. Aber da sich in einem Geleit die Geschwindigkeit nach dem langsamsten Schiff zu richten hat, beträgt die Marschfahrt nur neun Seemeilen.
Unter den Sechstausend an Bord der »Goya« befindet sich auch Hauptmann Küspert mit 200 Soldaten vom Panzerregiment 35, das an den harten Kämpfen um Danzig umd im Weichselbrückenkopf teilgenommen hat. Die Gruppe Küspert soll im Westen mit neuen Panzern ausgerüstet und in den Einsatzraum Berlin gebracht werden. Sie freut sich, dem Osten entronnen zu sein. Die heiße und verbrauchte Luft im überfüllten Schiffsinneren läßt einige der Panzerleute immer wieder das Oberdeck und die Kühle der Nacht aufsuchen. Die harten Landkrieger sind der Meinung, daß es in der Ostsee keine U-Boote gäbe, und erst das unverhoffte Kommando: »Achtung, Schwimmwesten anlegen!« zeigt ihnen die Gefahr. Wie man später erfährt, ist es das sowjetische Garde-U-Boot »L-3« unter Kapitänleutnant V. K. Konovalov auf der achten Feindfahrt, das dem Geleit folgt.
Kurz vor Mitternacht erleidet ein Schiff des Konvois Maschinenschaden. In der Zwangspause, als auch die »Goya« beidreht, greift Konovalov an und löst seine Torpedos. Zwei gewaltige Explosionen erschüttern die »Goya«. Wassersäulen fahren auf und klatschen an Deck. Das Schiff wird hochgehoben, im Innern erlischt alles Licht, das Rauschen des Wassers übertönt die Schreie. Die »Goya« hat Schlagseite, richtet sich wieder auf. Man will noch die Rettungsboote klarmachen, aber mitten in den Vorbereitungen bricht

die »Goya« in zwei Teile, die so schnell sinken, daß die Leute an Deck im Nu bis zum Hals im Wasser stehen. Die Masten neigen sich, kommen auf sie zu, die Menschen springen und schwimmen um ihr Leben. Nachtlichter flammen auf, Luftblasen sprudeln, Köpfe tauchen ein und aus, zahlreiche Gegenstände treiben. Die »Goya« ist schon verschwunden. Der Untergang des Fünftausend-Tonners dauerte nur wenige Minuten. Nicht viel länger als man braucht, um bis hier zu lesen.
Die im Wasser Treibenden sehen einen Schatten an sich vorüberziehen: das aufgetauchte U-Boot. Die sowjetische Gegendarstellung in »Atakujut« podvoniki« sagt dazu: »Auf das U-Boot fiel ein Platzregen von Wasserbomben, aber die Gardisten tauchten unter den Detonationen weg«. Die Überlebenden kämpfen verzweifelt mit dem eiskalten Wasser. Dann werden sie von den Marinebooten aufgenommen, an die »Kronenfels« abgegeben und in Kopenhagen gelandet. Von 6000 Menschen setzen nur 183 ihren Fuß wieder auf festen Boden. Alle anderen sind ertrunken, einschließlich Hauptmann Küspert. Seine Panzergruppe wird nicht mehr aufgestellt, von den 200 Mann entrinnen nur sieben dem Osten.

Der Verlust der »Goya« gehört zu den wenigen Ausnahmen. In einer Stellungnahme weist der ObdM auf den geringen Ausfall von 0,49 Prozent der bisherigen Menschentransporte hin. »Während die schmerzlichen Verluste des einzelnen Schiffes stark in Erscheinung treten, wird leicht vergessen, daß zu gleicher Zeit eine große Anzahl von Schiffen mit zahlreichen Verwundeten und Flüchtlingen die Ausschiffungshäfen sicher erreichen«. In der Tat wird die Evakuierung trotz aller Risiken, die im Führerhauptquartier immer wieder Diskussionen auslösen, ein großer Erfolg. Das erscheint auf den ersten Blick unverständlich. Wo bleibt die feindliche Seemacht, ihn zu verhindern?
Konteradmiral Engelhardt sagt: »Die Russen haben zur Bekämpfung des Schiffsverkehrs nie größere Kriegsschiffe

als Motorschnellboote und U-Boote eingesetzt. Man sollte sich doch einmal vorstellen, was passiert wäre, wenn nur drei ihrer modernen Zerstörer und dazu noch ein Kreuzer der Gorki-Klasse zwischen Pillau und Hela aufgetreten wären. Dann wären doch sofort die ganzen Transportbewegungen zum Stillstand gekommen. Denn wir hatten zuletzt doch nur noch einen (!) Zerstörer, nachdem die Kreuzer wegen Mangel an Brennstoff und Munition zurückgezogen werden mußten.
Sie (die Russen) haben auch ihre Schnellboote erst nach Memel verlegt, als Königsberg abgeschnitten war. Mit den U-Booten haben sie, außer bei »Goya«, »Steuben« und »Wilhelm Gustloff«, kaum einen Erfolg gehabt, trotzdem sie bis zu 15 Boote gleichzeitig in der Ostsee hatten. Es wäre also ein leichtes gewesen, unsere schlecht geschützten Geleitzüge anzugreifen und zu versenken. Dasselbe gilt für ihre Motorschnellboote, die alle Torpedobewaffung hatten. Ernstlich ausgeschaltet haben sie uns doch erst durch ihre Luftwaffe. Den Anfang machte der Hafen von Pillau, später setzte es sich um Danzig und Gotenhafen fort, als ihre Front nur noch wenige Kilometer von der Küste entfernt war. Dabei hatten sie schon Flugplätze in Ostpreußen und später in Pommern. Die großen Angriffe auf Saßnitz und Swinemünde wurden dagegen von den westlichen Alliierten durchgeführt, ebenso der letzte Angriff auf die Kieler Bucht. Wenn die Russen eine vernünftige Flottenführung gehabt hätten, wären sie mit ihren beiden einsatzfähigen Kreuzern bis an den Großen Belt gestoßen und hätten uns alle zu Mus gemacht. Das Ganze lag wohl weniger an einer besonderen Konzeption, als vielmehr an einer schlechten taktischen Führung – und natürlich auch an ihrer mangelnden Angriffserfahrung. Sie brauchten doch nur den Seeweg zur Oder abzuschneiden, dann hätten sie den ganzen Osten aufrollen können.«
Vizeadmiral Ruge, rückblickend, drückt es ähnlich aus: »Schlachtschiffe und Kreuzer wurden bis zum Schluß des Krieges nicht eingesetzt. Sie wurden weder gesichtet noch

geortet. Die 1941 stark angeschlagenen Schiffe waren weder personell, noch materiell einsatzfähig.«
Der sowjetische Admiral V. Tribuc gibt in einer Abhandlung über »Die Baltische Rotbannerflotte in der Endphase des Großen Vaterländischen Krieges« eine nähere Erklärung: ». . . Es muß (aber auch) erwähnt werden, daß es dem deutsch-faschistischen Kommando gelang, die Seeverbindung mit seinen eingeschlossenen Truppenverbänden in Kurland und im Küstengebiet der Danziger Bucht aufrechtzuerhalten und in den letzten Wochen des Krieges eine Massenevakuierung der Truppen und der Bevölkerung durchzuführen. Die Aufgabe, die Seeverbindungen zu zerstören, wurde (von uns) nicht voll gelöst. Welches waren die grundlegenden Ursachen?
Zu einer engen Blockade der Häfen, Basen und Anmarschwege der eingekesselten Verbände des Feindes von Windau bis Bornholm, reichten die Überwasserschiffe und U-Boote nicht aus. Die Zentrale hat den Einsatz der großen Überwasserschiffe verboten. Die unzureichende Anzahl an Torpedoschnellbooten erhöhte diesen Mangel besonders im März/April 1945 und erschwerte ihren massierten Einsatz. Da der Feind den kurländischen Aufmarschraum mit Basis und Hafen Libau . . . sowie Königsberg und Pillau lange hielt, hat er die Stationierung und den Einsatz unserer Seestreitkräfte bedeutend erschwert.«
Admiral Tribuc beziffert die in der Ostsee operierenden russischen U-Boote auf 20, von denen aber immer nur 6-8 gleichzeitig angesetzt wurden. Er bemängelt das Fehlen von Funkmeßgeräten auf russischen Schnellbooten, was das Aufspüren des faschistischen Gegners beeinträchtigte. Nach der Einnahme von Danzig/Neufahrwasser wurden russische Schnellboote dorthin verlegt, und begannen deutsche Transporter und Kriegsschiffe anzugreifen. Nach der Eroberung des Samlandes bot ihnen der Fischereihafen Kranz eine Basis, die sie an den nach ihrer Meinung wichtigsten Evakuierungshafen, nämlich Pillau, heranbrachte. Merkwürdigerweise waren mit dem Verlegen der sowjeti-

schen schwimmenden Kampfverbände immer Nachschubschwierigkeiten verbunden; denn sie wurden auf dem Landwege mit Kraftstoff und Munition versorgt, ein schwerfälliges Verfahren. Die weitaus größere Wirkung hätten die Marineflieger gehabt.
Das Resümee der Admirale beider Seiten erklärt die Zurückhaltung der Rotbannerflotte. Kriegsschäden an den Schiffen, eine jahrelange Blockade ihrer Häfen, ein äußerst begrenztes Übungsgebiet, noch dazu monatelang vereist, hatten sie einfach gehindert, sich zu entfalten. Als sie endlich zum Zuge kam, war es zu spät, und alle diese Nachteile wirkten sich aus. Der Gegner bestätigt außerdem, daß es strategisch richtig war, die Kurlandfront mit den Häfen Libau und Windau auch dann noch zu halten, als sich der Kampf schon längst auf deutschem Boden abspielte. Der hartnäckige deutsche Widerstand in Kurland band starke sowjetische Streitkräfte, die andernfalls den Stoß ins Reich beschleunigt hätten, und entzog der Rotbannerflotte wichtige Stützpunkte. Andererseits entzog die Kurlandfront der Evakuierung dringend benötigten Schiffsraum. Wenn auch das Kriegstagebuch der Seekriegsleitung erkennen läßt, daß Adolf Hitler seit Ende März keine zusätzlichen Schiffe beim Abtransport in Kurland einzusetzen wünschte, so machte doch schon die laufende Versorgung dem Seetransportchef genug zu schaffen. Hilferufe, wie der des Oberbefehlshabers einer Heeresgruppe vom 26. 3., kennzeichnen die Nöte:

> *»Heeresgruppe Kurland mit Munition und Betriebsstoff nicht bevorratet . . . Habe volles Vertrauen, daß Kriegsmarine trotz Entwicklung der Lage in östlicher und mittlerer Ostsee Verbindungen nach Kurland aufrechterhält. Halte aber in Anbetracht der kürzer werdenden Nächte, der länger gewordenen Seeverbindung zwischen Reich und Kurland und der bis in den pommerschen Raum vorgetriebenen feindlichen Luftbasen direkt laufendes Schnellgeleit mit Heimathafen Libau erforderlich. (Ferner) Sondergeleite von Munitionsschiffen auch*

bei Alleingang und Einsatz von Geleitschiffen, die auch bei Schlechtwetter laufen können.«

Die Marine machte es möglich, und MOK Ost meldet noch Mitte April zehn ständig in der Kurlandfahrt beschäftigte Truppentransporter. Und das, obwohl seit Ende Februar russische Schnellboote in Memel stationiert waren, sozusagen am Wegesrand, deren Zahl allmählich auf 100 anstieg. Obendrein hatten die Sowjets seit Ende März im Küstengebiet ihre »Marine-Eisenbahnartillerie« aufgefahren, die den wenigen deutschen Kampfschiffen schon vom Standort her überlegen war und das Küstenvorfeld mit Feuer eindeckte. So berichtet der damalige 2. Offizier Hirschhausen vom Transporter »Cometa«, daß sie eines Nachts auf eine Entfernung von über zehn Seemeilen (18 520 Meter) beschossen wurden. »Die Salven lagen unwahrscheinlich nahe. Erst kurz vor dem Beschuß waren Scheinwerfer über unser Schiff gegangen, dreimal in Abständen von ca. 20 Minuten. Das Schiff selbst lag unter dem Horizont, doch wurden die Mastspitzen erfaßt.«
Mit der Eisenbahn brachte die Rotbannerflotte auch »gepanzerte Boote« an die Front. Sie kamen auf Plattformwagen an den Pregel, und haben nach dem Fall von Königsberg in den Kämpfen um den von der deutschen Marine verminten Seekanal und in den Rückzugsgefechten am Frischen Haff eine Rolle gespielt.

Martin Bormann, der Leiter der Parteikanzlei, wendet sich mit einem Aufruf an alle Nationalsozialisten und sagt u. a.:

». . . Gauleiter und Kreisleiter . . . ein Hundsfott, wer seinen vom Feind angegriffenen Gau ohne ausdrücklichen Befehl des Führers verläßt. Wer nicht bis zum letzten Atemzug kämpft, der wird als Fahnenflüchtiger geächtet und behandelt. Reißt hoch die Herzen und überwindet alle Schwächen. Jetzt gilt nur noch eine Parole: siegen oder fallen . . .«

Nach der Vernichtung der 4. Armee richten sich die sowjeti-

schen Angriffe auf Königsberg. Am 6. April, morgens 4.00 Uhr, verläßt der letzte Lazarettzug die ostpreußische Landeshauptstadt und fährt nach Pillau davon. Jetzt wird die Stadt, in der sich 1701 der Kurfürst von Brandenburg als Friedrich I. zum König von Preußen krönen ließ, fertiggemacht (anders kann man es kaum bezeichnen) und das historische »Blutgericht« im Schloßkeller zum Omen für das, was nun folgt. Schlagartig ist die Festung von allen Verbindungen abgeschnitten, diesmal endgültig. Nach der ersten, vorübergehenden Einkreisung im März meldete noch ein Kriegsberichter: »Niemand denkt an Weichwerden, es herrscht Kolberg-Stimmung.« Jetzt eifert anstelle des geflohenen Gauleiters der Kreisleiter Wagner die Bevölkerung und die Soldaten mit Aufrufen an. »Kämpft wie die Indianer und schlagt euch wie Löwen . . . zurückgegangen wird nicht. Wer nicht kämpfen will und abhaut, wird umgelegt«, oder er schließt mit seiner Lieblingsredewendung »– kriegt eine vor'n Latz«. – General Lasch, am Vortage des Angriffs zum Festungskommandanten ernannt, sagte es anders: » . . . Helft in echter Kameradschaft, stützt die Schwachen, wie das Vaterland es von uns verlangt . . .«
Was kann das Vaterland wirklich verlangen gegenüber 30 sowjetischen Divisionen und zwei Luftflotten, die sich wie eine Woge über die Stadt und ihre noch immer zahlreiche Zivilbevölkerung ergießen? Viele Flüchtlinge, die in Pillau noch nicht weggekommen waren, waren wieder in ihre Wohnungen zurückgekehrt, laß kommen, was will!

Der Kampf ist kurz und heftig, und in seinen Einzelheiten, Randerscheinungen und Nachwehen so entsetzlich, vor allem für die armen Einwohner, daß seine Schilderung ganze Bände füllen würde und gefüllt hat. Westlich von Königsberg stößt der Gegner zum Frischen Haff durch und dringt am 7. und 8. April in die brennende Stadt ein. Feuer fällt vom Himmel wie in Sodom und Gomorrha. Granaten und Bomben stampfen ein einziges Schlachtfeld, in dessen Ruinen die Verteidiger ihre Widerstandsnester bauen und sich einkrallen, und in Todesangst hin- und herirrende

Zivilisten den Verstand zu verlieren glauben. In Pillau landen derweil noch Truppen aus dem Reich. Aber sie sind zu uneinheitlich und die Reste der aus dem Heiligenbeil-Kessel entkommenen Soldaten zu geschwächt, als daß es zu einem Gegenstoß langt. Am dritten Tage erwägt General Lasch die Kapitulation, um der Bevölkerung weitere Leiden zu ersparen. Sogar der Weg der Parlamentäre, und auch der sowjetischen Unterhändler, ist in diesem Inferno von Schrecken begleitet. In den Morgenstunden des 10. April wird endlich unterzeichnet. Und damit beginnt das zweite und längste Leidenskapitel der Zurückgebliebenen.

Königsberg –, ein Name, der auf eine vom Deutschen Ritterorden 1255 zu Ehren des Böhmenkönigs Ottokar II. erbaute Burg zurückgeht. In ihrem Schatten entstanden die Altstadt, Löbenicht und der Kneiphof. Sitz des Hochmeisters und seit 1525 der Herzöge von Preußen. Mit Vorbedacht gewählte Krönungsstadt –, Urpreußen selbst, durch ein dem Namen nachträglich angehängtes Pr. deutlich gemacht, um Verwechslungen auszuschließen. Ein Name, den viele Schiffe in alle Welt trugen, die der Königsberger Immanuel Kant den kategorischen Imperativ gelehrt und mit seinem kritisch-philosophischen Gedankengängen beeinflußt hatte – wenn auch seine Ethik in Europa heute zum Teufel zu sein scheint. Schloß und siebenhundertjähriger Dom, Fachwerk und Speicher, statt Barock eher einen gradlinigen preußischen Klassizismus, behagliches ostpreußisches Bürgertum, Königsberger Fleck und Königsberger Klops. Regierungspräsident und preußische Beamte, die solche unkonventionellen Vertreter wie E. Th. A. Hoffmann hervorbrachten, dessen Erzählungen den Leser bezaubern. Von ihm bis zur norddeutschen Neuromantik einer Agnes Miegel ist es nicht gar so weit. Ostpreußische Gemütstiefe, vermischt mit dem Freisinn französischer Hugenotten und der frommen Heiterkeit salzburgischer Emigranten, die 1731/32 um des Glaubens willen ihre bergische Heimat verließen und unter dem Schutze Friedrich Wilhelm I. in Ostpreußen Fuß faßten. Denn Preußen war

ein Rechtsstaat, in dem jeder nach seiner Fasson selig werden konnte. Königsberg/Preußen, es ist nicht mehr, und keiner von seinen ehemals 370 000 Einwohnern kann sagen, wie es geschah . . .
Aus russischer Sicht muß Königsberg, und nicht nur Berlin, ein Symbol gewesen sein. Die Bastion eines Volkes, das sie wegen seiner Strebsamkeit und seines Organisationstalentes seit jeher im stillen bewunderten. Mit dem alten Preußen Tür an Tür, haben sie sich zusammengerauft – und das Gespenst von Rapallo geistert noch heute durch die westliche Welt. So wurde für den östlichen Nachbarn Preußen/Deutschland wohl zum einzigen europäischen Reich, dem sie ehrlichen Respekt zollen und für das sie eine zuweilen uneingestandene Vorliebe empfinden. In ihren Schulen lernen sie die deutsche Sprache auf breiter Basis, sie studieren ihre Philosophen, der Handel blüht, die jungen Sowjets schätzen von allen bürgerlichen Diplomaten die deutschen am meisten – und schließlich gehen beide Staaten einen Nichtangriffspakt ein.
Und dieser hochgeschätzte Nachbar, der »Fritz«, springt ihnen an einem Sommermorgen des Jahres 1941 buchstäblich aus heiterem Himmel an die Gurgel zu einem Kampf auf Leben und Tod, ohne daß sie es anfänglich überhaupt zu erfassen vermögen. Der Schock muß fürchterlich gewesen sein. Auch wenn wir den russischen Nationalcharakter mit Fug und Recht Gutmütigkeit und Großmut unterstellen, so wäre es doch zuviel verlangt, daß er nun feine Unterschiede zwischen preußischer Tradition und großdeutschen Übergriffen machen soll. Die Russen werden dafür sorgen, daß ihnen ähnliches nicht wieder passiert. So kommt es zu einer Tragödie von antiken Ausmaßen, bei der kaum ein Stein auf dem anderen bleibt. Königsberg muß es büßen, nie wieder werden hier Preußen leben. Preußen bezahlt für die Fehler anderer, und alles was an sie erinnert, wird ausgerottet mit Stumpf und Stiel. Und darum fällt auch das Wort: »Alle Gebäude, die wir nicht benutzen, brennen wir nieder – grundsätzlich!«

Der sowjetische Wehrmachtbericht meldet: »Truppen der 3. weißrussischen Front haben am 9. April Festung und Stadt Königsberg erobert.« Gauleiter Koch, der noch immer geborgen in Neutief auf der Nehrung sitzt, funkt, der General sei ein Verräter und Saboteur. Das OKW erklärt nach zwei weiteren Tagen: »Die Festung Königsberg wurde nach mehrtägigen starken Angriffen durch den Festungskommandanten, General der Infanterie Lasch, den Bolschewisten übergeben. General Lasch wurde wegen feiger Übergabe an den Feind durch das Kriegsgericht zum Tode durch den Strang verurteilt. Seine Sippe wird haftbar gemacht.«
Vergeblich setzt sich sein Vorgesetzter F. W. Müller, ehemaliger Chef der 4. Armee, für den Unglücklichen ein. Nur der Feind gestattet dem bezwungenen Festungskommandanten eine Gegenerklärung abzugeben und als Flugblatt abwerfen zu lassen.
Seine Sippe –: Frau und Tochter von General Lasch haben wenige Wochen vorher mit dem Flüchtlingsschiff »Feodosia« den Weg nach Kopenhagen gefunden. Sie begleiten eine Frau von Perbandt mit ihren fünf Kindern. Elisabeth von Perbandt ist eine geborene von der Goltz, deren zahlreiche Familienmitglieder in diesen Wochen alle ihre ostpreußische Heimat verlassen mußten. Wie Millionen andere hätten auch sie sich das alles nicht träumen lassen, obwohl einer von ihnen 1916 im fernen Bagdad starb: Generalfeldmarschall von der Goltz Pascha, Organisator des türkischen Heeres. Niemand von den Nachkommen vermag zu sagen, wo sie einmal ihre Ruhe finden werden.
Die deutsche Presse zitiert unverhofft die schon halbvergessene Königin Luise von Preußen:

> » . . . *Die göttliche Vorsehung leitet unverkennbar neue Weltzustände ein, und es soll eine andere Ordnung der Dinge werden, da die alte sich überlebt hat und in sich selbst als gestorben zusammenstürzt. Ganz unverkennbar ist alles, was geschehen ist und was geschieht, nicht das Letzte, wie es werden und bleiben soll, sondern nur*

die Bahnung des Weges zu einem besseren Ziele hin. Dieses Ziel scheint aber in weiter Ferne zu liegen . . .«

Aus Königsberg wurde ein Fischereihafen, namens Kaliningrad.

Nach russischen Berichten »setzte die Baltische Flotte nach Unterstützung der Küstenflanken der Landtruppen ihre Angriffe auf die Seeverbindungen und Anmarschwege zu den feindlichen Basen und Häfen in der Ostsee fort.« Sie bediente sich dabei in erster Linie ihrer U-Boote und Marineflieger. Daß diese nicht immer eine unbedingt sichere Hand hatten, beweist eine Begegnung mit dem vorerwähnten Motorschiff »Cometa«, einem 1941 in Dänemark gebauten Doppelschrauben-Schnellfrachter mit 17 Knoten Geschwindigkeit. Das Schiff wurde Oktober 1944 von der KMD als Kurlandtransporter eingesetzt. Unter anderem hatte es, zusammen mit dem Reichsbahn-Fährschiff »Deutschland«, die Verbände der Waffen-SS »Großdeutschland«, »Nordland« und »Nederland« von der Kurlandfront nach Stettin zurückgebracht. Nun befördert es Verwundete und Flüchtlinge.
Der 2. Offizier Hirschhausen berichtet weiter: »Am 10. April verließen wir Libau, wieder mit vollgestopftem Schiff, kehrten aber nicht wieder nach Kurland zurück, dafür nächste Reise nach Hela. Über Nacht nahmen wir fast 2000 Menschen an Bord. Kurz nach Verlassen von Hela wurde das Schiff von einem Verband russischer Torpedoflieger angegriffen. Ein Torpedo klatschte auf einen Stapel Flöße, die auf der Back lagen, und rutschte danach über Bord. Ein weiterer flog niedrig über Luke 5 hinweg, beulte die Reeling ein und ging ebenfalls, ohne zu detonieren, ins Wasser. Ein etwas vorderlicher als quer im Wasser laufender Torpedo – der dritte also – muß ein Tieftaucher gewesen sein; denn auch er (unter dem Schiff hindurchgehend) richtete keinen Schaden an.
Diese Torpedos habe ich selber gesehen, es sollen aber noch mehrere andere auf uns geschossen worden sein. Verbunden mit dem Torpedoangriff war Beschuß durch Bordwaf-

fen, die Einschläge hinterließen, jedoch keinen Menschen trafen. Ein angreifendes Flugzeug wurde von unserer eigenen Backbord-Vierling abgeschossen, unter der Leitung des Flakführers Oberfeldwebel Dahringer, der bis zum letzten Augenblick gewartet hatte. Es wurden zwei Angriffe auf das Schiff geflogen. Nach dem zweiten drehten sie ab und kehrten nicht wieder zurück.«

Nachdem Danzig/Neufahrwasser in Feindeshand gefallen waren, mußte mehr denn je mit russischen Kleinkampfverbänden auf dem Wasser gerechnet werden. Um nachts Freund und Feind mit Sicherheit unterscheiden zu können, tauschen Schiffe bei Begegnungen Erkennungssignale aus (ES): farbige Leuchtkugeln, deren Zusammenstellung täglich wechselt. Versäumt einer die optische Parole zu beantworten oder gibt er eine falsche Antwort – dann knallt es! Diese Kennungen sind in ES-Tafeln zusammengefaßt, denen das jeweilige Tagessignal zu entnehmen ist. Nicht immer hatten Handelsschiffe im Operationsgebiet ES bei sich, bei Geleitfahrten überließ man es den Begleitfahrzeugen. Danach zu urteilen, was der 1. Offizier Voelger zu Protokoll gab, ist das auch bei dem kleinen Dampfer »Neuwerk« der Fall gewesen, der sich in der Nacht vom 9./10. April auf der Reise von Pillau nach Hela befand, und außer dem Sicherungsfahrzeug auch noch die Richtung verloren zu haben scheint.
Die Nacht war grau und diesig. Das, wie man annimmt, mit 854 Verwundeten, 60 Eisenbahnern, 100 Flüchtlingen und Sanitätspersonal besetzte Schiff folgte einem Sicherungsfahrzeug, das man um Mitternacht, als der 2. Offizier seine Wache antrat, etwa 300 Meter entfernt vor sich hatte. Auf der Brücke befanden sich zur Zeit noch der Ausguckposten, der Rudergänger und der Kapitän, die alle drei das Kriegsschiff sahen. Im Innenschiff war es still, die Mitfahrenden schliefen tief und fest, vielleicht den Schlaf der Erschöpfung. Als der 1. Offizier um 4.00 Uhr morgens wieder ablöste, merkte er, daß etwas nicht stimmte. Sie hatten bei

der nur mäßigen Sicht ihren Beschützer aus den Augen verloren, und die Schiffsleitung wußte nicht genau, wo sie waren. Man passierte ein Wegezeichen, eine Spierentonne, konnte es aber nicht identifizieren. Sie überlegten, ob sie loten sollten, ließen den Gedanken wegen der gleichbleibenden Wassertiefe, die kaum einen Anhaltspunkt ergab, aber wieder fallen. Außerdem wollte man die Flüchtlinge nicht beunruhigen. Vorsichtshalber änderten sie ihren Kurs ein wenig in Richtung Hela oder vielmehr dahin, was sie als Richtung Hela ansahen. Denn in Wirklichkeit hatten sie sich völlig verlaufen und landeten in dieser dunstigen Nacht ganz woanders, ohne es auch nur zu ahnen.

». . . Bei meinem Umschauen sah ich später zwei Schnellboote, die ich für deutsche hielt. Außerdem glaubte ich in einem dritten Schatten unser Sicherungsfahrzeug zu erkennen. Dem Kapitän schlug ich vor anzufragen, ob es unser Geleit sei. Er lehnte es ab mit der Begründung, daß wir uns immer zurechtgefunden hätten . . .

Später sah ich Sternsignale, die wir als Handelsschiffsfahrer nicht deuten konnten . . .«

Das war das ES. Daß es ihnen galt, merken sie, als man ihnen Warnschüsse vor den Bug setzt, wohl um sie am Weiterfahren zu hindern. Sie scheinen sich indessen nicht daran gekehrt zu haben. Mit tausend Menschen an Bord . . .

»Darauf setzte ein fürchterlicher Beschuß auf Deck und Brücke ein. Der Kapitän wurde sofort verwundet, der Rudergänger fiel aus. Der Kapitän übernahm das Ruder, dann übernahm ich es und brachte das Schiff auf Nord-Kurs und darüber hinaus . . . Der Kapitän lag vor dem Kartentisch . . .

Dann wurde das Schiff torpediert. Ich trat auf die Steuerbord-Brückennock und sah, daß es am Sinken war. Ich rief dann ins Ruderhaus, daß man raus müsse, das Schiff taumelte schon. Es konnte 5.20 Uhr sein. Dann kamen die typischen Sinkbewegungen, und ich sprang über Bord. Beim Auftauchen waren bereits Trümmer auf dem Wasser,

als ich mich mit einigen Schwimmstößen umdrehte, war das Schiff gesunken . . .«
Das ist der Untergang der »Neuwerk«. Ob man auf dieser letzten Reise ES mitgenommen hatte, vermochte der Berichtende nicht zu sagen. Auf der vorletzten Reise, ebenfalls im Geleit, jedenfalls nicht. Im Schiffstagebuch hat er auch keinen entsprechenden Vermerk gelesen, und beim Auslaufen aus Pillau hat er vergessen, danach zu fragen. Eins aber hat er nicht vergessen: Nämlich, daß es die Küste von Gotenhafen war, die er beim Schwimmen im Wasser plötzlich vor sich sah, und nicht das Ufer von Hela. Sie hatten also ihren Bestimmungsort meilenweit verfehlt. Und die Schnellboote, auch das stellte sich heraus als man ihn auffischt, waren keine russischen, sondern eigene, deutsche, die auf der Lauer lagen und sie für ein feindliches Schiff halten mußten, weil sie sich nicht zu erkennen gegeben hatten. Die Schuld an diesem tödlichen Mißverständnis müssen sich die von der »Neuwerk« selber zuschreiben.
Von der 13 Mann starken Besatzung werden fünf Mann vermißt, darunter auch der Kapitän. Einer, ein Holländer, erliegt an Land seinen schweren Verletzungen. Unter den Geretteten ist noch ein italienischer Fremdarbeiter, der Heizer Giovanni Zuccon, den das Schicksal aus seinem Heimatort mit dem wohlklingenden Namen Mandolino in die rauhe Danziger Bucht geführt hatte. Von den ertrunkenen tausend Mitfahrern ist indessen kaum noch die Rede.

Nach Admiral V. Tribuc »hatten die sowjetischen Truppen bis zum 17. April bei aktiver Mitwirkung der Baltischen Flotte das Samland erobert – Mit Ausnahme eines kleinen Gebietes im Südwesten, wo sich der wichtige Kriegshafen Pillau befand. Diese Basis blieb als einziger Evakuierungspunkt für die deutsch-faschistischen Kräfte übrig, die sich unter den Schlägen der sowjetischen Truppen auf dem Rückzug befanden. Der Gegner hat große Anstrengungen unternommen, um sie (die Basis) zu halten. Zur Unterstützung seiner Truppen hat er alle Schiffsklassen bis zum

Schweren Kreuzer benutzt.« Letzteres ist zu summarisch gesagt; denn abgesehen davon, daß als weitere Evakuierungsplätze noch Hela und die Landestellen Nickelswalde und Schiewenhorst verfügbar waren, hatte man bis zum 17. April bereits alle größeren deutschen Kampfschiffe nach Westen abgezogen.
Die Brennstofflage hatte sich weiterhin verschlechtert, so daß am letzten Tag im März neue Richtlinien für die Zuteilung von Bunkerkohle wirksam wurden. An erster Stelle rangierten demnach Versorgungsschiffe für die Heeresgruppen Kurland und Nord (Ostpreußen), Geleite von U-Booten und das Minenräumen auf den Zwangswegen. Dann kamen die Truppentransporter in der Dänemark- und Norwegenfahrt. Die Flüchtlings-, Verwundeten- und Truppenverschiffungen rückten an die dritte Stelle, wobei allerdings zu berücksichtigen ist, daß jeder leer zurückkehrende Transporter ohnehin Flüchtlinge mitbrachte. Alle anderen Aufgaben, einschließlich der Hochseefischerei, rückten auf den vierten und letzten Platz. Auch dieser neue Verteiler beruhte auf Lieferzusagen des OKW, die erst einmal erfüllt werden sollten. Wenn nicht, das gab der Seetransportchef am 5. April zu bedenken, müßten nach nur einer weiteren Fahrt etwa 100 000 Brutto-Registertonnen wegen ihres hohen Brennstoffverbrauches aus der Fahrt gezogen und stillgelegt werden. Das betraf neben den Kohledampfern auch noch die Ölbrenner.
Kurz darauf wurden alle Schlepper angebunden, ihre starken Maschinen fraßen zuviel. Den ganz Kleinen folgten wenige Tage später die ganz Großen. »Deutschland« (21 046 BRT) und »Cap Arkona« (27 571) ankern beide in der Lübekker Bucht vor Neustadt. »Der Deutsche« (11 434) wird zunächst in die Wohlenberger Wiek bei Wismar geschickt, die »Potsdam« (17 528) erreicht mit völlig leeren Bunkern gerade noch die Geltinger Bucht an der Flensburger Förde. Das Walfang-Mutterschiff »Walter Rau« (13 725) kommt in die Eckenförder Bucht. Die Hamburg-Süd-Schiffe »Monte Rosa« (13 882), »Antonio Delfino« (13 589) und »General

San Martin« (11 251) werden Verwundetensammelstellen in Kopenhagen und von Land aus mit Energie versorgt. Das ist der Anfang vom Ende. Nichtsdestoweniger sind im Monat April noch immer 174 Schiffe im Flüchtlingstransport eingesetzt, die insgesamt 540 554 Menschen in den Westen tragen. Gemessen an den Ergebnissen des März (553 530) ist die Gesamtleistung nur geringfügig gesunken. »Pretoria«, »Ubena« und eine Reihe kleinerer Lazarettschiffe und Transporter bleiben weiterhin in Fahrt.
Für das Stillegen der Kriegsschiffe waren neben dem hohen Brennstoffverbrauch noch andere Gründe bestimmend: Schäden am Schiff, Verschleiß der Geschütze, Munitionsmangel und geringer Ausbildungsstand. Die aus der Front gezogenen Kampfeinheiten sollten, falls technisch möglich, noch als schwimmende Batterien an besonders gefährdeten Punkten der engeren Heimat verwendet werden. Das Marineoberkommando Ostsee schloß sich den Vorschlägen des Flottenkommandos an. Mitte April kamen »Lützow« und »Schlesien« nach Swinemünde, »Scheer« nach Kiel, »Prinz Eugen« und »Nürnberg« nach Kopenhagen. In Lübeck und Wilhelmshaven wurden Torpedoboote festgemacht, in Swinemünde und im Greifswalder Bodden sonstige Sicherungsfahrzeuge verankert. Hitlers Absicht, von der Kampfgruppe des Vizeadmirals Thiele, »Prinz Eugen« mit Zerstörern, die russisch besetzte Samlandküste beschießen zu lassen, lehnte Großadmiral Dönitz schon ab.
Bei den Besprechungen im FHQ zeichnet er ein düsteres Bild: Die Brennstofflage hat sich nach dem Vordringen des westlichen Gegners bis zur Elbe (!) so ausgewirkt, daß die Kriegsmarine lediglich auf ihre Küstenbestände angewiesen ist. Zufuhren aus dem süd- und mitteldeutschen Raum sind solange abgeschnitten, bis die Verkehrsverbindungen wieder geöffnet werden (!). In diesem Zusammenhang bittet der ObdM, daß die Elbbrücken so spät wie möglich gesprengt werden, um diese wichtige Verbindung noch aufrechtzuerhalten.
Im übrigen: Die U-Boote können nur noch bis zum 20. 4.

auslaufen. Im April muß jeder Nachschubverkehr und jede Seefahrt überhaupt aufhören . . .
Das Ende des Krieges rückte in greifbare Nähe. Hier wäre allerdings zu bemerken, daß auch die Marine wie die anderen Wehrmachtteile immer in dunklen Farben zu malen pflegte, um schließlich doch mit einer kleinen stillen Reserve über die letzten Runden zu kommen. Aber wenn auch die Kriegsmarine, und vor allem die U-Boote, noch im Monat März 62 feindliche Schiffe mit zusammen 272 600 BRT versenkt hatte, so entsprach das Bild im großen und ganzen der Wahrheit, deren letzter Schluß doch nur eine Galgenfrist von wenigen Wochen sein konnte.

14.

Die Kinder der »Ubena« – Kapitäne machen alles
»Moltkefels« und »Pretoria«: Bomben auf rote Kreuze
Führers Geburtstag: das delphische Orakel – Die letzten Tage von Pillau

Die Kinder der »Ubena« sind längst erwachsen und heute etwa fünfundzwanzig Jahre alt. Wer kennt schon die Umstände ihrer Geburt an Bord eines ehemaligen Afrikadampfers irgendwo zwischen der Danziger Bucht und Kopenhagen. Die alte »Ubena« wurde im Juni an die Royal Mail Lines abgeliefert. Und auch die Schiffstagebücher sind dahin mit den korrekten Geburteneintragungen, die der Kapitän zwischen Bomben und Torpedoangriffen noch auszufertigen hatte und wobei der Zahlmeister an Bord den Vornamen der neuen Erdenbürger ein Ubena hinzufügte. Daher gibt es heute eine Erika-Ubena, eine Marlen-Ubena, einen Jochen-Ubena und andere . . ., und die Eltern werden ihnen später erklärt haben, was es mit ihrem seltsamen afrikanischen Vornamen auf sich hat. Denn inmitten von Tod und Grauen ging das Leben weiter, wenn es auch

zuweilen den Augenzeugen schier das Herz abdrückte. So erinnert sich Kapitän Lankau:
»Diese jungen Menschlein habe ich mit Freude beurkundet und unterzeichnet –, denn wenn wir eine Weile unterwegs waren, setzte meist das große Sterben ein, besonders bei den schwachen und älteren, aber auch bei jüngeren Menschen beiderlei Geschlechts. Nach unerhörten Anstrengungen und Entbehrungen waren sie an Bord gekommen. Die Flucht über Land und Wasser, die Aufregungen der Einschiffung unter Beschuß der Fliegerangriffe, das alles zusammen hatte die Kraftreserven erschöpft, und das Leben verlosch wie eine ausgehende Kerze . . .
Allein auf der ersten Reise hatten wir achtzig Tote. Weil es noch verhältnismäßig kühl war, nahm ich die Toten mit nach Kopenhagen, wo sie zur letzten Ruhe gebettet wurden. Wir haben, wenn immer es möglich war, auch jeden Toten auf den vorgeschriebenen Sterbeformularen standesamtlich beurkundet.
Später wurde es härter, die Toten mußten auf See eingenäht und versenkt werden. Wir hatten nicht genügend Material, wie Segeltuch und Gewichte an Bord, auch konnten wir es uns nicht leisten zu stoppen, wenn die Toten über Bord gegeben wurden. Die Gestorbenen wurden wahllos, ohne Rücksicht auf Geschlecht und Alter, zwei und zwei zusammen eingenäht und mit Pflastersteinen beschwert, die wir von Kopenhagen mitgenommen hatten. Da waren Mütter und Angehörige, die es nicht fassen konnten, daß ihre Familienmitglieder mit einem völlig Unbekannten eingenäht wurden und in die See gegeben werden sollten. Sie haben mich knieend angejammert, dies doch nicht zu tun. Was blieb mir übrig. Ich habe sie so gut wie möglich getröstet, obwohl mir selbst hundeelend zumute war. Man faltete nur kurz die Hände, nahm die Mütze ab, und die eingenähten Toten wurden der See übergeben. Es waren ihrer so viele. Noch heute schüttelt es mich, wenn ich nur daran denke . . .«
Die Kapitäne tun alles, was sie können. Auf dem Flücht-

lingsschiff »Wadai« wird Superintendent Walsdorf gebeten, Gottesdienste zu halten, und läßt durch Bordlautsprecher bekanntgeben, daß er auf Wunsch auch taufen würde. In kurzer Zeit sind sechs Täuflinge angemeldet. Als der Kapitän nach den Paten fragt, meint der Superintendent, die müßten in dieser Lage wohl ausfallen. Der Kapitän schüttelt den Kopf: »Wissen Sie nicht, daß bei einer Taufe an Bord immer der Kapitän Pate steht?« So kommen die kleinen Flüchtlingskinder doch noch zu ihren Paten.

Das alles machen die Kapitäne, wenn es sie nicht gerade zu den Wachoffizieren auf die Brücke zwingt. Bei Alarm, bei Sturm und bei Nebel, den sie in schnellen Geleitzügen durchjagen, einer dicht hinter dem anderen, wobei sich die Schiffe untereinander mit ihren Dampfpfeifen verständigen. Hellwach –, bei der geringsten Nachlässigkeit hätte es die schwersten Zusammenstöße geben können;

». . . denn es wurde mit allem gefahren, was die Maschine hergab, und dabei so dicht aufgeschlossen, daß man trotz des dichten Nebels die Hecklaterne des Vordermannes sehen konnte. Ein Mann am Telefon hatte den Hörer dauernd in der Hand, ein anderer an der Maschine, um sofort mit den Umdrehungen heruntergehen zu können, falls man dem Vordermann zu nahe kam. So jagten wir Stunde um Stunde – und kamen heil durch. Aber man selbst war auch fertig. Von Schlaf keine Rede, man rauchte unzählige Zigaretten und trank starken Kaffee.

Ich möchte nicht vergessen, der an Bord arbeitenden Ärzte zu gedenken. Während wir auf der Brücke Stunde um Stunde mit angespannten Nerven standen und jeden Augenblick das Unheil erwarteten, waren wir im Freien. Im Innenschiff aber haben die Ärzte und das Sanitätspersonal Stunde um Stunde operiert und Kranke versorgt. Wegen der Verdunkelung bei geschlossenen Fenstern; heiß und schlecht war die Luft in den Räumen. Es gibt sehr viel, was die Ärzte in diesen Tagen bei uns an Bord geleistet haben . . .«

Manchmal ist es selbst den Ärzten fast zuviel. Und auch

dann springen die Kapitäne ein und gehen ihnen notfalls zur Hand. Sie haben auf den Seefahrtschulen die Gesundheitspflege und ärztliche Hilfe auf Handelsschiffen erlernt und waren in der Bordpraxis oft genug auf sich selbst angewiesen. So notiert Wachkapitän Treptow vom Reichsbahnfährschiff »Deutschland«:

»Unsere Stabsärzte werden nervös, es sieht auch nicht gut aus. Von 309 Verwundeten sind 120 schwerste Fälle, die dringend der Uberweisung in ein Krankenhaus bedürfen. Ärzte sehr besorgt. Als noch immer keine Ausschiffung in Sicht, beginnt der Stabsarzt bei den schweren Fällen zu operieren. Näht auch Halsschlagadern –, ich assistiere ihm dabei . . .«

Kapitän Heidberg vom Tankschiff »Adria« der Reederei John T. Essberger, der von Hela Reede in einem Geleitzug die Reise nach Westen antritt, hat überhaupt keinen Arzt an Bord.

»Erst auf See konnte die Zahl der Flüchtlinge mit etwa 335 Frauen und Kindern und 18 bis 20 kranken Männern festgestellt werden. Unter den Flüchtlingen befanden sich 17 Schwerverwundete und zwar 4 Kinder und 13 Frauen. Diese waren von Fliegern während der Einschiffung verwundet worden: Becken-, Brust- und Beindurchschüsse. Ein Arzt oder sonstiges Krankenpersonal war nicht an Bord, doch gelang es mir, die Verwundeten schon am ersten Tag trotz laufender Angriffe durch feindliche Flugzeuge und U-Boote in den Alarmpausen mit den an Bord vorhandenen Mitteln zu behandeln und zu verbinden.

Am tapfersten waren bei dieser primitiven Art von Behandlung die Kinder und jungen Mädchen von 17, 18 Jahren. Nur eine Frau weigerte sich, ihren Brustdurchschuß behandeln zu lassen. Nachdem sie diese Verwundung bereits zwei Tage verschwiegen hatte, mußte ich am dritten Tag wegen starker Entzündung zum Skalpell greifen . . .

Ich habe die Frau aber lebend nach Kiel gebracht, und wie ich später hörte, ist eine sofortige Operation im Krankenhaus zufriedenstellend verlaufen. Es gab keine Todesfälle während der Reise.«

Um es noch einmal zu sagen: Diese Mitteilung kommt nicht von einem Lazarettschiff, vielmehr von einem Öltanker!

Der deutsche Osten läuft leer wie ein leckes Faß. Ende März notierte das MOK Ost, Korvettenkapitän Eschricht, für die vergangenen acht Wochen eine Gesamttransportleistung von 1 108 191 Menschen. Hiervon entfielen auf den Pendelverkehr von Pillau 477 000, von Kahlberg auf der Frischen Nehrung 77 625 und von der Pommernküste 109 000. Das sind beeindruckende Ziffern, die aber von der Wirklichkeit höchstwahrscheinlich noch weit übertroffen werden.

Und doch stehen Anfang April gegenüber von Pillau, auf der Nehrung, noch immer oder schon wieder 400 000 Menschen, die fort müssen. Pillau selbst hat 41 385 Verwundete gemeldet, ihnen dampfen 9 Lazarettschiffe und 5 Verwundetentransporter entgegen. Von Hela werden in der ersten Aprilhälfte 96 609 Verwundete und 81 805 Flüchtlinge abgefahren. Zwischen allem läuft der Sondertransport des 7. Panzer-Korps mit 10 000 Mann, das von Pillau nach Lübeck überführt wird. Am 13. April liegen in Pillau-Neutief 5000 Verwundete, in Pillau-Stadt 8000 und im letzten Samland noch 3000. Die Situation verändert sich, den Ereignissen entsprechend, sprunghaft und von Tag zu Tag. Gibt beispielsweise Hela an einem Morgen 2000 Verwundete an, so sind es am nächsten schon 12 000 geworden, wieder ein andermal sind es nur wenige Hundert. Am 19. April notiert Korvettenkapitän Eschricht: Verwundetenlage auf Hela untragbar! Das ist eine vorübergehende Erscheinung. Obwohl der Seetransportchef drastische Sparmaßnahmen durchsetzen muß und wegen Brennstoffmangel weitere Tonnage stillegen läßt (allein im Nord-Ostsee-Kanal haben um die Monatsmitte 30 Dampfer angebunden und ihre Feuer gelöscht) lobt der Chef des Generalstabes die hohen Transportergebnisse: Vom 21. März bis zum 10. April wären insgesamt 157 270 Verwundete nach Westen gebracht und das Armee-Oberkommando Ostpreußen erheblich entlastet worden.

Das ist vor allem dem persönlichen Einsatz der Handelsschiffsbesatzungen und dem Improvisationsvermögen der Seetra-Leute zu danken. Auf Hela arbeitet die Kriegsmarinedienststelle, vormals KMD Danzig, unentwegt weiter. Heini Bartels und sein Stab residieren in Baracken, zwischen Kiefern verborgen, die in diesen sonnigen Apriltagen den Duft des frischen Harzes ausströmen. Es ist eines der meistumworbenen Kommandos auf der schmalen Landzunge, wo sich Mann und Roß umrennen und im Sand versinken. »Das Ganze ist Stolpmünde, Danzig und Wallensteins Lager zugleich. Zwischen Scharen erschöpfter Landser stolzieren Parteiuniformen, Leute von der Organisation Todt, Beamte, Kriegsverwaltungsräte, Helferinnen, Eisenbahner ohne Eisenbahn; Kinder, die ihre Eltern suchen und Frauen, die alles suchen und vielfach schon gefunden haben.« Admirale und Kriegsrichter, Gauleiter und Kommandeure, die eine Wehrmachtsstreife anführen, weil ihnen nichts weiter mehr zu führen bleibt. Oder sie warten auf das Schiff, indessen die Halbinsel abgeschnitten ist, ihnen täglich zwei Scheiben Brot zugeteilt werden und die Pferde dran glauben müssen. Sie alle wollen nach Westen. Was sie dort eigentlich wollen, wissen sie manchmal selbst nicht, so trübe sind die Nachrichten – aber sie wollen nur eins: weg, möglichst weit weg! Und darum geben sie sich am Tage die Klinke der Barackentür in die Hand. Bei den vielen Feuerstößen der Russen stecken sie die Nase in den Sand. Und Bartels und sein Stab, die Referenten und ihre Helfer, tauchen im polnischen Befehlsbunker dicht bei unter, der ihnen Schutz gewährt und in dem sie nachts auch schlafen.

Nachts wird es auf der Halbinsel friedlich und still. Die Sonne versinkt im Abendrot und verkündet einen schönen kommenden Tag. Bei Dunkelheit flammen unzählige Pünktchen von Zigaretten auf, zwischen den Kiefern beginnt ein Raunen und Wispern, ein Gerenne – husch, husch, die Waldfee! Kein kriegerisches Geräusch stört die Stille, Mars macht Feierabend. Am anderen Morgen geht der Schlamassel wieder los, und die Seetra-Offiziere sind die ersten, die sich mit Booten und Schleppern auf die Reede zu den Schiffen begeben und die Einschiffungen vorbereiten. Während in der Luft das Brummen der ersten russischen Flieger anschwillt. Das ist so auf der Drehscheibe Hela Reede, wo man von allen Seiten herbeiströmt, umsteigt und wieder abfährt. Aus dem ostpreußischen Faß ohne Boden ...

Einer von ihnen ist der Landwirt Ernst Behrendt aus der Gegend von Rosenberg, der mit Frau und Tochter seinen Hof verließ, weil ein umsichtiger Ortsbauernführer ihnen rechtzeitig dazu riet. Seine polnischen Arbeiter baten ihn zu bleiben, er aber sah das Verhängnis kommen und ging. Mit ihnen zogen andere junge Polen und ein englischer Kriegsgefangener, der schon lange bei ihnen war. Der Treck wurde von den Ereignissen überrollt, und schließlich fanden sie sich, aller Habe bar, bei Kahlberg auf der Nehrung wieder. Der Hof war noch nicht einmal weit weg, nur auf der anderen Seite des Haffs, aber zwischen ihnen und Rosenberg lag schon der Abgrund der Besitz- und Heimatlosen, von Traum und Wirklichkeit. Dem Engländer sagten sie mit Tränen in den Augen Ade, später hat er ihnen aus seiner Heimat geschrieben – schon auf dem Wege nach Ostasien. Ernst Behrendt wird mit den Seinen nach Hela gebracht und soll am 11. April nach Kopenhagen fahren. Der Landwirt hat kaum ein Seeschiff in seinem Leben gesehen, und darum erscheint ihm die 8000 Tonnen große »Moltkefels« der Bremer Hansa-Reederei »riesengroß«, zumal sie an diesem Tage tatsächlich das einzige größere Schiff auf Hela Reede ist.
Die »Moltkefels« gehört zu jenen ebenso unauffälligen wie einsatzbereiten Frachtern, die hintern den Waffentaten stets zurückstehen, diese aber erst ermöglichen. Als Truppentransporter eingesetzt hat der ehemalige Indienfahrer allein vom Frühjahr bis zum Jahresende 1944 auf 78 Reisen beim Abtransport der Lappland-Armee befördert: 69 861 Solda-

ten, 7823 Pferde, 44 Hunde, 4452 Fahrzeuge. 44 300 Tonnen Kriegsmaterial und rund 10 000 Sack Feldpost. Der Frachter überstand einen schweren Minentreffer, brachte russische Gefangene zum Straßenbau nach Nordnorwegen, die Division »Greif« nach Estland und wieder zurück, holte von Libau Verwundete der Kurland-Armee, brachte von Swinemünde 2500 Soldaten nach Pillau, die später in den Heiligenbeil-Kessel kamen, war Urlauberschiff und zwischendurch holte die Bordflak auch mal einen vom Himmel herunter. Kurzum, der Frachter machte alles, was verlangt wurde. Ein glückliches Schiff unter einem Kapitän mit dem literarischen Namen Peter Voss. Am 11. April 1945 ist auch für das glückliche Schiff »dicke Luft«. Als »Moltkefels«, im Geleit von Swinemünde kommend, bei Tagesanbruch vor Hela ankert, geht das Führerboot bei einem Fliegerangriff durch Volltreffer verloren. Um 8.00 Uhr kommen die ersten Flüchtlinge an Bord, drei Stunden später überstehen sie einen Angriff mit Bomben und Bordwaffenbeschuß. Dann zwingen die dichten Einschläge der russischen Artillerie zum Wechsel des Ankerplatzes, gleich darauf treibt sie ein U-Bootalarm wieder dicht unter Land. Gegen 14.30 Uhr ist das Einschiffen beendet. Es sind 4000 Menschen an Bord: Flüchtlinge, Schwerverwundete, Zoll- und Polizeieinheiten, versprengte Soldaten. Gegen 16.00 Uhr gibt es einen neuen Fliegeralarm, und gleich darauf stürzen sich etwa 35 Flugzeuge wie die Hornissen auf das einzige größere Schiff auf Hela Reede, auf die »Moltkefels«. Alles an Bord ist auf seiner Station, die Brücke ist voll besetzt, im Motorenraum befinden sich beide Maschinenwachen. Die Flak schießt aus allen Rohren, vermag aber gegen 35 und mehr Flugzeuge nichts auszurichten.
Der erste Überfall dauert mindestens acht Minuten, wobei das Schiff schätzungsweise fünfzehnmal direkt getroffen wird. Nach dem ersten Treffer bricht im Vorschiff sofort Feuer aus. Die Aufbauten werden durchlöchert, aus der Maschine schießt eine Flammengarbe, höher als der Schornstein, der nur Minuten später ausgeglüht zur Seite fällt. Die

Back und Luke 1 brennen, die Decks sind übersät mit Verbrannten, Toten und Sterbenden. Aus Luke 2 ertönt unmenschliches Jammern und Schreien. Auf den Flakständen explodiert die Bereitschaftsmunition, aus den Querschotten schießt brennendes Öl und breitet sich schnell im Unterraum aus. Auf dem manöverierunfähigen Schiff gibt es keine Löschmöglichkeiten mehr, die Besatzung ist machtlos! Vorschiff, Vorluken und Maschine brennen wie eine Fackel. Das Achterschiff bleibt dagegen unversehrt.
Viele der Verletzten, die sich bis an die Reeling schleppen können, springen über Bord. Sie werden von Rettungsfahrzeugen aufgenommen. Am Heck machen zwei Schlepper fest und tauen die »Moltkefels« in flaches Wasser dicht unter Land, so daß sie nicht untergehen kann. Das Abbergen der Menschen geht flott vonstatten und ist gegen 19.00 Uhr beendet. Der Landwirt Behrendt klettert als einer der ersten an einem Tampen herunter in einen Lastkahn. Seine Frau verbrannte sich dabei die Handflächen. Ihre zehnjährige Tochter wurde von Matrosen gerettet, die sich die Kinder in die Arme fallen ließen. Die Besatzung ist zum Umfallen erschöpft. Von den rund 40 Mann sind vermutlich vier tot und mehrere verwundet. Wie es in dem Kapitänsbericht heißt, werden rund 200 der Mitfahrenden vermißt.
Als letzter verließ gegen 21.00 Uhr der Funker das tote Schiff. Am nächsten Tag fährt er mit Kapitän Voss zum Admiral und Marinebefehlshaber auf Hela, um Bericht zu erstatten. Mit ihnen fährt der Kapitän des kleinen Lazarettschiffes »Posen«, das ebenfalls bei dem Angriff vernichtet wurde. Der Admiral erzählt allen, daß er das ganze von seinem Befehlsstand aus verfolgt habe. Es wären zusammen etwa 80 Flugzeuge gewesen, von denen die Bordflak aller Schiffe 8 oder 9 abgeschossen habe. Der Funker: »Ich bin anschließend in einer Baracke gewesen, wo die Seetransportstelle untergebracht war, Leiter Fregattenkapitän H. Bartels. Dort habe ich einen Bericht diktiert.«
Die »Moltkefels« brennt die ganze Nacht und auch noch am anderen Tag – eine Fackel in der Dunkelheit, eine Rauch-

wolke in der Sonne, ein Fanal für die Flieger. Aber die Flieger kümmern sich nicht mehr um sie. Kapitän Voss schreibt: »Schiff ist als Totalverlust zu betrachten.«

Der Kampf auf Hela Reede wird immer rücksichtsloser. Am 15. April ankern dort die Dampfer »Matthias Stinnes«, »Eberhard Essberger« und »Pretoria«. Später kommt noch die »Askari« hinzu. Auf allen Schiffen ist man fieberhaft mit der Übernahme von Menschen beschäftigt, da die glasklare Aprilluft den Feind früher oder später zum Angriff verlocken wird. Fährschiff »Deutschland« hat schon frühmorgens im Kriegshafen Hela 2031 Mann der 7. Panzerdivision und der 4. SS-Polizeidivision, 15 Feldhaubitzen und 42 WM-Fahrzeuge an Bord genommen und wartet östlich von Hela im Landschutz auf Geleit. Minensucher, Torpedoboote und ein Zerstörer bilden einen Sicherungsgürtel um die Schiffe. Kurz vor 9.00 Uhr setzt von der Oxhöftspitze bei Gotenhafen russisches Artilleriefeuer ein, direkt bei den deutschen Handelsschiffen steigen die weißen Fontänen der Einschläge auf. Zerstörer »Z 34« läuft der Batterie entgegen und bringt sie auf 12 Kilometer Abstand mit 35 Schuß zum Schweigen. Nach drei Minuten und weiteren 11 Schuß in das Batteriegelände meldet sich die russische Artillerie den ganzen Tag nicht mehr.
Das weitere besorgen die Flieger. Um 9.35 Uhr sind sie unvermittelt da. Jäger und Jagdbomber ziehen stur wie bei einer Manövervorführung trotz heftigen Abwehrfeuers und werfen nach kurzem Sturzflug ihre Bomben aus kaum 1000 Meter Höhe. »Deutschland« manövriert sich aus der Gefahrenzone. Ziel ist unverkennbar das Lazarettschiff »Pretoria«. Der 16 000-Tonner liegt groß und weiß in der Morgensonne, seine roten Kreuze sind weit zu erkennen. In der Nähe die ausgebrannte »Moltkefels«. Die Flugzeuge kommen direkt aus der Sonne und werden am fast wolkenlosen Himmel bis zuletzt kaum wahrgenommen. Ihre Bomben fallen wie der sprichwörtliche Hagel über die »Pretoria«. Drei schwere Einschläge im Vorschiff, denen weitere Treffer über die ganze Länge folgen.

Sie verursachen starke Schäden im Sonnendeck und im Bootsdeck, Zerstörungen in der Touristenklasse, in den Kabinengängen und in fast allen Ladeluken. Die bei Luke 3 gestapelten etwa 100 Kapok-Rettungsflöße geraten sofort in Brand, Leergut entflammt, Feuerlöschleitungen sind ausgefallen, trotzdem bekommt man die Brände unter Kontrolle. Sämtliche elektrischen Elemente funktionieren nicht mehr; weder Kreiselkompaß, Echolot, noch die meisten Kräne. Schweißnähte sind gerissen, die Außenhaut des Schiffes ist durchlöchert und wird in höchster Eile mit Holzpropfen gestopft. Der einmal so elegante Afrika-Dampfer ist ein halbes Wrack, aber wenn man annimmt, daß seine Besatzung den Mut verliert, wird man eines Besseren belehrt. Trotz des Massenangriffs sind die Verluste glücklicherweise relativ gering, sie betragen 11 Tote und 24 Verwundete.
Und das Erstaunliche: kaum ist das Schiff notdürftig aufgeräumt, wird die Übernahme der Menschen fortgesetzt. Ein weiterer Luftangriff um 11.00 Uhr zwingt zu neuer Pause. Wieder wird »Pretoria« getroffen, abermals gerät das Lazarettschiff in Brand. Die Schäden am Rumpf erregen Besorgnis. Der Tunnel der Schraubenwelle hat ein Leck und läuft voll Wasser, andere Unterräume sind dreiviertel voll. Das große Schiff taucht hinten tief ein: 8,75 Meter. Trotzdem machen sie sich am Abend mit 2000 Verwundeten und einigen Hundert Flüchtlingen unter Volldampf auf den Weg nach Kopenhagen. Dabei müssen sie den dritten Fliegerangriff über sich ergehen lassen und durch Hin und Herkurven ausmanöverieren.
Alle Rettungsboote sind zerschossen. Die Pumpen laufen ununterbrochen, um den Dampfer vor dem Absacken zu bewahren. Im Wellentunnel stehen Besatzung und Pioniertruppen bis zum Bauch im Wasser und suchen das Leck zu dichten. »Pretoria« hat Schlagseite, taucht hinten schon 9,50 Meter ein und vorne nur 5,00 Meter. Aus Kopenhagen kommen ihnen Bergungsdampfer entgegen, Marinefahrzeuge bringen die Menschen an Land und in Sicherheit.

Nach einer atemberaubenden Überfahrt können sie dicht vor dem Ziel zu Anker gehen. Am 20. April, fünf Tage nach dem ersten Angriff, ist das Schiff behelfsmäßig abgedichtet und wieder soweit aufgeschwommen, daß es die Fahrrinne passieren und in Kopenhagen einlaufen kann.
Für den Rest des Krieges ist die brave »Pretoria« erledigt. Sie hat in den letzten drei Monaten 35 044 Menschen westwärts getragen.
Ebenfalls erledigt ist der Zerstörer »Z 34«, der die russische Batterie auf Oxhöft zusammenschoß. Das erfolgreiche Kriegsschiff, das schon beim Endkampf um Kolberg Feuerschutz gegeben hatte, wurde in der folgenden Nacht unter Hela von einem sowjetischen Schnellboot torpediert. Zwar kann es sich noch mit eigener Kraft in den Schutz des Landes begeben, wird aber nach einem weiteren Angriff nach Swinemünde zurückgeschleppt. So räumt am 16. April das letzte aktive Kriegsschiff die Danziger Bucht und überläßt das Feld den Reserve- und Hilfseinheiten: Kriegsfischkuttern, Kampffähren, Vorpostenbooten und dergleichen.

Inzwischen verstarb einer der »großen Drei« der Alliierten: Franklin D. Roosevelt, Präsident der Vereinigten Staaten. Sein Nachfolger, Vizepräsident Truman, versichert noch in der gleichen Nacht den bestürzten Verbündeten, »daß wir den Krieg mit aller Energie zu einem erfolgreichen Ende führen werden«.
Adolf Hitler erläßt eine Proklamation an die Ostfront, die in diesen Tagen schon bedenklich nahe der Reichshauptstadt Berlin verläuft, und mahnt unter anderem: » . . . Wer Euch Befehl zum Rückzug gibt, ohne daß Ihr ihn genau kennt, ist sofort festzunehmen und nötigenfalls augenblicklich umzulegen, ganz gleich, welchen Rang er besitzt. Berlin bleibt deutsch, Wien wird wieder deutsch und Europa wird niemals russisch . . .« Er beschwört die Ostkämpfer, den bolschewistischen Ansturm in einem Blutbad zu ersticken und schließt: » . . . im Augenblick, in dem das Schicksal den größten Kriegsverbrecher aller Zeiten von dieser Erde

genommen hat, wird sich die Wende dieses Krieges entscheiden«.
Das Letzte, zwar auf den Tod von Roosevelt gemünzt, klingt schon doppelsinnig wie ein delphisches Orakel.
Adolf Hitler wird am 20. April 56 Jahre alt. Am Vorabend seines Geburtstages, der nichts mehr von den demonstrativen Feierlichkeiten vergangener Jahre an sich hat, versichert Dr. Goebbels im Großdeutschen Rundfunk dem Führer noch einmal germanische Gefolgschaftstreue: Führer befiehl, wir folgen!
». . . wenn die Nation noch atmet, wenn vor ihr noch die Chance des Sieges liegt, wenn es noch einen Ausweg aus der tödlichen ernsten Gefahr gibt, wir haben es ihm zu verdanken. Er ist die Standhaftigkeit selbst. Nie sah ich ihn wanken und verzagen, schwach oder müde werden. Er wird seinen Weg bis zum Ende gehen –, dort wartet auf ihn nicht der Untergang seines Volkes, sondern ein neuer glücklicher Anfang zu einer Blütezeit des Deutschtums ohnegleichen«.
Über allem Pathos liegen der Ernst und die Schwermut der Stunde.
Die Flammenzeichen stehen an der Wand, die sich in Flut und Feuer auflöst und das delphische Orakel klarer und klarer hervortreten läßt: den Nullpunkt, das Nichts.
Bei der Führerlage schildert der Großadmiral eindringlich die Verhältnisse in Pillau und Hela. Der ObdM betont, daß die Gefahren des Transportes weniger auf See, sondern in den Häfen wären. Das einzig wirksame Gegenmittel wäre eine Verstärkung des Jagdschutzes. Die Luftwaffe meldet, daß die uns noch verbliebenen Flugplätze Neutief und Brüsterort ebenfalls unter feindlichem Feuer lägen. Neue Flugplätze würden nördlich von Neuhäuser (bei Pillau) und auf Hela ausgebaut. Auch sollten weitere Jäger in das Samland.
Doch dazu kommt es nicht mehr. Nach Königsberg geht wenig später auch Pillau verloren.

Die Einnahme von Stadt und Hafen Pillau durch die sowjetischen Streitkräfte war der Schlußstrich unter eine Entwicklung, die sich für den kritischen Beobachter schon mit einer Besprechung beim ostpreußischen Reichsverteidigungskommissar am 27. Okt. 1944 abzuzeichnen begann. Gesprächspartner war der damalige Regierungspräsident, Kapitän zur See Chappuzeau und Marineoberstabsintendant Paulusch, das Protokoll ist erhalten. Dabei erneuerte der Kommandant im Abschnitt Pillau seine Bedenken gegen die ständig steigende Zivilbevölkerung. Als die Marinevertreter im Hinblick auf die Verteidigungsbereitschaft baten, Zusammenballungen zu vermeiden und sich nach Maßnahmen für eine ordnungsgemäße Räumung Ostpreußens erkundigten, antwortete ihnen der Regierungspräsident sinngemäß, »daß die Regierung viel zu tun hätte, Maßnahmen für Situationen vorzubereiten, die voraussichtlich nie eintreten würden«. Das in der Folge hereinbrechende Verhängnis offenbarte alle Trug- und Fehlschlüsse, am Ende drohte auch hier das Chaos. Die Handelsschiffe begegneten dem russischen Würgegriff auf ihre Weise. Der Seetransport steigerte seine Bemühungen derart, daß alleine in der ersten Aprilhälfte noch soviel wie im gesamten Monat März evakuiert werden konnten, nachweislich 60 719 Menschen. Bis zum Fall der Festung folgten weitere 20 000. Am Schluß hatte man über 600 000 durch Pillau geschleust, von denen rund 180 000 über Neutief nach anderen Häfen abwanderten.
Die Beschreibung dessen, was in den letzten Monaten in und um Pillau durch Bomben, Granaten oder Minen vernichtet wurde und im dortigen Wasser begraben liegt, wäre ein Kapitel für sich. Es betrifft den Großeisbrecher »Pollux« und das Lazarettschiff »Meteor« (3717 BRT). Den Bergungsdampfer »Wotan«, die Schlepper »Kamstigall«, »Simson« und »Arkona« gleichermaßen wie die kleine »Wilma«, die »Elbing IV«, »Robert Müller VI«, »Julius« und die größeren Frachter »Jersbeck«, »Mendoza«, »Vale« und »Weserstein«. Diesem Schiffsfriedhof stehen aber 310 geglückte Abfahrten gegenüber!

Hedwig Balcke ist eine von denen, die gut davonkamen, und gedenkt heute noch »mit tiefer Dankbarkeit der Männer des Flugsicherungsschiffes ›Boelcke‹, die in selbstloser Treue ihre schwere Pflicht taten. Vielen Tausenden retteten sie das Leben und die Freiheit, bis sie selbst ihr Leben lassen mußten«.

Noch in den letzten Tagen des umkämpften Hafens spielen die Handelsschiffe ihre wechselseitige Rolle als Nachschubträger und Menschentransporter, tapfer und umsichtig. Der Kapitän der »Erna« bringt eine Ladung Brikett für die Feldküchen. Sein Schiff ist nur 750 Tonnen groß, ungeachtet dessen stopft er es für die Rückreise mit 1000 Flüchtlingen voll. »Adele Traber« landet Rauhfutter für die Heerespferde. Dabei werden sie vom Russen beschossen, der sie von einem Fesselballon aus erspäht. Rauhfutter und Lagerschuppen gehen in Flammen auf –, der Feind gibt sich zufrieden und stellt das Feuer ein. Kapitän Richter verwendet den Rest des Rauhfutters als weiche Liege für Verwundete, verteilt aus der Rückladung Pelzmäntel der Zollverwaltung an frierende Flüchtlinge und hält in der Kombüse Tag und Nacht den Topf am Kochen für die Zweitausend, die ihn westwärts begleiten. Der kleine Nachschubtanker »Lisa Essberger« berührt am 20. April zum letztenmal Pillau. Dort schleichen sich ein paar Flüchtlinge an Bord, die zu ihrem Erstaunen erst einmal mit nach Libau fahren müssen. Von der bedrohten Kurlandfront folgen ihm Bankbeamte, die 8 Millionen Reichsmark nach Deutschland zurückbringen. An der Front hat man für das Geld keine Verwendung mehr.

Nach dem Sturm auf Königsberg beeilen sich die Russen, nun auch noch »den letzten Zipfel im Südwesten vom Samland« zu erobern. Vor der sowjetischen Übermacht muß am Nachmittag des 13. April die deutsche Front bei Neukuhren zurückweichen. Einen Tag später sind die roten Streitkräfte in Großkuhren, wieder einen Tag später fällt die durch den Bernsteinabbau bekannte Ortschaft Palmnik-

ken. Der Feind besetzt das Ostseebad Rauschen, aus Fischhausen flieht der noch immer amtierende Landrat von der Groeben, das Seebad Neuhäuser wird von der Bevölkerung geräumt. Hafen und Seetief von Pillau liegen jetzt unter ständigem Artilleriebeschuß, der Russe ist vor der Tür! Nachts setzen Flüchtlinge und Verwundete nach Neutief zur Frischen Nehrung über.
Als die »Herkules« der Lübeck-Linie in Pillau einlaufen will, stoßen zwölf Bomber auf sie herunter – Fehlwurf um Haaresbreite! Artilleriesalven zwingen den Dampfer wieder in See, wo drei russische Schnellboote angreifen. Im Schutze eines Geleitbootes erreicht »Herkules« die Reede von Hela. Das Schiff hat ein Leck. Da aber in diesen Wochen ein Leck schon nichts besonderes mehr darstellt, läßt Kapitän Klein es provisorisch abdichten, übernimmt von der KDM Hela 2500 Flüchtlinge und richtet seinen Kurs nach Kopenhagen.
Anders der Hamburger Dampfer »Vale«. Der gut bewaffnete 6000-Tonner hat Nachschubmunition an Bord und passiert ungehindert die langen Pillauer Molen. Kaum haben sie im Marinehafen festgemacht, haut eine Granate direkt vor dem Schiff auf der Pier ein. Nachts werden sie ihre gefährliche Ladung los und verholen an einen besseren Liegeplatz. Während die Menschen den Frachter besteigen erhält »Vale« drei Bombentreffer. Zwei davon in Luke 4, in der 250 Schwerverwundete liegen. Das Schiff reißt sich von den Leinen, treibt mit dem Wind quer durch den Hafen und setzt sich langsam auf Grund. Es ist aus!
Am 20. April kommt der neuernannte Seekommandant Ostpreußen von Hela herüber und bezieht seinen Gefechtsstand in der früheren Hafenschutzbatterie am inneren Ende der Nordmole. Ein Räumboot brachte Kapitän zur See Strobel über die Danziger Bucht, ein Schlauchboot setzte ihn an Land. Die Luft ist voll Eisen. Der Befehlsbereich des neuen Seekommandanten Ostpreußen umfaßt gerade noch ein Stückchen Pillauküste und den Nehrungstreifen. Kommandant der Festung Pillau ist seit Ende März Generalleutnant Chill. Kein Haus ist mehr unbeschädigt, Großbrände

wüten, und nur der Leuchtturm hat bisher alles heil überstanden. Die alteingesessenen Pillauer haben sich meist schon davongemacht, die Stadt wimmelt von Flüchtlingen. Straßen und Zufahrtswege zum Hafen sind von Fahrzeugen mit stehengelassenem Hausrat verstopft und müssen immer wieder regelrecht entrümpelt werden. Ein Verkehr über das Tief ist ohne weiteres kaum möglich, zudem fehlt es an Booten und an Personal. Ein in der Einfahrt zum Haff gesunkener Dampfer, offenbar die »Vale«, zieht die russischen Flieger wie ein Magnet an, obgleich sie ihn schon kennen sollten.
Die schmale Pillauer Landzunge ist naturgeschützt und an drei Seiten von Wasser umgeben: von der Ostsee, von der Fischhausener Wiek und vom Frischen Haff. Die von Norden heranmarschierenden Sowjets stoßen zuerst auf den vom Heer verteidigten Tenkittenriegel, in dem die Marineflakbatterien Albertkreuz und Lochstädt die Kerne bilden. Der nächste, innere Sperriegel liegt südlich davon bei Neuhäuser mit der dortigen Flakbatterie. Wieder innerhalb dieser beiden befindet sich die eigentliche Stadtriegelstellung. Der ehemalige Adjudant, Oberleutnant MA d. R. Walter Griebel, führt einen Zug der Stabsbatterie im Auffanglager Siebenhügel zwischen den beiden äußeren Verteidigungsringen.
»Dazu der schwierigste Punkt: Das ganze Lager war mit fremden Soldaten aller Truppengattungen, die aus Rußland zurückfluteten und die Nase restlos voll hatten, sowie mit Flüchtlingen überfüllt. Ein tolles Durcheinander: Frauen, Kinder, Mädchen, Alkohol. Das Vieh lief wild umher und wurde geschlachtet. Es ist nicht möglich, die eigenen Leute im Lager überhaupt zu finden. Eine Feuerwehrkompanie, die infanteristisch eingesetzt werden soll, besteht nur aus alten Leuten – erschütterndes Material«. Der neue Seekommandant sucht vor allem Verwundete, Zivilisten und die zivilen Hilfskräfte der Wehrmacht beschleunigt abzuschieben. Die Zweigstelle der KDM unter Kapitänleutnant d. R. Karl-Ernst Krüger tut ihr bestes, ist aber auf die Nachtstun-

den angewiesen und außerdem kommen nur noch kleinere Fahrzeuge. Den größeren ist das Einlaufen nicht mehr möglich. Der letzte Dampfer muß die »Möwe« gewesen sein, ein als Hilfkriegsschiff verwendeter Frachter der Bremer Argo-Reederei von 1813 Tonnen. Als Datum wird der 16. April angeführt, die Umstände lassen es aber später erscheinen. »Möwe« hat schon viele dieser Reisen hinter sich gebracht und erreicht nachts die Einfahrt »ohne Besonderheiten«. Die Molenfeuer sind selbstverständlich gelöscht, aber Brände und Geschützfeuer sorgen für ausreichendes Licht. Niemand weiß, ob der Russe schon die Stadt erobert hat, sie tasten sich vorwärts, alle Mann auf Gefechtsstation! Der Kommandant läßt einen schwachen Ton mit der Dampfpfeife geben. Wie gebannt starren sie auf die Morselampen der Signalstation, antwortet sie deutsch oder russisch? Endlich – »Wer sind Sie?«. Der Kommandant, noch immer zögernd, geht nicht darauf ein: »Frage Liegeplatz«. Dann, als die wohlbekannte »Möwe« und die deutschen Verteidiger erleichtert einander erkennen, geht es an die Pier. Friedrich Längle, damals Steuermannsgefreiter an Bord, sagt aus:

». . . Der Russe steht etwa 5 Kilometer vor Pillau in Neuhäuser. Die Einfahrt zum Pillauer Seekanal ist der Eingang zur Hölle. Pausenloser Artilleriebeschuß liegt über dem Hafen. Tiefflieger werfen laufend Bomben in die Stadt. Um unseren Liegeplatz nicht zu verraten schießen wir nicht zurück. Ein hinter uns liegender Eisbrecher wird versenkt. Unser mitgebrachtes Mehl will keiner mehr haben. Wir legen es auf die Pier und überlassen es seinem Schicksal. Wir errechnen uns, daß wir spätestens um 3.00 Uhr den Hafen verlassen müssen, um die Danziger Bucht noch in der Dunkelheit zu überqueren.

Die Lage in der Stadt spitzt sich von Minute zu Minute zu. Russische Panzer stehen bereits am Stadtrand von Pillau II. Die Flüchtlinge brauchen trotz des Feuers nicht zum Einsteigen genötigt werden, sie strömen unkontrolliert über die Reling. Im Hafen liegen noch viele kleine Fahrzeuge, die mit

Flüchtlingen randvoll geladen werden, um dann unter der Küste förmlich nach Westen zu schleichen. Wir selbst werden dann noch beim Auslaufen durch einen Schlepper aufgefordert kehrt zu machen, um den Gauleiter Koch mit seinem Stab an Bord zu nehmen. Das hat uns gerade noch gefehlt. Wir lehnen das ab und laufen mit äußerster Kraft aus . . .«

Nach starker Artillerievorbereitung drückt der Russe auf den Tenkittenriegel. In der Nacht vom 20./21. April sickern die ersten Panzer durch die deutschen Linien. Die Marinebatterien, an sich nur für die Luftabwehr bestimmt und ungenügend bevorratet, entwickeln sich zu Schwerpunkten der Abwehr im Erdkampf und direktem Beschuß. Die Lochstädt links und rechts flankierende Infanterie setzt sich südwärts ab. Die Batterie wird umzingelt und wehrt sich Stunde um Stunde gegen die erdrückende Übermacht. In den frühen Morgenstunden jagt die letzte Granate aus dem Rohr. Die Überlebenden sprengen die Geschütze, schlagen sich zur Burg Lochstädt durch und warten auf Entsatz. Als auf Ersuchen des Seekommandanten ein Unternehmen der Landungspioniere unter Generalmajor Karl Henke vorstößt, steht Burg Lochstädt schon in Flammen. Die ehemalige Batterie Albertkreuz kämpft nach dem Abzug der Infanterie auf verlorenem Posten. Sie verschießt ihre gesamte Munition, wehrt sich erbittert mit Handwaffen weiter und fällt bis auf den letzten Mann. Mit diesen beiden Marineflakbatterien, die wie die Spartaner fochten, ist der Tenkittenriegel erledigt.
Unablässig schiebt sich die russische Walze vor. In Pillau, wo sich nun alles zusammendrängt, brennt es von vorne bis hinten. Um das Gewühl aufzulockern, werden mit Marineprähnen und sonstigen Fahrzeugen Truppen und Gerät über das Seetief zur Nehrung gebracht. Als es dunkelt, am Abend des 22. April, stürmen die Sowjets gegen den Neuhäuserriegel. Wieder das gleiche Bild. Die Infanterie muß weichen, die Batterie wird umgangen und von zwei Seiten

angegriffen. Sie widersteht verzweifelt bis in den neuen Tag und wird schließlich von der russischen Luftwaffe buchstäblich zermalmt.

Aus dem Gefechtsbericht des Seekommandanten vom 23./24. April: »... Mit dem Fall der Batterie Neuhäuser beginnt die Endphase des Kampfes um die Seestadt Pillau. Die Munition der deutschen Truppen wird immer knapper, die Menschenverluste werden immer größer. Das Zurückfluten der deutschen Einheiten wird immer ungeordneter. Stadt und Hafen liegen unter pausenlosem Beschuß. Der Gegner hat Artillerie und Granatwerfer in unmittelbarer Nähe der Stadt in Stellung gebracht. Die Stalinorgeln vollführen unentwegt ihr übles Konzert. In der Luft ist der Teufel los. In niedrigster Höhe fliegen die Schlachtflieger den ganzen Tag über dem Stadtgelände. Die noch vorhandenen Gebäude und Gebäudereste sinken in Trümmer. Die Kasematten der Zitadelle sind ein einziges umgepflügtes Trümmerfeld. Mein Gefechtsstand erhält mehrere schwere Treffer und stürzt zum größten Teil zusammen. Aber noch wird die Stadt gehalten. Die Batterie auf der Nordmole jagt Schuß um Schuß auf den längs des Strandes mit Panzern und Infanterie vorrückenden Feind ...«

In der Plantage wird der Angreifer von deutscher Infanterie und Marine-Einheiten aufgehalten. Die Marineschützenregimenter bestehen zum großen Teil aus ehemaligen U-Bootfahrern. Von den jungen Soldaten fallen bis zu neunzig Prozent. In den Schlachtenlärm mischen sich die Detonationen der Selbstzerstörungen: die Molen der Hafenbecken werden gesprengt, die Einfahrten durch versenkte Kähne blockiert.

Während im laufenden Pendelverkehr Heerestruppen zur Nehrung übersetzen und auch der Festungskommandant nach Neutief verlegt, halten die Batterien Kamstigall und Nordermole noch aus. In der Stadt kämpft schon jeder gegen jeden, Freund und Feind gehen ineinander über, Marine und Infanterie sterben Seite an Seite. Der hochdekorierte Chef der 21. Infanterie-Division, Generalmajor Weng-

ler, der den Einsatz seiner Truppen als sinnlosen und als bewußten Mord bezeichnet, findet inmitten seiner Soldaten den Tod. In der folgenden Nacht holen Marinefährprähme noch 19 200 Soldaten zur anderen Seite, 7000 größtenteils Verwundete bringen sie nach Hela. Die Einschiffung ist nur mit Waffengewalt aufrecht zu erhalten. Die Panik der Menschen, die Szenen an den Anlegestellen sind nicht zu schildern. Viele springen ins Wasser und suchen schwimmend das andere Ufer zu erreichen – und ertrinken. Die russische Artillerie macht ein Massaker. »Es war taghell, die Stadt ein einziges Flammenmeer«.
Am 25. April, um 4.00 Uhr morgens, überwältigen die Russen die Batterie und schieben sich zur Nordmole vor. Sie erreichen den Gefechtsstand des Seekommandanten und an der Hafenseite die allen Kennern ans Herz gewachsene und in unerschöpflichen Erzählungen immer wiederkehrende kleine Bier- und Weinstube »Ilskefalle« . . . Der Seekommandant und seine Helfer verlassen die Einfahrt in einem Schiffskutter, einem offenen Boot. Im großen Bogen werden sie über das Meer zur Küste der Nehrung gerudert. Der Schlachtenlärm verliert sich in der Ferne.
Nachzügler flüchten in wilder Eile die Nordmole entlang. Die davorliegenden Schützengräben sind längst leer. Alle Absetzmöglichkeiten sind erschöpft, und im Nu ist die lange Mole »wie mit Heringen vollgestopft«. Plötzlich ist der Russe da, fährt Maschinengewehre auf. Die Deutschen heben die Arme und marschieren als Gefangene nach Pillau. »Furchtbare Bilder, ein Feuermeer, Berge von toten Soldaten und Flüchtlingen. Unendlich viele Wagen, noch viel mehr Flüchtlingsgepäck«.
Schätzungsweise 8000 sind in Pillau gefallen. Ungefähr 30 000 konnten über das Seetief auf die Nehrung entkommen. Zweidrittel von ihnen ziehen müde und geschlagen westwärts nach Kahlberg davon. Am Wegesrand hocken Soldaten, hilfswillige Fremde, Flüchtlinge. Physisch und moralisch gebrochen sind sie durch nichts mehr zu bewegen auch nur noch einen Schritt zu tun und bleiben zurück.

etwa 8000 formieren sich noch einmal und halten die russischen Gardetruppen und Marineinfanteristen auf, die den Flüchtenden zu Wasser und zu Lande nachsetzen und vierundzwanzig Stunden später schon eine Pontonbrücke über das Seetief geschlagen haben. Die Batterien auf der Nehrung verschießen sich, eine nach der anderen. Nachdem noch einmal 2000 Deutsche gefallen sind, geben die restlichen 6000 auf.
Letzter Verteidiger auf der Nehrung ist der vorerwähnte Generalmajor Karl Henke, der im Morgengrauen des 26. April bei der schweren Flakbatterie Lehmberg aus Angehörigen aller Wehrmachtteile eine Kampfgruppe um sich schart. In der Nacht, als noch ein Rohr der Batterie feuert, fordern die Sowjets sie zur Übergabe auf. Sie lehnen ab, wehren sich mit Klauen und Zähnen und halten sich noch bis zum Nachmittag des 27. April. Nach Augenzeugenberichten kämpfte der General wie ein Löwe. Als mehrere Russen ihn im Handgemenge zu überwältigen drohen, reißt er sich noch einmal los, greift zur Pistole und schießt sich eine Kugel durch den Kopf. Die Überlebenden machen sich auf eine schreckliche Abrechnung gefaßt.
Und da geschieht ganz unerwartet das Ritterliche. Der russische General läßt sie antreten, Offiziere und Mannschaften getrennt, und mustert sie nachdenklich. Dann läßt er ihnen durch seinen Dolmetscher sagen: »Offiziere tapfer gewesen, gut gekämpft, sie dürfen ihren General begraben«. Den Mannschaften gegenüber ist er nicht so anerkennend. Nach der Beisetzung von Generalmajor Henke in der Erde von Lehmberg bittet der sowjetische Kommandant die deutschen Offiziere zum Essen. Sowjetische Ordonanzen servieren Wehrmachtskonserven, der Adjutant spricht fließend deutsch, und überhaupt erweisen sich die Russen als so aufgeschlossene Gastgeber, daß man an die alte Freundschaft erinnert wird. Jedenfalls ist der Sieger ein Mann mit Herz und ein guter Psychologe obendrein; »denn bei der folgenden Unterhaltung löste sich unser Schock und der Weg in die Gefangenschaft erschien uns weit weniger grausam«.

Der Wald von Alt-Pillau bis Lochstädt besteht nur noch aus Baumstümpfen. In den Wällen der kleinen Festung klaffen tiefe Löcher. Darüber sieht man die Dachsparren der preußischen Garnisonkirche. In der Stadt sind fast alle Häuser ausgebrannt, die öffentlichen Gebäude liegen in Trümmer. Die Staatswerft hat nur geringe Schäden davongetragen, und auch der Leuchtturm und die Lotsenstation sind erhalten geblieben. Der Bahnhof des Seedienstes Ostpreußen wird nie mehr gebraucht. Vor der »Ilskefalle« der Nachlaß: ein riesiger Berg von Flüchtlingsgut. Ostpreußen ist leergelaufen. Lange liest man noch an den Resten der Privathäuser die deutschen Namen und Inschriften –, der Russe hält sich nicht mit Kleinigkeiten auf. Aber der Schwarze Adler und seine Jungen sind tot oder in alle Winde verstreut, das Denkmal des Großen Kurfürsten steht heute in Eckernförde.

Pillau heißt jetzt Baltijsk. Die ehemaligen ostpreußischen Fischer brauchen zwei Tage, um von Schleswig-Holstein aus zu ihren alten Lachsgründen zu gelangen. Dabei dürfen sie sich der heimatlichen Küste nur bis auf zwölf Seemeilen nähern. Bei klarem Wetter erblicken sie manchmal das hohe Ufer, die Wanderdünen von Nidden, die roten Dächer von Baltijsk, das Bernsteinwerk von Palmnicken. Und nachts die vertrauten Leuchtfeuer des gelobten Landes, die mit schwingenden Schlaglichtern nach ihnen haschen.

Im Jahre 1934 veröffentlichte ein Oberleutnant eines Königsberger Regimentes unter dem Pseudonym Hans Nitram eine Broschüre: »Achtung, Ostmarkenrundfunk –, heute nacht haben polnische Truppen die ostpreußische Grenze überschritten . . .« Er beschrieb den Einmarsch einer feindlichen Macht, wie er sich taktisch im großen und ganzen später abgespielt hat, und schloß in etwa: »Noch auf der Mole von Pillau schlug den Angreifern das Feuer eines letzten Maschinengewehres entgegen.«
Der Verfasser irrte. Die Angreifer waren keine Polen, sondern Sowjetrussen. Es war ein tödlicher Irrtum.

15.

Diesseits der Oder – »Verbrannte Erde« – Achter Bornholm Die Gauleiter gehen – Die Stunde Null bricht an

Im Westen haben die aus der Lüneburger Heide nach Norden vorstoßenden britischen Divisionen auf breiter Front die Elbe erreicht. An der Oder beginnen die Russen ihre Großoffensive. Vier sowjetische Armeen zielen auf Vorpommern und Mecklenburg. Am 23. April melden die Zeitungen: »Wie aus dem heutigen Bericht zur Lage hervorgeht, befindet sich der Führer in Berlin inmitten seiner dortigen Truppen zur Verteidigung der Reichshauptstadt.« Die Heeresgruppen des Generalfeldmarschalls Busch verteidigt »die schönen Dörfer und Städte unserer norddeutschen Heimat«, wie es in einem Tagesbefehl heißt, die Nordfront. Reichsmarschall Hermann Göring wurde auf eigenen Wunsch »wegen eines langanhaltenden chronischen Herzleidens« von seinen Ämtern entbunden und als Oberbefehlshaber der Luftwaffe durch Generaloberst Ritter von Greim ersetzt. Die territoriale Befehlsgewalt über den vom Süden abgeschnittenen Nordraum erhält Großadmiral Dönitz.
Der Oberbefehlshaber der Kriegsmarine hat am 19. April abends sein Quartier in Bernau aufgegeben und nach Berlin verlegt; in der Nacht vom 22./23. April weicht er in die Holsteinische Schweiz aus. »Koralle« ist jetzt ein Befehlszug und steht auf dem Gleis in Plön, wohin sich auch die Seekriegsleitung von Sengwarden begeben hat.
Das englische Nachrichtenbüro Reuter warnt vor »deutschen Intrigen und Überraschungen« und spielt dabei auf ein deutsch-westliches Teilkapitulationsangebot einerseits und auf eine im stillen noch immer befürchtete deutsch-russische Verständigung an. Ein schwedischer Kommentar aus Stockholm betont, besonders die deutsche Jugend sei zum großen Teil »von solcher weltanschaulichen Geschlossenheit und Treue, daß sie weiter einen sehr harten Kampf liefern werde«.

Indessen, für eine deutsch-sowjetische Verständigung ist es schon viel zu spät und auch die Dauer des Kampfes ist eher eine Frage des letzten Tropfen Öles und der letzten Schaufel Kohle als des letzten Blutstropfens. Das Ende des Krieges läßt sich schon in Tonnen und Kilogramm errechnen. In einer abschließenden Brennstoffübersicht eröffnet der Seetransportchef, daß für die inzwischen verringerte Aufgaben die Kohle noch etwa sechs Wochen ausreichen würde, also günstigenfalls bis Ende Mai. Das Treiböl lange jedoch nur noch für ganze zwölf Tage! An Heizöl wäre mehr vorhanden, nämlich 6000 Tonnen. Derart verschwindend geringe Reste in diesem Stadium sinnvoll zu verteilen, erfordert eingehende Überlegungen, die den Seetransportchef veranlassen, als erstes die Motorschiffe möglichst aus der Fahrt zu ziehen und durch ölbefeuerte Dampfer zu ersetzen. Die Abgabe von Treiböl wird überhaupt gestoppt, um es den Kriegsfahrzeugen zur Sicherung der Geleite zu überlassen. Anderenfalls wäre die Mehrzahl der Sicherungsfahrzeuge ausgefallen. Das Marineoberkommando Ost befiehlt außerdem, »ab sofort den Transport von Häftlingen, Kriegsgefangenen und Hilfswilligen einzustellen und allen verfügbaren Schiffsraum nur noch für Verwundete, Flüchtlinge und Truppen einzusetzen«.
Die Transporter laufen weiter. Schleswig-Holstein darf keine Flüchtlinge mehr aufnehmen, von Mecklenburg sind 16 000 im Anmarsch. Generaloberst Lindemann kabelt am 24. April: »Kopenhagen überfüllt, bitte abdrehen!« In der dänischen Hauptstadt stauen sich 50 000 Ostflüchtlinge, die Auslandungen kommen zum Stillstand. Es wird vorgeschlagen, nach Nyborg oder Aarhus auszuweichen. MOK Ost entscheidet, daß einstweilen doch noch Kopenhagen angelaufen werden soll. Wenn ausweichen, dann nach Nyborg. Für das kleine Dänemark bildet der unverhoffte Zustrom der Menschenmassen ein unerhörtes Problem. Wenn es in der Folge mit einiger Strenge und geschlossenen Lagern damit fertig zu werden versucht, so ist das angesichts der Umstände verständlich. Konteradmiral a. D. Engelhardt

Flüchtlinge in Königsberg beim Abschied von den Zurückbleibenden.

Das KdF-Schiff „Wilhelm Gustloff" auf der Jungfernfahrt im Jahre 1938 in Hamburg.

Die „Wilhelm Gustloff" in Stettin.

Die „Deutschland" der Hamburg-Amerika-Linie 1924 bei der Ausfahrt aus dem Hamburger Hafen.

Die „Hamburg" der Hamburg-Amerika-Linie 1939 im Hamburger Hafen.

Der Erholungsdampfer „General von Steuben" der Norddeutschen Lloyd auf hoher See (1933).

Die „Cap Arkona" am Pier (1927).

sagt heute: »Da in Kopenhagen keinerlei dänische Massenunterkünfte zur Verfügung standen, hat die Kriegsmarine alle nur möglichen Truppenunterkünfte in Kopenhagen und Umgebung geräumt und sie den Flüchtlingen geöffnet. Die dortigen Lazarette übernahmen die Verwundeten. Erst nach dem Waffenstillstand änderte sich die Haltung der Dänen. Aber es steht ganz fest, daß die Dänen den deutschen Flüchtlingen ein wenn auch strenges, so doch erträgliches Plätzchen zum Leben zur Verfügung stellten. Das sollte man nie vergessen!«

In der Heimat sieht es hoffnungslos aus. Die Sowjets nähern sich der Reichshauptstadt Berlin. Wegen des russischen Druckes auf die untere Oder wurden am 15. April die letzten Objekte aus dem Stettiner Hafen abgeschleppt und die Räumung eingestellt. Die KMD Stettin, unter Fregattenkapitän Nicol, verlegte. Alles was schwamm, Schiffe, Leichter, Docks und U-Boot-Hebepontons, hatte das Weite gesucht. Die Oderbrücken hingen im Wasser, die Kräne waren unbrauchbar gemacht. Die vor allem in den unteren Vierteln sehr bombardierte Stadt lag schon lange unter dem Feuer der russischen Artillerie, die mit der Armee unter schweren Gefechten von Stargard/Pommern heranrückte. Ende März war der elektrische Strom ausgefallen, hatte die Wasserversorgung aufgehört, waren die Reperaturmöglichkeiten der Werften erschöpft. In einem Brief vom 23. 3. 1945 heißt es: »Stettin ist eine gestorbene Stadt. Vereinzelt sah ich heute ganz alte, zittrige Leute, einzelne arbeitende Soldatentrupps, einige Pferdefuhrwerke, einige Autos. Stettins Bevölkerung ist ausgewandert . . .«

Alles, was von ihr zurückblieb, waren Relikte früherer Generationen wie das Grabmal des Feldmarschalls »Papa« Wrangel, das in einen Pfeiler der zerstörten Jakobikirche eingemauerte Herz des Komponisten Carl Loewe und die Sarkophage der Greifenherzöge, der pommerschen Barnims und Bogislavs. Man hatte diese der Luftgefahr wegen in den Gewölben des mittelalterlichen Schlosses vermauert und die Polen fanden sie zufällig. So erlosch Pommerns Provinzhauptstadt, nur anderthalb Schnellzugstunden von Berlin entfernt, die Heimat von Vierhunderttausend. Preußens größte Hafenstadt, in der 1939 noch 126 Seeschiffe beheimatet waren, deren Reeder die ganze Nord- und Ostsee und zuweilen auch den Mittelmeerraum und den Ozean bedienten. Man hatte die Greifenstadt zunächst zur Verteidigung vorbereitet, aber als es dann soweit ist, findet der Feind keinen wesentlichen Widerstand. Am 26. April 1945 marschiert die II. sowjetische Stoßarmee in Stettin ein ...

Von diesem Zeitpunkt an darf auch Swinemünde nicht mehr von Flüchtlingsschiffen angelaufen werden, da es schon der östlichen Feindeinwirkung ausgesetzt ist. Die Stütze seiner Verteidigung, der in der Kaiserfahrt liegende schwere Kreuzer »Lützow« (ex Panzerschiff »Deutschland«) wurde von der Royal Air Force schwer angeschlagen und ist manöverierunfähig. Swinemünde war der Zentralhafen gewesen, der alle Flüchtlings- und Verwundetentransporte in der Mittleren Ostsee aufgenommen hatte. 579 000 Menschen aus dem deutschen Osten gingen hier an Land und begaben sich weiter nach Westen. Etwa 100 000 hatten bis dahin über Swinemünde den pommerschen Raum verlassen. Von Usedom-Wollin schiffen sich weitere 10 000 in Stralsund ein und kommen nach Nyborg. In der letzten Aprilwoche sperrt der Wehrmachtkommandant in Stralsund die Brücke über den Rügen-Damm, auch Saßnitz-Hafen wird nicht mehr angelaufen. Es sollen keine Flüchtlinge mehr auf die Insel, weder von See noch von Land. Die KMDs in Stralsund und Saßnitz lösen auf. Alle Lazarettschiffe verlassen Stralsund und laufen nach Kopenhagen. Das Lazarett Swinemünde folgt mit 3200 Verwundeten auf »Eberhard Essberger«.

Am 29. 4. 1945 liegen in Warnemünde-Rostock 10 000 Verwundete, in Wismar ebenfalls 10 000. In Stralsund sind es 6500. Als der Dampfer »Adler« mit einigen weiteren Hundert aus Swinemünde evakuierten Verwundeten eintrifft, schreibt Kapitän Heinrich Weiss in das Schiffstagebuch:

»Landung der Verwundeten nicht möglich, Russen stehen vor der Stadt.« Er ändert den Kurs und läuft nach Gjedser und Masnesund in Dänemark, wo die Verwundeten in ein Lazarett und die Flüchtlinge ins Lager kommen. Auch für den »Adler« ist der Krieg zu Ende. Als Lazarettschiff hat der Frachter 13 530 Verwundete befördert. In Greifswald befinden sich an diesem 29. April noch 6000 Verwundete, in Swinemünde sind keine mehr. Der Seetransportchef verfügt: »Bevorzugt und unbeschadet anderer Aufgaben aus Swinemünde Flüchtlinge abgefahren.« Swinemünde ist eingekesselt.
Am 30. müssen von dort noch mindestens 16 000 nach Westen geschafft werden. In Wolgast wehen schon die weißen Fahnen, die russischen Streitkräfte haben Greifwald erreicht.
Auf Anweisung der Parteikanzlei evakuiert das bedrohte Mecklenburg nicht, sondern schleust nur fremde Flüchtlinge weiter. Die Kreisleitung in Rostock hat sich schon früher gegen Anlandungen gesträubt. Jetzt möchte kaum noch einer dorthin, bloß ab und weiter nach Westen.
Der Transporter »Cometa« ist seine Hela-Flüchtlinge noch in Kopenhagen losgeworden und der 2. Offizier Hirschhausen glaubt, der Krieg wäre nun auch für sie aus. Jedoch –. » . . . nach etwa drei Tagen wurde nach Schiffen geforscht, die noch genügend Treibstoff besaßen, um nochmal zum Einsatz zu kommen – wir besaßen! Man dirigierte uns nach Warnemünde, wo wir in etwa zwei Seemeilen Abstand vom Strand ankerten. Die Signalstation ging in Flammen auf, und plötzlich sahen wir russische Panzer am Strand. Einer, oder mehrere von ihnen, eröffneten das Feuer auf unser Schiff. Wir beeilten uns, aus der Reichweite zu kommen. Von einem Geleitboot erhielten wir den Befehl, bis zur Ansteuerungstonne zu laufen, wo wir erneut ankern sollten. In der folgenden Nacht kamen mehrere große Landungsboote und kleinere Fahrzeuge in großer Zahl. Es müssen nach meiner Schätzung etwa 2500 Personen gewesen sein, die wir hier übernahmen. Dieses wurde unsere letzte

Reise mit Menschen, die verlegt wurden oder flüchteten. Als Bestimmungshafen hatte man uns Sonderburg genannt. Als wir dort zu Anker gingen, herrschte an Bord eine gelinde Hungersnot, die sich auch auf die Besatzung ausdehnte. In Sonderburg versuchten wir Proviant zu bekommen, es war aber niemand mehr für uns zuständig. Am nächsten Tag war an Land ein großer Flaggenwald zu sehen. – Waffenstillstand.!«

Der junge Soldat Paul Mausolf hat in diesen Tagen ein zweiseitiges Abenteuer. Er gehört mit etwa tausend anderen jungen Leuten zur Führernachwuchsschule 14 der Infanterie. Ende April werden sie von Rostock nach Markgrafenheide in die Nähe von Warnemünde verlegt. Auch sie sollen nach Westen. Als sie sich in Warnemünde zur Einschiffung bereithalten, dringen in den Mittagsstunden russische Panzerspitzen ein. Die Schule macht kehrt, um in Eilmärschen Wismar zu erreichen. Dort kommen sie gerade zurecht, die Amerikaner anrollen zu sehen. In den Abendstunden erreicht die Einheit den Fischerhafen Timmendorf auf der Insel Poel. Vor der Küste liegt der Nachschubdampfer »Hörnum« von Zerssen & Co., der sie an Bord nimmt und mit ihnen nach Kiel dampft. Das heißt, er versucht es, kommt aber nicht dort an.

Der rapide Vormarsch der Alliierten verursacht eine Welle der Kopflosigkeit. Das Schwanken zwischen einem Gefühl der Verlorenheit und der Hoffnung auf einen baldigen Frieden wird verschlimmert durch das Ungewisse der künftigen Besatzungszonen, über die erst nach und nach Genaueres an die Öffentlichkeit sickert. Keiner weiß etwas Bestimmtes, lediglich die verschwommene Vorstellung einer russischen Demarkationslinie bei Lübeck und entlang der Elbe festigt sich. Stäbe und Heimatdienststellen werden aufgelöst und mit dem Volkssturm an die zurückweichende deutsche Front geworfen. Selbstzerstörungsabsichten zeigen gefährliche Auswüchse und drohen in Einzelaktionen zu Kurzschlußhandlungen auszuarten. Teilstreitkräfte, Par-

tei und untere Kommandos operieren vielfach unabhängig voneinander nach rein örtlichen Gesichtspunkten, ohne die Folgen für das große Ganze zu übersehen. Es geht dem Null-Punkt entgegen, und der »Verbrannte-Erde«-Befehl hängt noch in der Luft.
Die einen möchten am liebsten alles vernichten, die anderen denken an das, was nachher kommt. Auch der Nord-Ostsee-Kanal wird zum Objekt gefährlicher Überlegungen. Die Alliierten haben ihn kaum angetastet; denn er ist eine der drei großen künstlichen Seeschiffahrtsstraßen der Welt und die internationale Schiffahrt würde ihn wieder brauchen, wenn einmal die Waffen schwiegen. 99 Kilometer lang und bis zu 160 Meter breit, teilt er Schleswig-Holstein wie ein Graben, hinter den sich die Verteidiger des Nordens zurückziehen können. Der Seetransportchef wiederum benutzte den auch vom Feind geschätzten Kanal mit seinen elf Ausweichstellen als ideales Abstellgleis und ließ im Laufe der letzten Wochen bis zu 70 Handelsschiffe dort stillegen und anbinden. Hier würden sie das Ende heil überstehen.
Als sich Konteradmiral Engelhardt an Ort und Stelle begibt und unter den Leuten herumhorcht, erzählt ihm ein Dithmarscher Bauer, die Schleusentore in Brunsbüttelkoog hätte ein Major vom X. Armeekorps in Hamburg mit Sprengladungen versehen. Er stürzte sofort ans Telefon und informiert den ObdM persönlich, der ihn anweist, die brisanten Dinger zu entfernen. Obendrein stellt es sich heraus, daß der »unglückselige Major« auch die Hochbrücken über den Kanal sprengen soll, und da man sich keine Panne wie bei der Rheinbrücke von Remagen leisten will auch entschlossen ist, dies im richtigen Augenblick zu tun. »Darauf bin ich mit dem Wagen an den Hochbrücken von Hochdorn und Grünenthal gewesen und habe dort die Dynamitsätze auch noch wegnehmen lassen.«
Von der Levensauer Hochbrücke bei Kiel spricht der Seetransportchef mit Korvettenkapitän Eschricht beim MOK Ost. Wieder zur rechten Zeit, um zu hören, daß das Marine-

oberkommando Ost gegebenenfalls alle im Kanal angebundenen Handelsschiffe versenken will. Über die weiteren Folgen dieser Verzweiflungsakte ist sich das militärische Denken offenbar nicht klar. Der ObdM kann auch noch diese Pläne unterbinden. Sprengladungen an der Kanalböschung selbst hätten wegen des hohen Wasserspiegels auf der Westseite ganze Landstriche überflutet.

Eine ähnliche Hiobsbotschaft kommt von der Weser. Lloyd-Direktor Bertram im Tonnagebüro des Reikosee benachrichtigt Konteradmiral Engelhardt, daß unter dem Motto der »verbrannten Erde« auch die Getreidesilos in Nordenham zerstört werden sollen. Es sind die einzigen noch intakten an der ganzen Nordküste, und Direktor Bertram weist gleich darauf hin, daß man nach ihrer Vernichtung kein amerikanisches Getreide mehr würde löschen können. Und es wäre doch sicher bald so weit. Die Seetra greift von sich aus ein.

Im Hinblick auf diese kurz hintereinander eingehenden alarmierenden Meldungen erhält der Großadmiral freie Hand, die von Adolf Hitler befohlene »Lähmungen« an der Küste nach eigenem Ermessen zu handhaben. Der ObdM unterstreicht seine Befugnisse, indem er ganz generell und eindeutig anordnet: Handelsschiffe sind nicht zu versenken! Das zeigte sich unter anderem beim Einmarsch des XII. britischen Korps in Hamburg am 3. Mai 1945. Insgesamt 59 mittlere und größere Handelsschiffe, 19 Docks und rund 600 Kleinfahrzeuge, die irrtümlich als im Hafen gesprengt gemeldet wurden, wurden tatsächlich in letzter Minute von der Marine gerettet. Diese erhaltenden Maßnahmen wurden durchaus nicht von allen Stellen gebilligt; trotz aller Befehle waren fanatische Einzelhandlungen nicht auszuschließen und erforderten ständige Aufmerksamkeit.

Im Sprachgebrauch des deutschen Seemanns bedeutet »achter Bornholm« soviel wie Ruhe und Geborgenheit. Bei stürmischen südlichen Winden pflegen kleinere Schiffe zwischen der schwedischen Küste und der dänischen Insel hindurchzufahren oder zu ankern, um den schützenden

Windschatten der Insel Bornholm auszunutzen. In der Turbulenz der letzten Kriegswochen berühren die Wellen der Spannung und Ungewißheit auch dieses von der deutschen Wehrmacht besetzte ländliche Eiland und ziehen es mehr und mehr in den Strudel der Ereignisse.

Nach der Evakuierung der Agru-Front von Hela werden bis in den April die U-Boote in den Gewässern um Bornholm erprobt. Dann wird Bornholm zur Etappe der Endphase, als der Strom der Flüchtlinge noch einmal anschwillt. Man kürzt den Weg ab und beschleunigt die Rettung, wenn man auch hier welche absetzt. Zwar eignen sich die Häfen Rönne und Nexö nur für kleinere Schiffe, aber immerhin sind es einige Tausend Menschen, die man aus Vorpostenbooten und Leichtern landet und in einem offenen Waldlager unterbringt. Hier liegen sie »achtern Bornholm«, wenn sich die Dänen anfänglich auch ziemlich kühl, aber nicht feindlich verhalten. Daß sie auch hier noch nicht dem Zugriff der Russen entzogen sind, beweist die Entwicklung der Dinge. Auf alle Fälle werden sie von den Verantwortlichen weitergeleitet.

Einen solchen Auftrag erhält Kapitän Carl Thiesen. Er, der mit seinem Walfangboot »Süd 5« den Anfang der Rettungsaktion in der Danziger Bucht erlebte, gehört zum Troß der Agru-Front in Rönne. Nun wird ihm befohlen, mit »Süd 5« einen Menschentransport nach Sonderburg zu bringen.

»Am 27. April verließ ich mit ›Süd 5‹ und einem Schoner im Schlepp Rönne. Das Wetter war gut. Da meine Besatzung sich in Rönne mit Proviant gut eingedeckt hatte, fiel die Verpflegung für die Flüchtlinge doch nicht so eintönig aus, da jeder dem Koch etwas zugab. Die älteren Frauen erhielten von mir nachmittags eine gute Tasse Bohnenkaffee in die Kammern geschickt und wurden von mir täglich besucht. So etwas von Dankbarkeit war mir noch nie zuteil geworden. Eine alte Frau, sie war wohl 80, küßte mir die Hand und meinte, ob der Herr Kapitän nicht einen Schnaps für sie hätte. Der Steward hat ihr dann gleich zwei eingeschenkt . . .

Das Wetter blieb gut, bis wir die mecklenburgische Küste quer hatten, dann fing es ziemlich hart aus Westen aufzubrisen an. Ich beschloß deshalb, durch den Fehmarnsund zu laufen wegen Landschutz. Als wir gerade in den Sund einlaufen wollten, näherten sich uns schnell zwei Flugzeuge, es waren Engländer. Das Deck stand voll von Flüchtlingen, jeder wollte die Durchfahrt durch den Sund mit ansehen. Ich sagte mir: lasse sie an Deck, wenn die Flieger die vielen Menschen sehen, wissen sie, daß es Flüchtlinge sind! Und so war es auch. Die beiden Flugzeuge umkreisten uns ziemlich niedrig und verschwanden dann nach Westen. Mir fiel der bewußte Stein vom Herzen!
Am 30. 4. konnten wir in Sonderburg festmachen. Mit dem Landen der Flüchtlinge hatte ich zunächst Schwierigkeiten. Es sollten keine mehr aufgenommen werden, und ich sollte diese in Kiel oder sonstwo landen. Es ist mir dann schließlich doch gelungen, alle Flüchtlinge dort zu lassen, die sich dankbar von mir verabschiedeten. Am anderen Tag verließen wir Sonderburg, kamen aber nur bis Fehmarn, wo wir starken Bordwaffenbeschuß von Fliegern erlebten. Zum Glück wurde niemand verwundet. Ich bin daraufhin abgedreht und habe Schleimünde angelaufen.
Soweit mein Bericht über meine Reisen mit Flüchtlingen. Wenn diese auch nur einen kleinen Prozentsatz der großen Menge ausmachen, die auf Handels- und Kriegsschiffen befördert wurden, bin ich doch ein wenig stolz darauf, daß ich wenigstens einigen von diesen armen Menschen habe helfen können.«

Kapitän Thiesen hatte bei seiner ersten Begegnung mit feindlichen Flugzeugen noch Glück. In den letzten Tagen erreicht der Kampf über dem Wasser eine unerhörte Schärfe, und für die meisten deutschen Handelsschiffe wird ein solches Treffen zu einem tödlichen Renkontre. Die Entwicklung gleicht der im Binnenland. Im Sachsenwalde wird Schloß Friedrichsruh mit Spreng- und Brandbomben belegt. Schloß Friedrichsruh ist nicht nur der ehemalige Ruhesitz des Altreichskanzlers Fürst Bismarck, es ist zugleich das Schweizer Konsulat. Mehrere Angestellten erleiden den Tod, und auch die Gattin des Schweizer Generalkonsuls erliegt ihren schweren Verletzungen.

Wer es kann, setzt sich ab. Schiffsbewegungen werden undurchsichtig und Depeschen sind mit Vorbehalten zu lesen. Beispielsweise fängt Korvettenkapitän Eschricht im April folgenden Antrag auf:

»An Seeflottille 81 Rügen – Ein Flugsicherungsboot für Höheren SS und Polizeiführer Danzig, Brennstoff stellt Polizei, für Werwolf-Einsatz Pommernküste.«

Die Marine muß in Saßnitz den Gauleiter von Pommern, Schwede-Coburg, »zur Ordnung rufen«, der sich des Dampfers »Adler« bemächtigt hat. Wie der dortige Festungskommandant schreibt, ist während der tagelangen Abwesenheit des Gauleiters »die Frage der Rettung von Zivilbevölkerung von ihm nie erörtert worden«.

Am 29. April trifft auch der Gauleiter von Ostpreußen, Erich Koch, mit dem Eisbrecher »Ostpreußen« in Saßnitz ein. Der Reichsverteidigungskommissar hat die Frische Nehrung auf dem Luftwege verlassen müssen und sich in Hela zuguterletzt doch noch auf seinem geliebten Dampfer eingeschifft. Kochs Auftreten gleicht noch immer dem eines persischen Satrapen. Es umgibt ihn ein etwa hundert Mann starker Stab einschließlich SS-Leibwache und Schweizer Küchenchef. Eisbrecher »Ostpreußen« gelangt auf Umwegen über Kopenhagen schließlich in die Flensburger Förde. Alle Reisenden, mit neuen Papieren und Zivilkleidung versehen, gehen von Bord und tauchen in der Menge unter. Erich Koch wird später erkannt und festgenommen.

Schwede-Coburg wird als einfacher Volkssturmmann verkleidet in Kiel von Bord geholt. Ein Boot der englischen Hafenstreife, angelockt durch eine lautstarke Auseinandersetzung unter Flüchtlingen, muß den ehemaligen Gauleiter vor dem Zorn einer aufgebrachten Menge bewahren und nimmt ihn gleich mit.

Albert Forster, Gauleiter von Danzig/Westpreußen, hat sich

nach Hela zurückgezogen. Er wohnt dort im früheren polnischen Befehlsbunker und nicht in seinem Sonderzug, wie es später behauptet wird. Das von ihm selbst betonte gute Verhältnis zur Marine besteht nur zu den U-Bootleuten, nicht aber zu anderen Kommandos. Eines Tages ist Forster in aller Stille verschwunden. Jahre danach soll er in Hamburg aufgegriffen worden sein.
Ein Geheimnis umgibt auch jene Rückfrage, die der Seetransportchef an den Stab Dönitz richtet und die mit dem Verschwinden von Reichsleiter Bormann in Zusammenhang gebracht wird. Das betreffende Fernschreiben ist als US-Mikrofilm T-77, Film 864, Bl. 611 889, klassifiziert und hat folgenden Wortlaut:
»Gauleiter Kaufmann beantragt hier dringend 2 bis 3 Schiffe mit je 5000 Seemeilen Fahrtbereich und hoher Geschwindigkeit ohne Angabe (von) Einsatzzweck und Größe der Schiffe. Halte Einschaltung Chef Seekriegsleitung dringend notwendig, da anscheinend politische Gründe vorliegen. Geeignete Schiffe wären vorhanden, falls Brennstoff vom Chef Seekriegsleitung bereitgestellt wird.«
Dem gegenüber ist das Verhalten des Dampfers »Haussa« und seiner Besatzung einfach und eindeutig. Der 2919 BRT große Nachschubfahrer, der den Namen eines Negerstammes trägt, ladet in Swinemünde Munition für Hela. Statt in Hela trifft er am 29. April im schwedischen Karlskrona ein. Sein Fall wird als echte Fahnenflucht vermerkt: angeblich 150 Bordflaksoldaten lassen sich in Schweden internieren. Im neutralen Schweden befinden sich zuletzt etwa 3000 Wehrmachtsangehörige, Verwundete und Schiffbrüchige, die aus dem Osten dorthin flohen oder dort an Land geworfen wurden. Ihrer aller Rechnung geht nicht auf. Um die Jahreswende 1945/46 liefert das schwedische Kabinett gegen den Einspruch einiger Minister und der Öffentlichkeit alle Internierten an die Sowjetunion aus. Eine Welle von Protesten, Hungerstreiks, Fluchtversuchen, Verstümmelungen und Selbstmorden begleitet diese Tragödie. Man spricht von einem »Regiment der Verratenen« . . .

Alles das läßt sich in diesen Apriltagen noch nicht absehen. Nur noch eins ist erkennbar: das Ende. Die Nachrichten werden spärlicher und spärlicher. Ein Rundfunksender nach dem anderen verstummt. Die Zeitungen sind nur noch ein Blatt und zwei Seiten stark. Sie bringen den gestutzten Wehrmachtsbericht, der nachhinkt, die mit Eisernen Kreuzen geschmückten Todesanzeigen der im Felde und bei Terrorangriffen Gefallenen, günstige neutrale Stimmen. Sie drucken ideologische Spitzen, Auszüge aus dem Essay »Über die Kühnheit« von Clausewitz und Wettervoraussagen, die höchst problematisch sind, weil niemand weiß, wie das Wetter morgen sein wird. Der Kampf um Berlin erreicht den Höhepunkt. In der Nacht vom 30. April zum 1. Mai 1945 beginnt der Reichssender Hamburg einen Suchdienst für die deutschen Soldaten und Familien.

Die »Kieler Zeitung« vom Mittwoch, dem 2. Mai 1945, trägt die Balkenüberschrift

»Der Führer im Kampf gegen den Bolschewismus gefallen«
Großadmiral Dönitz als Nachfolger bestimmt

Ein Zweispalter informiert die Leser: »Der deutsche Rundfunk gab in den Abendstunden des 1. Mai folgende Mitteilung: Aus dem Führerhauptquartier wird gemeldet, daß unser Führer Adolf Hitler heute nachmittag in seinem Befehlsstand in der Reichskanzlei, bis zum letzten Atemzuge gegen den Bolschewismus kämpfend, für Deutschland gefallen ist.

Am 30. April 1945 hat der Führer den Großadmiral Dönitz zu seinem Nachfolger ernannt.«

In einer »Proklamation an das deutsche Volk« erklärt der neue Regierungschef wörtlich:

» . . . Meine erste Aufgabe ist es, deutsche Menschen vor der Vernichtung durch den vordringenden bolschewistischen Feind zu retten. Nur für dieses Ziel geht der militärische Kampf weiter. Soweit und solange die Erreichung dieses Zieles durch die Briten und Amerikaner behindert wird, werden wir uns auch gegen sie weiter verteidigen und weiterkämpfen müssen . . .«

Dönitz versichert, daß er bestrebt sein werde, in der kommenden Notzeit unseres Volkes unseren tapferen Frauen, Männern und Kindern, soweit dies in seiner Macht steht, erträgliche Lebensbedingungen zu schaffen und bittet um Hilfe und Vertrauen. In einem Tagesbefehl gedenkt er als neuer Oberbefehlshaber der Wehrmacht den Kampf gegen die Bolschewisten solange fortzusetzen, »bis die kämpfende Truppe und die Hunderttausende von Familien des deutschen Ostraumes vor der Versklavung und Vernichtung gerettet sind«. Großadmiral Dönitz verlangt Disziplin und Gehorsam (etwas worin ihn der Sieger wenige Tage später noch bestärkt), da nur durch vorbehaltlose Ausführung seiner Befehle Chaos und Untergang vermieden werden können. Indem er den auf den Führer geleisteten Treueid auf sich als Nachfolger überträgt, schließt er: »Deutsche Soldaten, tut Eure Pflicht, es gilt das Leben unseres Volkes«. Gleichzeitig ernennt er den Grafen Schwerin von Krosigk zum Reichsaußenminister.
Mit dieser, noch im Zeichen des Hakenkreuzes herausgegebenen Nummer stellen die »Kieler Zeitung« und andere ihr Erscheinen ein. Zwölf Jahre sind zu Ende. Es ist, als hielte die Zeit den Atem an: die Stunde Null ist da –! Der Vorhang senkt sich und läßt Entsetzen, Schweigen und Ratlosigkeit zurück. Erst jetzt, mit dem Tode Adolf Hitlers, haben Millionen seiner Anhänger den Glauben verloren. Wie Schuppen fällt es ihnen von den Augen, plötzlich sehen sie die Wirklichkeit in einem kalten unbarmherzigen Licht.
Schon zwei, drei Tage darauf, noch bevor sich die deutsche Bevölkerung wieder gefaßt hat, meldet sich »Hier ist Radio Hamburg – ein Sender der britischen Militärregierung« und die re-education beginnt. Aus dem Lautsprecher kommen die Stimmen fremder Sprecher mit dem ihnen eigenen Akzent, an den man sich bald gewöhnt. Und die wuchtigen, triumphierenden Klänge aus Elgar's »Pomp and Circumstance« begleiten für lange Zeit alle Sendungen und gehen jedem ins Ohr.

MAI

16.

»Mein Regierungsprogramm war einfach: Soviel Menschenleben retten, wie möglich« – Waffenruhe mit Montgomery: »Ich bin kein Unmensch«
Seetransporte laufen weiter – Abzug aus dem Kessel Swinemünde

Dies ist weder ein politisches Buch, noch eine Verteidigungsschrift. Es ist ein Bericht, der sich an Tatsachen hält und Gedanken und Überlegungen auf jenes Mindestmaß beschränkt, das zum besseren Verhältnis der Vorgänge noch eben unerläßlich ist.
Tatsache bleibt, daß den Großadmiral seine Ernennung zum Staatschef, die er auf einen Vorschlag von Reichsminister Speer zurückführt, völlig überrascht. Er hat wie alle einem Adolf Hitler gedient, aber nie gescheut, ihm seine Meinung zu sagen und das zu tun, was er selber für richtig hielt. Das schwere Erbe, die Verantwortung für das sterbende Reich, nötigt ihn unter anderem, den verlorenen Krieg bedingungslos zu liquidieren. Etwas das nicht nur in Deutschland über den Undank hinaus noch mit Haß und Verleumdung quittiert wird. Um dem deutschen Volk das Chaos zu ersparen, hält es Dönitz gleichwohl für seine Pflicht, diese heikle Aufgabe auf sich zu nehmen, wie er es dem Grafen Schwerin von Krosigk erklärt, den er bittet, sich dem neu zu bildenden Kabinett zur Verfügung zu stellen, »soweit dieses für die zu lösenden Aufgaben noch gebraucht würde«.
Der Großadmiral erkennt klar, daß die Tage einer selbständigen deutschen Regierung, gleich welcher Richtung, gezählt sind, und er beeilt sich, jede Stunde zu nutzen. Es

wird ein Wettlauf gegen die Zeit. Er entledigt sich der nationalsozialistischen Größen, vor allem des Reichsführers SS, sozusagen im Handumdrehen und ohne Gewalt. Hitlers Testament wird nicht veröffentlicht. Dönitz: »Mein Regierungsprogramm war einfach. Es galt soviel Menschenleben zu retten, wie möglich. Das Ziel war das gleiche wie in den vergangenen letzten Kriegsmonaten«.

Obwohl die deutsche Wehrmacht in einigen Randgebieten das Heft noch in der Hand hat, gehen die Furchen des Feindes quer durch das Reich. Am 2. Mai um 15.00 Uhr fällt die Hauptstadt Berlin mit 70 000 Soldaten in die Hand der Sowjets. Aber auch ein besiegtes Deutschland gehört nach Ansicht des neuen Regierungschefs und seiner Mitarbeiter noch immer zum Westen Europas. Bestärkt von den Feldmarschällen sieht der Großadmiral sein Hauptziel in der Rückführung der Ostfront hinter die Demarkationslinie des anglo-amerikanischen Besatzungsgebietes. Eine Konferenz mit den militärischen und zivilen Vertretern der Fronten und der besetzten Gebiete ergibt, daß etwa 8 bis 10 Tage nötig sind, um die Truppen und die Bevölkerung nach Westen zurückzunehmen. »Solange mußte ich also versuchen, die Kapitulation gegenüber der Sowjetunion hinauszuzögern«.

Um hierbei den Rücken frei zu haben, will er zunächst den Krieg in Norddeutschland gegen die Engländer unter Feldmarschall Montgomery beenden. Dönitz macht es nicht wie Himmler, der sich schon am 24. April in Lübeck über den schwedischen Grafen Bernadotte mit einem Teilkapitulationsangebot erfolglos an die Westmächte gewendet hatte. Er wählt den direkten Weg und schickt eine deutsche Delegation unter Generaladmiral von Friedeburg, den neuen ObdM, in Montgomerys Hauptquartier in die Lüneburger Heide. Gleichzeitig verlegt er selber sein Hauptquartier nach Flensburg-Mürwik. Es ist die Nacht vom 2./3. Mai. Wiederholt muß er die Fahrt unterbrechen, die feindlichen Jagdbomber leuchten die Straßen mit Scheinwerfer ab und schießen auf alles, was sich bewegt. Gegen 2.00 Uhr sind er und seine Begleiter am Ziel. »Der Rest der Nacht verging mit kurzem Schlaf und Entscheidungen auf Anfragen militärischer Befehlshaber, die sich in diesem Zwischenzustand von Krieg und Frieden mit Recht im unklaren waren, wie sie sich verhalten sollten.« Dann läßt der Großadmiral den Seetransportchef von der im Hafen liegenden »Malaga« holen und bespricht mit ihm den Stand der Rücktransporte und seine Schwierigkeiten. Bereits am 1. Mai hat er den Rücktransport von Kurland und Hela befehlen lassen.

Wie wird inzwischen Montgomery auf das Kapitulationsangebot reagieren? Die Antwort läßt nicht lange auf sich warten. Der britische Feldmarschall und ehemalige Gegenspieler von Rommel in Afrika ist grundsätzlich einverstanden. Er setzt jedoch voraus, daß auch Holland und Dänemark in das Abkommen einbezogen und alle in den dortigen Bereichen befindlichen Kriegs- und Handelsschiffe zu übergeben sind. Im Interesse der Flüchtlingsbewegungen, die auf Schiffe und Häfen angewiesen sind, wird um diesen Punkt hart gerungen. Der 58jährige drahtige »Monty«, der zwischendurch zwar mal betont, mit Vergnügen weiterschießen zu wollen, sich andererseits aber den Sorgen der deutschen Führung um die Rettung der Menschen im Osten nicht ganz verschließen kann, lehnt es ab, eine militärische Kapitulation mit zivilen Belangen zu verquicken. Die Verhandlungen geraten ins Stocken. Schließlich brummt der Sieger von El Alamein ein sehr persönliches »Ich bin kein Unmensch –« und läßt durchblicken, daß er bei der Landung von Flüchtlingen großzügig verfahren würde. Damit ist das Abkommen perfekt, und am 5. Mai 1945, um 8.00 Uhr deutscher Sommerzeit, tritt gegenüber Montgomerys Truppen Waffenruhe ein: im Bereich der Niederlande, Friesland, der west- und ostfriesischen Inseln einschließlich Helgoland, in Schleswig-Holstein und Dänemark. Unabhängig von allem stellte der Großadmiral den U-Bootkrieg schon einen Tag zuvor ein.

Laut Befehl »bleibt die Truppe mit ihren Waffen in Stellung. In See befindliche Transportbewegungen der Kriegsmarine

laufen weiter. Keinerlei Zerstörungen, Schiffsversenkungen und Kundgebungen. Sicherungen aller Vorräte. Gehorsam und Disziplin mit eiserner Strenge aufrecht erhalten!«
Der Oberkommandierende der Alliierten Truppen in Europa, US-General Eisenhower in Reims, besteht jedoch auf einer gleichzeitigen Kapitulation an allen Fronten, auch an der russischen. Das sieht praktisch so aus, daß jeder Soldat die Waffen dort niederzulegen hat, wo er sich gerade befindet, jeder Flüchtling seinen Aufenthaltsort nicht mehr verlassen darf und jedes Schiff in den nächsten Hafen der Alliierten einzulaufen hat – auch in die von den Sowjets besetzten. Es gelingt den Deutschen immerhin, diese Gesamtkapitulation, mit der alle Bewegungen zum Stillstand kommen, zu verschieben: auf den 9. Mai, 0.00 Uhr mitteleuropäischer Zeit.
Die im Westen eingetretene Waffenruhe gewährt noch einmal freie Hand; denn »alle in See befindlichen Transportbewegungen laufen weiter«. Die deutschen Marinekommandos lassen sich das nicht zweimal sagen. Sie packen in dieser rapide verrinnenden Zeitspanne alles hinein, was sich noch hineinpacken läßt. Die letzten spärlichen Brennstoffreserven werden vorbehaltlos freigegeben und bis zur Neige verfeuert und alle verfügbaren und fahrtbereiten Kriegs- und Handelsschiffe zum Endspurt nach Hela und Kurland angesetzt.
Der Seetransportchef überschlägt seine Tonnage. Korvettenkapitän Eschricht notiert. Für Hela: die Transporter »Westpreußen«, »Ganter«, »Möwe«, »Hendrick Fisser V«, »Fangturm«, »Ceuta«, »Pompeji«, »Sachsenwald«, »Ida Blumenthal«, »Hans Schulte«, »Weserstrom« und »Paloma«. Für Libau: »Weserstrand«, »Helene Fisser«, »Olga Traber« und »Betzdorf«.
Hinzu treten die in den fraglichen Gebieten selbst noch anwesenden vielen Klein-, Küsten- und Hilfsfahrzeuge.
Parallel zu den Transporten und sonstigen Handelsschiffen laufen die letzten Kampfeinheiten der Flotte, vor allem die schnellen Torpedoboote und Zerstörer, die sich in der Ost-

see und im dänischen Raum befinden: »T 17«, »T 19«, »T 23«, »T 28«, »T 33«, »T 35«, »Z 25«, »Z 28«, »Z 39«, »Karl Galster«, »Hans Lody«, »Theodor Riedel« und »Friedrich Ihn«. Sie machen noch mehr als eine Rundreise und bleiben – ob absichtlich oder umständebedingt – dem Buchstaben entsprechend »in See«. Das bedeutet, daß sie außerhalb der den Engländern übergebenen Häfen auf der Reede ihre Menschenfracht an Pendler abgeben, um schnellstens wieder umzudrehen und nochmals ihr Heil im Osten zu versuchen, ehe sie mit Ablauf des 8. Mai für immer zurückkehren.
So ergeben diese letzten Einsätze noch einmal Höchstleistungen. Aus Libau laufen in vier Geleiten 65 Kleinfahrzeuge der Kriegsmarine mit 14 000 Soldaten nach Westen, aus Windau in zwei Geleiten 61 Fahrzeuge mit 11 300 Soldaten. Den Rekord hält Hela, wo alleine am 6. Mai 43 000 Menschen abgeholt werden können und in letzter Stunde nochmals 20 000 Soldaten und Flüchtlinge folgen. Um die östlichen Häfen restlos zu evakuieren, reicht die Zeit nicht aus. Als mit der Gesamtkapitulation die Waffen schweigen, bleiben auf Hela noch etwa 60 000 Soldaten und Flüchtlinge zurück. An der Weichselmündung sind es rund 40 000, Kurland behält 200 000. Konteradmiral Wagner nennt es »ein tragisches Ergebnis nach soviel selbstloser Aufopferung«.
Dem gegenüber steht am Ende der 115 Tage dauernden »größten Evakuierung über See in der modernen Geschichte« eine unübersehbare Zahl an Geretteten. Nachweislich sind es 1 977 000 deutsche Menschen: Flüchtlinge, Verwundete und Soldaten. Was darüber hinaus noch unkontrolliert zurückflutete, wird sich nie feststellen lassen. Zusammengenommen, so denkt man, sind es eher drei als zwei Millionen gewesen.

Das alles vorweggenommen! – Inzwischen entflieht eine andere Armada den von der Sowjetarmee bestürmten vorpommerschen und mecklenburgischen Häfen und zieht

sich in die innersten Winkel der Ostsee zurück. Nach Kiel, Flensburg und Dänemark.
Swinemünde hat sich noch mehr aufgefüllt, aus den vor kurzem gemeldeten 16 000 sind nach letzten Informationen 30 000 geworden. Die eigenen Streitkräfte sind zu schwach, um den schon abseits liegenden Kessel Usedom-Wollin auf die Dauer zu halten, der von beiden Seiten an der Dievenow und an der Peene in die Zange genommen wird. Auf dem Haff und in den Randgewässern operieren noch kleinere Marineverbände, so die kampferprobte 8. Artillerieträger-Flottille unter Oberleutnant zur See G. D. Schneider, einem gebürtigen Stettiner. Die Fährprähme wurden von der Invasionsfront an der Kanalküste hierherbeordert und machen mit ihren 8,8-Zentimeter-U-Bootkanonen und vielen Flakwaffen den Russen nicht wenig zu schaffen.
Der »Älteste Seebefehlshaber im Bereich Seekommandant Pommern«, Vizeadmiral Kreisch, will übereinstimmend mit dem Armee-Oberkommando 3 den angestauten Swinemünder Hafen auflockern, um ihn auf das Stichwort »Knobelbecher« hin rasch räumen zu können. Die Kreisleitung der NSDAP hat der Zivilbevölkerung noch immer keine klaren Anweisungen gegeben, während Heer und Marine schon letzte Maßnahmen erwägen. Als Abschluß sieht man vor, den 10 131 BRT großen Dampfer »Winrich von Kniprode« (ex »Kerguelen«) zwischen den Molen zu versenken und die Hafeneinfahrt zu verstopfen. Der bekannte Transporter, der nach schweren Treffern in Pillau voll Flüchtlinge nach Westen ablief, Kolberg zu räumen half und vor Saßnitz tenderte, ist schon ein halbes Wrack. Der Kapitän protestiert; anstatt seinen Dampfer herzugeben, lädt er sich noch einmal 5200 Flüchtlinge auf und verläßt am 1. Mai den Hafen. Die »Adele Traber« übernimmt Teile des Marineausrüstungs- und Reparaturbetriebes, der an der Flensburger Förde wieder aufgebaut werden soll! Hinzu kommen noch 800 Menschen und, den flehentlichen Bitten eines Rentners nachgebend, läßt der Kapitän auch noch dessen zwei Kühe mitgehen, die er in Schleswig-Holstein wohlbehalten

absetzt. Die westliche Ostsee wird völlig von der Royal Air Force kontrolliert, die vor allem die Kieler Bucht und die dort laufenden Schiffe bedrängt. Nachdem »Adele Traber« schon beim Verlassen von Swinemünde Luftangriffe abzuwehren hat, wählt sie den Umweg durch Sund und Belt und erreicht sicher die Flensburger Förde. Aus Swinemünde kommen zurück: »Winrich von Kniprode«, »Adele Traber«, »Neidenfels«, »Cometa«, »Südsee«, »Dora Ahrens«, »Aletta Noot«, »Stahleck«, »Masuren«, »Kronenfels«, »Weserberg« und »Hendrick Fisser VII«.

Menschliche Schicksale: Polizeimeister Robert Behnke hat sich mit Kameraden aus seiner Heimatstadt Stargard/Pommern abgesetzt. Auf Fahrrädern kommen sie über Stettin nach Swinemünde und begeben sich eilig auf den 5000-Tonner »Eberhard Essberger«. Unter den etwa 7000-8000 Mitfahrenden befinden sich auch »Italiener und russische Hilfswillige«. Am Bollwerk sieht man einige Leichen, sehr gut gekleidete Frauen und Männer, mit Pappe oder sonstwas abgedeckt. Niemand kümmert sich um sie.
Und hier, unter all den vom Zeitgeschehen Zusammengetriebenen, begegnen wir auch zum unwiderruflich letzten Male dem früheren Revierförster Ewald Hildebrandt aus Fließdorf im Landkreise Stolp, danach in Danzig/Gotenhafen und auf Hela, im Strudel des Zusammenbruches. Im ersten Weltkrieg hat er fünf der besten Jahre seines Lebens als Gefangener hinter Stacheldraht verbracht, nachdem die 4. Kompanie der Gardejäger in der Marneschlacht vor Paris aufgerieben wurde –, und in Kürze wird er wieder hinter Stacheldraht landen, aber noch –. Aber noch gehört er als Marineschütze in die Gadebusch-Kaserne und könnte zuweilen darüber nachsinnen, ob sich die Geschichte allen gegenteiligen Behauptungen zum Trotz nicht doch wohl zu wiederholen pflegt.
» . . . Ich nehme täglich am Rathaus Zivilisten in Empfang, die ich an der Kaiserfahrt beim Anlegen von Schützengräben beaufsichtigen muß. Des Nachts Bombenangriffe, die

Dächer der Kasernen werden abgedeckt, die Scheiben fliegen uns ins Gesicht, es gibt Tote unter uns. Ein Munitionszug auf dem Bahnhof fliegt in die Luft. Wir erfahren: »Der Führer ist tot«, eine Ermahnung folgt: zusammenbleiben! Inzwischen sitzen wir wieder im Kessel. Wir erhalten Tschechengewehre und Munition. ›Swinemünde wird verteidigt bis zum letzten Mann‹, heißt es. Einige Tage später ein anderer Befehl: ›Alle Gewehre und Munition in den Feuerlöschteich werfen!‹ Die HKL löst sich anscheinend auf. An einem Morgen stehen eine große Anzahl von Militärfahrzeugen, LKWs und Pferdewagen, verlassen da. Bauern kommen und führen die Pferde weg. Ich erhalte Befehl, mit einer Pistole die Bereifung der Fahrzeuge zu zerschießen und mit einem Hammer die Düsen und Vergaser zu zertrümmern. Auf der Marinebekleidungskammer sind Frauen und Männer am Werk. Sie werfen Schuhe, Stiefel, blauen Marinestoff, Strümpfe, Wäsche und mehr aus dem Fenster, behängen ihre Fahrräder damit und ziehen ungehindert von dannen. Auf dem Bahnhof hat man Güterwagen erbrochen. Die Frauen sind dabei, ihre Säcke mit Zucker, Reis und anderem zu füllen . . .«

Die Luftlage verschlimmert sich erheblich. Die Sowjets haben trotz der gesprengten Brücken schließlich bei Wolgast nach Usedom übergesetzt, sind von Misdroy aus in die Dievenow-Front eingebrochen und betreten Wollin. Sie kommen – der »Knobelbecher« kippt! Die Zerstörer verlegen westwärts, die U-Flottille läuft aus. Das alte Linienschiff »Schlesien«, eine schwimmende Batterie, hat auf die Reede verholt und soll später nach Sonderburg oder Flensburg.
Am Rande der Kaiserfahrt liegt noch immer der Schwere Kreuzer »Lützow« (ex Panzerschiff »Deutschland«), achtern leck und auf Grund. Aber seine Geschütztürme sind noch intakt und feuern dröhnend Salven den Russen entgegen. Turm Anton verausgabt sich, wird gesprengt. In einem nahen Lager finden sich 15-Zentimeter-Granaten an. Zu spät – es eilt! Die Letzten der »Lützow« schleppen die

Munition zu Turm »Bruno«, legen Zeitzünder und fahren mit dem kleinen Frachter »Maria Cords« davon. Eben nach Mitternacht, in der ersten Stunde des 4. Mai, beobachten sie von der Reede aus, »wie achtern, wo die ›Lützow‹ im Dunkeln liegt, sich plötzlich Feuerschlünde öffnen und flache Flammenbündel nach links und rechts in die Nacht hinauslecken – unsere Fünfzehner. Dann schießt eine ungeheure Stichflamme senkrecht in den dunklen Nachthimmel, daß die Gegend taghell daliegt – Turm Bruno, vollgekeilt mit Fünfzehner-Granaten und Kartuschen! Unsere Mission ist erfüllt. Diese Kanonen werden nie mehr sprechen . . .«
Die 8. Artillerieträger-Flottille hat sich bis auf eine in Swinemünde taktierende Gruppe durch die Peene entfernt und führt noch Krieg im Greifswalder Bodden. Aus Wolgast nehmen die Kampffähren die Marineinfanterie mit und setzen sie in Lauterbach auf Rügen ab. Sie holen auch noch die Besatzung der kleinen Lotseninsel Ruden, wo seinerzeit im Dreißigjährigen Kriege Gustav Adolf von Schweden zum erstenmal deutschen Boden betrat. Auf der Schwesterinsel, der Greifswalder Oie, finden sie alle V-Anlagen ausgeräumt vor, nur eine leere V 2-Hülle ist am Strande zurückgeblieben. Die Wiege der V-Waffen, Peenemünde, ist fast völlig zerschlagen und macht nicht mehr den Eindruck eines organisierten Betriebes. »Dafür hatten sich dort aber noch auffallend viel Leute mit ebenso auffallenden Luxus festgehalten. Wir sind verschiedentlich durch das Gelände gestreunt, fanden aber nichts vor. Die Hallen sind zerbombt, ausgebrannt und ausgeräumt.«
Am 4. Mai fängt die Flottille mehrere erschütternde Funksprüche auf. Sie kommen von einzelnen Marinedienststellen aus Vorpommern und Mecklenburg und stimmen im wesentlichen mit der letzten Botschaft von Warnemünde überein, wo zur selben Stunde der Transporter »Cometa« aus der Ferne die Signalstation brennen sieht: *»An alle –! Überraschend sowjetische Panzer vor der Station – wir melden uns ab – es lebe Deutschland!«* Andere Funksprüche verstummen mitten im Text. Überall steht plötzlich der Russe vor der Tür . . .

An der Küste von Usedom, bis nach Zinnowitz, werden die Truppen abgeholt.
Die flachen Fährprähme schieben sich weit auf den herrlichen Sandstrand.
Vormittags beginnt der Rückzug von Swinemünde. Zahlreiche Fahrzeuge setzen sich vom Hafen und von der Reede aus nach Norden in Bewegung, vorbei an den mit Oberdeck und Aufbauten aus dem Wasser ragenden Wrack der »Schlesien«. Das Linienschiff war zuguterletzt noch auf eine Mine gelaufen und ist nicht mehr zu retten. Die eigene Besatzung gibt ihm den Rest. Auf die abziehenden Schiffe stürzen sich die russischen Flieger. Der mit Truppen vollbeladene Hilfskreuzer »Orion« wird mehrmals getroffen. Die von allen Seiten hinzukommenden Marinefahrzeuge übernehmen die Menschen. Dann erhält der über und über brennende Hilfkreuzer von »T 33« den Fangschuß. Es ist ein schöner Frühjahrstag . . .
Als abends um 20.00 Uhr die letzten Soldaten mit Sturmbooten auf der Reede eintreffen, setzen sich auch Vizeadmiral Kreisch und sein Stab in Marsch. Als eine der Letzten verläßt noch die Gruppe der 8. Artillerieträger die Swinemünder Molen, nachdem sie sich schon mit den ersten russischen T 34-Panzern herumschossen, die an der Osternothafen-Seite aufkreuzten.
Eine Karawane von Schiffen folgt dem nach Norden führenden Zwangsweg. Hinter ihnen bleiben die Orte der Pommerschen Bucht zurück, die Perlen der deutschen Seebäder überhaupt: Dievenow, Misdroy, Swinemünde, Ahlbeck, Heringsdorf, Bansin und Zinnowitz. Als sie bei Kap Arkona stehen, jagt mit schäumenden Bugwellen und polternden Schrauben ein auffallend großes Schnellgeleit an ihnen vorbei. Es wirkt wie eines der klassischen Konvoys auf dem Atlantik: in der Mitte haushohe Frachter, flankiert von Zerstörern und Torpedobooten. An der Gaffel flattern die deutschen Farben, Flaggensignale gehen durch die Linie von Schiff zu Schiff, vom Sog des Fahrwindes mitgerissene kreischende Möwen über dem Kielwasser: ostwärts, ost-

wärts! Es sind die letzten Kriegsschiffe und Engelhardts Transporter auf dem Marsch nach Hela und Kurland. Bald sind sie unter dem Horizont verschwunden . . .
Die nach Dänemark Flüchtenden dampfen weiter. Irgendwo ist auch der Revierförster an Bord. Vor Kopenhagen, noch auf See, werden sie durch englische Weisung gestoppt. Der Krieg ist zu Ende. Ganz Kopenhagen verwandelt sich in ein einziges Flaggenmeer. In der strahlenden Morgensonne leuchten die rot-weißen Danebrogs im neuen Glanz der Freiheit, während den deutschen Kapitänen befohlen wird, ihre Flaggen zu streichen.
Unter den ankommenden Schiffen befindet sich auch der kleine Tanker »Lisa Essberger«, der mit den 8 Millionen an Bord. Auf dem Rückweg von Libau hat er sich nicht davon abbringen lassen, nochmal eben in Swinemünde einzulaufen und schnell »120 registrierte Flüchtlinge an Bord zu nehmen. In Wirklichkeit waren es viel mehr«. Soweit die Verläßlichkeit der Zahlen. Auch der Kapitän der »Lisa Essberger« zieht aus dem Waffenstillstand seine Konsequenzen. Wohin mit den 8 Millionen? Natürlich muß er sie abgeben, aber an wen und wofür? Er wirft einen langen Blick in die Runde, sieht den Jubel, sieht sein Schiff ohne Landesfarben – und da fällt bei ihm der Groschen. Her mit dem Sack und mit einem schweren Ankerschäkel. Plumps macht es – und weg sind die 8 Millionen. Auf der Reede von Kopenhagen.
Unter dem 5. Mai 1945 schreibt der Korvettenkapitän Eschricht in seine Tagebücher: Aus Swinemünde wurden 27 000 Mann abtransportiert. Insgesamt 35 000.
Es ist die letzte Eintragung. Der Waffenstillstand nahm ihm die Feder aus der Hand. Die Notizen des MOK Ost (Qu III) sind beendet . . .

17.

Der Fall »Cap Arkona« – Statt Prozeß Zigaretten
Die Flieger vom 3. Mai – Vernichtung vor Toresschluß
»Deutschland«: Der Herr der 30 000 PS und sein Kapitän

In den täglichen Schiffahrtsnotizen des Seetransportreferenten beim Marineoberkommando Ostsee findet sich nur zweimal die Randbemerkung: Untragbare Verhältnisse! Das erstemal bezieht sie sich auf die Situation der Verwundeten auf Hela, das zweitemal betrifft es die »Cap Arkona«. Eschricht meint damit nicht etwa die letzte Reise des 27 561 BRT großen Flaggschiffs der Hamburg-Süd, als es in seinen für 1300 Passagiere eingerichteten Räumen 9000 Verwundete und Flüchtlinge von Hela nach Kopenhagen brachte. Derartiges war bei der Rettung von Menschen aus dem Osten beinahe schon normal. Wovon er spricht ist das, was man später unter »Fall Cap Arkona« verstand, über den so viele Halbwahrheiten und Mißdeutungen verbreitet wurden. Mit einem Rückblick auf die gesunkene »Cap Arkona« soll auch gewissen Begleitumständen auf den Grund gegangen werden.

Nach einer Kesselreparatur in Kopenhagen wurde der einzige Dreischornsteiner der deutschen Handelsschiffahrt, Nachfolger der schon legendären »Cap Polonio«, im Zuge der Brennstoffeinsparungen am 14. April zur Neustädter Bucht geschickt und dort stillgelegt. Nun zerrt der Luxus-Liner an seinen Ankerketten, und Kapitän Heinrich Bertram, der von der havarierten »Monte Rosa« hierher versetzt wurde, sinnt vergangenen Zeiten nach, als die Reederei noch die deutschen Farben in den Südatlantik trug. Das ist gleichzeitig Erinnerung an eine verblichene Eleganz, die bis in die ersten Kriegsjahre hineinreichte, als die »Cap Arkona« für einen »Titanic«-Film herhalten mußte. Die heutige Wirklichkeit sind graugestrichene Aufbauten und Schornsteine, Roststreifen auf einer dunklen Bordwand, Beulen und Schrammen. Vom Promenadendeck über die

Salons und Speisesäle, vom A-Deck der Kabinen bis ins E-Deck hinunter ist alles verwohnt und vielleicht sogar verwanzt. Die Kessel sind nicht mehr dicht und die Turbinen und Wellenlager abgenutzt – die Länge trägt eben die Last. Auf seinem Ankerplatz in der Neustädter Bucht wird der für den Seetransport nicht mehr zu haltende Ozeanriese dem Reichskommissar für die Seeschiffahrt und der Reederei wieder zur Verfügung gestellt und kehrt in zivile Obhut zurück. Der Wehrmachtkommandant von Neustadt (Fregattenkapitän Schmidt, Heinrich) bekundet dazu später: »Mir war bekannt, daß das Schwedische Rote Kreuz die Schiffe zu übernehmen gedachte.« Ob es zu einer Übergabeverhandlung kam, oder ob sich die Transaktion auf bloße Fernschreiben beschränkte, ist nicht ersichtlich.
Jedenfalls versucht der Reikosee, Gauleiter Kaufmann, den Seetransportchef telefonisch zu bewegen, etwa 8000 KZ-Häftlinge an Bord unterzubringen. Konteradmiral Engelhardt lehnt dieses Ansinnen in Gegenwart seiner Sekretärin, Frau Böhme, die mithört, und von Korvettenkapitän Rössing entschieden ab. Wie Kapitän Bertram von Neustadt aus berichtete, gäbe es auf der »Cap Arkona« wegen Brennstoffmangel keinen elektrischen Strom. Man könne weder die Feuerlöschanlage anstellen noch eine Lenzpumpe. Es mangele auch an Trinkwasser und an Frischwasser überhaupt. Als der Reichskommissar trotz aller Einwände auf seiner Absicht besteht, erklärt Engelhardt, daß die Marine die Verantwortung nicht übernehmen könne und auch nicht wolle. Die »Cap Arkona« wäre sowieso nicht mehr ihr Schiff, der Seetransport wäre nicht mehr dafür zuständig.
In allen späteren Untersuchungen hat der Reikosee diese Tatsache abzustreiten versucht und auch in einem Fernschreiben an die Reederei die Marine für die folgende Einschiffung verantwortlich gemacht. Denn am 20. April, so bezeugt der 3. Offizier Edmund Jurgowski, bringt das Motorschiff »Athen« tatsächlich 5600 KZ-Häftlinge und SS-Bewachungspersonal längsseits. Anderntags erhält MOK Ost eine von Rössing abgezeichnete Mitteilung: 2500 KZ-

Häftlinge auf »Cap Arkona« eingeschifft, Lage untragbar! Wieder einen Tag später – am 22. April – schickt der Seetrachef eine zweite Meldung hinterher: »Cap Arkona« bereits an Reikosee zurückgegeben, keine Verantwortung und kein Interesse, KZ-Häftlinge sind Sache der Gestapo!
Er hat kein Interesse mehr an dem Schiff als solchem, und als Soldat und Seemann will er mit der ganzen Sache erst recht nichts zu tun haben. Wie er gelegentlich hört, soll der Gauleiter und Reikosee die »Cap Arkona« dem Reichsführer SS für dessen Häftlinge zur Verfügung gestellt haben. Die Anforderung soll angeblich auf ein Gespräch zwischen Himmler und einem schwedischen Unterhändler zurückgehen. Tatsächlich traf sich Himmler am 21. 4. mit dem Vertreter des jüdischen Weltkongresses Masur auf dem Gut Hartzfelde bei Berlin, wobei 1000 jüdische Frauen aus dem KZ Ravensbrück ausgehandelt und freigegeben wurden. Ein Zusammenhang erscheint fraglich.
Nach und nach wird die »Cap Arkona« mit Häftlingen aufgefüllt. In der Neustädter Bucht ankern auch noch andere Schiffe, die den sinistren, manöverierunfähigen Koloß zurückhaltend betrachten. Am 2. Mai wird aus Lübeck der Frachter »Thielbek« hergeschleppt und hinzugelegt. Die »Thielbek« hat Ruderschaden und dient in Lübeck als Durchgangslager für KZ-Häftlinge. Diese kamen dort an, blieben ein oder zwei Tage und wurden dann weitergeleitet, so erzählt es der 3. Offizier Theodor Schotmann. Es ging ihnen zu dieser Zeit besser als im Konzentrationslager; denn sie wurden schon durch das Rote Kreuz zusätzlich mit Lebensmittelpaketen versehen. Trotzdem ist der Gesundheitszustand der Häftlinge überwiegend schlecht. Die »Thielbek« hat jetzt selbst 2000 von ihnen an Bord. Das Wetter ist schön in diesen ersten Maitagen. Die Häftlinge schnuppern in die linde Brise, die über die seidige Ostsee streicht, sehen auf die nahe Küste von Pelzerhaken, und es muß sich unter ihnen schon ein Gefühl für die kommende Wende und die Freiheit breitgemacht haben. Die erhoffte Freiheit kommt indessen nicht, dafür kommen die Flieger,

und die Unglücklichen geraten unversehens zwischen Freiheit und Feind.

Am 2. Mai werden »Cap Arkona« und »Thielbek« von englischen Flugzeugen umkreist, aber nicht angegriffen. Obersteward Schwarz teilt mit: ». . . Am 2. Mai hatte die »Cap Arkona« noch KZ-Häftlinge übernommen. Während dieser Aktion wurde das Schiff von feindlichen Fliegern überflogen, die aber nicht gleich angriffen. Diese Flieger wurden von Zubringerschiffen durch Flak beschossen. Während die Flugzeuge die »Cap Arkona« umkreisten, hatten sich die Häftlinge in Form der Buchstaben KZ auf dem Oberdeck hingelegt. Es sollen 6000 an Bord gewesen sein.«

Am 3. Mai, in den Mittagsstunden, kommen die Flugzeuge wieder. Der 3. Offizier Schotmann von der »Thielbek« notiert, daß die »Cap Arkona« sofort angegriffen wird und die verzweifelten Häftlinge aus den unendlichen Bullaugenreihen des Schiffes viele Bettücher als weiße Fahnen hängen. Es hilft ihnen nichts.

Obersteward Schwarz weiter: ». . . Das Schiff wurde in der Längsrichtung von vorne nach hinten überflogen. Die Bomben wurden der Länge nach auf dem ganzen Schiff verteilt. Vorwiegend waren es Phosphor-Brandbomben, das Schiff fing an zu brennen. Die Bomben schlugen aber nur bis zum Salon- und A-Deck durch.

Überall setzte Panikstimmung ein. Menschen, die zu Fall gekommen waren, wurden von anderen zu Tode getreten. Viele Häftlinge in den oberen Decks verbrannten bei lebendigem Leibe. Als das Feuer in den oberen Decks sich stark verbreitet hatte, konnte niemand mehr hinauf. So versuchten die Häftlinge und Besatzungsmitglieder (in den unteren Decks) durch die Bullaugen zu entkommen, was aber nur den schlanken Menschen gelang. Viele sind steckengeblieben.

Von der Ankerstelle der »Cap Arkona« konnte man das Land sehen. Noch näher als Neustadt lag Pelzerhaken.

Dorthin versuchten viele zu schwimmen, kamen aber dabei ums Leben . . .«
Gegen 14.30 Uhr wird auch die »Thielbek« trotz der auch hier von den Häftlingen gesetzten weißen Flaggen von 10 englischen Jagdbombern angegriffen. Die Flugzeuge schießen Raketenbomben und treffen das Schiff meist unter der Wasserlinie. Nach einer Viertelstunde ist die »Thielbek« gesunken. Von ihren 2000 Häftlingen kommen nur wenige davon. Auch die Besatzung hat große Verluste.
Die »Cap Arkona« brennt lichterloh, der Qualm steigt in den heiteren Himmel. Etwa 5000 Häftlinge müssen sterben. Alle Rettungsboote und Flöße sind zerstört. Wer schwimmen kann, schwimmt davon. Obersteward Schwarz wird von einem Minensuchboot aufgefischt. Im Wasser erblickt er Kapitän Bertram mit seinem Hund. Der Kapitän erreicht das Land, der Hund ertrinkt.
Am nächsten Tag brennt die »Cap Arkona« noch immer. Schließlich kippt sie seitlich nach Steuerbord ab und legt sich auf Grund. Da es hier nicht sehr tief ist, verschwindet sie nicht ganz.
Und auch aus dem Bewußtsein der Menschen verschwindet sie nicht ganz. Denn einige, die das rettende Ufer erreichten, kamen nicht weit und blieben tot am Strande liegen. Fregattenkapitän Schmidt, Wehrmachtkommandant von Neustadt und Kommandeur der 3. Unterseeboots-Lehrdivision hat darüber eine dienstliche Meldung abgegeben.
». . . Als ich von einer Geländefahrt zurückkehrte, wurde mir gemeldet, daß auf dem anderen Ufer eine Schießerei auf KZ-Häftlinge im Gange wäre. Ich habe sofort einen Kapitänleutnant meines Stabes mit zwei weiteren Offizieren beauftragt, mit allen Mitteln, selbst unter Anwendung von Gewalt, diesem Wahnsinn unverzüglich ein Ende zu bereiten. Schon nach zehn Minuten erhielt ich die Meldung, daß kein Schuß mehr fallen würde. Nach meinen Feststellungen sind an der Schießerei beteiligt gewesen eine Gruppe von SS-Leuten, eine Reihe von Gendarmeriewachtmeistern und einige Soldaten aus den Baracken des Sandberger Weges.«

Nach seiner Meinung waren für den Schießbefehl ein SS-Scharführer und ein Unteroffizier verantwortlich. In mehr als einer Beziehung geht es in beiden Fällen kaum noch niedriger. Kapitän Schmidt selbst setzt sofort alle verfügbaren Fahrzeuge zur Rettung ein. Es gelingt, noch etwa 200 Menschen zu bergen.

Der Kommandeur ist aus einem persönlichen Grunde besonders empört über die unmenschlichen Übergriffe. Am gleichen Morgen hatte ihn ein Volkssturmführer eindringlich gebeten, beim Durchschleusen eines Häftlingstransportes durch Neustadt zu helfen. Erst hatte der Kommandeur abgelehnt, aber dann holte er die Häftlinge auf den Sportplatz des Marinelagers und ließ sie erst einmal verpflegen, ehe sie zu den Schiffen in der Neustädter Bucht gebracht wurden. Wie eine Untersuchung der Vorgänge durch die britische Besatzungsmacht ergab, »haben zahlreiche Zeugenaussagen klar bewiesen, daß Sie an den Vorgängen, die KZ-Häftlinge betreffend, völlig unschuldig sind. Im Gegenteil, Sie haben diesen Menschen nur Gutes getan. Ich erkenne dies an, indem ich Sie aus dem Gefangenenlager entlasse und Ihnen von mir jegliche Fürsorge angedeihen lasse.«

Kapitän Bertram von der »Cap Arkona« mußte dagegen 18 Monate in Haft verbringen.

Die Frage nach einem Schuldigen ist insofern kaum zu beantworten, als zwischen beiden Vorgängen, der Einschiffung und dem Bombenangriff, kein ursächlicher Zusammenhang besteht. Den unglücklichen Häftlingen »ging es an Bord besser als im Konzentrationslager«, und das ist wenigstens ein gelinder Trost. Der Reederei oder gar dem schwergeprüften Kapitän eine Verantwortung aufbürden zu wollen, hieße die Verhältnisse und vor allem die Befugnisse zu verkennen. Wer etwas anderes behauptet, spricht wie ein Blinder von der Farbe. Der Kapitän war zu dieser Zeit nichts anderes als ein bloßer Befehlsempfänger, ohne die ihn normalerweise zustehenden Rechte eines Hausherrn, die hier vom Bewachungspersonal beansprucht wurden. Der Seetransportchef kannte ihn schon von der »Monte Rosa« und schätzte ihn sehr, »weil er ein wirkliches Vorbild war.«

Der Aussage von Gauleiter Kaufmann, der die Zuständigkeit von sich auf die Marine abzuschieben versuchte, hat der Seetransportchef im Gefangenenlager in Belgien und bei der britischen Militärpolizei eine Gegendarstellung vorgehalten. Engelhardt heute:

». . . Ich weiß mich nicht mehr genau zu erinnern, wann und wo ich von der Versenkung der »Cap Arkona« erfuhr. Sie unterstand mir schon über zwei Wochen nicht mehr. Im Sommer 1946 wurde ich von einem aus London herübergekommenen britischen Vernehmungsoffizier über den Fall befragt, es war ein früherer Rechtsanwalt aus Düsseldorf. Bei dieser Gelegenheit zeigte er mir die Aussagen von Gauleiter Kaufmann und Herrn H., daß ich für die Einschiffung verantwortlich gewesen wäre. Als ich ihm daraufhin die Zeugen Böhme und Rössing für mein Telefongespräch mit Kaufmann nannte und bemerkte, daß er meine Aussage gar nicht protokollierte, fragte ich ihn nach dem Grund. Er winkte ab und meinte: Ich glaube Ihnen auch so.

Eigentlich sollte ich zu einem Kriegsverbrecherprozeß nach Braunschweig gebracht werden. Statt dessen ließ er mir fünfzig englische Zigaretten da. Im Winter 1947/48 wurde ich dann noch einmal als Privatmann in Lüneburg von einem Vernehmungsoffizier aus London in derselben Angelegenheit vernommen und konnte nur noch meine früheren Aussagen bestätigen.«

Man darf die Tragödie der »Cap Arkona« nicht für sich alleine oder als eine Ausnahme ansehen. Sie ist mit jener Vernichtungsaktion verknüpft, die sich gegen die zurückkehrenden und stillgelegten deutschen Schiffe richtet und am 2./3. Mai einen makabren Höhepunkt erreicht. Angesichts des nahen Endes ist das Ganze militärisch schon sinnlos und überflüssig. Nach Jahren betrachten es unsere Vettern jenseits des Kanals ebenso nüchtern und selbstkri-

tisch wie das Bombardement deutscher Wohnviertel durch Sir Arthur Travis Harris, Luftmarschall und Chef des strategischen Bomberkommandos.
Aber in diesen ersten Maitagen leisten die taktischen Flieger noch einmal ganze Arbeit, und als sie endlich abdrehen, bleiben in der Lübecker und in der Kieler Bucht, zwischen Travemünde und Eckernförde, nachweislich 23 versenkte und 8 angeschlagene Handelsschiffe auf der Strecke: bei der »Cap Arkona« angefangen, über die »Swakopmund« bis hinunter zur kleinen »Wolgast« und »Irmtraud Cords«. Die in Kiel ausgebrannte »Monte Olivia« und den dort gekenterten Schweren Kreuzer »Admiral Hipper« noch nicht mit einbegriffen. Die heimkehrenden Transporter und ihre Menschen, froh der Hölle im Osten entronnen zu sein, laufen nichtsahnend in ihr Verderben. Beispielhaft für die Gesamtsituation sind die Ereignisse um den Dampfer »Inster«.
Der mittelgroße Frachter »Inster«, vorher als Nachschubschiff eingesetzt, übernimmt in Lübeck etwa 1500–2000 Flüchtlinge für Flensburg oder Dänemark. Es ist der 2. Mai, und englische Panzereinheiten stehen unmittelbar vor den Toren der Stadt, als das Schiff sich nachmittags in Marsch setzt. Innerhalb von Lübeck ist alles ruhig, traveabwärts werden sie schon pausenlos von Tieffliegern beschossen, erreichen jedoch ohne nennenswerte Schäden Travemünde und nachts die offene See. Beim Kiel Feuerschiff werden sie wegen Minengefahr an der Weiterfahrt gehindert, und im Verlauf der Nacht sammeln sich dort etwa 20 Flüchtlingsschiffe, die alle noch einen sicheren Hafen an der schleswigholsteinischen Küste aufsuchen wollten. Statt dessen müssen sie auf Geleit warten. Wie man bei Tagesanbruch erkennt, sind aus Kiel noch weitere Schiffe hinzugekommen. Nunmehr liegen in einem Umkreis von etwa fünf Seemeilen 30 bis 40 kleinere und größere Handelsschiffe angehäuft. Gegen 8.00 Uhr morgens, am 3. Mai, erscheinen die ersten Aufklärer und Jagdbomber über der Ostsee. (Anmerkung des 1. Offiziers Walter Thunemann: »Diese

werden sich nicht schlecht gewundert haben, als ihnen der noch schwimmende Rest der deutschen Handelsflotte bei Kiel Feuerschiff wie auf einem Präsentierteller angeboten wurde«).

Nicht lange danach setzen die ersten Angriffe ein. Dampfer »Inster« mit seinen 4747 BRT einer der größten Ankerlieger, erleidet bereits von der ersten Welle Treffer in Brücke und Maschine, die auch alle Rettungsmittel zerschlagen. In einer »Verschnaufpause«, in der die Flieger kleinere, schlecht bewaffnete Fahrzeuge aufs Korn nehmen, kümmert sich die Besatzung um die Schäden. Gegen Mittag, der Koch gibt gerade eine warme Mahlzeit an die Flüchtlinge aus, fallen die Flieger abermals ein. Von den im Freien Essenden werden etwa 80–100 dahingemäht. Die Maschine wird völlig zerstört, die Pumpen stehen still, die »Inster« brennt. An eine Rettung des Schiffes ist nicht mehr zu denken. Kapitän, Leitender Ingenieur, der größte Teil der Offiziere und der Besatzung finden den Tod. Es sind Deutsche, Holländer, Belgier, Franzosen, Dänen und Russen. Rund 560 Flüchtlinge kommen um. Die Überlebenden steigen auf kleinere Marineeinheiten über, die unerschrocken anlegen. Knapp zehn Minuten nachdem die Letzten die »Inster« verlassen haben, sinkt das Wrack aufrecht auf den Grund. Bei einer Wassertiefe von nur acht Metern sind seine zerfetzten und ausgeglühten Aufbauten noch lange zu sehen. Eines der Rettungsschiffe, der kleine Wassertanker »Leda« der den letzten Angriff von 18 Jagdbombern neben der »Inster« erlebt, erhält 40 Raketeneinschläge und Bordwaffenbeschuß. In nur fünf Minuten geht »Leda« unter und nimmt 21 Mann mit in die Tiefe. Wie der »Inster« ergeht es auch der »Insterburg« beim Kiel Feuerschiff.

Auch die »Hörnum« gehört zu den Opfern des Tages. Von der Insel Poel kommend, nähert sie sich Kiel. Sie trägt die jungen Soldaten der Führernachwuchsschule 14 der Infanterie, von denen die meisten noch kein Pulver gerochen haben und sich mit Müh und Not an Bord retten konnten. Paul Mausolf erinnert sich, daß die »Hörnum« in den Mit-

tagsstunden des 3. Mai angegriffen wurde. Zwischen den einzelnen Wellen sah er sich um und erkannte, daß auch andere Schiffe bedrängt wurden und brannten. Sieben Bomben fielen auf die »Hörnum«. Das Ergebnis: »eine Bombe krepierte im Zwischendeck, wodurch Panzerfäuste losgingen und die Katastrophe vergrößerten. Die Motore fielen aus, die Aufbauten standen in Flammen, die Flak wurde zusammengeschossen, der Kohlenbunker brannte, Verwundete schrien.« Die »Hörnum« wird manöverierunfähig nach Eckernförde eingeschleppt, sie hat 70 Tote und doppelt soviel Verwundete zu beklagen.
Vor der Hafeneinfahrt von Eckernförde ankert das Mitte April stillgelegte Walfangmutterschiff »Walter Rau«, ein Riese von 20 000 Tonnen Tragfähigkeit. Es hat den Krieg bis dahin heil überstanden. Am 3. Mai wird das Mutterschiff von 7 Jagdbombern angenommen, in der Wasserlinie getroffen und in Brand gesetzt. Des Feuers wird man Herr und das Schiff trimmt man schief, so daß die Löcher über Wasser sitzen, und verholt vorsichtshalber dorthin, wo es flach ist. Dies zahlt sich aus; denn in der Frühe des nächsten Tages wird »Walter Rau« erneut bombardiert, gerät erneut in Brand und kann auf Strand gesetzt und somit abgefangen werden. Die Besatzung geht von Bord. Als der Kapitän zwei Tage später wiederkommt, brennt das Vorschiff noch.
Dampfer »Lotte«, eines der letzten Schiffe von Pillau, erreicht Lübeck, wo man Braunkohlenbrikett bunkert und auf der letzten Etappe nur noch halbe Fahrt laufen kann. An sich sollte der Transporter an der mecklenburgischen Küste noch Flüchtlinge übernehmen. Die Küste ist schon vom Russen besetzt, und so schließt sich »Lotte« dem großen Treck der westwärts flüchtenden deutschen Schiffe an. Auch Wismar entleert seinen Hafen. Bei Fehmarn zieht sich das Verhängnis über ihnen zusammen.

Der von »Wogram« geschleppte Transporter »Musketier« wird zerbombt und kentert auf hoher See. Die mit Munition und Wehrmachtgut beladene »Irmtraud Cords« fliegt in die

Luft. Tanker »Taifun« wird von einem Torpedoflugzeug versenkt, »Bolkoburg« geht ebenfalls auf Tiefe. Der Afrika-Dampfer »Swakopmund«, früher Wohnschiff der Agru-Front in Hela und in der Lübecker Bucht stillgelegt, sucht Kiel zu erreichen. Vergebens –, bei Fehmarn, querab von Staberhuk, wird er durch Bomben vernichtet, kentert und verschwindet.
Der ehemalige KdF-Dampfer »Der Deutsche« (11 453 BRT), »als Hospitalschiff gekennzeichnet«, flüchtet beim Nahen der Russen aus Wismar. Unterwegs nimmt man auf Flößen und Booten treibende Schiffbrüchige an Bord. Da die Kohlen zur Neige gehen, wird unter Fehmarn aus dem Kohlendampfer »Dwarssee« gebunkert. Während des Bunkerns stürzen sich Jagdbomber auf die nebeneinanderliegenden Schiffe. »Dwarssee« sinkt, »Der Deutsche« springt leck und wird von der Besatzung auf Strand gesetzt. Als eine der Wenigen, die heil davonkommen, erreicht die langsame »Lotte« die Flensburger Förde.
Wahrhaft tragisch in mehr als einer Beziehung verlief dagegen die Heimfahrt der Flüchtlingsschiffe »Graudenz« und »Geheimrat Löffler«. Einstmals verkehrten die kleinen Pötte zwischen ostdeutschen Häfen. Nach der Räumung schlängelten sie sich unter der Küste bis nach Greifswald, dann, als die Russen auch dort sind, nach Fehmarn. In Fehmarn erzwingt der Hafenkapitän ihre Weiterfahrt nach Flensburg, obwohl sie nach den Anordnungen der Reichsregierung hätten liegenbleiben sollen.
». . . Etwa zwei Seemeilen nordwestlich von Kiel Feuerschiff wurde der Konvoy von acht britischen Bombern im Tiefflug angegriffen. Der die Spitze haltende »Geheimrat Löffler« sinkt innerhalb einer Minute nach einem Volltreffer. 17 Opfer sind zu beklagen, nur vier Mann können gerettet werden. Während »Einigkeit« und »Wehlau« ungeschoren davonkommen, erhält die »Graudenz« einen Bombentreffer im Vorschiff. Der Dampfer bekommt Schlagseite und nach acht Minuten sinkt auch er auf den Grund der Ostsee. Niemand weiß genau, wieviel Personen sich an

Bord befanden. Kinder versanken, während die Eltern gerettet wurden. Dann wieder leben die Kinder und die Eltern zählen zu den Opfern! Ungewißheit und Dunkel liegen noch heute über dem Schicksal der Betroffenen . . .«
Und die eigentliche Tragik: Wenn die Zeiten stimmen, ereilte sie der Tod eine halbe Stunde vor Beginn der Waffenruhe . . .
Die Schiffe der Deutschen werden noch in letzter Minute beschossen, bombardiert, vernichtet. Sie brennen, sinken oder fliehen in flaches Wasser, wo die Wracks noch zu sehen sind, als es schon lange kein Deutsches Reich mehr gibt. Die Umstände sind immer die gleichen, man könnte sie mit ermüdender Einförmigkeit mehr als dreißigmal beschreiben und wiederholen. Warum und wozu –? Einer der in Hela von der »Moltkefels« Abgeborgenen, Studienrat Ehrhardt, berichtet nach der Kapitulation aus Flensburg, »daß die Besatzer befahlen, jeder solle sich den Film über das KZ-Bergen-Belsen ansehen, andernfalls drohe der Entzug der Lebensmittelkarte. Am Schluß der Vorstellung fragte ein Offizier, ob sie schon Ähnliches gesehen hätten. Einer stand auf: O ja, in Hamburg –, bei der grausamen Vernichtung der Stadt durch die Engländer! Der Film wurde sofort abgesetzt.« Es ist nutzlos, will man alle diese Dinge gegeneinander aufrechnen, kommt nicht viel dabei heraus.

Um auf die »Cap Arkona« zurückzukommen: In ihrer Umgebung, nur zwei Seemeilen entfernt, ist ein anderer Ozean-Liner verankert. Die »Deutschland«, letztes übriggebliebenes Schiff der vier Zwanzigtausender aus der Nordamerika-Fahrt der HAPAG. Nachdem sie 69 379 Menschen aus dem Osten gerettet hatte, wurde sie nach ihrer siebenten Flüchtlingsfahrt in der Neustädter Bucht aufgelegt. Man wollte nun ein stationäres Lazarettschiff aus ihr machen. Die Flak wurde abgebaut, die Geschützbedienungen abgezogen und von der eigentlichen Besatzung blieben nur noch 80 Mann zurück. Dafür kamen ein Stabsarzt und einiges Sanitätspersonal hinzu. Die Schornsteine hatte man schon weiß gestrichen.

». . . Am 3. Mai, gegen 12.00 Uhr, hatte die »Deutschland« einen Fliegerangriff. Es entstanden drei Brandstellen, die aber gelöscht werden konnten. Beim zweiten Angriff wurde die »Cap Arkona« mit Raketenbomben in Brand geworfen. Sie hatte schon vorher an mehreren Stellen weiße Fahnen gesetzt. Während die »Cap Arkona« lichterloh brannte, gingen wir von der »Deutschland«, die auch eine weiße Fahne gesetzt hatte, in die Boote.
Dann wurde auch die »Deutschland« wieder angegriffen und fing zu brennen an. Die Besatzung ruderte mit ihren Rettungsbooten nach Sierksdorf an Land. Als fünf Stunden nach dem Angriff die »Deutschland« umkippte, wurde das Feuer durch das eindringende Wasser größtenteils gelöscht. Die »Deutschland« ist 23 Meter breit und liegt in einer Tiefe von 16 Metern . . .«

Als die »Deutschland« zum zweitenmal angegriffen wurde, hatte gerade das letzte Boot abgelegt. Kapitän Steinke war zurückgeblieben. Der Leitende Ingenieur Kolster sah ihn stehen, sagte, er wolle seinen Kapitän nicht alleine lassen, und kletterte wieder an Bord. Im Schiffsinneren fanden sich noch einige Nachzügler ein. Das fortschreitende Feuer trieb schließlich alle aus dem Schiff.

Herr Kolster war in Hamburg allgemein bekannt als »der Herr der 30 000 PS«. Er hatte 46 Jahre bei der HAPAG gedient und war seit 1932 auf der »Deutschland« gewesen. Nun ist für ihn und für seinen Kapitän alles vorbei und wird niemals wiederkehren. Denn – ob mit oder ohne militante Nachhilfe – die Ära der großen Passagierdampfer geht sowieso zu Ende. Bald verschwinden sie mit wenigen Ausnahmen von den Meeren, weil sie unrentabel geworden sind. Die Reisenden sind auf Flugzeuge umgestiegen und haben die großen Liner den Leuten mit viel Zeit und der Touristik überlassen. Bald drängt auch der Motor die Dampfmaschinen aus der Schiffahrt. Und während sich in der Luft noch die Propeller der Jagdbomber drehen, pfeifen schon die ersten Düsenjäger am Himmel: in den USA, in England, in Italien, in Deutschland, wo etwa hundert ohne

Treibstoff herumstehen. Der Krieg ist der Vater aller Dinge, und die Raketen von Peenemünde bringen am Ende den Menschen zum Mond. So gesehen sind die dramatischen Angriffe am 3. Mai 1945 beinahe schon ein Anachronismus.

18.

Nachts auf Rügens Straßen – Wunschvorstellungen und Spekulationen »Ich habe die Insel Rügen geräumt –« – Wo bleiben die Engländer? Die Russen landen auf Bornholm

Es ist eben vor Mitternacht zum 5. Mai, als der Inselkommandant von Rügen, Kapitän zur See Jeck, sie auf der Landstraße Bergen-Saßnitz entdeckt. Siebenhundert bewaffnete Hitlerjungen, von deren Existenz er überhaupt nichts ahnt und die allen Ernstes zurückbleiben und im Rücken des Feindes Werwolf spielen wollen. Im Hafen von Saßnitz laufen derweil die Einschiffungen zum letzten Geleitzug an, Jeck ist in Eile, und hier stehen die Jungen und glauben, das Vaterland retten zu können. Die Sowjets haben von Stralsund aus zur Kapitulation aufgefordert, am nächsten Morgen schon werden sie in Saßnitz sein. Der Offizier zieht alle Register, schließlich beugen sich die Hitlerjungen seinen Vernunftgründen – erst einige, dann mehrere, am Ende alle – lassen sich auf Laster verladen und rollen dem rettenden Hafen zu.
Noch eine andere Überraschung wartet seiner – eine ihm nicht gemeldete SS-Truppe. Diese ist entschlossen zurückzubleiben, und soll noch nach der Kapitulation lange Monate in den Wäldern als Partisanen gekämpft haben. Die dichten alten Buchenwälder an der Ostküste von Deutschlands größter und schönster Insel verbergen vieles –, nicht nur Opfersteine, Reste alter Burgwälle, Rugard und Hertha-

See und heidnische Denkmäler. Ganz zu schweigen von den 2000 Hünengräbern, die über das ganze Land verstreut sind, das eigentlich gar kein Land ist, sondern eine durch schmale Landrücken zusammenhängende Inselgruppe mit vielen Buchten und Schlupfwinkeln. Das Werk gewaltiger Sturmfluten.
Zwischen Rügendamm im Süden und der Küstenfunkstelle Rügen-Radio im Norden, zwischen den Kreidefelsen der Ostküste und den Äckern im Westen hat die Welle des russischen Durchbruchs nach Vorpommern und Mecklenburg schätzungsweise 15 000 Mann Militär und Wehrmachtgefolge beiseite geschwemmt. Die Artillerieschulen der Marine, den Troßschiffsverband, eine unkontrollierbare Menge von Geflüchteten der 3. Panzerarmee, untermengt mit Angehörigen des V-Waffenstabes aus Peenemünde samt umfangreichen wissenschaftlichem Gepäck; die aus dem fernen Berlin auf eigenen Fahrzeugen herangerollte Nachschub- und Betriebsstoffabteilung der Seekriegsleitung und was sich sonst noch eingefunden hatte. Die Berliner, die in Saßnitz eine neue Dienststelle aufmachen wollten, wunderten sich über eine endlos lange Kolonne schwedischer Rote-Kreuz-Wagen, die ihnen unterwegs entgegenkamen. Die Insel erschien ihnen pastoral und unwirklich, die Fahrt durch die hübsche und friedliche Landschaft beinahe unzeitgemäß.
Der erste Anblick von Saßnitz brachte sie der Wirklichkeit wieder näher. Der Stadtteil um den Bahnhof zerstört, Ruinen und Bombentrichter, im Hafen und auf der Reede Wracks »Z 28«, die »Hamburg« und andere. Dazu ein ungnädiger Inselkommandant, der nichts weniger als Stäbe mit Mädchen wünschte zu einem Zeitpunkt, in dem er Saßnitz zur Verteidigung herrichten ließ. Wenn man das übliche Aufwerfen von Panzergräben und Schützenlöchern, das Einbetonieren einiger Geschütze groß als Abwehrmaßnahme bezeichnen will. Das Segelschulschiff »Horst Wessel« hatte sich mit 1000 Verwundeten und Flüchtlingen aus Lauterbach, Putbus und Saßnitz entfernt. Das Reichsbahn-

fährschiff »Deutschland«, nachdem es zehn Tage ohne Kohle in Swinemünde zubrachte, verließ mit weiteren 2000 seinen Heimathafen Saßnitz auf Nimmerwiedersehen. Dann nähern sich die Sowjets Stralsund, die Festungsbesatzung setzt sich nach Rügen ab. Der Traum von der »Oase Rügen« ist ausgeträumt.

Wunschvorstellungen und Spekulationen der letzten Tage zerplatzen wie Seifenblasen und weichen der Sorge vor möglichen Kämpfen auf der Insel. Die Abneigung der Einheimischen gegen Kriegshandlungen ist verständlich. Seit Gustaf Adolfs Zeiten fühlt man sich, vor allem in Saßnitz mit seinem Fährverkehr, zu Schweden hingezogen. Am liebsten würde man sich dem nördlichen Nachbarn anschließen und neutral bleiben. Doch der spontane Gedanke einer Volksbefragung ist eine Utopie. Auch die Hoffnung auf eine große Wende, die in diesen Tagen die Herzen bewegt, wird zunichte. Die Sowjets erklären unverblümt, sie würden auch dann noch den Sieg auf ihrer Seite haben, wenn etwa die Amerikaner gemeinsam mit den Deutschen gegen sie anrücken sollten. Unklare Befehle vergrößern die Ratlosigkeit.

In militärischen Führungskreisen neigt sich die Waage zwischen Widerstand oder Räumung immer mehr zur Seite des Rückzugs. Auf einer Lagebesprechung aller Marine- und Marineartillerieoffiziere am 3. Mai wird vom Inselkommandanten »erstmalig die Frage ausgesprochen: Besteht die Möglichkeit, die Truppe in ihrer Gesamtheit und vielleicht die in Saßnitz und Umgebung untergebrachten Flüchtlinge über See abzutransportieren«? Der Hafenkapitän und Leiter der Seetransportstelle Saßnitz/Rügen, Kapitänleutnant d. R. Streitenfeldt, bejaht. Bei günstigen Wetterbedingungen und ohne unmittelbare Feindeinwirkung müßte es gehen. Ein gewisses Risiko ergäbe sich zwar durch die nur noch begrenzt seetüchtigen Wohnschiffe ohne eigenen Antrieb. Man könne aber auf jeden Fall 8000, vielleicht auch 10 000 Mann mitnehmen.

Für Streitenfeldt bedeutet ein Rückzug Routine und Wieder-

holung früherer Seetra-Aktionen. In Saßnitz ist er erst seit März, kennt Rügen aber von Jugend auf. Er verliert keine Zeit und verlangt unverzüglich die exakten Iststärken-Meldungen der einzelnen Einheiten, die bisher erheblich differierten. »Die Meldungen kamen zum Teil überraschend schnell. In Einzelfällen erschienen bis Mitternacht Kompanieführer, Stabsoffiziere und Feldwebel, um Zeitpunkt und Schiff des Transportes zu erfragen. Dabei war noch keine Entscheidung gefallen.« Auch die durch Gerüchte alarmierte Zivilbevölkerung sucht sich zu informieren. Schließlich stellt sich heraus, daß mit einer Transportzahl von 4500 Menschen zu rechnen ist.
Die in Stralsund einrückenden Russen fordern zur Kapitulation binnen 24 Stunden auf. Da man der russischen Panzerarmee keine schweren Waffen entgegenzusetzen hat, wird jetzt die Räumung von Saßnitz befohlen. Als Zielhafen bestimmt das MOK Ost Kopenhagen. Die Verteidigungsanlagen und restlichen Munitionsbestände werden gesprengt, die Abfahrt wird auf den anderen Morgen, 5.00 Uhr, festgesetzt. Das ist der 5. Mai, ab 0.00 Uhr soll eingeschifft werden.
An Schiffsraum sind 19 Fahrzeuge vorhanden: Wohnschiffe, Frachter, Minensuchboote, Schlepper und sonstige Kleinfahrzeuge. Dazu noch ein Schwimmdock, auf dem Gendarmerie 800 russische Kriegsgefangene bewacht, und schließlich ein geschlossener Seeleichter. Der Seeleichter ist ein Sorgenkind des Hafenkapitäns, an das die Marine nicht herankam. An Bord und unter Deck befinden sich KZ-Häftlinge in der Gewalt von SS-Leuten. Der Leichter liegt schon wochenlang draußen zu Anker, und wie Streitenfeldt beobachtet, erhalten die Gefangenen nur morgens einen Kübel undefinierbarer Suppe, sonst nichts.
Weil die Schiffe durch die Truppen schon überfüllt sind und ihre Seetüchtigkeit teilweise zu wünschen übrig läßt, will man keine zivilen Flüchtlinge mitnehmen. Ein großer Teil von ihnen kommt aus dem Osten und steht noch so unter dem Eindruck früherer Erlebnisse, daß er seine Massen-

quartiere in Saßnitz und auf den rügenschen Dörfern ohnehin nicht mehr verlassen will. Im letzten Augenblick werden doch noch einige Hundert mitgenommen, die es sich anders überlegen und das Risiko der Seereise nicht scheuen.
Pünktlich ab Mitternacht erscheinen die Einheiten an der Hafensperre, werden auf die Schiffe verteilt und gehen an Bord. Der Inselkommandant ist unterwegs und beobachtet die Anmarschwege. Nach einer unbestätigten Meldung vom Vortage werden die Russen um 7.00 Uhr in Saßnitz erwartet. Noch ist nichts von ihnen zu sehen.
Der Morgen des 5. Mai verspricht einen schönen Tag. Klarer Himmel und Sonnenschein, Windstärke 3–4, später frischt es ein wenig auf. Die Einschiffung verläuft planmäßig. Ein letzter Funkspruch geht hinaus.

> *5. 5. 03.20 Uhr –*
> *Ich habe die Insel Rügen geräumt. Gründe: 1.) nach Meldung der Truppenführer Kampfmoral stark erschüttert; 2.) Bewaffnung und Munitionierung völlig unzureichend; 3.) Einstellung Zivilbevölkerung gegen jeden Kampf. Verrat und Sabotage zu erwarten, z. T. schon eingetreten; 4.) Die durch Kampfhandlungen zu erwartenden Verluste unter der Zivilbevölkerung und den in einigen Orten massierten Flüchtlingen.*
> *Inselkommandant Rügen –*

Um 5.00 Uhr entläßt Streitenfeldt die Schiffe nach See. Das Fahrzeug, auf dem die Peenemünder Wissenschaftler untergebracht sind, hat vorne bereits die Leinen losgeworfen, »als ein ziviler Reiter auf einem bildschönen schaumbedeckten Vollblüter heransprengte. Der Reiter sprang ab, zog eine Pistole, erschoß das Pferd und sprang mit einer Aktentasche auf das ablegende Schiff. Es handelt sich um einen eingesessenen Gutsbesitzer, der in letzter Minute vom Abmarsch der Truppe gehört hatte.«
Russische Flugzeuge bleiben aus, der Konvoy biegt bei Stubbenkammer um die Ecke und kommt langsam außer Sicht. Mit ihm fahren zwei Generäle und ihr Stab, Gauleiter

Schwede-Coburg von Pommern und ein anderer Gauleiter, den Streitenfeldt nicht kennt.
Der Seetransportleiter, der sich mit seinen fünf Leuten auf einem Fischereikontrollboot eingeschifft hat, wartet noch. Ebenfalls der Frachter »Wiking«. Es fehlen noch die für diesen bestimmten 400 Schüler einer Napola, die sich durch einen Boten angesagt haben. Sie müssen wohl weit marschieren; denn die Minuten verrinnen, die Zeit verstreicht und die Jungen sind noch immer nicht da. Um 6.00 Uhr bekommt der Kapitän der »Wiking« kalte Füße. Er fürchtet, von den Russen überrascht zu werden und will ablegen. Streitenfeldt hält ihn mit massiven Drohungen auf der Stelle. Wo aber bleiben die Jungen?
Es wird halb sieben und schließlich sieben Uhr, die Spannung wird langsam unerträglich. Dem ungeduldigen Kapitän zeigt Streitenfeldt vielsagend sein schweres Maschinengewehr. Der andere begreift und fügt sich zähneknirschend. Endlich –, um 7.10 Uhr, die Sowjets sollten schon in Saßnitz sein, »erscheinen die Napola-Jungens in Marschkolonne mit vollem Gepäck, mit Waffen und Vierlingslafette, völlig ausgepumpt nach pausenlosem Nachtmarsch, aber in hervorragender Haltung, an der Pier«. Der Seetransportoffizier nennt es seinen glücklichsten Moment im ganzen Kriege und zugleich die schönste Rechtfertigung für sich selbst und die der »Wiking« abgerungene Wartezeit. In Minuten ist alles erledigt. »Wiking« läuft aus, und Streitenfeldt verläßt mit seinem Boot als Letzter den Hafen. Die hohe bewaldete Silhouette der Insel Ernst Moritz Arndt's bleibt zurück. Die Russen kommen erst mittags. Mit als erstes besetzen sie die Signalstelle Kap Arkona und versuchen mit Scheinwerfern Schiffe auf See anzurufen. Niemand antwortet . . .
Auf halbem Wege nach Kopenhagen wird der Konvoy der Truppen von einer Schnellbootflottille überholt. Die Boote kommen aus der östlichen Ostsee und sind mit Flüchtlingen überladen. Auf jedem Boot stehen schätzungsweise 50–60 Personen zusammengepfercht an Deck.

Die Wirklichkeit schreibt die besten Romane und bringt Szenen hervor, die man auf deutschem Boden nie für möglich gehalten hätte. Kapitänleutnant Streitenfeldt ist ein erfahrener Mann. Er war in Athen, er hat den Rückzug aus Afrika erlebt, er wurde in Tobruk mit dem Deutschen Kreuz in Gold ausgezeichnet. Saßnitz war anders, ganz anders, und hat sich ihm unauslöschlich eingeprägt.
». . . An der Pier stand ein Feldwebel ohne Waffen, offener Kragen, rotes Halstuch. Ein Gefreiter näherte sich dem Feldwebel, blieb bei ihm stehen und sagte ein paar Worte. Der Feldwebel schimpfte auf den Krieg und auf Hitler und riet dem Kameraden, seine Knarre ›in den Bach‹ zu werfen. Diese Zumutung war dem Gefreiten zu viel. Er riß das Gewehr in Sekundenschnelle von der Schulter und schoß dem Feldwebel eine Kugel durch den Kopf. Der Feldwebel fiel kopfüber ins Wasser. Der Gefreite schulterte das Gewehr und ging weinend an Bord seines Schiffes. Niemand rührte eine Hand, ich auch nicht. An der Reeling der Schiffe standen viele Soldaten, alle mutlos und gleichgültig . . .«

Als der Konvoy Kopenhagen erreicht und die Sowjets ganz Rügen besetzen, flattern über Bornholm russische Flugblätter vom Himmel: Auch hier soll die deutsche Besatzung wegen der Übergabe verhandeln. Ungeachtet der deutschen Teilkapitulation gegenüber Montgomery versuchen die Sowjets, sich der östlichsten dänischen Insel zu bemächtigen. Ihnen ist die Teilkapitulation ohnehin suspekt und absprachewidrig. Obendrein ist wohl auch der Text nicht präzise genug formuliert; denn obgleich in der Nordsee die sozusagen vor der Haustür liegenden »ost- und westfriesischen Inseln einschließlich Helgoland« nachdrücklich mit einbezogen sind, wurde über die in das russische Interessengebiet hineinreichende Insel Bornholm kein Wort verloren. Nach Ansicht der Vertragspartner fällt sie unter den Begriff Dänemark. Für die Sowjets hat der Begriff Dänemark hier offensichtlich eine Lücke, zumindest ist er dehnbar. Sie

lieben es ohnehin, über Verträge zu diskutieren und wollen es immer ganz genau wissen.
Wie auch immer, wer einerseits die Insel Rügen in der Hand hat und andererseits Bornholm bekommt, beherrscht die gesamte Mittlere Ostsee: die Durchfahrt »achter Bornholm« und der schwedischen Küste; den südlich der Insel verlaufenden Hauptschiffahrtsweg zwischen Due Odde und Arkona, der noch dazu durch den flachen Adler-Grund eingeengt wird. Kein Fahrzeug würde hier passieren können, ohne daß es die Sowjets bemerken, am allerwenigsten die Flüchtlingsschiffe. Grund genug für die Russen, wenigstens vorübergehend von der Insel Besitz zu ergreifen und ihre Verbündeten vor eine vollendete Tatsache zu stellen. Grund genug für die Deutschen, Bornholm zu verteidigen. Inselkommandant ist seit kurzem Kapitän zur See von Kamptz, ein energischer Mann, der sich selbst als einen politisch geschulten Offizier bezeichnet. Er hat dem ObdM versprochen, Bornholm auf jeden Fall zu halten und erwartet jetzt das Eintreffen britischer Luftlandetruppen. Bis zur Ankunft der Engländer fühlt er sich für die Sicherung der Insel verantwortlich. Seine Einsatzbereitschaft findet beim dänischen Verwaltungsbeamten, Amtmann v. Stemann, wenig Verständnis. Für diesen und seine Insulaner ist der Krieg mit der Teilkapitulation schon zu Ende. Ihre Denkungsart ähnelt in etwa der der Bevölkerung von Rügen; die Vorstellung, daß er noch weitgehende Folgen haben könnte, kommt ihnen überhaupt nicht. Auf Bornholm befanden sich zur Zeit nicht ganz 20 000 Deutsche. Ihre Vorräte reichen nur noch für zwei Tage. Um nicht auf die Bestände der Bevölkerung zurückgreifen zu müssen und unvermeidliche Konflikte heraufzubeschwören, wird am 5. Mai Verpflegungsnachschub der Wehrmacht angefordert, »da weitere Transporte von Hela und Kurland erwartet«.
Die Antwort kommt als KR-Blitz 2102/45 vom 6. 4. 1945:
An Inselkommandant Bornholm – Auf Befehl Ob MOK Ost wird ab sofort jedes Anlaufen von Bornholm durch Dampfer und Kriegsfahrzeuge mit Soldaten, Verwundeten und

Flüchtlingen verboten. Dampfer sind nach Norwegen weiterzuleiten – Kommand. Adm. Skagerrak.
Als am 7. Mai gegen 10.00 Uhr russische Aufklärungsflugzeuge über dem Städtchen Nexoe erscheinen, empfängt sie deutsches Abwehrfeuer – von einer Flakbatterie des Heeres, die nach Kurland hier Station macht. Zwei Stunden später kommen die Flieger wieder und bombardieren Nexoe und Roenne. Unter den Dänen entstehen keine Verluste, die Russen hatten die Einwohner aufgefordert, ihre Städte zu räumen. Auf deutscher Seite werden vier Flüchtlinge im Hafen von Nexoe getötet. Wie der ehemalige Verbindungsoffizier W. Stüben bemerkt, »haben wir dann, nachdem die Dänen zurückgekehrt waren, mit Pionieren in Nexoe aufgeräumt und Dächer und Häuser soweit möglich instandgesetzt, worauf die Dänen, die sich uns gegenüber anfangs ziemlich kühl verhielten, erheblich freundlicher wurden.«
Der dänische Amtmann v. Stemann bittet den dänischen Außenminister dringend, die Russen zu ersuchen, Bornholm nicht anzugreifen solange Verhandlungen laufen. Da alle Telefonverbindungen unterbrochen sind, wird die Depesche von der Wehrmacht gefunkt.
Zwei Tage nach der Teilkapitulation bleiben die erwarteten Engländer noch immer aus. Der Russe hat durch Flugblätter und durch Funk zur Übergabe aufgefordert. Wie wird der Inselkommandant reagieren? Wird er ins Gespräch zu kommen versuchen, um Zeit zu gewinnen? Wenigstens einige Stunden, die den britischen Streitkräften genügen müßten, der heiklen Lage ein Ende zu bereiten und ihn zu entsetzen. Plötzlich ist er zu einem Soldaten zwischen den Fronten geworden. Von westlicher Seite geschieht jedoch nichts, und so hält er sich an seinen Befehl als Inselkommandant und lehnt die Kapitulation ab. Auch General Wuthmann, Kommandierender General des 9. AOK, der am 8. Mai den Oberbefehl über alle deutschen Truppen auf Bornholm übernimmt, funkt, daß Bornholm englisches Interessengebiet ist und jeder russische Landungsversuch bekämpft wird. Noch immer erwarten sie die Ankunft der Engländer.

Vergeblich! Dafür seit 9.30 Uhr rollende Luftangriffe der Russen. Nexoe erleidet starke, Roenne mittlere Schäden. Die deutschen Truppen haben nur noch für einen Tag Proviant.

Die für Bornholm nach innen und außen gleichermaßen kritische Lage wird durch den Funkbefehl zur »bedingungslosen Kapitulation« schlagartig geklärt. Daß dieser Befehl den Inselkommandanten von Kamptz völlig überrascht, zeigt, daß man auch hier die Gesamtsituation verkannte. General Wuthmann bittet am 9. Mai des MOK Ost zur Durchführung der notwendigen Vorbereitungen um Mitteilung darüber, »was mit Inselbesatzung beabsichtigt ist«. Nach FS 1035/0/93 um 10.52 Uhr der Mar. Waffenstillstandskommission beim Seeko dänische Inseln befinden sich auf Bornholm im einzelnen: Heer = ca. 13 500 Mann, Marine = 1734 Mann (darunter 54 Offiziere), Waffen-SS = 19 Offiziere, 157 Unteroffiziere und Mannschaften, Luftwaffe = 250 Mann, dazu noch ca. 300 Ungarn. Das sind rund 16 000 Mann.

Alle Maßnahmen und Überlegungen erübrigen sich durch das entschlossene Vorgehen der Sowjets. Am 9. Mai, um 14.30 Uhr, wenige Stunden nach der letzten Anfrage General Wuthmanns, laufen als erstes fünf russische Schnellboote in Roenne ein, »weitere russische Besatzungstruppen nach Bornholm unterwegs«. Die Sowjetmacht betritt die dänische Insel und verläßt sie erst ein Jahr später wieder, am 20. 3. 1946. Anfängliche russische Ausschreitungen unterdrückt der neue Befehlshaber rücksichtslos und mit aller Strenge. Außer den deutschen Soldaten werden auch sämtliche Flüchtlinge, die sich noch auf Bornholm befinden, abgeholt.

General Wuthmann, sein Stabschef und Kapitän zur See von Kamptz werden noch am selben Nachmittag aufgefordert, mit nach Kolberg zu kommen, um dort im Beisein einer englischen Kommission die Übergabe zu klären. Von Kamptz warnt den General, den Vorschlag anzunehmen, doch der ist einverstanden, und so verlassen sie mit einem

Schnellboot die umstrittene Insel. Von Kamptz: »Als ich am 9. Mai abends in das völlig zerstörte Kolberg einlief, wurde mir klar, daß Bornholm nur durch die plötzliche deutsche Gesamtkapitulation vor einem ähnlichen Schicksal bewahrt geblieben war.«
In Kolberg landen sie beim Stab der 1. Baltischen Flotte. Sie werden korrekt behandelt, aber von Engländern, ganz zu schweigen von einer englischen Kommission, ist nichts zu sehen.

19.

Alles dreht sich um Hela – Bedingungslose Kapitulation Schiffe und Schicksale – »Im Sinne Aufgabe handeln: Beeilt Euch!« Auf zum letzten Gefecht

Auf der Frischen Nehrung hatten die überlebenden Pillau-Kämpfer einen neuen Verteidigungsriegel aufgebaut. In seinem Schutz können die auf der schmalen Landbrücke zusammengedrängten Verwundeten und Versprengten den Sowjets noch einmal entkommen. Von der Übermacht weicht die deutsche Front langsam zurück. Am 3. Mai geht Kahlberg verloren, und einen Tag später gibt das Oberkommando der Wehrmacht den Abtransport des AOK Ostpreußen aus der Weichselniederung frei. Eine Übersetzaktion großen Stils nach Hela läuft an. Doch soviel sich die Marinefährprähme auch mühen, die Zeit ist zu kurz, um die Aufgabe restlos zu bewältigen.
Während der Wind ein Geschützdonner der Front vom Weichsel-Delta herüberträgt, steigert sich das Tempo des Menschenumschlags auf Hela-Reede bis zur Hektik. Spät abends am 4. Mai verläßt der Frachter »Sachsenwald« mit 8550 Flüchtlingen, Verwundeten und der Sanitätskompanie von Varendorff die gefährliche Drehscheibe. Als sich das Gerücht verbreitete, es wäre wegen Kohlenmangel wahrscheinlich die letzte Ausreisemöglichkeit, suchte alles an Bord zu kommen. Unter dem Bellen der Flak stiehlt sich die

»Sachsenwald« vor einem drohenden Fliegerangriff davon. Mit den Augen von Max Zemke gesehen, eines Flüchtlings aus dem Weichsel-Delta, nimmt sich die Ankunft in Frieden und Freiheit so aus: ». . . Die ›Sachsenwald‹ erreichte Kopenhagen. Während sich das Schiff dem Kai näherte, konnte man erkennen, daß es unter Bewachung gestellt wurde, aber nicht von dänischer Wehrmacht oder Polizei. Es waren Angehörige der dänischen Widerstandsbewegung. Sie trugen zivile Kleidung, waren aber meist mit einem Stahlhelm versehen und mit Waffen. Entweder mit einem Gewehr oder mit einer Pistole am Koppel, manche auch mit Handgranaten. Niemand durfte das Schiff verlassen. Nach Eintritt der Dunkelheit fielen Schüsse, erst vereinzelt, dann immer mehr und mehr. Schließlich wurde es eine wüste Schießerei, die stundenlang andauerte. Die deutschen Soldaten, besonders die Besatzungen der im Hafen liegenden Schiffe, hatten ihre Munition blindlings in die Luft oder ins Wasser verschossen. Die deutschen Truppen hatten kapituliert. In den nächsten Tagen verließen alle Soldaten die ›Sachsenwald‹ und wurden nach Deutschland in Marsch gesetzt.

Das ließ uns hoffen, daß auch wir Zivilisten in Kürze nach Deutschland zurückgeführt würden, oder daß die ›Sachsenwald‹ nach Deutschland fahren würde. Zu unserer Enttäuschung mußten wir erleben, daß man die Kohlen aus dem Schiff herausholte. Nach mehreren Tagen stand ein Personenzug vor dem Schiff, zum Abtransport der Flüchtlinge bestimmt. Er fuhr aber nicht weit mit uns, sondern hielt nach etwa 25 Kilometern in der kleinen Ortschaft Hoevelte. Hier ging es in eine Kaserne; in den Mannschaftshäusern waren deutsche Lazarette. Aus den Pferdeställen, Heuböden, Wagenschuppen und ähnlichen Gebäuden wurden Flüchtlingslager für 6000 Menschen, für Männer, Frauen und Kinder . . .«

Die »Sachsenwald« ist nicht das letzte Schiff von Hela. Im Westen tritt Waffenruhe ein, und von dort jagen die Zerstö-

rer und Torpedoboote mit neuen Geleiten heran. Von Kopenhagen, von Roenne, von See. Ein für Saßnitz bestimmtes Geleit wird vom Ablauf der Ereignisse auf Rügen überholt und nach Hela umdirigiert. Was auf den Reeden der dänischen Häfen entlädt, kehrt sofort wieder nach Osten zurück. »T 28«, von Bornholm unterwegs, wird in der ersten Stunde des 6. Mai in ein laufendes Gefecht mit russischen Schnellbooten verwickelt. Auf der Rückreise sichtet es eines der bekämpften Boote als treibendes Wrack und nimmt zu seinen Flüchtlingen noch sieben Gefangene an Bord. An diesem 6. Mai werden von Hela auf einen Schlag noch 43 000 Menschen abgeholt.
Ein von dem Zerstörer »Karl Galster« angeführtes Geleit, bestehend aus dem Hilfskreuzer »Hansa«, Zerstörern, Torpedo-, Minensuch- und Vorpostenbooten, trägt alleine 32 000 Personen davon. Den Rest bringen die Frachter »Ceuta« mit 4500 und »Pompeji« mit 5622. Der Hilfskreuzer »Hansa« ist dabei so tief abgeladen, daß er in dänischen Gewässern die Hälfte der Beförderten an andere Fahrzeuge abgeben muß, um seinen Tiefgang zu verringern. Wie das KTB der kleinen »Nautik« erkennen läßt, war der in der Frühe ausgelaufene Konvoy ursprünglich nach Bornholm bestimmt, wurde aber wegen der Entwicklung der Dinge nach Kopenhagen umgeleitet.

An diesem 6. Mai wurden zwei Funksprüche ausgestrahlt, die den Fortbestand der deutschen Handelsschiffahrt sichern, gleichzeitig aber auch ihren Einsatz praktisch beenden. Um 17.49 Uhr –

> *Über die deutsche Handelsschiffswelle: An alle deutschen Schiffe. Besatzungen aller Schiffe, die die deutsche Handelsschiffsflagge oder die Reichsdienstflagge führen, haben in den durch die Waffenruhe betroffenen Häfen und Seegebieten jede militärische Handlung zu unterlassen. Sie dürfen die Schiffe weder selbst versenken noch durch Zerstörung von Schiffseinrichtungen unbrauchbar machen. Die Besatzungen bleiben an Bord –*
>
> *Dönitz, Großadmiral*

Um 23.13 Uhr befiehlt ihnen der Seetransportchef (im Auszug):
Nach eingetretener Waffenruhe . . . wird mit sofortiger Wirkung für alle deutschen Handelsschiffe unter Reichsdienst- und Handelsflagge befohlen: Sämtliche Schiffe dürfen ihre augenblicklichen Liegeplätze nicht verlassen, sie dürfen nicht in einen anderen Hafen verlegen oder innerhalb der Häfen verholen ohne besondere Genehmigung des ObdM oder der Dienststelle der fremden Mächte. Ausgenommen in Lagen, die durch die Wetterlage bedingt sind.
2) Die Besatzungen auf sämtlichen Schiffen bleiben angemustert –
OKM Skl Adm Qu VI

Wenige Stunden später, am 7. Mai um 2.41 Uhr, unterzeichnet im Hauptquartier Eisenhowers in Reims Generalfeldmarschall Jodl die bedingungslose Kapitulation der deutschen Streitkräfte zu Lande, zu Wasser und in der Luft auf allen Kriegsschauplätzen, wirksam am 9. Mai um 0.00 Uhr MEZ.
Nachmittags müssen alle im britischen Machtbereich liegenden deutschen Kriegsschiffe befehlsgemäß Kriegsflagge und Kommandozeichen niederholen. Ihr in fast fünf Jahren von Rauch, Salz und Pulverdampf geschwärztes Flaggentuch senkt sich von der Gaffel. Auf einigen Schiffen wird es in kleine Stückchen zerschnitten und an die Besatzung verteilt, die es in eine ungewisse Zukunft mitnimmt und wie einen Talismann noch nach Jahren in der Brieftasche bei sich trägt. In Freud und Leid, in Not und Tod ist ihnen das zerfaserte Gewebe ans Herz gewachsen. Nachdem alles zu Ende ist, dampfen die letzten Zerstörer und Torpedoboote auf Umwegen zurück nach Kiel und sammeln sich zur Übergabe an die Siegermächte. Sie haben noch Tausende von Menschen an Bord. »In Höhe des Ehrenmals (von Laboe) des Führers sowie des Deutschen Reiches gedacht, schmerzlich für uns. Ohne Kriegsflagge laufen wir in die

Strander Bucht ein. Man muß vor Scham die Zähne zusammenbeißen.« (KTB 3. T-Flottille).

In den westlichen Häfen sind die Handelsschiffe blockiert, sie dürfen sich nicht mehr rühren. Den einrückenden Engländern kann Konteradmiral Engelhardt ungefähr 113 Dampfer und Küstenfrachter melden, dazu weitere 160 unterschiedliche Kleinfahrzeuge. Sie liegen von Kopenhagen bis hinunter nach Lübeck in jedem Loch und jedem Winkel. Ein Teil befindet sich noch im Anmarsch irgendwo auf der Ostsee, viele lassen sich noch gar nicht übersehen. Von der Nordsee stehen die Angaben aus, desgleichen vom Nord-Ostsee-Kanal. Der Admiral residiert mit seinem Stab noch immer auf der »Malaga« in Flensburg. Die einmarschierenden Besatzer beschlossen sofort, die Seetransportorganisation einstweilen weiterbestehen zu lassen. Und so wird man den Admiral in den kommenden Wochen bei einer Bestandsaufnahme in allen Häfen finden. Was sich bisher an Tonnage hat feststellen lassen, sind gerade 261 000 BRT – der Rest von einstmals 2466 Kauffahrtteischiffen mit 4,5 Millionen BRT im Jahre 1939.
Die Zustände in Flensburg, dem Sitz der Geschäftsführenden Reichsregierung, sind den Umständen entsprechend normal. Im Hafen und auf der Förde haben sich, die Angaben schwanken, um 100 mittlere und kleinere Fahrzeuge und ein paar Frachter angesammelt. Nach flüchtiger Schätzung sind etwa 25 000 Menschen aus den noch vorhandenen Wehrmachtbeständen mit dem Nötigsten und mit ärztlicher Hilfe zu versorgen. Für die Marine besteht ein ganz ungewöhnliches Problem durch die Anwesenheit von etwa 2000 KZ-Häftlingen. Tagelang wurden die Häftlinge mit der Bahn hin- und hergeschoben oder auf die »Olga Siemers« gesteckt. Der Frachter liegt unter Quarantäne, Hungertyphus geht um, ein Pestverdächtiger ist an Bord. Nun werden die KZler zusammengefaßt und auf der sauberen »Rheinfels« (7000 BRT) untergebracht, »wo die Besatzung vorbildlich hilft, das Los der Gefangenen zu erleichtern«.

Auf Ersuchen des Auswärtigen Amtes entläßt die Seetransportorganisation das Motorschiff »Homberg« mit ausländischen Häftlingen nach Schweden.

An Chef 12. Minensuch-Flottille –
Auf Anordnung alliierter Kommission und Einverständnis OKW ›Homberg‹ 12 Uhr ab Flensburg Feuerschiff in Marsch setzen nach Malmö . . . ›Homberg‹ zurück nach Flensburg bringen. Sicheres Zurückbringen ›Homberg‹ aus politischen Gründen unbedingt erforderlich –
MOK Ost

Für einige wenige aber kommt jede Hilfe zu spät. Das betrifft die letzten Insassen eines Leichters, der mit angeblich 300 KZ-häftlingen aus der Danziger Bucht hergeschleppt wurde. Man ist versucht, an den ominösen Kahn auf der Reede von Saßnitz zu denken, den niemand betreten durfte. Jetzt findet man einen solchen am Ufer von Mürwik und holt ihn in den Hafen, wo die Befreiten von Bord gehen. Aber es sind nicht alle. Als man das Fahrzeug in einem ruhigen Augenblick näher untersucht, findet man die Vergessenen. »Im vorderen Laderaum lagen etwa fünfzehn Leichen. Alle nur notdürftig bekleidet und völlig abgemagert. Der Tod ist wahrscheinlich durch Entkräftung eingetreten. Eine kleine Luke verbreitete spärliches Tageslicht. Dicht an der Luke lag eine Frau. Zu ihren Füßen ein Reisesack mit einem halb zerrissenen Schild: Gräfin von Wilamowitz-Moellendorff . . .«

Der letzte Tag des Krieges bringt einen Funkspruch, der wie eine Fanfare klingt.

8. 5. 45 2323/AD/53 KR-Blitz –
An alle im Osttransport eingesetzten Einheiten:
Im Sinne Ausgabe handeln: Beeilt Euch! –
Führer der Zerstörer

Sie beeilen sich nach Kräften. Für eine winzige Zeitspanne sind die außerhalb des britischen Kapitulationsbereiches operierenden Kampfeinheiten und Transporter noch handlungsfrei. Im Westen verweigert Dänemark den Kriegsschiffen schon das Einlaufen, es nimmt die Menschen nicht mehr ab. Südlich der Zufahrt nach Kopenhagen ankert die »Ubena« im Drogdenfahrwasser, »als vier große Zerstörer längsseits kamen. Von diesen stiegen 3000 Mann zu uns über. Es waren die letzten Truppen, die von Hela abgeholt worden sind«.

Kapitän Lankau irrte sich. Es waren noch immer nicht die letzten Truppen. Jetzt weiß die Linke wirklich nicht mehr, was die Rechte tut. Jetzt folgen von Hela noch einmal 20 000 Mann. Den ganzen Tag über kommen die vielen kleinen und kleinsten Fahrzeuge heran, die bisher zwischen den Brückenköpfen und der Halbinsel pendelten, schlucken die Menschen bis über die Lademarke und treten den großen Abmarsch nach Westen an. Noch einmal wimmelt es wie in einem Ameisenhaufen auf jener sandigen und unscheinbaren Landzunge, die für den Fortbestand eines Volkes eine so große und ungeahnte Bedeutung erlangte.

Da sind sie, die Letzten der Geschlagenen und Verlorenen. Noch einmal atmen sie den Duft der ostdeutschen Kiefern, die sanfte Brise der Danziger Bucht. Dann neigt sich die Sonne, und die Schatten zwischen den Stämmen werden länger und tiefer. Träge plätschert die Brandung an den mit Trümmern bedeckten Strand, in der Luft hängt der Nachhall vereinzelter ferner Schüsse, der letzte Tag geht zu Ende. Die große Stille kehrt ein und trägt sie davon. Eine unübersehbare Armada: vom Begleitschiff »Rugard« bis zum Flußdampfer, vom Kriegsfischkutter bis zum Minensucher, vom Fährprahm bis zum angehängten Kahn. Die Ostsee ist bedeckt mit Punkten, die immer kleiner werden und sich an der Kimm im Dunst verlieren . . .

Dr. Alfons Stefanski entsinnt sich: » . . . Am 8. Mai 1945 mußte ich auf Befehl meines Regimentskommandeurs, Major Nagel, Grenadier-Regiment 61, dessen letzter Regimentsveterinär ich war, unsere Stellung bei Tiegendorf/ Steegen zwischen Nogat und Weichsel verlassen. Als einer

der wenigen verheirateten Offiziere sollte ich daheim vom Schicksal der Kameraden berichten.
Von Nickelswalde-Weichselmünde ging es in den frühen Morgenstunden gegen Hela, wo unser Prahm gerade die Landungsklappe herabgesenkt hatte, als drei Torpedoboote auf der Reede erschienen. Wir drehten sofort ab und wurden unter russischem Artilleriebeschuß auf ›T 33‹ verladen. Es war ein kleines Torpedoboot mit etwa 120 Mann Besatzung und jetzt 2000 Ostlandkämpfern noch dazu! Gegen Abend ging es mit den beiden anderen Booten und einigen Frachtern voller Landser und Flüchtlinge in Richtung Bornholm-Flensburg-Kiel, wo wir in britische Gefangenschaft kamen.«

Kapitänleutnant Temming, Kommandant von »T 28« trägt ein:
8. 5. 45
3.00 Uhr Marsch nach Hela angetreten.
18.40 Uhr Hela-Kriegshafen.
Übernehmen 1237 Soldaten.
21.30 Uhr mit »T 23« Rückmarsch angetreten.

Mit diesen knappen Vermerken endet das Kriegstagebuch des Torpedobootes »T 28«. Der Weg zurück ist leicht zu finden. Das Boot überholt einen nach dem anderen.

Konteradmiral Engelhardt befiehlt am 8. Mai allen Seetransportstellen, sich mit den letzten Schiffen abzusetzen. Er bekommt keine Antwort mehr. Nichtsdestoweniger erreichen fast alle Seetra-Angehörigen die Heimat, wenn auch auf den merkwürdigsten Fahrzeugen und auf abenteuerlichen Umwegen. Sie halten sich alle ein wenig lange auf, wie es in der Natur ihrer Sache liegt und so, als könnten sie sich nicht trennen. Auf allen Schauplätzen des großen Kriegstheaters waren sie immer die Letzten, die Einschiffungsoffiziere vom Seetransport. Immer ging es irgendwie weiter, aber nach Hela gibt es keine Rückkehr und keine Wiederkehr. Also ab dafür, in Gottes Namen! Der eine springt in letzter Minute auf ein Kriegsschiff, der andere hängt sich an einen Prahm. Oberleutnant Otten, der Schiffahrtsreferent von Hela und Leutnant Schmolz segeln im offenen Boot zur schwedischen Küste, ändern unterwegs ihre Meinung und landen in der Lübecker Bucht. Einschiffungsleiter Schuldt und Leutnant Jäger treffen mit einem Kurenkahn und etwa 145 Geflüchteten halb verhungert und verdurstet in Flensburg ein. Zwei Wochen später steht Konteradmiral Engelhardt an der Reling der »Malaga«, als ein Kriegsschiffkutter am Heck anlegt. Ein Offizier macht eine Ehrenbezeugung und ruft von unten herauf: »Seetransportstelle Libau meldet sich zurück!« Der Kutter ist randvoll mit Menschen und über eine Woche ohne Kompaß auf See gewesen. Die Gestirne wiesen ihnen den Weg. Der Einzige, der dem Absetzbefehl nicht folgt, ist Kapitänleutnant d. R. Karl-Ernst Krüger, der als Einschiffungsoffizier schon die Kämpfe um Pillau erlebte. Er teilt das Schicksal der Zurückbleibenden auf Hela und kehrt erst nach zehn Jahren aus Rußland wieder.

Am Abend des 8. Mai, gegen 20.15 Uhr, erreicht der Funker Trotzauer das Hafengelände in Windau. Die Kai ist schwarz von Flüchtenden. Er kommt auf ein Landungsboot, und eine Viertelstunde später geht es los. Mit 180 Menschen stehen sie an Deck, Kopf an Kopf. Auf offener See werden sie gewahr, daß der Zug der Schiffe von Horizont zu Horizont reicht. Es sind zwei Geleite mit zusammen 61 Kleinfahrzeugen unterwegs. Anderntags, vor Libau, kommen noch mehr hinzu: Boote, kleine Frachter, Fährprähme, Segler. Weitere vier Geleite mit insgesamt 65 Fahrzeugen. Von den Fliegern werden sie in Ruhe gelassen, aber einige bleiben mit Maschinenschaden und durch ihre geringe Geschwindigkeit zurück und werden von russischen Schnellbooten aufgebracht. Das Logbuch des Küstenmotorschiffes »Cranz«, das 450 Soldaten trägt, berichtet von einer glatten Überfahrt. »Es war ruhig und still.«
Trotzauer schreibt seinen Kameraden aus der Seele: » . . .

auf jeden Fall hat der letzte Regierungschef Dönitz durch seine Initiative Tausenden von Menschen noch im letzten Augenblick das Leben gerettet, und ich möchte Sie bitten, Herrn Dönitz meinen tiefempfundenen Dank auszusprechen.« Unvergessen bleiben die Schrecken der Flucht, unauslöschlich bleibt aber auch der Dank. Alle Berichte aus jener Zeit sind voll davon: die Aussagen von Alt und Jung, von Mann und Frau, von Soldaten und Zivilisten, Arbeitern und Akademikern. Sie danken dem Großadmiral und der Kriegsmarine gleichermaßen wie dem Kapitän des Frachters und seiner Mannschaft, die sich auch ohne Uniform tapfer benahmen, »für ihre Hilfsbereitschaft und tiefe Menschlichkeit, für ihr seemännisches Können, ihre beispielhafte Disziplin und ihre selbstlose Hingabe an diese ganz große und einmalige Aktion in der verlorenen und aussichtslosen Kriegslage. Das Menschenmöglichste geleistet zu haben, ist ihnen gelungen und wird als rühmlicher Abschluß dieses unglücklichen Krieges unvergessen bleiben.«
»Wir wollen nur danken, danken all denen, die Tausenden von Menschen geholfen und das Leben erhalten haben. Der Name des Schiffes und des Kapitäns sind mir leider entfallen. Was bedeuteten uns in den Stunden höchster Not Name und Stand. Namen sind Schall und Rauch. Rettung und Hilfe war Tat!«
Indessen, der Dank hilft denen, an die er gerichtet ist, wenig. Der Großadmiral und sein Fachkabinett arbeiten nur noch drei Wochen, dann wird die Geschäftsführende Deutsche Reichsregierung von den Siegern verhaftet. Die deutschen Seeleute aber verlieren wie schon einmal fast alle ihre Arbeitsplätze. Ihre noch vorhandenen Schiffe werden an die geschädigten Staaten abgegeben, wie die »Lappland« und die »Cometa« an Norwegen. Sie dienen wie beispielsweise »Heinrich Peters« in Dänemark als Auffanglager, bringen Repatriierte nach Polen und deutsche Kriegsgefangene zurück von Oslo und Narvik. Einige werden mit Giftgasmunition beladen, die sich anfindet und mitsamt diesem traurigen Nachlaß aus der Konkursmasse des Krie-

ges bei Bornholm und im Skagerak versenkt. »Die Dampfer waren ausgebrannt und so schwer beschädigt, daß es sich nicht mehr lohnte, sie zu reparieren. Einem der Dampfer fehlten Schornstein und Brücke.«

Die meisten werden zur Prise erklärt, mögen sie nun »Adler« oder »Ubena« heißen, »Antonio Delfino« oder »General San Martin«, »Eberhard Essberger« oder »Walter Rau«. Von ihren eigenen Besatzungen werden sie nach dem Firth of Forth in Schottland überführt und an die Engländer abgegeben. Man behandelt die Deutschen korrekt, Kapitän Schill von der »Potsdam« spricht sogar von sehr anständig; denn die, die ihnen die Schiffe abnehmen, sind auch Seeleute und tun es nicht allzu gern. Die Seefahrt ist im Grunde international, sie sind alle Brüder unter der Haut und es passiert nur dem Kapitän der »Adele Traber«, daß ihm der neue Herr durch einen Steward ausrichten läßt, »daß es Zeit sei, das Schiff zu verlassen.« Für viele bedeutet dies das Ende ihrer Seefahrt überhaupt; denn für die allerkleinsten und nachbleibenden Schiffe sind es der deutschen Seeleute zuviele. Ehe sie die zahlreichen Fragebogen und Anträge ausgefüllt und ein Ausreise-Permit der Alliierten erhalten haben, ehe eine neue deutsche Handelsschiffahrt über die Meere zieht, sind sie in Ehren alt und grau geworden und beenden ihr Leben in untergeordneten Diensten an Land.

Das weitere Schicksal der ehemaligen deutschen Schiffe ist dagegen sehr wechselvoll. Die »Monte Rosa« beispielsweise, in »Empire Windrush« umgetauft, brannte 1946 als englischer Truppentransporter im Indischen Ozean völlig aus und wurde aufgegeben. Andere wiederum existieren noch, als dieses Buch geschrieben wird. So die wieder hergerichtete »Pretoria«, die heute »Gunung Djati« heißt und die »Potsdam«, die als »Safina-e-Hujjaj« ihres Weges zieht. Beides sind Pilgerschiffe, die jeweils über 2000 Moslems und Mekkapilger von Indonesien oder Pakistan nach Djidda im Roten Meer bringen. Die Welt ist rund und bleibt nicht stehen.

Der Tanker »Julius Rütgers«, das letzte Schiff von Hela und fast schon ein Nachzügler, ist auf dem Marsch nach Westen. In den Fenstern des Brückenhauses steht schwarzblau die Nacht. »Wie spät ist es –?« fragt Kapitän Grewe und gähnt. Der Wachhabende hat noch nicht nachgesehen, da enthebt ihn die Brückenuhr einer Antwort. Zwei dünne Schläge, zwei Glas. »Ein Uhr –,« spricht Grewe, und noch einmal »– ein Uhr, habt ihr gehört?« Es klingt wie ein Staunen, der Krieg ist zu Ende. Keiner sagt was. Der Rudersmann dreht das Steuerrad ein wenig hin und her und räuspert sich.
Von unten herauf steigt der Geruch von Öl, Schweiß und den Ausdünstungen der vielen Menschen, die als ein kompakter Schatten auf dem blanken Eisen hocken, eingehüllt in Decken und Zeltplane. Hin und wieder eine unmerkliche Bewegung, ein metallenes Klirren, wenn sich einer im Schlafe rührt. Die Soldaten der Luftwaffen-Felddivision schlafen erschöpft und mit ihren Waffen im Arm. An den beiden Zwei-Zentimeter-Geschützen kauern die Gestalten der Flakbedienung. Vorne auf der Back die Silhouette des Ausgucks, weiter voraus und durch den Kieker schwach erkennbar die Schatten der Vorläufer: der »Lieselotte Friedrich« und anderer, darunter auch ein paar Artillerieträger. Bestimmungsgemäß sollten sie jetzt wohl mit aufgeblendeten Lampen fahren. Es ist der 9. Mai. Kein Aas kümmert sich darum, bloß still und leise weg aus dem russischen Interessengebiet.
Über den dünnen Umrissen der Masten am Himmel einige Sterne. Hin und wieder flammt hoch oben ein Licht auf, schwebt langsam herunter und verlischt abrupt: ein Leuchtfallschirm. Das auf dem Wasser für einige Minuten sichtbar gewordene Bild der heimziehenden Schiffe ist wieder wie weggewischt. In der Luft ein Brummen, das sich langsam entfernt: die russischen Fühlunghalter. Sie tun ihnen nichts. Warum sollten sie auch noch, der Frieden ist ja ausgebrochen.
Grewe denkt daran, wie seine Zwei-Zentimeter einmal eine russische JL II von oben holten. Nun sollten auch wohl die

Geschützverschlüsse entfernt werden. Kommt nicht in Frage, hatte er angeordnet, erst wenn wir in einem deutschen Hafen angelangt sind, eher nicht. Genaugenommen kann er nicht ohne weiteres derartige Befehle geben, zumal sich ein Korvettenkapitän an Bord befindet. Der Leiter des Nachschubressorts des Kriegsmarinearsenals Gotenhafen, das sich nach der Räumung zur Nachschubabteilung Hela-Reede rückentwickelt hatte. Der Korvettenkapitän war, nachdem er das angeknackte Schlachtschiff »Gneisenau« vor der großen Einfahrt versenkt hatte, mit einem Stab von einem halben Dutzend Mann schließlich bei ihm eingestiegen. Die sogenannte Nachschubabteilung bestand danach nur noch aus der kleinen »Julius Rütgers« und der noch kleineren »Lieselotte Friedrich«, die beide das Öl für die letzten Kampfeinheiten und Transporter bereithielten. Im gleichen Maße wie die großen Tanker von Hela Reede verschwanden – versenkt, in Brand geschossen – stieg die Bedeutung der kleinen. Bis zuletzt ausgerechnet der kleine »Julius –« noch das größte Schiff auf der Reede gewesen war, das zwangsläufig die Luftangriffe auf sich zog. So veränderten sich die Maßstäbe.
Kapitän Grewe hatte aus einem alten Blechfaß mit Öl und Sägespänen dichte Qualmwolken losgelassen und Bombentreffer simuliert. Mit dem Erfolg, daß die angreifenden Flugzeuge sich ein anderes Ziel suchten und er heute in Frieden davonfahren kann. Die einzige Rauchwolke steht jetzt über dem Schornstein, der sich in der Morgendämmerung abzuzeichnen beginnt. Der Korvettenkapitän aber will ihm keine Befehle mehr geben. Er soll sie nur alle sicher in den Westen bringen.
Also handelt Grewe nach eigenem Ermessen. Da sein Kompaß fehlerhaft geworden, der magnetische Eigenschutz zerstört ist und die altertümliche, noch mit Kohle beheizte Maschine auszufallen droht, steht es um eine glückliche Heimfahrt nicht allzu gut. Doch unbeirrt folgt er dem Treck der anderen. Wo die hinkommen, kommt er schon lange hin.

Es wird wieder ein schöner Tag. Dieses Frühjahr kennt offenbar nur schöne Tage. Die erwachenden Soldaten blinzeln in die Sonne und genießen das ungewohnte Gefühl, daß ihnen niemand etwas tun will. Sie essen ihr Brot aus der Hand. Der Koch in der kleinen Kombüse kommt gegen vierhundert Mann nicht an und ist froh, wenn es zu heißem Kaffee reicht. Wer fragt heute schon danach. Alles freut sich, als um die Mittagszeit ein dunkler Streifen am Horizont auftaucht, der stündlich an Breite und Höhe gewinnt: die Insel Bornholm. Die Maschine macht ihr dumpfes, keuchendes Plom-Plom; die Schraube poltert ein bißchen und die Bugwelle rauscht leise. Das sind die einzigen Geräusche, die sie einschläfernd in den Nachmittag begleiten. Der »Julius Rütgers« wiegt sich leicht und angenehm. Eine kleine Brise ist aufgekommen und setzt der blauen Ostsee gelegentliche Schaumköpfe auf. Seglerwetter –, unablässig schiebt sich die Kette der Schiffe voran. Sie strebt zur Durchfahrt »achter Bornholm«, entlang der schwedischen Hoheitsgewässer. Die Zeit verrinnt.
Besatzung und Fahrgäste der »Julius Rütgers« sind so in die Betrachtung der Insel vertieft, daß sie die schwachen Abschüsse überhören. Plötzlich liegt das Gejaule von Granaten in der Luft, die See spritzt auf. »Was ist los –?« schreit Kapitän Grewe und läßt abdrehen, »– ich denke, es ist der 9. Mai und wir haben Frieden.«
Die Soldaten spähen in die Abschußrichtung. »Das ist einwandfreies Geschützfeuer, die Dänen schießen auf uns.«
»Redet keinen Unsinn,« weisen die Vorgesetzten sie zurecht, »das sind keine Dänen, das sind ganz andere.«
In die Diskussion bricht plötzlich der Ruf »Fliegeralarm«, die Flakmannschaft springt an die Geschütze. Die auf der Brücke ducken sich hinter den Splitterschutz, die an Deck werfen sich hin und reißen die Waffen hoch. Die Zwei-Zentimeter beginnen zu bellen, Maschinengewehre rattern und hämmern, die 8,8 der Artillerieträger fällt ein, und im Handumdrehen ist der Friede des Nachmittags hin und die Luft voll Detonationen und Sprengwölkchen. Wo aber sind

die Flugzeuge? Man hört ihr schwellendes Brummen, sucht sie vergeblich am Himmel und entdeckt sie, wie sie ganz niedrig über der Wasseroberfläche dahergejagt kommen.
»Es sind Boston's«, bemerkt Kapitän Grewe zum Wachhabenden, »– da sehen Sie, sie machen schon ihre Torpedos los!« Die stählernen Aale fallen, blinken in der Sonne, tauchen klatschend ein und nehmen Kurs auf die Schiffe. Die Flieger aber kommen so flach heran, daß die Abwehr sie schon nicht mehr ganz erfaßt, das vordere Geschütz bekommt sie nicht mehr ins Visier. Donnernd ziehen sie über die deutschen Fahrzeuge hinweg, aus allen Bordwaffen feuernd, daß sich die Treffer wie schreckliche Knallerbsen anhören, zwei – vier – sechs – acht Stück, olivgrün und mit roten Sternen an Rumpf und Flügeln. »Die Sowjets –«, brüllen die Soldaten, »– die Sowjets, der Iwan ist da, jetzt ist es soweit!«
Ein Tumult bricht los. Bei allem Lärm macht Grewe auf der Brücke eine schnelle Handbewegung. Er hat eine Torpedolaufbahn gesehen, schnurgerade auf sein Schiff gerichtet. »Hart Backbord –, hart Backbord, sag ich!« Das Ruder wirbelt herum.
Keuchend und schwerfällig dreht »Julius Rütgers«, aber er dreht und der Torpedo zieht flitschernd vorbei. Dann macht der Tanker einen regelrechten Satz nach vorne –, unmittelbar im Kielwasser sind Bomben detoniert. Das Schiff zittert in allen Verbänden, doch als man sich den Schaden besieht, ist nicht einmal eine Niete gesprungen. An Deck ein Verwundeter, ein einziger. Großer Gott, fällt es Grewe ein, haben wir Glück gehabt, das meiste ist in den Splitterschutz gegangen und hat ihn zerfetzt.
Und blickt in die Runde und sieht auf einmal, wie sich der kleine Partner »Lieselotte Friedrich« förmlich aufbäumt. Ein Torpedo hat sein Ziel gefunden. Während die Flieger in der Sonne verschwinden, die Geschütze verstummen und das Motorengeräusch schwächer und schwächer wird, beginnt sie schnell zu sinken – mit über 300 Mann an Bord.
Der Wind hat aufgefrischt, die See ist bewegt. Ein Artillerie-

träger dümpelt längsseits, die Menschen springen und verlassen in Panik das sterbende Schiff, das hinter ihnen untergeht. Der überladene Artillerieträger nähert sich dem »Julius –«. Der Kommandant winkt. »Sie müssen die Leute übernehmen, sie haben gewiß noch Platz. Mich behindern sie beim Schießen!«
Kapitän Grewe antwortet, er ist einverstanden. Da kommen sie, naß, bleich und verstört – und schwerverwundet. Mehr als ein Dutzend Fälle von Durchschüssen. Die Truppenärzte bestürmen ihn. »Wir müssen operieren, es geht um Leben und Tod, wo kann man das hier tun?« Ja, wo kann man wohl auf einen Westentaschentanker operieren? »Kommen sie mit –«, meint Grewe, »– ich gebe ihnen meinen Salon.« Der Ausdruck Salon ist übertrieben, aber der Raum hat einen großen Mahagonitisch, und darauf läßt es sich dann ja wohl arbeiten. Wenn die Sowjets sie nicht stören . . .
»Ich denke, wir haben Frieden, was fällt denen eigentlich ein?« Sein Korvettenkapitän zieht ein Gesicht. »Frieden schon, aber wenn wir nach Westen auszureißen versuchen, verstoßen wir gegen die Kapitulationsbedingungen. Das lassen die sich nicht gefallen.« Na, wenn schon.
Die Flieger erscheinen nicht wieder. Dafür kommt es an anderer Stelle zu weiteren Gefechtshandlungen zwischen Deutschen und Russen. Mit der Waffenruhe will es auf beiden Seiten noch nicht so recht klappen. Vom Begleitschiff »Rugard« funkt der Admiral Östliche Ostsee an das OKM:

1) 17.30 Uhr 13 Seemeilen westlich Bornholm »Rugard« durch drei russische Schnellboote angegriffen. Nach Torpedoschuß ohne Befehl Feuer eröffnet, worauf Schnellboote abdrehten. »Rugard« setzt Marsch fort.
2) Im gleichen Gebiet Bomben- und Bordwaffenangriff durch russische Flugzeuge. Schäden am Boot. Kein eigenes Abwehrfeuer.
3) Erbitte klare Weisung für Verhalten befohlenes Westgeleit.

Von der »Lieselotte Friedrich« ist nicht die Rede. Die Geretteten trägt »Julius Rütgers« davon. Der kleine Tanker hat jetzt rund 600 Menschen an Bord, die einander buchstäblich auf die Füße treten. »Wie die Sardinen –«, sagt Kapitän Grewe, »– wie die Sardinen.« Sein »Salon« bietet den unbeschreiblichen Anblick eines Feldlazaretts. Wimmern und Schreien es riecht nach Öl, Blut, Antiseptika und Betäubungsmitteln. Die Chirurgen operieren im Schweiße ihres Angesichts. Sie tun ihr Bestes, und es stirbt ihnen niemand unter den Händen. Aber sie brauchen bald einen Hafen, ein Krankenhaus. Der Hafen ist noch weit, und der Kapitän trägt jetzt eine große Verantwortung. Das Schiff ist überladen, die alte Maschine ächzt. Wohin mit den Soldaten, Flüchtlingen, Verwundeten, Kranken? Bornholm anlaufen und in Gefangenschaft gehen, Schweden zu erreichen versuchen oder in Richtung Kiel weiterdampfen? Man stimmt ab und die Mehrzahl entscheidet sich für Kiel. Es bleibt bei der ursprünglichen Absicht des Kapitäns. Grewe meint zwar dämpfend:
»Die Aussicht Kiel heil zu erreichen ist gering. Die Maschine kann bald zusammenbrechen, der Weg ist noch weit. Wir müssen noch lange mit russischen Angriffen rechnen, und ich besitze keine Minenkarte von den Gewässern vor Kiel. Aber fahren wir! Vielleicht haben wir Glück!«
Das letzte Schiff nach Westen hat Glück. Denen, die mit der restlichen Kohle den Hafen erreichen, schleicht es hinterher, verliert sie außer Sicht. Die Maschine bleibt tatsächlich stehen, doch ein zufällig vorbeikommender Schlepper nimmt den Tanker auf den Haken und gewinnt mit ihm das britische Besatzungsgebiet. Anderntags ankert man vor Kiel, wo schon die Krankenwagen warten. Jetzt erst ist auch für »Julius Rütgers« der Krieg zu Ende.

Am 9. Mai 1945 erläßt das Hauptquartier des Großadmirals Dönitz den letzten Wehrmachtsbericht mit folgenden Passagen:
». . . seit Mitternacht schweigen nun an allen Fronten die

Waffen. Auf Befehl des Großadmirals hat die Wehrmacht den aussichtslosen Kampf eingestellt. Damit ist das fast sechsjährige heldenhafte Ringen zu Ende. Es hat uns große Siege, aber auch schwere Niederlagen erbracht. Die deutsche Wehrmacht ist am Ende einer gewaltigen Übermacht ehrenvoll unterlegen.
Der deutsche Soldat hat getreu seinem Eide im höchsten Einsatz für sein Volk für immer Unvergeßliches geleistet. Die Heimat hat ihn bis zuletzt mit allen Kräften unter schwersten Opfern unterstützt. Die einmalige Leistung von Front und Heimat wird in einem späteren gerechten Urteil der Geschichte ihre endültige Würdigung finden.
Den Leistungen und Opfern der deutschen Soldaten zu Lande, zu Wasser und in der Luft wird auch der Gegner die Achtung nicht versagen . . .«
Im Norden setzte die 12. deutsche Armee unter General Wenck mit rund 100 000 Mann bei Travemünde nach Westen über und begab sich in Gefangenschaft. Reste der Heeresgruppe Weichsel wurden zwischen Ost und West aufgerieben.
Die Armee Ostpreußen, unter General von Saucken, wird mit rund 150 000 Mann an die Sowjets übergeben.
Die Heeresgruppe Kurland, bestehend aus der 16. und 18. Armee, kapituliert mit etwa 208 000 Mann.

Am Abend des 9. Mai befindet sich der Kapitän zur See von Kamptz zuvor Inselkommandant von Bornholm, beim Stab der 1. Baltischen Flotte in Kolberg. Sie werden ihn nach Reval fliegen, ihn dort bestens unterbringen und ihm vorschlagen, das Räumen der deutschen Minensperren im Finnischen Meerbusen zu leiten. Er wird sich weigern, mit den Sowjets zusammenzuarbeiten, ohne zu ahnen, daß im Westen die Marine unter Aufsicht der Alliierten schon dabei ist, für den friedlichen Handel sichere Schiffahrtswege vorzubereiten. Man kann über seine Haltung geteilter Meinung sein, nachdem die Waffen endgültig schweigen, aber da er sich kompromißlos zu ihr bekennt, muß man sie respektie-

ren. Zumal sie ihm einige sehr schwere Jahre einbringt, die der schon Totgesagte nur mit äußerster Energie durchsteht, ehe er zurückkehrt.
Aber am Abend dieses 9. Mai 1945 sitzt Kapitän von Kamptz noch beim Stab des Gegners in Kolberg und hat unter anderem ein Gespräch mit einem sowjetischen General. Der Name des Generals ist nicht überliefert, doch besteht kein Grund, an von Kamptz's Worten zu zweifeln.
Der General fragt ihn: »Warum habt ihr Deutschen eigentlich nicht weitergekämpft?«
Von Kamptz erwidert: »Meiner Ansicht nach wollte die deutsche Führung noch weiterkämpfen, aber im Osten sind zuviele russische Panzer und im Westen zuviele amerikanische Flieger gewesen; und außerdem überall zuviel Verrat.«
Der Russe macht eine abwehrende Handbewegung: »Nein, nein –, das sind keine überzeugenden Argumente –«
Und dann, halb zu seinem deutschen Gegenüber und halb zu sich selbst, »– wir haben gefürchtet, daß Berlin unser Stalingrad werden könnte.«

Epilog

Herr Aloizy Kotowski ist ein Lastwagenfahrer in Gdynia, das wir für ein paar kurze Jahre einmal Gotenhafen nannten.
Lastwagenfahrer transportieren die unterschiedlichsten Dinge, ohne viel Wesens davon zu machen. Warum sollten sie auch. Manchmal aber können auch sie nicht umhin, und so verdanken wir Aloizy Kotowski einen authentischen Bericht. Das Dokument liegt beim Comité International de la Croix-Rouge, Agence Centrale de Recherches, in Genf, 7. Avenue de la Paix. Dort kann man es einsehen.
Herr Kotowski berichtete, daß er einmal 560 Tote beförderte, die in Holzkisten verpackt in drei Massengräbern auf dem Friedhof von Gdynia-Witomin beigesetzt wurden.

Die Toten stammten von dem Wrack eines ehemaligen deutschen Schiffes, das im Spätherbst des Jahres 1954 vor Gdynia von Bergungsfahrzeugen aus dem Meere gehoben wurde. Das Schiff war in zwei Teile zerbrochen, die vordere Hälfte fand sich nicht mehr an.
Auf dem gehobenen Schiffsteil befanden sich zahlreiche Leichen, darunter auch weibliche und solche von Kleinkindern. Außerdem wurden eine große Anzahl von Frauenschuhen und Überreste von Flaschensaugern gefunden. Im Laderaum lagen weitere Leichen auf Decken, was vermuten läßt, daß das Schiff sehr schnell gesunken sein muß und daß diese Personen im Schlaf vom Tode ereilt wurden. In der Kabine des Kapitäns wurde auch ein Toter gefunden, man hielt ihn für den Kapitän selber. Auch ein Buch war dort vorhanden, wahrscheinlich das Schiffstagebuch, das sich jedoch in einem solchen Zustand befand, daß nichts Genaueres festgestellt werden konnte. Heute wissen wir, daß es das Tagebuch des deutschen Dampfers »Neuwerk« gewesen ist, den wir irrtümlich selber torpedierten.
Das Schiff war anscheinend überladen; denn in Viermann-Kabinen wurden bis zu fünfzehn Tote gefunden, größtenteils Soldaten. Dicht an dicht standen sie und aufrecht. Sobald sie berührt wurden, zerfielen sie, und es blieben nur die Skelette übrig . . .

Ende

Vorbemerkungen zur Dokumentation

Die Unterlagen zu diesem Bericht lieferte der ehemalige Seetransportchef für die Wehrmacht, Konteradmiral a. D. Konrad Engelhardt. Der Autor ist gegen Ende des Krieges einer seiner Seetransportoffiziere gewesen.
Was sich in jahrelangen Untersuchungen hinterher ergab, läßt sich zwar weitgehend, aber nicht restlos beweisen. So stimmen die angeführten Zahlen der Geflüchteten und Evakuierten im Endeffekt mit letzter Sicherheit nicht. Niemand wußte und niemand weiß auch heute noch nicht genau zu sagen, wieviel Menschen tatsächlich über See nach Westen abtransportiert und gerettet wurden. Darum sprechen wir mit Absicht nur von den nachweislich Geretteten und kommen mit diesem Eingeständnis der Wahrheit am nächsten. Ein Nachweis läßt sich einigermaßen genau bis an die Zwei-Millionen-Grenze führen (nämlich bis 1 978 000), obwohl auch hier schon Unterschiede von Zehntausenden auftreten. Darüber hinaus verliert sich alles im Dunkel der Wahrscheinlichkeitsrechnungen, die mit noch weitaus größeren Menschenmengen operieren.
Nichtsdestoweniger sind diese Zahlen repräsentativ insofern, als sie Entwicklungen und Abläufe, Maßstäbe und Relationen zeigen. Beispielsweise, daß trotz einiger spektakulärer Schiffsuntergänge, die hochgespielt wurden und das Gesamtbild zu überschatten drohen, tatsächlich nur etwa ein Prozent der über See Evakuierten ums Leben kam (etwa 20 000). Ferner, daß ein geringer Teil der Evakuierten auf aktiven Kriegsschiffen das Weite suchte (Admiral Engelhardt spricht von »höchstens 250 000«), während die große Masse an Bord von Handelsschiffen dem Verhängnis entfloh.
Alle Schiffe zusammen aber erlangen hier eine schon klassische Bedeutung von antiker Größe, im umgekehrten Sinne etwa wie bei der Zerstörung von Troja oder Karthago.

Fritz Brustat-Naval

Abkürzungen:

AOK	=	Armee-Oberkommando
BRT	=	Brutto-Registertonne (2,83 cbm)
FdU	=	Führer der U-Boote
FdU Ausbildung	=	Führer der U-Boote/Ausbildung
FdZ	=	Führer der Zerstörer
FHQ	=	Führerhauptquartier
Flak	=	Flugabwehrkanone
GKDos	=	Geheime Kommandosache
Ju 52	=	Junkers 52, bewährter dreimotoriger Flugzeugtyp
KdF	=	Kraft durch Freude, NS-Freizeitorganisation
KMD	=	Kriegsmarinedienststelle
Koralle	=	Deckname für den Sitz des ObdM
KTB	=	Kriegstagebuch
MOK Ost	=	Marineoberkommando Ostsee (Kiel)
NS	=	Nationalsozialistisch
NS-Kraftfahrerkorps	=	Parteiorganisation
NS-Volkswohlfahrt	=	karitative Parteiorganisation
Ob	=	Oberbefehlshaber
ObdM	=	Oberbefehlshaber der Kriegsmarine
OKM	=	Oberkommando der Kriegsmarine
OKH	=	Oberkommando des Heeres
OKL	=	Oberkommando der Luftwaffe
OKW	=	Oberkommando der Wehrmacht
OT	=	Organisation Todt, technische Organisation
Reiko See	=	Reichskommissar für die Seeschiffahrt
RVK	=	Reichsverteidigungskommissar (in Personalunion vom jeweiligen Gauleiter ausgeübt
Seeko	=	Seekommandant
Skl	=	Seekriegsleitung
1 Skl	=	Seekriegsleitung/Operationsabteilung
Skl/Adm Qu	=	Seekriegsleitung/Admiralquartiermeister
Skl/Adm Qu VI	=	Admiralquartiermeister/Schiffahrtsabteilung Seetransportchef
Seetra	=	Seetransport, Kurzbezeichnung für die Schiffahrtsabteilung
Schwarzer Adler	=	preußisches Wappentier
U-Jagd	=	Jagd auf Unterseeboote
ULD	=	Unterseeboots-Lehrdivision
V-Waffen	=	Raketenwaffen des 2. Weltkrieges
VTS	=	Verwundetentransporter
Walter U-Boote	=	nach ihrem Konstrukteur benannte U-Boote

Organisation der Seekriegsleitung

Dem Chef der Seekriegsleitung unterstanden:

direkt

Die Organisationsabteilung	(1 Skl.)
Unterseebootsführungsabteilung	(2 Skl. BdU. op)
Nachrichtenauswertung	(3 Skl.)
Marinenachrichtendienst	(4 Skl. Chef MND)
Marinenachrichtenübermittlungsdienst	(4 Skl. Chef MND II)
Funkaufklärung	(4 Skl. Chef MND III)
Marinedraht-Nachrichtendienst	(4 Skl. Chef MND IV)
Ortungsdienst	(5 Skl.)
Amtsgruppe Nautik	(6 Skl.)
Sonderkampfmittel	(Skl./S)

ferner und mittelbar

Der Admiralquartiermeister	(Skl./Adm. Qu)
Flottenabteilung	(Skl./Adm. Qu I)
Organisations- und Mobilmachungsabteilung	(Skl./Adm. Qu II)
Nachschub und Betriebsstoffbewirtschaftung	(Skl./Adm. Qu III)
Küstenverteidigung	(Skl./Adm. Qu IV)
Seevermessung (im Kriege nicht besetzt)	(Skl./Adm. Qu V)
Schiffahrtsabteilung/Seetransportchef	(Skl./Adm. Qu VI)

Stab des Seetransportchefs (Skl./Adm. Qu VI)

Chef	
Adjutant	
Personalbearbeiter der Seetransportoffiziere	(1 Stabsoffizier)
Seeschiffahrtsabteilung	(1 Stabsoffizier, 2 Kaptltns., 1 Oberltn., 2 Leutnants)
Sachbearbeiter für Binnenschiffahrt	(1 Leutnant)
Sachbearbeiter für Schiffsreparaturen und Brennstoff	(1 Ing.-Offz.)
Bearbeiter für das Nachrichtenwesen	(1 Kapitänleutnant)
Bearbeiter für Lazarettschiffe und Verwundetentransporter	(1 Stabsarzt)
Verwaltungsstab	(1 höherer und 2 mittlere Marinebeamte)

7 männliche und weibliche Zivilangestellte

Organisation des Seetransportes

Oberbefehlshaber der Kriegsmarine	Großadmiral Dönitz
Chef der Seekriegsleitung	Admiral Meisel
Der Admiralquartiermeister	Konteradmiral Machens
	Konteradmiral Hoffmann
Schiffahrtsabteilung/Seetransportchef	Konteradmiral Engelhardt
Marineoberkommando Ostsee	Generaladmiral Kummetz
Admiral westliche Ostsee Swinemünde	Vizeadmiral Lange
	Konteradmiral Schubert
Admiral östliche Ostsee	Admiral Burchardi
Marinebefehlshaber Dänemark	Vizeadmiral Wurmbach
Kriegsmarinedienststelle Hamburg	Vizeadmiral Lohmann
KMD-Zweigstelle Lübeck	Konteradmiral Bütow
KMD-Zweigstelle Kiel	
KMD-Zweigstelle Flensburg	
Kriegsmarinedienststelle Stettin	Fregattenkapitän Nicol
KMD-Zweigstelle Swinemünde	
KMD-Zweistelle Saßnitz	Fregattenkapitän Koch
KMD-Zweigstelle Kolberg	Fregattenkapitän Kolbe
Kriegsmarinedienststelle Danzig mit Zweigstellen Gotenhafen, Hela und Pillau	Fregattenkapitän Bartels
Seetransportchef östliche Ostsee mit Zweigstellen in Libau, Windau und Ösel	Korvettenkapitän Harries
Seetransportchef Skagerrak	Fregattenkapitän Schulze
Seekommandant östliche Ostsee (Kurland) Hafenkapitän Libau Hafenkapitän Windau Seekommandant Ostpreußen Hafenkapitän Memel Hafenkapitän Pillau Hafenkapitän Königsberg Seekommandant Westpreußen Hafenkapitän Danzig Hafenkapitän Gotenhafen Hafenkapitän Hela	Admiral östliche Ostsee
Seekommandant Pommern Hafenkapitän Swinemünde Hafenkapitän Saßnitz Hafenkapitän Kolberg Seekommandant Mecklenburg Hafenkapitän Rostock Hafenkapitän Warnemünde	Admiral westliche Ostsee

Hafenkapitän Kiel
Seekommandant Schleswig-Holstein
Hafenkapitän Travemünde
Hafenkapitän Lübeck
Hafenkapitän Flensburg
Hafenkapitän Sonderburg

Seekommandant dänische Inseln Hafenkapitän Kopenhagen Hafenkapitän Apenrade Hafenkapitän Aarhus Hafenkapitän Aalborg	Marinebefehlshaber Dänemark

Nachweisliche Abtransporte aus den Ostseehäfen (Januar–Mai 1945)*)

Hafen	Flüchtlinge	Verwundete	Soldaten	Gesamt
Libau	500	19 717	31 215	51 432
Memel	10 670	7 000	–	17 670
Königsberg	40 319	1 290	2 040	43 649
Pillau	291 151	99 335	27 975	418 461
Danzig	119 069	45 971	4 988	170 028
Gotenhafen	316 333	83 460	7 024	406 817
Hela	247 134	163 363	85 313	495 810
Elbin	4 000	–	–	4 000
Stolpmünde	32 760	–	–	32 760
Rügenwalde	5 560	–	–	5 560
Kolberg	116 717	1 915	9 950	128 582
Swinemünde	68 590	13 323	51 748	133 661
Stettin	2 050	900	900	3 850
Greifswald	1 000	1 200	–	2 200
Warnemünde	5 055	2 092	1 748	8 931
Stralsund	7 512	4 341	3 790	15 643
Saßnitz	7 552	–	13 106	20 658
Rostock	7 450	150	350	7 950
Wismar	4 400	700	1 042	6 142
Travemünde	4 100	–	–	4 100
	1 291 918	444 757	241 225	=1 977 904

Aufgestellt
nach Unterlagen von MOK-Ost, DRK-Suchdienst und Schiffstagebüchern.
Konteradmiral a. D. Konrad Engelhardt

*) Es fehlen viele Tagesmeldungen, daher unvollständig.

Bei der Evakuierung der deutschen Ostprovinzen vom 15. 1. 1945 – 10. 5. 1945 waren eingesetzt:

		Sie übernahmen:
Schlachtkreuzer	2	2 530 Menschen
Panzerschiffe	2	2 000 „
Linienschiffe	2	1 200 „
Kreuzer	2	2 200 „
Führerschiffe	3	33 456 „
Minenräumschiffe	2	12 545 „
Netzleger	5	4 185 „
Flugsicherungsschiffe	4	54 770 „
Sperrbrecher	4	7 310 „
Hilfskriegsschiffe	7	42 011 „
Schulschiffe	13	123 602 „
Hilfskreuzer	5	59 659 „
U-Tender	14	20 846 „
Zerstörer	9	
Torpedoboote	13	
Minensuchboote	27	
Minenräumboote	21	nicht gemeldet
Schnellboote	15	
U-Boote		
Kriegsfischkutter KFK	80	
Fischdampfer etc.	30	81 207 Menschen
Vorpostenboote	15	
Marinefährprähme und AFP	62	
SAT	7	nicht gemeldet
MNL	21	
Flottenbegleiter	2	
Hilfsschiffe	3	500 Menschen
Lazarettschiffe	13	83 447 „
Truppentransporter	23	258 234 „
Verwundetentransporter	21	439 565 „
Zielschiffe	19	47 555 „
Wohnschiffe	27	40 320 „
Tanker	38	75 900 „
Nachschubschiffe	244	537 942 „
Fährschiffe	2	9 747 „
Eisbrecher	9	5 014 „
Lotsendampfer	3	6 848 „
Schlepper	17	5 421 „
Bergungsschiffe	4	– „
Summe	790 Einheiten	1 958 014 Menschen

(Nach Konteradmiral a. D. Konrad Engelhardt)

Gesamtzahl von Flüchtlingen, Verwundeten und Soldaten (halbmonatlich)

Hafen	Januar II	Februar I	Februar II	März I	März II	April I	April II	Mai
Libau	3 800	2 800	5 702	4 528	2 000	3 500	1 752	27 350
Memel	17 670	–	–	–	–	–	–	–
Königsberg	32 020	1 474	5 880	3 900	375	–	–	–
Pillau	104 317	90 644	83 258	20 348	37 989	60 719	21 186	–
Danzig	19 791	55 492	24 062	28 752	39 751	1 090	1 090	–
Gotenhafen	56 112	88 838	106 580	56 139	80 505	14 068	4 425	150
Hela	850	3 100	50	2 900	68 898	183 584	172 040	64 388
Elbing	4 000	–	–	–	–	–	–	–
Stolpmünde	500	–	–	32 760	–	–	–	–
Rügenwalde	–	–	56	5 500	–	–	–	–
Kolberg	–	–	650	104 222	23 710	–	–	–
Swinemünde	150	4 900	1 272	1 950	21 396	13 374	24 881	65 738
Stettin	–	–	–	300	3 350	–	–	–
Greifswald	–	–	–	–	–	–	2 200	–
Warnemünde	–	–	730	–	–	–	2 000	6 201
Stralsund	–	–	–	460	2 510	–	5 805	6 868
Saßnitz	–	–	–	–	–	–	1 746	18 912
Rostock	–	–	–	–	–	–	6 950	1 000

(Fortsetzung Seite 299)

Gesamtzahl von Flüchtlingen, Verwundeten und Soldaten (halbmonatlich) (Fortsetzung)

Hafen	Januar II	Februar I	Februar II	März I	März II	April I	April II	Mai
Wismar	–	–	–	–	–	–	150	5 992
Travemünde	–	–	–	–	–	–	–	4 100
Summe	239 210	247 248	228 240	246 759	295 184	276 335	244 225200 699	

Es wurden insgesamt über See evakuiert:

Bis	Ende	Januar	=	239 210	Menschen
"	"	Februar	=	714 698	"
"	"	März	=	1 256 641	"
"	"	April	=	1 777 201	"
"	9.	Mai	=	1 977 900	"

Diese Tabelle zeigt deutlich das Zusammenströmen der vor der Roten Armee Flüchtenden an einzelnen Schwerpunkten, z. B. Pillau Ende Januar, Kolberg Anfang März, Hela im April. Ferner den hinhaltenden Abwehrkampf an den eingekesselten Küstenstrichen bis in den Mai hinein.

(Aufgestellt von Konteradmiral a. D. Engelhardt)

Es gingen im Zuge der Räumung vom 15. 1. 1945 bis 10. 5. 1945 verloren:

1 Schlachtkreuzer
2 Panzerschiffe
2 Linienschiffe
1 Kreuzer
1 Minenräumschiff
2 Flugsicherungsschiffe
2 Hilfskreuzer
3 U-Tender
2 Zerstörer
5 Torpedoboote
19 Minensuchboote
13 Minenräumboote
4 Schnellboote
14 Kriegsfischkutter (KFK)
8 Fischdampfer und -Kutter
13 Vorpostenboote
? Artilleriefährprähme und MFP

SAT
2 Flottenbegleiter

2 Hilfsschiffe
4 Lazarettschiffe
7 Truppentransporter
8 Verwundetentransporter
5 Zielschiffe
6 Wohnschiffe
10 Tanker
17 Nachschubschiffe
34 weitere Nachschubschiffe
2 Eisbrecher
4 Bergungsschiffe
1 Lotsendampfer
9 Schlepper

Spitzenleistungen einiger Handelsschiffe beim Seetransport

Eberhard Essberger	(5 064 BRT)	in	12	Einsätzen	66 550	Menschen
Pretoria	(16 662 BRT)	,,	8	,,	35 044	,,
Ubena	(9 554 BRT)	,,	7	,,	27 170	,,
Urundi	(5 791 BRT)	,,	7	,,	32 716	,,
Antonio Delfino	(13 589 BRT)	,,	5	,,	20 552	,,
Cap Arkona	(27 571 BRT)	,,	3	,,	25 795	,,
General San Martin	(11 352 BRT)	,,	11	,,	29 153	,,
Deutschland	(21 046 BRT)	,,	7	,,	69 379	,,
Hamburg	(22 117 BRT)	,,	3	,,	23 057	,,
Goya	(5 230 BRT)	,,	4	,,	19 785	,,
Der Deutsche	(11 430 BRT)	,,	6	,,	34 474	,,
Lappland	(7 644 BRT)	,,	6	,,	34 235	,,
Potsdam	(17 528 BRT)	,,	7	,,	53 891	,,
Hestia	(2 883 BRT)	,,	14	,,	32 806	,,
Neidenfels	(7 838 BRT)	,,	5	,,	30 100	,,
Herkules	(2 369 BRT)	,,	9	,,	21 500	,,
Söderhamn	(1 499 BRT)	,,	9	,,	19 350	,,
Nautik ex Latona	(1 127 BRT)	,,	14	,,	18 415	,,
Deike Rickmers	(1 923 BRT)	,,	4	,,	16 950	,,
Homberg	(1 261 BRT)	,,	3	,,	11 338	,,
Karoline	(887 BRT)	,,	10	,,	6 518	,,

Um diese Transportergebnisse beurteilen zu können, muß man von der Art und Größe des einzelnen Schiffes und von der Anzahl seiner Einsätze ausgehen. Natürlich darf man bei Passagierschiffen von vornherein ein großes Fassungsvermögen voraussetzen, jedoch überschreiten die oben angegebenen Ziffern alle normalen Maßstäbe. Erst recht bei den Frachtern bis hinunter zur kleinen »Karoline«, die alleine 6 518 Menschen davontrug.

Die Leistungen der umfunktionierten deutschen Handelsflotte waren der Situation angemessen. Ähnliches dürfte sich in der modernen Geschichte kaum wiederholen, schon alleine nicht, weil die heutigen Massenvernichtungsmittel es nicht mehr dazu kommen lassen werden.

Nur wenige Schiffe von damals existieren heute noch. Die Zeit ist auch über sie hinweggegangen. Alles was sie zurückließen, sind ihre Namen, die anschließend aufgeführt werden, damit sich jeder »sein« Schiff, das ihn zu neuen Ufern trug, noch einmal heraussuchen kann.

An der Evakuierung beteiligte deutsche Reedereien
Bund ihre nachweislichen Transportziffern:

Erich Ahrens, Rostock	4 890	Menschen
Dr. Max Albrecht, Hamburg	4 500	,,
C. Andersen, Hamburg	6 378	,,
Argo Reederei Richard Adler & Co, Bremen	22 222	,,
Atlantic Rhederei F. & W. Joch, Hamburg	3 600	,,
Atlas Reederei AG, Emden	4 570	,,
Behnke & Sieg, Danzig	5 176	,,
Johannes M. K. Blumenthal, Hamburg	5 420	,,
Aug. Bolten Wm. Miller's Nachf., Hamburg	3 150	,,
Robert Bornhofen, Hamburg	15 105	,,
J. F. Braeunlich, Stettin	18 300	,,
Brenntag AG, Hamburg	1 480	,,
Bugsier-, Reederei- und Bergungs AG,		
W. Schuchmann, Hamburg und Bremerhaven	5 792	,,
G. Bock	13 948	,,
Brink & Wölffel	4 150	,,
H. W. Christophersen, Flensburg	3 700	,,
August Cords, Rostock	8 418	,,
John T. Essberger, Hamburg	220 675	,,
Hendrik Fisser AG		
Fisser & van Doornum, Emden	14 221	,,
Seereederei »Frigga« AG, Hamburg	12 950	,,
Johs. Fritzen & Sohn, Stettin	1 760	,,
C. E. Geiss, Stolpmünde	6 773	,,
H. M. Gehrckens, Hamburg	36 012	,,
Übertrag:	423 190	Menschen

Übertrag:	423 190	Menschen
Karl Grammerstorf, Kiel	3 500	,,
Rud. Christ. Gribel, Stettin	20 000	,,
Johann Haltermann & Co, Hamburg	650	
Franz Haniel & Co, Duisburg-Ruhrort	15 284	,,
Deutsche Dampfschiffahrtsgesellschaft		,,
Hansa, Bremen	63 094	,,
Hamburg-Amerika-Linie, Hamburg	216 660	
Hamburg-Südamerikanische		,,
Dampfschiffahrtsgesellschaft	106 728	,,
E. Haubuss, Stettin	1 200	
Helmsing & Grimm	546	
H. C. Horn, Hamburg	875	,,
Ivers & Arlt, Königsberg	9 750	,,
Knöhr & Burchard Nachf., Hamburg	8 504	,,
Kohlenimport- & Poseidon Schiffahrts AG,		,,
Königsberg	20 607	,,
Kölner Reederei AG Heinr. Halm, Köln	1 331	,,
Ernst Komrowski, Hamburg	5 630	,,
F. Laeisz, Hamburg	1 920	,,
Leonhardt & Blumberg, Hamburg	1 000	,,
Leth & Co, Hamburg	5 200	,,
Deutsche Levante Linie AG, Hamburg	13 585	,,
Lübeck-Linie, Lübeck	29 171	,,
Mathies Reederei KG, Hamburg	9 078	,,
Norddeutscher Lloyd, Bremen	234 137	,,
Dampfschiffahrtsgesellschaft »Neptun«, Bremen	72 936	
Emil Offen & Co, Hanseatische Reederei, Hamburg	5 010	,,
Oldenburg-Portugiesische		,,
Dampfschiffsreederei, Hamburg	23 140	,,
Egon Oldendorff, Lübeck	3 000	,,
Ölmühlen GmbH, Hamburger Walfangkontor	12 334	,,
Ostdeutsche Reederei	4 500	,,
H. Peters, Hamburg	771	,,
Rabien & Stadtlander, Bremen	800	,,
Walter Rau, Neusser Ölwerke AG, Neuss Rh.	31 308	,,
Deutsche Reichsbahn, RBD Stettin	25 597	,,
F. G. Reinhold, Danzig	16 441	,,
Reinecke & Bremer, Hamburg	5 450	,,
Rickmers Reederei AG, Hamburg	18 750	,,
Ernst Russ, Hamburg	19 887	,,
Sartori & Berger, Kiel	950	,,
Sauber & Co, Hamburg	3 200	,,
Rob. M. Sloman jr., Hamburg	4 220	,,
Sommer	3 120	,,
Heinrich Schmidt GmbH, Flensburg	8 528	,,
Richard Schröder, Rostock	5 535	,,
H. Schuldt, Hamburg	9 335	,,
Hugo Stinnes GmbH, Hamburg	23 340	,,
Übertrag:	1 489 792	Menschen

	Übertrag:	1 489 792 Menschen
W. Traber & Co, Hamburg	7 265	,,
Unilever, Jürgens v. d. Bergh, Bremen	6 000	,,
Union Handels- und Schiffahrts GmbH, Bremen	2 780	,,
Weichsel, Danziger DS u. Seebad AG, Danzig	4 700	,,
F. A. Vinnen & Co, Bremen	1 025	,,
Adolf Wiards, Kauffahrtei Seerederei, Hamburg	3 900	,,
Otto Wiggers, Rostock	2 670	,,
Zedler, Elbing	1 802	,,
Zerssen & Co, Rendsburg	2 685	,,
Eine Reihe von Dampfern ohne Reedereiangabe	12 760	,,
Eine Anzahl von Küstenmotorschiffe (meist im Familienbesitz)	5 975	,,
	1 541 354	Menschen

Handelsschiffsverluste ab 15. 1. 1945

Name	BRT	wann	wo	Tote	Quelle
Afrikana	5 869	4/45	Danzig	keine	E
Albert Jensen	5 446	9. 4. 45	Hela	gering	Ost
Ammerland II	2 452	10. 2. 45	56° 26′ N	2	Ost
	durch	Kollision	20° 30′ O		
Andros	3 048	12. 3. 45	Swinemünde	570	Ost
Arkona	85	17. 4. 45	vor Pillau	gering	Grö.
Artushof	1 478	17. 4. 45	östl. Ostsee	?	Mei.
August Cords	900	12. 2. 45	vor Warnemünde	viele	Kapt.
Berlin	15 286	31. 1. 45	vor Swinemünde	1	Ost
Bille	665	25. 3. 45	Neufahrwasser	keine	Reed.
Boelke	1 330	16. 4. 45	vor Hela	ca. 50	Kapt.
Bolkoburg	3 436	4. 5. 45	bei Fehmarn	gering	Ost
Borbeck	6 002	11. 3. 45	Libau-Danzig	?	Reed.
Cap Arkona	27 571	3. 5. 45	bei Neustadt	5 000	Reed.
Cap Guir	1 536	16. 4. 45	bei Libau	774	E
Consul Cords	951	7. 2. 45	Kolberg-Swinemünde	15	E
Cordillera	12 055	12. 3. 45	in Swinemünde	?	Ost
Deutschland	21 046	3. 5. 45	Neustadt	keine	Reed.
Dieter Hugo Stinnes	2 545	16. 2. 45	AO 8455	14	E
Der Deutsche	11 430	3. 5. 45	vor Fehmarn	keine	Reed
Dorpat	3 535	3. 5. 45	Großer Belt	7	Kapt.
Dwarssee	552	3. 5. 45	Vor Fehmarn	keine	Reed
Ditmar Koel	670	14. 2. 45	bei Saßnitz	133	Kapt.
Eifel	1 429	17. 2. 45	bei Libau	677	Ost

Name	BRT	wann	wo	Tote	Quelle
Elbing IV	314	3/45	Pillau	gering	Reed.
Elbing VI	178	2/45	Tolkemit	keine	Ost
Ellen Larsen	1 938	24. 2. 45	bei Warnemünde	keine	E
Else	107	25. 3. 45	in Danzig gesprengt	keine	Grö.
Else Hugo Stinnes	3 291	4. 5. 45	bei Ärö	?	Grö.
Emily Sauber	2 845	25. 4. 45	vor Hela	50	Reed.
Emsstrom	4 517	16. 2. 45	bei Memel	1	E
Energie	1 867	3. 5. 45	Kieler Bucht	keine	Reed.
Erni	105	23. 3. 45	östlich Bornholm	?	Ro/Grö.
Erika Fritzen	4 169	25. 2. 45	vor Warnemünde	13	Reed.
Ernst Hugo Stinnes	3 295	4. 5. 45	bei Ärö	gering	Reed.
Erna Gaulke	400	3. 5. 45	vor Fehmarn	gering	Mei.
Ferdinand	167	15. 1. 45	Danziger Bucht	?	E/Grö.
Florida II	5 542	2. 5. 45	bei Grömitz	gering	Kapt.
Franken	10 850	8. 4. 45	vor Hela	gering	T 36
Frankfurt	1 186	22. 3. 45	Danziger Bucht	?	E
Freiburg	5 156	4. 5. 45	Kieler Bucht auf Strand	gering	E
Fritz Schoop	1 598	26. 1. 45	bei Memel	gering	Ost
Geheimrat Löffler	100	3. 5. 45	bei Kiel-Feuerschiff	28	DRK
General v. Steuben	14 660	10. 2. 45	55° 09′ N 16° 37′ O	3 000	E/Reed.
Gerrit Fritzen	1 703	12. 3. 45	Nördl. Hela	?	Reed./O
Göttingen	6 267	23. 2. 45	vor Libau	130	Akte
Goya	5 230	16. 4. 45	55° 13′ N 18° 20′ O	5 900	Reed./ Akte
Graudenz	500	5. 5. 45	bei Kiel-Feuerschiff	17	DRK
Gravenstein	3 505	24. 3. 4	in Gotenhafen gesprengt	keine	Reed.
Hamburg	22 117	7. 3. 45	vor Saßnitz	keine	E/Ost
Hansa	21 131	6. 3. 45	vor Warnemünde	keine	Akte
Hans Albrecht Wedel	1 335	8. 4. 45	bei Hela	10	Kapt.
Hedwig	168	16. 4. 45	mittl. Ostsee	?	Mei.
Hedwigshütte	2 221	13. 2. 45	bei Langeland	96	E/DRK
Heiligenhafen	1 923	12. 3. 45	Swinemünde	gering	Ost
Hektor	7 021	4. 5. 45	vor Swinemünde	50	Akte/Ost
Henriette Schulte	1 923	17. 1. 45	bei Memel auf Strand	keine	Skl
Henry Lütgens	1 141	29. 1. 45	57° 20′ N 21° 20′ O	9	Reed.

Name	BRT	wann	wo	Tote	Quelle
Hiddensee	643	4. 2. 45	56° 14′ N 20° 23′ O	keine	Ro.
Hilde	491	12. 3. 45	Swinemünde	keine	Grö.
Holstein	?	15. 2. 45	bei Stolpmünde auf Strand	keine	Akte
Huelva	1 923	24. 4. 45	vor Libau	1	Kapt.
Hugo Zeye	5 700	14. 3. 45	westl. Fehmarn	keine	E
Ilmenau	1 201	10. 4. 45	vor Libau	18	Reed.
Ingrid Leonhardt	1 923	22. 4. 45	bei Langeland	?	Ro.
Inster	4 747	3. 5. 45	Kieler Bucht	119	Akte
Insterburg	2 301	3. 5. 45	Kieler Bucht	?	E/Reed.
Irmtraud Cords	2 814	3. 5. 45	Kieler Bucht	etwa 10	Wallmann
Jade	536	3. 5. 45	bei Fehmarn	keine	Reed.
Jasmund	276	12. 3. 45	Swinemünde	keine	Ost
Jaspis	6 094	9. 5. 45	vor Fehmarn	keine	Ost
Jersbek	2 804	30. 3. 45	Pillau	gering	Ost
Julius	553	5. 4. 45	Pillau	keine	Ost
Karlsruhe	897	13. 4. 45	bei Stolpmünde	900	Akte
Kiel	250	18. 3. 45	56° 00′ N 10° 59′ O	?	Grö.
Königsberg	180	20. 4. 45	bei Hela	?	Skl.
Längssee	998	9. 4. 45	Kiel	keine	Reed.
Leda	594	3. 5. 45	Kieler Bucht	21	Kapt.
Leda	2 415	20. 4. 45	bei Stettin	20	Kapt.
Lieselotte Friedrich	517	9. 5. 45	bei Bornholm	?	Reed.
Lütjehörn	1 952	4. 1. 45	vor Darsser Ort	keine	Skl
Margarete Cords	1 912	17. 3. 45	54° 48′ N 15° 00′ O	2	E/Ost
Memel	1 157	31. 1. 45	vor Swinemünde	58	DRK
Mendoza	5 193	22. 3. 45	Pillau	keine	Ost
Meteor	3 717	9. 3. 45	Pillau	24	Ost
Mimi Horn	1 923	14. 1. 45	55° 14′ N 19° 32′ O	4	E
Moltkefels	7 862	11. 4. 45	vor Hela	400	Kapt.
Monte Olivia	13 750	3. 4. 45	in Kiel	keine	E
Möwe	121	30. 4. 45	westl. Ostsee	?	St.
MRS 11	5 095	12. 2. 45	vor Swinemünde	keine	Kapt.
Musketier	2 762	3. 5. 45	54° 31′ N 10° 21′ O	keine	3. T-Flo.
Neiße	3 177	5/45	Kiel	keine	Ost
Neuwerk	803	10. 4. 45	Danziger Bucht	800	DRK
Nettelbeck	580	26. 1. 45	auf Hela gestrandet	keine	SKl
Orion	1 722	18. 3. 45	Danziger Bucht	?	Ro.
Pallas	627	3. 5. 45	bei Langeland	20	Kapt.
Planet	5 821	2. 2. 45	54° 08′ N 14° 32′ O	keine	Kapt.

Name	BRT	wann	wo	Tote	Quelle
Prinzeß Beatrix	360	1. 5. 45	bei Bornholm	?	Grö.
Polycarp	6 405	3. 5. 45	Großer Belt	?	Ost
Pollux (Eisbr.)	4 518	7. 2. 45	vor Pillau	?	Grö.
Posen	1 069	11. 4. 45	bei Hela	300	Akte
Ravensburg	1 069	12. 3. 45	Swindemünde	keine	Ro.
Rixhöft	5 378	17. 3. 45	bei Warnemünde	10	Akte
Renate	218	21. 3. 45	Stettiner Haff	52	Kapt.
Robert Möhring	3 344	7. 3. 45	Saßnitz Hafen	350	Skl
Saßnitz	400	26. 3. 45	westl. Libau	?	Ost
Seeadler I	141	6. 5. 45	vor Timmendorf	keine	St
Sund	400	9. 5. 45	bei Bornholm	?	Ro.
Swakopmund	6 133	3. 5. 45	bei Fehmarn	keine	Ost
Simson	150	15. 4. 45	Pillau	?	Ro.
Steinburg	1 319	17. 1. 45	bei Libau gestrandet	5	Grö.
Swinemünde II	177	20. 4. 45	in Stettin	keine	Ro.
Tolina	ca. 2 000	12. 3. 45	Swinemünde	keine	Ost
Vale	5 981	11. 4. 45	in Pillau	250	Kapt.
Vega	7 388	4. 5. 45	bei Fehmarn	1	Kapt.
Tucuman	4 621	19. 4. 45	Kiel	keine	Ro.
Weser	999	25. 3. 45	Neufahrwasser	250	Reed.
Weserstein	1 923	12. 4. 45	Pillau	gering	Reed.
Wolgast	164	3. 5. 45	Kieler Bucht	gering	Ro.
Wilhelm Bauer	5 600	8. 4. 45	Travemünde	keine	Grö.
Thielbek	2 815	3. 5. 45	bei Neustadt	2 000 etwa	E
Wilhelm Gustloff	25 484	30. 1. 45	bei Stolpmünde	ca. 4000	E
Ulrich Finsterwalde	2 957	30. 4. 45	Swinemünde	keine	Ro.
Westflandern	345	1. 5. 45	bei Bornholm	keine	T 23
Wotan	357	14. 4. 45	Pillau	gering	Ro.
123 Schiffe	464 340	BRT	Tote (ohne »Cap Arkona« und »Thielbek«)	=	19 152

Erklärung:

»Gering« bedeutet, daß nach den vorliegenden Berichten nur geringe Verluste eingetreten sind, weil die Besatzungen und die Mitfahrenden von den Geleitfahrzeugen höchstwahrscheinlich vollzählig gerettet wurden oder, wenn die Schiffe im Hafen lagen, die Besatzungen den Luftschutzbunker aufgesucht hatten.

Die Verlustmeldungen stammen aus folgenden Quellen:

Akte	=	aus Engelhardts eigenen Akten
DRK	=	Deutsches Rotes Kreuz
E	=	Tagebuch Korv.Kapt. Eschricht
Grö.	=	Gröner
Hahn	=	Hahn, Bugsier-, Reederei-
Kapt.	=	Kapitänsbericht etc.
Mei.	=	Jörg Meister
Ost	=	MOK Ost Kiel
Reed.	=	Reedereibericht
Ro.	=	Jürgen Rohwer
Thilo	=	Kapt. z. S. Thilo
SKL	=	KTB der 1 Skl
T 23 36	=	KTB der Torpedoboote T 23 und T 36
3. T-Flo	=	KTB der 3. Torpedoboots-Flottille

(Aufgestellt von Konteradmiral a. D. Konrad Engelhardt)

Beschädigungen ab 15. 1. 45

Name	BRT	wann	wo	wodurch	Quelle
Allenstein	939			Bomben	E
Altengamme	5 897	19. 4. 45	Saßnitz	Bomben	E
Askari	4 911	11. 4. 45	vor Hela	Bomben	Kapt.
Balkan	2 269	19. 4. 45		Bomben	Ost
Brunhilde	1 923	18. 3. 45		Minen	E
Butjadingen	446	24. 3. 45		Bomben	Hahn
Castor (Eisbr.)	5 150	15. 3. 45		Bomben	Hahn
Delphin (Lots.)	500	5. 2. 45	Pillau	Bomben	Kapt.
Drache (Art.S.)	790	18. 4. 45	Pillau	Bomben	T 28
Donau	1 948	15. 1. 45	bei Memel	Bomben	E
Drechtdijk	9 338	18. 2. 45		Minen	Kapt.
Erna	751	Ende März	Pillau	Bomben	Kapt.
Freiburg	5 156	4. 5. 45	Kiel	Bomben	E
Ganter	1 770	30. 4. 45	Stettin	Bomben	Kapt.
Gertrud Fritzen	2 999	2. 5. 45	Travemünde	Bomben	Reed.

Name	BRT	wann	wo	wodurch	Quelle
Gotenhof	1 454	29. 3. 45	vor Hela	Bomben	E
Harald	1 064	23. 1. 45	Pillau	Seeschaden	Ost
Hedwig	168	16. 4. 45	Libau	Bomben	Hahn
Heluan	1 505	10. 3. 45	Ostsee	Minen	Thilo
Henriette Schulte	1 923	17. 1. 45	Memel	Bomben	Skl
Herkules	2 369	9. 4. 45	vor Hela	Bomben	Ost
Hörnum	1 467	3. 5. 45	Kieler Bucht	Bomben	Kapt.
Huelva	1 923	24. 4. 45	Libau	Bomben	E
Imkenturm	1 923	1. 5. 45	Flensburger Bucht	Bomben	Reed.
Inka	427	8. 4. 45	Libau	Bomben	Reed.
Irene Oldendorff	1 923	März	Kopenhagen	Sabotage	E
Jaspis	6 094	27. 2. 45	Warnemünde	Minen	Ost
Kanonier	6 157	Ende März	Ostsee	Bomben	E
Licentia	1 923	3. 4. 45	Kiel	Bomben	Reed.
Lina Fisser	1 497	3. 5. 45	Kiel	Bomben	Kapt.
Lisa Essberger	1 172	20. 4. 45	Libau	Bomben	Reed.
Lotte	2 200	17. 4. 45	Kolberg	Bomben	Akte
Mars	2 469	13. 4. 45	Pillau	Bomben	Kapt.
Memelland	6 236		Ostsee	Minen	E
Mercator	4 661	16. 4. 45	vor Hela	Bomben	Ost
Monte Olivia	13 750	16. 2. 45	Pillau	Minen	Kapt.
Monte Rosa	13 882	16. 2. 45	vor Hela	Minen	Kapt.
Nordfahrt	2 543	10. 3. 45	Kieler Bucht	Minen	Ost
Pretoria	16 662	15. 4. 45	vor Hela	Bomben	Kapt.
Renate	2 339	2. 4. 45	vor Hela	Bomben	Kapt.
Robert Bornhofen	2 654	April	Swinemünde	Bomben	Ost
Robert Ley	27 288	24. 3. 45	Hamburg	Bomben	Skl
Sanga	1 923	18. 2. 45	Swinemünde	Bomben	E
Schauenburg	1 923	9. 4. 45	Pillau	Bomben	Ost
Venus	5 407	20. 3. 45	Hamburg	Bomben	E
Walter Rau	13 752	4. 5. 45	Eckernförde	Bomben	Kapt.
Wiegand	5 869	13. 4. 45	Pillau	Artillerie	Kapt.
Winrich von Kniprode	10 123	Anf. März	Pillau	Bomben	Kapt.
Wolta	7 183	1. 4. 45	Maschinenschaden		Ost

49 Schiffe

Hiervon wurden 23 Schiffe durch russische Luftangriffe beschädigt, 6 Schiffe durch russische Minen, 1 Schiff durch russische Artillerie, 13 Schiffe durch englische Bomben, 3 Schiffe durch englische Minen, 1 Schiff erlitt Seeschaden, 1 Schiff hatte Maschinenschaden, 1 Schiff wurde durch Sabotage beschädigt.
(Aufgestellt von Konteradmiral a. D. Konrad Engelhardt)

Liste aller an der Evakuierung beteiligten Handelsschiffe, Sonderfahrzeuge, Fähren etc. nebst Angabe ihrer Reeder oder Eigner, ihres Alters und ihrer Größe. Wie aus den Daten ersichtlich, wurden selbst noch bis gegen Ende des Krieges neue Schiffe gebaut und gewisse einheitliche Typen entwickelt.

Schiffsname	Inhaber	Baujahr	BRT
»Aalen« ex Ida	Reederei John T. Essberger		6 131
»A. C. Hering«	ex Norweger		ca. 1 500
»Adele Traber«	W. Traber & Co	1930	2 575
»Adler«	Argo Reederei	1938	1 486
»Adria«	John T. Essberger	1927	6 357
»Adrian«	Ernst Komrowski	1935	1 279
»Albatros«	Argo Reederei	1917	985
»Albert«	Sommer	1888	788
»Albert Jensen«	Hugo Stinnes GmbH	1939	5 446
»Allenstein«	Kohlenimport & Poseidon	1913	999
»Aletta Noot«	Franz Haniel & Co	1944	1 990
»Alkaid«	ex holländisch	1937	5 485
»Alsterdam«	ex holländisch	1940	3 655
»Altengamme«	Atlantic Rhederei F. & W. Joch	1916	5 897
»Ammerland II«	Oldenburg-Portugiesische	1921	2 452
»Ammon«	Hamburg-Amerika-Linie	1922	7 134
»Amrum«	KMW Wilhelmshaven	1938	670
»Andros«	Deutsche Levante-Linie	1910	2 995
»Angelburg«	H. Schuldt	1938	3 069
»Anne Ohl«	Ohl		500
»Antonio Delfino«	Hamburg-Süd	1921	13 589
»Ariadne«	ex Herzog Hendrik		
»Arsterturm«	DDG. Hansa		
»Askari«	John T. Essberger	1941	4 911
»August«	Sartori & Berger		ca. 400
»August Cords«	August Cords	1910	900
»Ausdauer«	Bugsier-, Reederei-	1942	1 847
»Balkan«	Ernst Komrowski	1924	2 269
»Baumwall«	H. M. Gehrckens	1908	876
»Berger VI«	Bugsier-, Reederei-	1928	393
»Berlebeck«	Fischdampfer		
»Berlin«	Norddt. Lloyd	1925	15 286
»Berlin«	Swinemünder Dampf. AG		
»Bern«			
»Bernhard Essberger«	John T. Essberer		
»Bernlef«	Emder Dampfercompagnie AG	1919	2 482
»Betzdorf«	Friedr. Krupp AG		
»Bille«	Busier-, Reederei-	1920	665
»Birgit«	Mathies Reederei KG	1921	325
»Birka«	Mathies Reederei KG	1937	1 000
»Blexen«	marineeigenes Schiff		759
»Boelcke«	Flugsicherungsschiff	1942	1 330

Schiffsname	Inhaber	Baujahr	BRT
»Bolkoburg«	Ostdeutsche Reederei	1941	3 436
»Borbeck«	Friedr. Krupp AG	1923	6 002
»Bore VI«	Behnke & Sieg	1919	1 566
»Brake«	Union-Hdls. u. Schiffahrts GmbH	1920	5 347
»Brake«	Sommer	1919	617
»Braunsberg«	Leth & Co.	1899	2 255
»Bremerhaven«	Union-Hdls. u. Schiffahrts GmbH	1921	5 355
»Bru«	lettisches Schiff	1919	572
»Brunhilde«	Hamburg-Süd	1943	2 809
»Bruno Grammerstorf«	Karl Grammerstorf	1920	864
»Bug«	Hendrik Fisser AG	1916	1 289
»Bukarest«	Deutsche Levante Linie	1940	4 446
»Butjadingen«	Norddt. Seekabel	1942	446
»Cammin«	marineeigenes Schiff	1939	1 643
»Cap Arkona«	Hamburg-Süd	1927	27 571
»Cap Guir«	H. C. Horn	1927	1 536
»Capri«	Rob. M. Sloman jr.	1927	1 846
»Carl Cords«	August Cords	1910	905
»Carl Zeiss«	ex Roland L. M. Russ		
»Caroline«			500
»Castor«	DG Neptun	1896	519
»Celebes«	Zielschiff		
»Ceuta«	Oldenburg-Portugiesische	1929	3 719
»Charlotte«	Rob. M. Sloman jr.	1908	4 404
»Charlotte Cords«	August Cords	1924	1 779
»Clara L. M. Russ«	Ernst Russ	1927	1 600
»Cometa«	Hamburg-Amerika Linie	1941	5 123
»Consul Cords«	August Cords	1921	951
»Corona«	Karl Grammerstorf	1922	1 569
»Cranz«	Drews		500
»Cremon«	H. M. Gehrckens	1922	935
«Dalbek«	Knöhr & Burchard	1939	2 819
»Danzig«	Bugsier-, Reederei-	1938	Bergungsdampfer
»Deike Rickmers«	Rickmers Rhederei AG	1944	1 923
»Delfin«	Wasserstraßenverwaltung	Lotsendampfer	
»Der Deutsche«	Norddt. Lloyd	1924	11 430
»Deutschland«	Hamburg-Amerika Linie	1923	21 046
»Deutschland«	Deutsche Reichsbahn	1909	Fährschiff 2 972
»Diedenhofen«	John T. Essberger	1932	5 971
»Dieter Hugo Stinnes«	Hugo Stinnes GmbH	1924	2 545
»Dirschau«	Weichsel AG	1924	762
»Dithmarschen«	John T. Essberger	1937	10 850
»Ditmar Koehl«	Wasserstraßenverwaltung	Lotsendampfer	

Schiffsname	Inhaber	Baujahr	BRT
»Donau«	H. Schuldt	1922	1 948
»Dora Ahrens«	Ahrens	1901	857
»Dora Christophersen«	H. W. Christophersen	1922	1 695
»Dorpat«	Leth & Co.	1920	3 554
»Dragoner«	Zielschiff	1928	1 938
»Dronning Alexandra«	Wohnschiff KMD		
später »Lome«	Hamburg-Amerika Linie	1927	1 854
»Duala«	John T. Essberger		6 133
»Duisburg«	Franz Haniel & Co.	1936	1 080
»Dwarssee«	W. Schuchmann	1920	552
»Eberhardt«	Sommer	1923	749
»Eberhard Essberer«	John T. Essberger	1943	5 064
»Eifel«	Rabien & Stadtlander	1924	1 429
»Elbe«	Bugsier-, Reederei-	1921	1 199
»Elbing I«	Zedler	1893	466
»Elbing IV«	Zedler	1899	314
»Elbing VII«	Zedler	1896	465
»Elbing X«	Zedler	1892	491
»Elisabeth«	Rob. Meyhöfer	1935	
»Elisabeth«	Helmsing & Grimm	1890	872
»Elise Russ«	Ernst Russ		
»Ella Halm«	Halm	1929	984
»Ellen«	Mathies Reederei KG	1921	557
»Ellen Larsen«	Erich Ahrens	1900	1 938
»Elmshorn«	Atlantic Rhederei F. & W. Joch	1940	839
»Else Hugo Stinnes«	Hugo Stinnes GmbH	1927	3 291
»Emden«	Wasserstraßenverwaltung	Lotsendampfer	
»Emily Sauber«	Sauber & Co	1939	2 475
»Emmi Friedrich«	John T. Essberger	1944	5 066
»Emsstrom«	Kauffahrtei Seerederei	1900	4 517
»Energie«	Bugsier-, Reederei-	1942	867
»Erika Fritzen«	Johs. Fritzen & Sohn	1906	4 169
»Erika Schünemann«	E. Haubuss	1889	1 177
»Ermland«	Ivers & Arlt	1921	987
»Erna«	Ivers & Arlt	1904	751
»Erna Gaulke«	Gaulke	1919	400
»Ernst«	Behnke & Sieg	1937	238
»Ernst Brockelmann«	Erich Ahrens	1927	1 900
»Ernst Hugo Stinnes«	Hugo Stinnes GmbH	1928	3 295
»Espagna«	Hamburg-Süd	1921	7 465
»Espagne«	ex belgisches Schiff	1911	1 759
»Falke«	Weichsel AG		132
»Fangturm«	DDG. Hansa	1944	1 923
»Feodosia«	Hamburg-Amerika Linie	1922	3 075
»Ferdinand«			167
»Finnland«	DDG. Hansa	1940	5 281
»Flachsee«	W. Schuchmann	1927	757

Schiffsname	Inhaber	Baujahr	BRT
»Florida«	Hamburg-Süd	1942	5 545
»Fortuna«	DG Neptun	1893	513
»Franken«	John T. Essberer	1939	10 850
»Frankfurt«	Ernst Russ	1914	1 186
»Freiburg«	Hamburg-Amerika Linie	1923	5 165
»Friedericus Rex«			249
»Friedrich«	Otto Wiggers	1899	1 353
»Friedrich«	Binnenschiff		
»Friedrich Bischoff«	Argo Reederei	1940	1 998
»Fritz Schoop«	Kohlen-Import & Poseidon	1925	1 598
»Füsilier«	ex belgisches Schiff	1941	6 157
»Ganter«	Argo Reederei	1927	1 770
»Geheimrat Löffler«	Binnenschiff		ca. 100
»Georg«	Luftwaffe	1944	406
»General San Martin«	Hamburg-Süd	1922	11 251
»General von Steuben«	Nordd. Lloyd	1922	14 660
»Gerdmoor«	ex norwegisches Schiff	1940	800
»Gerrit Fritzen«	Johs. Fritzen & Sohn	1922	1 761
»Gertrud«	Mathies Reederei KG	1922	373
»Gertrud Fritzen«	Johs. Fritzen & Sohn	1906	2 999
»Glückauf«	Nordd. Lloyd	1913	1 062
»Gorch Fock«	Lütje (Küstenmotorschiff)		350
»Gotenhof«	Rud. Christ. Gribel	1914	1 454
»Gotenland«	Nordd. Lloyd	1942	5 266
»Gotland«	Wiese	1913	995
»Göttingen«	Nordd. Lloyd	1944	6 227
»Goya«	Hamburg-Amerika Linie	1942	5 230
»Graudenz«	kleiner Passagierdampfer		
»Gravenstein«	Hamburg-Amerika Linie	1906	3 505
»Greif«	Rud. Christ. Gribel	1909	1 617
»Greif«	Flugsicherungsschiff	1940	ca. 1 200
»Gumbinnen«	Kohlen-Import & Poseidon	1922	1 405
»Günter Russ«	Ernst Russ	1921	998
»H 27«	KMD		
»Habicht«	Argo Reederei	1938	1 377
»Hamburg«	Hamburg-Amerika Linie	1926	22 117
»Hansa«	Hamburg-Amerika Linie	1922	21 131
»Hans Albrecht Wedel«	Flugsicherungsschiff		ca. 1 200
»Hans Broge«	ex dänisches Schiff	1939	2 013
»Hans Karl«	Mathies Reederei KG		
»Hans Schulte«	Schulte & Bruns	1920	985
»Harald«	Bissmark-Linie	1921	1 064
»Harald Schröder«	Richard Schröder	1900	922
»Haussa«	John T. Essberger	1943	2 819
»Hecht«	Weichsel AG		

Schiffsname	Inhaber	Baujahr	BRT
»Hedwig«		1912	168
»Hedwigshütte«	Hedwigshütte AG	1922	2 221
»Heidberg«	August Bolten		1 712
»Heidelberg«	Rud. Christ. Gribel	1925	692
»Heiligenhafen«	Hamburg-Amerika Linie	1943	1 923
»Heinrich Arp«	Heinr. F. C. Arp	1923	1 428
»Heinrich Schmidt«	Heinr. Schmidt	1936	1 560
»Heinz Horn« (Sperrbrecher)	H. C. Horn	1928	3 994
»Hektor«	ex Orion ex Kurmark	Hilfskreuzer	
»Hela«	Gahlenbäck	1902	1 174
»Helga Schröder«	Richard Schröder	1904	665
»Heluan«	Ernst Komrowski	1936	1 505
»Hendrik Fisser V«	Fisser & van Doornum	1944	1 923
»Hendrik Fisser VI«	Fisser & van Doornum	1944	1 923
»Hendrik Fisser VII«	Fisser & van Doornum	1944	1 942
»Henriette Schulte«	Schulte & Bruns	1945	1 923
»Henry Lütgens«	Bugsier-, Reederei-	1920	1 141
»Herbert Schröder«	Richard Schröder		
»Herkules«	Lübeck-Linie	1921	2 369
»Hercules«	DG Neptun	1929	2 883
»Hermann Sauber«	Sauber & Co	1936	Netzleger
»Herta«	Lünzmann		500
»Hestia«	DG Neptun	1929	2 883
»Hiddensee«	marineeigenes Schiff	1937	643
»Hilde«	Ippen-Linie	1907	491
»Hinrich Peters«	Peters	1908	856
»Hochmeister«	Behnke & Sieg	1906	1 275
»Hochsee«	W. Schuchmann	1920	2 245
»Hoheweg«	W. Schuchmann	1905	1 087
»Holstein«	Wasserstraßenverwaltung	Spüler	
»Homberg«	Franz Haniel & Co	1938	1 261
»H. C. Horn« (Sperrbrecher 27)	H. C. Horn	1932	4 132
»Hörnum«	Zerssen & Co	1930	1 467
»Huelva«	Oldenburg-Portugiesische	1944	1 923
»Hugo Zeye«	marineeigenes Schiff		
»Hummel«	Leth & Co.	1889	1 818
»Henning Maersk«	ex Hydra	1940	10 127
»Iberia«	Hamburg-Amerika Linie	1928	9 829
»Ida Blumenthal«	J. M. K. Blumenthal	1921	1 549
»Iller«	Nordd. Lloyd	1938	3 290
»Ilmenau«	Bugsier-, Reederei-	1922	1 201
»Imkenturm«	DDG. Hansa	1945	1 923
»Inge Christophersen«	H. W. Christophersen	1905	1 352
»Ingrid Leonhardt«	Leonhardt & Blumberg	1944	1 923
»Inrid Sauber«	Sauber & Co		
»Ingrid Traber«	W. Traber & Co	1926	1 883
»Inka«	F. & W. Joch	1937	427

Schiffsname	Inhaber	Baujahr	BRT
»Inster«	Leth & Co	1943	4 713
»Insterburg«	Kohlen-Import & Poseidon	1919	2 301
»Irene Oldendorff«	Egon Oldendorff	1944	1 923
»Irmtraud Cords«	August Cords	1924	2 843
»Isar« (U-Boots-Tender)	Nordd. Lloyd	1929	9 026
»Jade«	Bugsier-, Reederei-	1912	536
»Jägersberg«	Kieler Verkehrs AG ?		225
»Jan Wellem«	1. Deutsch. Walfang	1921	11 776
»Jaspis«	John T. Essberger	1938	6 094
»Jattier«			
»Jersbek«	Knöhr & Buchard	1938	2 804
»Johann«	Reinicke & Bremer	1911	938
»Johann Ahrens«	Ahrens	1903	873
»Johanna«	Mathies Reederei KG	1912	860
»Juliane«	ex dänisches Schiff	1921	1 352
»Julius«	Warnholtz	1939	553
»Julius Rütgers«	Rütgers Werke	1908	854
»Jupiter«	DG Neptun	1915	1 588
»Jürgen Fritzen«	Johs. Fritzen & Sohn	1902	579
»Kahlberg«	ex Königin Wilhelmina		
»Kaiser«	Hamburg-Amerika Linie	1905	1 912
»Kanonier«	Hamburg-Amerika Linie	1942	6 157
»Karin K. Bornhofen«	Robert Bornhofen	1942	2 563
»Karlsruhe«	Ernst Russ	1906	897
»Karoline«	Schmidt, Witte & Co.	1902	887
»Königsberg«	Ivers & Arlt	?	178
»Koholyt«	Kohlen-Import & Poseidon	1920	844
»Kolberg«	Rud. Christ. Gribel	1925	693
»Krefeld«	Ernst Russ	1936	1 213
»Kriemhild«	Rud. Christ. Gribel	1902	800
»Kronenfels«	DDG. Hansa	1944	2 834
»Kurisches Haff«	Görtz	1928	356
»Kurland«	Nordd. Lloyd	1940	7 636
»Kürassier«	Rickmers Rhederei AG	1926	2 762
»Längssee«	W. Schuchmann	1925	998
»Lappland«	Nordd. Lloyd	1942	7 644
»Lech«	U-Boots-Tender	1930	3 131
»Leda«	marineeigenes Schiff	Wassertender	
»Leverkusen«	Ernst Russ	1937	1 273
»Libau«	Mathies Reederei KG	1882	592
»Licentia«	Brink & Wölffel	1944	1 923
»Lieselotte Friedrich«	Friedrich	1927	517
»Lina Fisser«	Fisser & van Doornum	1912	1 497
»Lindenau«	Bugsier-, Reederei-	1915	997
»Linz«	Nordd. Lloyd (Minenschiff)	1944	3 374
»Lisa Essberger«	John. T. Essberger	1930	1 172

Schiffsname	Inhaber	Baujahr	BRT
»Lisa Oltmann«			
»Lothringen«	marineeigenes Schiff (Minen)	1943	2 275
»Lotte«	Reinecke & Bremer	1906	2 200
»Lütjehörn«	Aschpurwis & Veltjens	1883	1 953
»Luise Schröder«	Richard Schröder	1905	1 327
»Luna«	DG Neptun	1938	1 185
»Lyss«	Marine	1908	1 609
»Magdalene Vinnen«	F. A. Vinnen & Co.	1922	4 594
»Main«	Rud. Christ. Gribel	1927	964
»Malaga«	Rob. M. Sloman jr.	1935	2 146
»Malgache«	Leth & Co.	1939	6 903
»Marburg«	Marine (Lazarettschiff)	1912	1 618
»Mar del Plata«	Hamburg-Süd	1937	5 650
»Margarethe Cords«	August Cords	1927	1 912
»Marie Fisser«	Fisser & van Doornum	1937	1 235
»Marie Siedler«	Reinhold	1920	438
»Mars«	DG Neptun	1939	2 469
»Marks Stig«	dänisches Fährschiff	1940	1 107
»Martha«	Wolkowski		500
»Martha Geiss«	Geiss		531
»Martha Halm«	Halm	1927	984
»Masuren«	Kohlen-Import & Poseidon	1935	2 383
»Mathias Stinnes«	Hugo Stinnes GmbH	1937	5 537
»Max 7«			
»Memel«	Marine	1925	1 057
»Memelland«	John T. Essberger ?	1936	6 236
»Memphis«	Emil Offen & Co.	1918	1 996
»Mendoza«	Hamburg-Süd	1920	5 193
»Mercator«	Atlas	1920	4 661
»Meteor«	Lazarettschiff	1904	3 717
»Michael Ferdinand«	Ferdinand	1944	1 923
»Mimi Horn II«	H. C. Horn (Zielschiff)	1928	4 007
»Minden«	Nordd. Lloyd	1943	4 737
»Mittelmeer«	John T. Essberger	1927	6 370
»Moero«	Leonhardt & Blumberg	1940	5 277
»Möwe«	Götz		189
»Möwe«	Argo Reederei	1936	1 310
»Möwe«	Krohn	1909	121
»Moltkefels«	DDG. Hansa	1939	7 862
»Monte Olivia«	Hamburg-Süd (Lazarettschiff)	1924	13 750
»Monte Rosa«	Hamburg-Süd	1930	13 882
»Morsum«	Zerssen & Co.	1936	968
»Mosel«	Nordd. Lloyd		
»MRS 11« ex Osnabrück	Nordd. Lloyd	1935	5 095
»MRS 12« ex Nürnberg	Nordd. Lloyd	1936	5 635
»Mungo«	Deutsche Afrika Linien	1944	1 923
»Musketier«	Hamburg-Amerika Linie	1926	2 762

Schiffsname	Inhaber	Baujahr	BRT
»Nadir« ex Schwalbe	Argo Reederei (Navigationsschulschiff)		842
»Nautik« ex Latona	DG Neptun (Schulschiff)	1937	1 127
»Neidenfels«	DDG. Hansa	1938	7 838
»Neiße« ex Claus Horn	H. C. Horn	1925	3 177
»Neptun«	Heinrich Schmidt	1928	1 594
»Nettelbeck«			
»Netzleger I« ex F. E. Schütte	Argo Reederei		
»Netzleger IV« ex Najade	DG Neptun	1936	1 246
»Netzleger IX«			
»Netztender 24«			
»Neuss«	Ernst Russ	1935	1 243
»Neuwerk«	Knöhr & Burchard	1912	807
»New York«	Hamburg-Amerika Linie	1927	21 867
»Njong«	Deutsche Afrika Linien	1944	1 923
»Nogat«	Ivers & Arlt	1937	210
»Nordenham«	Midgard/Union	1914	4 592
»Nordfahrt« ex Hammonia	Nordd. Kohlen & Schiff.	1910	2 543
»Nordland«	Rud. Christ. Gribel	1924	1 905
»Nordpol« ex Siegfried	Schulschiff	1941	500
»Nordstern« ex Lühe	Zoeke	1893	870
»Nordstern« ex Minos	DG Neptun	1939	1 127
»Oberhausen«	Franz Haniel & Co	1939	1 261
»Oceana«	Arbeitsfront	1917	8 791
»Odermünde«	Mathies Reederei KG	1896	572
»Odin«	J. F. Braeunlich	1902	1 137
»Olga Traber«	W. Traber & Co	1921	3 132
»Oktant«	ex Ems Navigationsschulschiff		800
»Oranjefontein«	John T. Essberger	1940	10 937
»Orestes«	DG Neptun	1906	652
»Orestes«	G. Bock	1918	2 650
»Orion«	Deutsche Afrika Linien	1914	1 722
»Ostfriesland«	marineeigenes Schiff	1943	6 135
»Ostpreußen«	Eisbrecher	1937	567
»Otterberg«	August Bolten	1917	1 293
»Ottilie«	Sommer	1912	638
»Pallas«	DG Neptun	1904	627
»Paloma«	F. Laeisz	1942	557
»Paul Benecke«	Weichsel AG	1906	343
»Paul Harneit«	Deutsch-Amerik. Petroleum	1936	15 320
»Peter Bornhofen« ex Stormarn	Rob. Bornhofen	1919	1 349
»Phantom«			
»Phönix«	Weichsel AG		180
»Phönix«	Argo Reederei	1913	999
»Phönix«	Flugsicherungsschiff		189

Schiffsnahme	Inhaber	Baujahr	BRT
»Pickhuben«	H. M. Gehrckens	1923	999
»Pillau«	Kohlen-Import & Poseidon	1923	1 308
»Pinnau«	Bugsier-, Reederei-	1922	1 200
»Pitea«	H. M. Gehrckens (Lazarettschiff)	1902	962
»Planet«	F. Laeisz	1922	5 821
»Pollux«	Eisbrecher		
»Pollux«	Heinrich Schmidt	1905	3 161
«Polycarp«	ex Passat ex Taifun	1931	6 405
»Pompeji«	Deutsche Levante Linie	1940	2 916
»Pontos«	F. Laeisz und Kriegsmarine		
»Portia« ex Lavinia	A. Kirsten	1911	968
»Posen« ex Danzig	Mathies Reed. KG (Lazarettschiff)	1925	1 069
»Possehl«	Lübeck-Linie	1921	2 369
»Potsdam«	Nordd. Lloyd	1935	17 528
»Pregel«	Eisbrecher		
»Pregel«	Ivers & Arlt	1936	186
»Pretoria«	Deutsche Afrika Linien	1936	16 662
»Preußisch-Holland«	Seeberg Stettin	1908	1 978
Prinz Adalbert«	Lotsenschoner	1903	137
»Ravensburg«			
»Regina«	Rud. Christ. Gribel	1911	1 303
»Regulus« ex holländ.	Navigations-Schulschiff	1921	1 821
»Reiher«	Argo Reederei	1938	1 304
»Reinhard L. M. Russ«	Ernst Russ	1923	1 478
»Renate«	KMD	1939	2 339
»Rhein« ex Ernst Hugo Stinnes	Hugo Stinnes GmbH	1928	3 259
»Rheinfels«	DDG. Hansa	1939	7 762
»Rheinland«	Kohlen-Import & Poseidon	1920	2 570
»Rigel« ex Poseidon	KM	1924	453
»Rixhöft«	KM Arsenal Gotenhafen	Schlepper	
»RO 1«	Kriegsmarine		
»RO 22«	Kriegsmarine		
»RO 23«	Kriegsmarine		
»RO 24«	Kriegsmarine		
»Robert Bornhofen«	Robert Bornhofen	1944	2 645
»Robert Ley«	Deutsche Arbeitsfront	1938	27 288
»Robert Möhring« ex Orotawa	Nordd. Lloyd	1927	3 344
»Robert Müller VI«	Robert Müller	1936	399
»Robert Müller VII«	Robert Müller	1938	985
»Robert Sauber«	Sauber & Co	1910	2 515
»Rodenbek«	Knöhr & Burchard	1944	1 923
»Rosenberg«		1944	1 964
»Rudolf«	Sartori & Berger	1905	821
»Rudolf Albrecht«	Dr. Max Albrecht	1922	3 817

Schiffsname	Inhaber	Baujahr	BRT
»Rugard« Bäder-dampfer, Marine	J. F. Braeunlich	1927	1 358
»Ruhr«	Rud. Christ. Gribel	1938	1 029
»Rügen« (Lazarettschiff)	Rud. Christ. Gribel	1914	2 170
»Rügen«	Deutsche Reichsbahn (Fährschiff)		250
»Saar«	Rud. Christ. Gribel	1937	1 026
»Sachsenwald«	Hamburg-Amerika Linie		6 267
»Samland«	Eisbrecher		
»Samland«	Ivers & Arlt	1896	771
»Santander«	Oldenburg-Portugiesische	1943	1 923
»Saßnitz«	Kriegsmarine		
»Seeadler I«	Steinhagen	1887	141
«Seeburg«	Zielschiff der Kriegsmarine	1940	12 181
»Segeberg«	Knöhr & Burchard		350
»Seglerhaus«	Ostseetr.	1895	227
»Sextant«	Kriegsmarine, Navigationsschulschiff		198
»Siegfried«	Rud. Christ. Gribel	1901	563
»Söderhamn«	H. M. Gehrckens	1899	1 499
»Spica« ex Orla	Kriegsmarine (Schulschiff)		1 289
»Spree«	Ivers & Arlt		ca. 500
»Spreeufer«			216
»Sund«	John T. Essberger	1943	1 923
»Süd 5« (Walfang-dampfer)	Deutsches Walfangkontor		ca. 300
»Südpol« ex dänische Freya	Kriegsmarine	Navigationsschulschiff	
»Südsee«	W. Schuchmann	1898	1 761
»Sumatra«	Hamburg-Amerika Linie	1939	10 439
»Swakopmund« (Wohnschiff)	Deutsche Afrika Linien	1939	6 133
»Swinemünde I«	Swinemünder Dampf AG	1891	225
»Swinemünde II«	IHK Stettin	1888	177
»Schauenburg«	H. Schuldt	1944	1 923
»Schichau«	Schichau-Werft (Schlepper)		199
»Schiffbek«	Knöhr & Burchard	1930	2 158
»Schwan«	Weichsel AG		
»Schwan«	Argo Reederei	1938	1 311
»Sankt Lorenz«	Sommer	1924	641
»St. Malo«	Kriegsmarine (Transporter)		
»Stahleck«	DDG. Hansa	1923	1 663
»Steinbock«	Nordd. Lloyd (Schlepper)	1939	317
»Steinburg«	F. L. Nimtz	1923	1 319
»Stettin«	IHK Stettin (Eisbrecher)	1933	836
»Stollergrund«	marineeigenes Schiff	1936	692
»Stolpe«			
»Stubbenhuk«	H. M. Gehrckens	1925	934
»Tanga«	Deutsche Afrika Linien	1918	5 722
»Taube«	Argo Reederei		

Schiffsname	Inhaber	Baujahr	BRT
»Terra«	F. & W. Joch	1935	1 533
»Thalatta«	F. & W. Joch	1921	3 145
»Thann«	Eugen Friederich	1926	7 412
»Theodor«	Rud. Christ. Gribel	1898	797
»Theresia L. M. Russ«	Ernst Russ	1927	1 694
»Theseus«	DG Neptun	1900	956
»Thielbek«	Knöhr & Burchard	1939	2 815
»Togo« (Kriegsmarine)	Deutsche Afrika Linien	1938	5 042
»Tolina«	Hamburg-Amerika Linie	1945	2 000
»Travemünde«	Lübeck-Linie	1907	1 756
»Trude Schünemann«	E. Haubuss	1906	1 260
»Tübingen«	Deutsche Afrika Linien	1920	5 452
»Tucumann«	Hamburg-Süd	1918	4 621
»Uerdingen«	Ernst Russ	1937	1 273
»Ulrich Finsterwalder«	Lübberl	1944	2 947
»Unitas«	Unilever (Walkocherei)	1937	21 846
»Ursula Heinemeier«	Bertling	1942	493
»Urundi«	John T. Essberger	1927	5 791
»Usambara« (Wohnschiff)	Deutsche Afrika Linien	1922	8 690
»Ubena«	John T. Essberger	1928	9 554
»Vacuum«	Vacuum-Öl	1937	622
»Vale«	Frigga AG	1939	5 981
»Vega« ex norwegisches	Zielschiff Kriegsmarine	1938	7 388
»Venus«			261
»Venus« (Zielschiff Kriegsmarine)	DG Neptun	1931	5 407
»Versailles« ex französisches	Kriegsmarine	1921	2 156
»Viktor«	Sommer	1904	777
»Vineta«	Rud. Christ. Gribel	1899	513
»Vorsetzen«	Petersen u. Alpers	Schlepper	
»Wadai«	Deutsche Afrika Linien	1922	4 996
»Walter Rau«	Walter Rau	1937	13 752
»Wangoni«	Deutsche Afrika-Linien	1920	7 848
»Warthe« ex Bratland	Hamburg-Amerika Linie	1939	4 922
»Wartheland«	KMD	1943	6 500
»Hans Albrecht Wedel«	Flugsicherungsschiff		1 500
»Weichsel«	Behnke & Sieg	1906	1 021
»Weichselriff«	Brenntag		476
»Weilburg«	Krupp Reederei		1 923
»Welf«	Steffens		500
»Werner Mathies«	Mathies Reederei KG	1909	875
»Weser«	Bugsier-, Reederei-	1910	999
»Weserberg«	Nordd. Lloyd	1944	1 923
»Weserstein«	Nordd. Lloyd	1944	1 923

Schiffsname	Inhaber	Baujahr	BRT
»Weserstrand«	Nordd. Lloyd	1944	1 923
»Weserstrom«	Nordd. Lloyd	1944	1 923
»Westpreußen«	F. G. Reinhold	1905	2 877
»Westflandern«	Kriegsmarine		345
»Wiegand«	Nordd. Lloyd	1922	5 869
»Wiking«	Lübeck-Linie	1935	907
»Winkinger«	Ölmühlen GmbH	1929	19 700
»Wiklau«			
»Wilhelm Gustloff«	Hamburg-Süd	1937	25 484
»Wilhelmine Essberger«	John T. Essberger		
»Winrich von Kniprode«	Hamburg-Amerika Linie	1922	10 123
»Wischhafen«	Hamburg-Amerika Linie	1944	1 923
»Wolta« oder Volta	John T. Essberger	1941	7 183
»Wotan«	Bugsier-, Reederei- (Schlepper)	1940	357
»Würzburg« ex dänisches »Wullenweber«	Kriegsmarine (Lazarettschiff)	1930	1 337
»Zenith« ex Frigga	Kriegsmarine (Navigationsschulschiff)		557
»Zoppot«	Weichsel AG (kleiner Passagierdampfer)		

Quellennachweis (sofern nicht schon im Text angegeben):

Die oberste Führung der Kriegsmarine
und die Verwundeten- und Flüchtlingstransporte:

Auszug aus Besprechungspunkten des ObdM im Führerhauptquartier 1944/45.

Auszüge aus dem Kriegstagebuch der Seekriegsleitung Skl Adm Qu VI von 1944/45.

OKM Skl Adm Qu VI Geheime und GKDOS von 1944/45.

Stellungnahme Flottenkommando/MOK Ost zur Stillegung von Schiffen.

Notizen Marineoberkommando Ostsee (Qu III):
Schiffsbewegungen Handelsschiffe 1944/45
Schiffsbewegungen, Zwischenfälle, Verluste
Besondere Transportbewegungen
Handelsschiffsverluste durch Minen, U-Boote, Luftangriffe, sonstiges
Verzögerungen durch Geleitmangel und Wetterlage
Flüchtlings- und Verwundetenlage
Brennstoff-Fragen
Bemerkungen über Ankunftshäfen im Westen etc.
Stillegung von Schiffen

Kriegstagebuch des FdZ April/Mai 1945

Auszüge aus dem KTB der KMD Hamburg/Zweigstelle Kiel 1945

Auszüge aus dem KTB der KMD Danzig/Hela 1945

Auszüge aus dem KTB der KMD Wismar 1945

Auszüge aus dem KTB und der Funk-Kladde der 3. Torpedoboots-Flott. 1944/45

Auszüge aus dem KTB von »T 28«

Brand, Werner Dr. med.	Berichte an die Forschungsstelle Ostsee
Brustal-Naval, Fritz	»Leb wohl, Vineta«; Henry Goverts Verlag 1967
Dönitz, Karl	»So war das Ende«; Deutsche National-Zeitung Nr. 19/20 1965
Fullriede	Gefechtsbericht über die Belagerung Kolbergs im März 1945
Haenisch, G. Dr. med.	»Flucht der Familie Haenisch aus Kolberg im März 1945«
Hetz, Karl	»Warum Zerstörer?«; Leinen los; März 1955 usw.

Hillgruber/Hümmelchen Chronik des Zweiten Weltkrieges«

Kaffke, E. F. »Wie sich Gauleiter Koch davonstahl«; Das Ostpreußenblatt 10/1962

von Kamptz Meine Erinnerungen an Bornholm

Knebel, Kurt Der letzte Kampf unseres Karl Henke

Kolbe Bericht über den Flüchtlingsabtransport Rügenwalde, Kolberg und Stolpmünde vom 20. 3. 1945

Marquardt, O. Dr. Bericht über den Abtransport Kolberg an die KMD Stettin vom 10. 3. 1945

Prien Gefechtsbericht Marine über die Verteidigung der Festung Kolberg vom 1. 3.–13. 3. 1945

Ritscher »Das Ende des Schweren Kreuzes ›Lützow‹«; Leinen los; 6/1955?

Ruge, Friedrich »Der russische Vormarsch 1944/45«; Aufsatz Ms

Schäufler, Hans So lebten und so starben sie« (herausgegeben von der Kameradschaft ehem. Panzer-Regiment 35 e. V. Bamberg)

Schneider, G. D. Der Einsatz der 8. Artillerieträger-Flottille in der Ostsee 1945

Schröter, Heinrich »Ein Denkmal des Dankes: Lotse des Nord-Ostsee-Kanals rettete sechshundert Deutsche«; Nord-Ostsee-Kanal Nr. 3–4/1863

Streitenfeldt, Heinz Persönlicher Erlebnisbericht über die Kriegsereignisse März–Mai 1945 in Saßnitz

Strobel, Helmuth Letzter Kampf um Pillau

(SZ) »Das Regiment der Verratenen«; Süddeutsche Zeitung Nr. 307/08 1965

Voelker, Johannes »Die letzten Tage von Kolberg«; Holzner Verlag Würzburg

Wagner, Gerhard »Die Mitwirkung der deutschen Kriegs- und Handelsmarine an der Rettung der ostdeutschen Bevölkerung im Jahre 1945«; Vortrag 1965

Dort wo Veröffentlichungsdaten fehlen, handelt es sich um persönliche Aufzeichnungen oder authentische Gefechtsberichte etc. Außerdem wurden Hunderte von Kapitänsberichten aus der Handelsschiffahrt und Flüchtlingsbriefe ausgewertet.

Der Verfasser

Personenregister